老陕西的趣闻传说

《趣闻圣经》编辑部 ◎ 主编

北京·旅游教育出版社

策　　划:丁海秀　李荣强
责任编辑:李荣强
部分图片提供:微图网　全景图片

图书在版编目(CIP)数据

老陕西的趣闻传说/《趣闻圣经》编辑部主编. -
北京：旅游教育出版社，2013.4
ISBN 978-7-5637-2532-8

Ⅰ.①老… Ⅱ.①趣… Ⅲ.①文化史—陕西省—通俗读物　Ⅳ.①K294.1-49

中国版本图书馆 CIP 数据核字(2012)第 307046 号

老陕西的趣闻传说

《趣闻圣经》编辑部　主编

出版单位	旅游教育出版社
地　　址	北京市朝阳区定福庄南里1号
邮　　编	100024
发行电话	(010)65778403 65728372 65767462(传真)
本社网址	www.tepcb.com
E-mail	tepfx@163.com
印刷单位	北京世艺印刷有限公司
经销单位	新华书店
开　　本	720mm×1000mm　1/16
印　　张	24
字　　数	351千字
版　　次	2013年4月第1版
印　　次	2013年4月第1次印刷
印　　数	1-7000册
定　　价	39.80元

(图书如有装订差错请与发行部联系)

编委会

主　编：徒步天涯
副主编：尹松鹏　李鹏飞
编　委：（排名不分先后）

孙　沛	祝世超	马　静	杜蒙蒙
罗凤琴	陈雪姣	杨晓东	赵一文
季　仙	方　姣	唐　媛	党影婷
李　然	王军锋	周鸣敏	江　飞
王　欢	谌立军	陈代明	邓　阳
邓益香	谌雨霞	邓幸妮	洪　武
程　倩	邓琴书	王　超	梁　慧
夏鸥云	唐　璐	刘小波	闵颖慧
黄　玉	霍庆冬	罗　垠	潘吉钜
彭赠忠	杨成芳	雒岩卫	张　娟
曹昌虹	秦玉虎	张冬霞	赵东瑾
王雷鸣	宗　静	徐丽丽	李瑶瑶
宫　烁	江鑫淼	杜　慧	

前言

陕西,是中华民族历史文明的起点,有着悠久的历史和人文精神,众多的文物古迹、美丽的风景名胜、多彩的民俗风情以及神奇的掌故传说……岁月留给它的,是挥散不去的古韵幽幽。老陕西本身就是一本读不尽、品不够的厚书;本身就是一座丰厚的文化宝库,积淀了丰厚的文化内涵,造就了灿烂辉煌的文明,值得我们今人去挖掘,去探寻,去解读:

玄武门之变的历史真相如何?最早出现"中国"二字的文物是什么?什么戏让陕西人"百看千看不厌"?项羽究竟有没有烧阿房宫?"闭月羞花"指的是哪两位美女……

这些一个个有趣的话题,都可以在《老陕西的趣闻传说》里一一找到答案。

陕西实在是有太多可以说道的话题了。陕西文化就像一部卷帙浩繁的史书,凝聚着历史的烟云,刻画着岁月的沧桑,展现出民族的魂魄,给我们今天留下了多少鲜活的记忆。在本书中,我们从历史、地名、地理、古迹、山水园林、文物、宗教、陵墓、饮食、娱乐、购物、交通、民居、民俗、名人等多角度对老陕西进行了全方位的精彩解读,力求将老陕西的故事精彩而有趣味地呈现在您的面前,为您介绍一个充满传奇的文化圣地。

《老陕西的趣闻传说》内容浅显易懂,书中介绍的各种掌故传说有着特殊的魅力。我们尽量选取那些最具代表性、最容易引起人们兴趣的趣闻逸事,选取那些最能体现老陕西特色、典故丰富、可读性强的知识点,逐一呈现给渴求精神财富的读者。这些内容不但是您茶余饭后消遣的谈资,更是了解陕西、了解陕西人的绝佳窗口。另外,书中还精心挑选了数百张精美图片,尤其是大量弥足珍贵的老照片,让您在趣味阅读中充分感受到老陕西的底蕴。

今天,新陕西的发展虽然是日新月异,但老陕西的秦腔余韵仍散发着独特的魅力。陕西的趣闻、传说不计其数,限于篇幅和编者能力,我们不可能将其一网打尽,但愿书中所选能增加您的知识,增长您的愉悦,这样,我们的目的也就算达到了。由于时间仓促,书中如有谬误,还望广大读者不吝赐教,以资修正。

《趣闻圣经》编辑部

总目录

老陕西的历史 …………………………… 1
老陕西的地名 …………………………… 43
老陕西的地理 …………………………… 57
老陕西的古迹 …………………………… 69
老陕西的山水园林 ……………………… 81
老陕西的文物 …………………………… 117
老陕西的宗教 …………………………… 149
老陕西的陵墓 …………………………… 177
老陕西的饮食 …………………………… 195
老陕西的娱乐 …………………………… 219
老陕西的购物 …………………………… 241
老陕西的交通 …………………………… 265
老陕西的民居 …………………………… 281
老陕西的民俗 …………………………… 295
老陕西的名人 …………………………… 335

目录

老陕西的历史

为何陕西是探源中华民族五千年历史
　的出发点　1
亚洲北部最早的直立人——蓝田猿人
　是如何被发现的　2
中国人为什么自称"炎黄子孙"　3
红颜祸水——褒姒一笑失天下　4
郑庄公黄泉见母的孝义故事知多少　5
秦始皇为何没有册封皇后　6
秦始皇身世之谜　7
指鹿为马——秦国姓赵还是姓嬴　8
秦始皇暴死之谜　9
汉代是如何神话刘邦的　10
冒顿单于是怎样调戏吕后的　11
一代佳人戚夫人是如何被变为"人
　彘"的　11
毒妇吕后的本来面目　13
"金屋藏娇"后续故事知多少　14
汉武帝后妃们的悲惨下场　15

舞姿如燕心如毒蝎的赵氏姐妹是
　如何独宠后宫的　17
巫蛊引起的西汉宫廷血案　18
中国最早的国立大学是什么　19
隋文帝杨坚为何冷落后宫三千
　佳丽　20
陪伴六位君王的隋朝萧皇后有着
　怎样的传奇一生　21
唐朝的三次"玄武门之变"知多少　22
玄武门之变的历史真相如何　23
唐太宗为何篡改国史　24
武则天真的"淫荡"吗　25
上官婉儿为何不记恨武则天　26
太平公主淫乱知多少　27
杨贵妃本是唐玄宗的儿媳吗　28
"一骑红尘妃子笑,无人知是荔枝
　来"说的是谁　29
杨贵妃为何没被册封为后　30
杨贵妃下落之谜　30
李白与杨贵妃到底有啥关系　32
四大美女之一的杨贵妃与安禄山

有着怎样的不了情	33
唐朝公主为何愁嫁	34
没做过一天皇帝的皇帝是谁	35
唐宣宗为何装疯卖傻36年	35
朱元璋为何封次子为秦王	37
慈禧太后是如何在西安避难的	38
红军长征为何要到陕北	39
毛泽东思想是在党的哪次代表大会上提出的	40
延安保卫战知多少	41

老陕西的地名

"陕西"之名始于何时,陕西为何被称为"秦"或"三秦"	43
为何有"秦中自古帝王州"之说	44
"关中"之名因何而来	45
"西安"一名有何由来,西安城是如何形成的	45
榆林因何得名,为何又被称为"骆城"	46
延安因何得名,有何特色	47
咸阳因何得名,为何又被称为"渭城"	47
宝鸡因何得名,有何特色	48
潼关一名有何来历	49
韩城因何得名,为何被誉为"文史之乡"、"小北京"	50
安康之名有何寓意,为何当地人喜欢称"安康"为"金州"	51
汉中因何得名,为何被称为"帝王兴业之地"	51
何谓"坊",为何西安地名多以"坊"来命名	52
杨凌因何得名,有何特色	53
临潼因何得名,有何美景	54
泾阳之名有何寓意	54
富平之名有何寓意及来历	55
白水因何得名,有何特色	56

老陕西的地理

天下之中在哪里	57
秦岭为何被誉为"中国的中央国家公园"	58
中国最早被称为"金城千里,天府之国"的地方在哪里	59
为何说陕西地图神似跪射俑	59
为何说黄土高原是被风吹出来的	60
关中为何被誉为"八百里秦川"	61
天下第一雄关——潼关知多少	61
为何说白浪镇"一脚踏三省"	62
"陕北的好江南"知多少	63
翠华山为何被称为"中国山崩地貌博物馆"	64
长江、黄河的最大支流知多少	64
陕西的"天生桥"位于何处	65
为何太白山堪称中国的"植物王国"	66
陕西的"黑腰带"、"黑帽子"在哪里	67
中国内地的第一口油井位于何处,创建于何时	67

老陕西的古迹

"大荔人"遗址是如何被发现的,有何价值	69
中国最大的遗址性博物馆在哪里	70
秦始皇陵中的水银取自何处	71
中国最早建成的遗址性博物馆在何地	71
秦咸阳城有没有城墙	72
秦始皇是在什么地方"焚书"、"坑儒"的	73
汉长安城为何又被称为"斗城"	73
"木兰故里"今何在	74
唐长安城的"龙脉"在何处	75
为何说隋唐天坛是天下第一坛	76

中国最大的民间粮仓——丰图义
　　仓知多少　　　　　　　　　　76
"陕西第一书院"今安在　　　　　77
明西安城为何被誉为"当今世界上保
　　存最完整、规模最大的古城垣"　78
"西安事变"的旧址有哪些　　　　79
西安鼓楼有何美名　　　　　　　80

老陕西的山水园林

华山之名由何而来,为何华山又被称
　　为"太华山"　　　　　　　　81
华山五峰分别有何雅号　　　　　82
华山"回心石"有何寓意及传说　　83
华山神话传说知多少　　　　　　84
骊山因何得名,有何特色　　　　85
"太白积雪六月天"有何传说　　　86
处女泉有何来历　　　　　　　　87
鲤鱼跳龙门在何处　　　　　　　88
姜太公在何方钓鱼　　　　　　　89
牡丹的故乡在哪　　　　　　　　89
鬼谷岭美在何处　　　　　　　　90
美水泉的传说是真是假　　　　　91
华山姊妹山——少华山有何美景　92
乐游原有何文学地位　　　　　　93
世界第一条黄色瀑布知多少　　　94
为何蓝田汤峪温泉的水值千金　　94
西北最高的瀑布——天华山瀑布有何
　　特色　　　　　　　　　　　95
西北第一漂知多少　　　　　　　96
药王山因何得名,有何特色　　　97
清凉山之名有何含义,山上有何主要
　　景观　　　　　　　　　　　98
辋川因何得名,与诗人王维有何关系　99
少陵原因何得名,有何美景　　　100
红石峡因何得名,有何特色　　　100
午子山因何得名,有何景观　　　101

陕南第一名山——天台山知多少　102
红碱淖为何被誉为"大漠明珠"　　103
中国最早的帝王园林——灵沼知
　　多少　　　　　　　　　　　104
秦汉的皇家园林——上林苑有何
　　特色　　　　　　　　　　　105
为何说华清池堪称中国现存最古老
　　的园林　　　　　　　　　　106
西安华清池发生过哪些著名历史
　　故事　　　　　　　　　　　107
太液池有何特色　　　　　　　　108
玉华宫风景区有何来历及特色　　109
西安大唐芙蓉园有何独特魅力　　110
沉香亭与杨玉环、李白有何渊源　111
凤翔东湖因何得名,与苏轼有何
　　渊源　　　　　　　　　　　112
秦岭野生动物园为何被称为"西北
　　首家最大的动物园"　　　　113
南湖风景区为何被誉为"西北明珠"　114
革命公园因何得名　　　　　　　114
枣园因何得名,有何特色　　　　115

老陕西的文物

陕西为何被誉为"天然历史博物馆"　117
西安半坡遗址出土的"人面鱼纹
　　陶盆"有何含义　　　　　　118
世界上最有名的鼎是哪个　　　　119
最早出现"中国"二字的文物是什么　119
号称"西周第一青铜器"的文物是
　　什么　　　　　　　　　　　120
我国最古老的吹奏乐器——埙知
　　多少　　　　　　　　　　　121
中国最早的绘画工具出自何处　　121
兽首玛瑙杯为何方圣物　　　　　122
秦兵马俑究竟是如何发现的　　　123
被誉为"青铜之冠"的铜车马知多少　123

为何秦兵马俑出土的秦剑光亮如新	124
秦兵马俑出土的陶俑上果真有字吗	125
秦兵马俑一、二、三号坑的结构、布局知多少	125
陕西出土的著名铜镜有哪些	126
百戏俑知多少	128
"鸳鸯七志斋"有何由来	128
我国现存最早的石刻作品是什么	129
我国现存最早的虎符知多少	129
陕西历史博物馆中存有哪些名贵钱币	130
"皇后之玺"是怎样被发现的	131
秘色瓷真的神秘吗	132
"世界柏树之父"——黄帝手植柏知多少	133
青铜制品——雁鱼灯有何特色	133
"马踏匈奴"讲述的是什么	134
中国古代帝王的陵墓石刻为何多采用动物造型	135
为何说"独孤信印"为中国古代印章之最	136
唐乾陵的石刻组合有何意义	136
西安何家村因何闻名天下	138
石门十三品知多少	139
西安碑林是怎样形成的	140
西安碑林收藏的《熹平石经》知多少	141
西安碑林收藏的《孔子庙堂碑》是真品吗	141
怀仁和尚的集字"千金贴"与佛教有何关系	142
《述圣纪碑》为何又称"七节碑"	143
"昭陵六骏"的身世知多少	143
无字碑为何无字	144
章怀太子墓出土的《打马球图》与《观鸟捕蝉图》知多少	145
桥陵石刻有哪六大谜团	146
为何说"韩城文物甲陕西"	147

老陕西的宗教

法门寺地宫是如何被发现的	149
法门寺为何被誉为"关中塔庙之祖"	150
法门寺地宫中共发现了几枚舍利,哪一枚是佛祖的真身指骨	151
法门寺佛骨舍利放光之谜知多少	151
草堂寺的"草堂烟雾"有何奇妙之处	152
草堂寺的"八宝玉石塔"有何来历	153
大唐名寺大慈恩寺因何而建	154
大雁塔因何得名	154
"雁塔题名"知多少	155
小雁塔为何经历几次地震而不倒	156
荐福寺有何来历	156
为何青龙寺成为日本人心中的圣寺	157
卧龙寺因何得名	159
香积寺因何得名,有何特色	160
大兴善寺有哪些著名大师进行佛教活动	160
为何华严寺在唐代有着显赫的地位	161
兴教寺因何而建,有何有三座舍利塔	162
"水陆庵"名称有何来历	163
太极张三丰是在哪里修炼的	163
明朝宦官造的"千佛铁塔"位于何处	164
仙游寺有何来历及特色	165
父女共同建造的"泾阳崇文塔"知多少	166
为何说大佛寺是佛教石雕艺术的宝库	167
律宗的祖庭在哪,其创始人是谁	168
玄奘法师的圆寂之地——玉华寺知多少	169
西安唯一的喇嘛教寺院在哪里	169
广仁寺的建筑布局有何独特之处	170
八仙庵供奉哪路神仙	171
楼观台因何得名,与老子有何渊源	172
全真道的祖庭在哪里	173
白云观因何得名,有何特色	173

化觉巷清真寺有何特色	174
中国最早的武侯祠在哪里	175

老陕西的陵墓

中国最大的古墓葬是哪个	177
中华民族的始祖葬在何处	178
"神医"扁鹊墓位于何处	179
秦始皇陵的设计有何特点	180
秦始皇陵的地宫构造究竟如何	181
秦始皇陵有没有被盗过	181
西汉帝陵是如何分布的,有何特点	182
刘邦的陵墓叫什么名字,有何陪葬墓	183
第一个"因山为陵"的帝陵知多少	184
汉武帝的茂陵里都埋了些什么	185
关中唐十八陵是如何分布的,有何特点	186
昭陵开创了哪些帝王陵墓之最	187
乾陵因何得名,为何被称为"柏城"	188
乾陵选址有何传说	188
乾陵究竟有多难盗	190
乾陵中哪一座陪葬墓地位最高,原因何在	191
最早挖掘的唐墓是哪一座,其主人公有何死亡之谜	191
"武侯墓"有何独特之处	192
贵妃墓为何被称为"衣冠冢"	193

老陕西的饮食

三皮丝的原名"剥豹皮"何意	195
"烧尾宴"知多少	196
中国第一花拼——辋川小样知多少	197
中国第一杂烩是什么	198
"葫芦鸡"是如何诞生的	198
西安老字号"樊记"有何传说	199
水晶饼有何来历	200
西安羊肉泡馍有何传说和典故	201

西安羊肉泡馍的制作和食用有何讲究	201
西安老童家腊羊肉因何得名	202
西安小吃"葫芦头"与孙思邈有何渊源	203
岐山臊子面为何号称"陕西面食第一面"	204
金线油塔有何来历	205
被誉为"西秦第一点"的"千层油酥饼"有何来历	205
富平太后饼因何得名	206
黄桂柿子饼有何传说	207
辣子一道菜	207
泡泡油糕有何来历	208
为何说甑糕是最古老的小吃之一	209
西安贾家灌汤包为何被誉为"西北一绝"	209
为什么说陕西面条甲神州	210
为何说"金边白菜"最难炒	211
商芝肉有何典故	212
八宝饭有何典故	212
"关中十大怪"之一的"面条像腰带"指的是什么	213
为何"西安饺子宴"被称为"神州一绝"	214
为何说"陕西凉皮"惹人馋	215
"贵妃鸡翅"与杨贵妃有何渊源	215
陕西吃面有哪些讲究	216
"蓝田"为何成为"厨师中国之乡"	217
浆水面的名字有何来历	217

老陕西的娱乐

唐玄宗为何被奉为"梨园领袖"	219
为何说秦腔是百戏之祖	220
秦腔有何突出特点	221
什么是"眉户戏"	222

"碗碗腔"的名字因何而来	223
流行于陕南的汉剧有什么特点	223
"社火"是什么民间艺术	224
陕西木偶戏起源于何时	225
关中的皮影戏知多少	226
中国的"锣鼓之乡"在哪里	227
安塞腰鼓为何被称为"中国第一鼓"	227
宜川胸鼓有何别样风采	228
哪种锣鼓被誉为"威风锣鼓"	229
陕北的秧歌知多少	230
陕北的唢呐表演知多少	231
陕西民歌——信天游有何特色	232
陕西道情有何艺术特色	233
陕北说书知多少	234
商洛花鼓戏有何特色	235
什么戏让陕西人"百看千看不厌"	236
陕北的霸王鞭知多少	237
端阳的龙舟节是如何举行的	238
洛川蹩鼓有何艺术特色	239

老陕西的购物

唐三彩只有三种颜色吗	241
唐三彩是怎样做成的,有何特点	242
秦兵马俑复制品为何深受中外游客喜爱	242
陕西可以吃的工艺品——"花馍"知多少	243
西凤酒有何历史传说	244
"贵妃醉酒"喝的是什么酒	245
"椒中之王"家在陕西吗	246
"临潼石榴"有何来历	246
"火晶柿子"有何美妙传说	247
陕北红枣知多少	248
陕西猕猴桃酒有何来历	249
秦腔脸谱与京剧脸谱有何不同	250
张骞发达与洋县黑米有关吗	251
西安糖炒栗子炒的是哪种栗子	252
拓片是如何"炼"成的	252
凤翔彩绘泥塑是怎样从"泥货"蜕变出来的	253
秦始皇玉玺用的是什么玉	254
三原蓼花糖为何名贵	255
陕西扎染有何由来	256
柳编工艺有哪几种技法	256
甘泉县的"名片"是什么	257
商洛为何被誉为"核桃之乡"	258
米脂小米有何美誉	259
为何有"秦巴杜仲"之说	259
汉中天麻知多少	260
陕青茶有何特色	261
陕南麝香知多少	262
陕西的黄河鲤鱼有何特色	263
郴州梨有何来历及特色	264

老陕西的交通

中国第一国道——秦驰道知多少	265
陕北过去的交通工具是什么	266
旧时的陕西有轿子吗	267
"老君犁沟"有何传说	268
秦直道演绎了怎样的故事	269
从秦陵铜车马可以看出古代的何种等级制度	270
秦始皇出巡时乘坐什么车	272
金牛道有何来历	272
关中民间主要的出行工具是什么	273
哪条古道是因一个女人而改名的	274
世界上最早的人工通车隧道是哪条	275
壶口瀑布的"旱地行船"是怎么回事	275
"鸿雁传书"有何来历	276
风陵渡知多少	277
"金锁天堑"在何处	277
"萧何月下追韩信"的地点在哪里	278

"明修栈道,暗度陈仓"一语中的栈道指哪里	278
红军长征是在陕北何地会师的	279
西部第一窗——西安火车站知多少	280

老陕西的民居

陕北的窑洞是如何修建的,有何特色	281
韩城的党家村为何被誉为明清建筑的"活化石"	282
安康的石板房知多少	283
中国最早的四合院遗址发现于何处	284
阿房宫真有三百里大吗	285
项羽究竟有没有烧阿房宫	286
王宝钏寒窑有何传说故事	287
户县公输堂知多少	288
"地坑窑"是怎么回事	289
中国最早的瓦和最大的板瓦知多少	289
为何陕西农村"天黑就上床"	290
房子半边盖	291
青砖能把枕头代	291
热炕睡着好几代	292
陕西修窑洞"合龙口"的仪式知多少	292
关中建房上梁有何习俗	293
毛泽东在陕北住过哪些窑洞	294

老陕西的民俗

黄帝陵祭祖知多少	295
唐代妇女究竟有多开放	296
关中人是怎样结婚的	297
陕西农村是如何"耍房"的	298
关中十大怪知多少	299
"二百五"的说法有何来历	300
饺子里为啥要包盐块	300
陕西人生子的礼俗知多少	301
关中人是怎么给小孩做满月的	302
关中小孩为何裹兜肚	302
关中人怎样做"百日"	303
满月婴儿为何要"撞干爹"	304
延安火把节知多少	304
《东方红》真正的词作者是谁	305
关中的端午节最讲究什么	306
陕南姑娘为何要"哭嫁"	307
陕南人说亲有哪些讲究	308
关中人盖房有何习俗	308
陕南"丈人节"知多少	309
关中"虎"文化有哪些趣谈	310
延安"跳火节"知多少	311
八月十五拜月爷爷是怎么回事	311
陕西的方言俚语知多少	312
陕北人是怎么"戏姐夫"的	313
陕南的新娘子要过哪两道关	314
关中为何把媳妇叫"屋里人"	315
关中为何流行"石狮娃"	315
关中为何将吃晚饭叫"喝汤"	316
陕南人为何称嫂子为姐	317
陕西"乞巧节"如何乞巧	317
陕西民谣知多少	318
紫阳民歌有何鲜明特色	319
紫阳喝茶有何习俗	320
"麦稍黄,女看娘"的习俗有何来历	321
关中人是如何办丧礼的	322
临潼女子为何要绣"五毒"	323
曲江流饮怎么饮	324
陕西带有"农民"二字的艺术知多少	325
陕北的剪纸艺术知多少	325
"雁塔题名"有何趣事	326
"吃醋"一词有何来历	327
"人面桃花"背后有着怎样的爱情故事	328
咸阳三神——神刀、神脉、神针知多少	329
乾陵附近的百姓为何称武则天为	

"姑婆" 330
霍去病的名字是谁起的 331
为何有"米脂的婆姨绥德的汉"之说 332
关中古代"走西口"知多少 333
唐代为何禁止吃鲤鱼 334

老陕西的名人

黄帝为何被称为"人文初祖" 335
先周人的始祖是谁 336
周王朝的开国之君是谁 337
"周公吐哺,天下归心"中的"周公"
　有何来历 338
秦穆公何以称霸春秋时代 339
名医扁鹊是怎样遇害的 340
商鞅为什么被施以车裂之刑 340
汉武帝一生的三个女人知多少 341
董仲舒为何三年不窥园 342
司马迁为何惨遭宫刑 343
李广为何一生不得封侯 344
王昭君——汉元帝错过的美丽佳人 345

刘秀情深——"娶妻当得阴丽华" 346
马援死后为何蒙上不白之冤 348
《汉书》的作者是谁 349
班超为什么要投笔从戎 350
与"江南二乔"齐名的甄宓知多少 350
鸠摩罗什有何传奇一生 351
"闭月羞花"指的是哪两位美女 352
隋文帝是史上最怕老婆的皇帝吗 353
房玄龄稳居相位有何秘诀 354
李白的出生有何传说 356
"药王"孙思邈有何养生秘诀 356
关于"颜筋柳骨"两位主人公知多少 358
"武则天的第一男宠"是谁 359
钟馗信仰有什么起源 359
李靖与红拂女是如何邂逅相爱的 360
杜牧的风流史知多少 361
"活死人墓"的主人是谁 362
李自成是怎么死的 363
把和珅送上断头台的人是谁 364
杨虎城有过几次婚姻 365
刘志丹有哪些丰功伟绩 366

老陕西的历史

 为何陕西是探源中华民族五千年历史的出发点

陕西,历史源远流长,是中国古人类和中华民族文化重要的发祥地之一,是中华民族历史文明最早走向世界的地方。要说中华民族的起点,毋庸置疑,就是在陕西。传说中的伏羲、神农、女娲、黄帝等人类的始祖都是在这里发展生产或创建丰功伟绩的。

这里有距今160万年的洛南花石浪猿人遗址,有距今115万年的蓝田猿人遗址,还有距今20万—18万年的大荔人和距今5万—4万年的河套新人遗址。陕西境内的仰韶文化和龙山文化遗址也很典型。同时,陕西是我国历史上建都王朝数量最多、建都时间最长的地方。从公元前11世纪开始,先后有西周、秦国、秦王朝、西汉、新莽、东汉

陕西蓝田人头骨出土处

（末年）、西晋（末年）、前赵、前秦、后秦、西魏、大夏、北周、隋、唐等15个王朝在陕西建都。陕西是中国农业的发源地之一。传说中，炎帝神农在这里始创刀耕火种。在半坡遗址中，发现了中国最早的粟和菜子；在长武县，发现了中国最早的高粱；在关中平原上，有古代著名的水利工程郑国渠。陕西也是我国对外开放最早的地区之一。3000多年前，陕西长安就同许多国家有了政治、经济往来。著名的"丝绸之路"就是以古长安为起点的。从两汉时期开始，就以长安为中心，同南亚、西亚、欧洲各国进行政治、经济、文化交流。

陕西不仅是我们民族文明、文化、对外开放的发祥地，也是革命的圣地。可以说，近代的陕西是中国革命的摇篮。1935年10月19日，红军长征到达陕北吴起镇。从此，中共中央在陕北战斗、生活了13个春秋。延安成为中国革命圣地，中国共产党在这里领导了全国的抗日战争和解放战争，取得了伟大的胜利。

陕西是"中国历史的天然博物馆"，这里收藏的国家级文物质量之精、数量之多居全国各省市区首位，是当之无愧的文物特大省。要探源中华民族五千年的历史，陕西是我们出发的起点。

亚洲北部最早的直立人——蓝田猿人是如何被发现的

1963年7月，中国科学院古脊椎动物与古人类研究所的调查队在进行田野调查时，在蓝田县城西北约10公里的泄湖镇陈家窝发现了一老年女性下颌骨化石。1964年5月，调查队在公王岭地层中发现一个基本保存完整的中年女性头骨化石。经古地磁法鉴定，她们分别有60万年和115万年的历史。因两个发现都属于蓝田，又是亚洲人种，因此按惯例将其定为直立人蓝田亚种，我们通常称其为"蓝田猿人"或"蓝田人"。

研究人员将在公王岭地层中发现的头骨化石进行了修复，复原出一个完整的猿人头骨化石。从复原出的头骨来看，蓝田人前额低平且较宽，眉骨粗壮隆起，骨壁较厚，眼眶略方，嘴部向前伸。蓝田人的平均脑容量约为780毫升，仅为现代人脑容量的一半多一点。

在蓝田人遗址还出土了40多种动物化石，其中有剑齿象、大熊猫、水鹿等具有南方色彩的动物。这些动物化石的发现为研究

蓝田猿人头盖骨

蓝田所在的秦岭北麓的气候变化提供了有力的证据。100多万年前的秦岭北麓气候温暖湿润、植被茂盛,很适合原始人类的繁衍生息。

在公王岭蓝田猿人化石出土地附近,出土了许多生产工具,如尖状器、砍砸器、刮削器和石片、石核等打制石器。这些工具制作非常粗糙,都属于旧石器时代人类使用的工具。因此考古学家推断蓝田猿人为旧石器时代的早期直立人。

陕西蓝田猿人的考古发现,具有重大的学术价值。它扩大了已知的中国猿人的分布范围,对探索人类起源具有重大意义。

中国人为什么自称"炎黄子孙"

中国人自古以来就有自称为"炎黄子孙"的习俗,为什么会这样呢?这还得走进中国西北部(现今的陕西省)4000多年前那段尘封的历史,找寻中华民族两位始祖炎帝和黄帝留下的遗迹。

相传在4000多年前,中国的黄河流域和长江流域散居着许多人群,根据亲属关系他们组成了许多氏族,氏族经过进一步发展演变成了部落,其中最为著名的就是炎帝部落、黄帝部落、蚩尤部落。在原始社会生产力水平十分低下的条件下,为了占据一片适合生存的水沃土肥之地,这三个部落发生了无数次的战争。当时炎帝部落从渭河流域进入黄河中游与蚩尤部落发生了激烈的冲突,最终被蚩尤打败,便前去投奔黄帝部落。后来,在炎、黄两个部落联合下,蚩尤战败。打败蚩尤之后,炎帝部落野心日益膨胀,想与黄帝部落争做霸主,不幸的是经过多次激战,最终还是不敌,归服了黄帝部落。他们联合在一起组成了炎黄部落联盟,黄帝则成为了这个联盟的领袖。黄帝在位期间,社会稳定,人民安居乐业,还出现了一些发明和制作,如文字、音乐、历数、宫室、舟车、衣裳和指南车等。相传尧、舜、禹、汤等均是他的后裔。在历史传说中,炎帝同样也是一位对中华民族影响颇深的人物,是他开发了华夏的原始农业,作为农耕文化的创始人,炎帝也受到历朝历代人民的尊敬和祭祀。

后来,他们的后裔从河北一带向南发展,进入黄河流域,定居在中原。在漫长的历史长河进程中,他们共同生活,共同繁衍,互相融合,共同组成了中国中原地

郑州炎黄二帝塑像

区的远古居民,华夏族的历史就此拉开了帷幕,黄帝与炎帝也都被看做是华夏民族的始祖,故中国人开始自称是"炎黄子孙"。

红颜祸水——褒姒一笑失天下

公元前1046年,武王姬发建立了周朝。灭商建周的武王被人们奉为"圣王明君"的楷模之一。可是,仅仅400年后,"圣君"武王的后人周幽王宫涅(shēng)便又蹈夏桀和商纣的覆辙,与宠妃褒姒上演了中国历史上又一出红颜祸水、国破家亡的戏码。

烽火戏诸侯

褒姒,是褒人进献给周幽王的"礼物"。据说,褒姒来自于褒河岸边的一户农家,长得美丽动人,有着河水一样清澈的眼睛,杨柳一样的身段,百灵鸟一样的歌喉与彩云飞舞般的舞姿。周幽王得到了如此美人后,爱得如痴如醉,整日里伴在褒姒身边,与褒姒"饮则交杯,食则同器",一连十几天不至朝堂。不久,褒姒便为幽王生下了一个儿子,取名伯服。子凭母贵,幽王废了前太子宜臼,立伯服为太子。后来,又废掉了申王后,让褒姒入主正宫。

据说,褒姒虽然美艳如花,可就是不曾展颜欢笑。就算是儿子被封为太子,自己高居王后之位,也整日愁眉不展。幽王为了取得褒姒欢心,费了不少心机。他曾召集千人入宫,为褒姒表演舞蹈,曾命众人一起撕毁众多绫罗绸缎制造噪音,让褒姒开心。可是,褒姒始终不为所动。周幽王便昭告天下:有谁能够博得王后一笑,升官晋爵,赏赐千金。有一个名叫虢石父的佞臣出了一个主意。他劝说幽王点燃都城烽火,然后出其不意使娘娘一笑。要知道,周朝时,烽火只有在都城告急时才会被点燃,以使各个诸侯国前来相救。周幽王听后,竟然答应了这个荒唐的提议,命人点燃烽火。自己则携褒姒到城门楼上等着看热闹。各个诸侯国看到烽火燃烧正旺,便都率军急忙赶到都城。正当诸侯们面面相觑,不知发生了何事时,却看到了在城门上笑得前仰后合的幽王和褒姒。诸侯们便知道自己是被周幽王戏弄了,而动机竟是为了博美人一笑,都怒不可遏。

褒姒终于在"烽火戏诸侯"的闹剧中展颜欢笑。可是,就在不久以后,当西戎军队真的进犯都城,幽王再次点燃烽火向诸侯们求助时,却无人再来解围。幽王死于西戎兵下,褒姒也被掳走,周朝的统治告一段落。

美人一笑倾人城,褒姒的一笑使一个王朝覆灭,代价实在是太大了。

郑庄公黄泉见母的孝义故事知多少

忠诚和孝义是中华民族的灵魂和生命,被历代所推崇。2000多年前的春秋时期,在郑国就发生了郑庄公黄泉见母的孝义故事。

话说郑国国君武公的夫人齐姜有两个儿子。大儿子名叫寤生,即后来的郑庄公,二儿子名为段。齐姜在生大儿子的时候难产。人们认为这个儿子是不吉利的,很是厌恶。二儿子段一表人才,武艺高强,深受母亲偏爱。那时,嫡长子继承制已经确立。所以,无论齐姜怎样劝说郑武公,武公还是不肯把世子之位传于二儿子段。

郑武公死后,寤生继位,成为了郑国国君。姜夫人就开始与段密谋,想要谋害庄公篡权。其实,郑庄公早已知道他们二人的计划,只是碍于亲情,没有将他们揭穿。一次,庄公外出,姜夫人和段觉得时机已经成熟,于是发动叛乱。但郑庄公早已有所防备。所以,叛乱的人被一网打尽。段也畏罪自尽。可是,面对自己的亲生母亲,庄公虽然很是恼火,但依然不忍将她杀死,便将她发配到颍地,并立下重誓,与母亲"不到黄泉,永不相见"。其实,齐姜也觉得愧对自己的大儿子,便默默地搬到颍地居住。

在颍地,有一位名叫颍考叔的贤人。他与庄公关系甚密,与齐姜的交情也很深。他不忍看到母子反目,于是想办法帮助他们。颍考叔故意拿着几只鸮鸟去拜见庄公。吃饭时,他将鸮鸟当做野味献上。庄公问颍考叔:"你献上的这是什么鸟?"颍考叔答道:"这是鸮鸟,这种鸟在小的时候得到母亲无微不至的关怀,长大后,却把母亲啄死当做食物吃了。我专门杀这种不孝顺的鸟。"宴席快要结束时,颍考叔又拿起桌上的几块肉,放在了袖子里。庄公又问:"这又是为何?"颍考叔说道:"每当我吃肉的时候,便想起家中的老母亲,我要带回去,让她也享用这美味。"庄公听后,不禁感

郑庄公

慨:"你虽为穷苦人家,但是却还可以母子相见。我虽贵为国君,但是却母子反目。"颍考叔笑道:"只要你想见母亲,又有何难。只要找个有泉水之处,然后挖一条隧道。你们母子二人不就可以在地道之中相见了吗?"庄公听后大喜,立即派人去挖隧道。

地道挖好后,郑庄公终于见到了日思夜想的母亲。母子二人抱头痛哭,最终重归于好。

秦始皇为何没有册封皇后

秦始皇嬴政是中国历史上最伟大的政治家、改革家、军事家、战略家。他13岁即王位,在位37年。在这37年间,他扫灭六国,北击匈奴,南服百越,修筑万里长城,奠定了今日中国版图的基本格局。他创立皇帝制度,在中央实施三公九卿制,地方实行郡县制,统一文字、货币和度量衡等,对中国历史产生了深远影响,奠定了中国2000多年政治制度的基本格局。

秦始皇还是历史上唯一一个没有立过皇后的皇帝。他在位37年,却始终没有立皇后。关于秦始皇不立皇后的理由,历史上说法众多,但大多并不可信。

第一种说法是母亲影响。秦始皇的母亲赵姬生活淫乱,行为不当。赵姬原为商人吕不韦的妾,后被吕不韦送给在秦国的王孙子楚,历史上也有说秦始皇是赵姬与吕不韦的儿子。后来子楚回到秦国继承王位,称庄襄王,他死后,嬴政继位。已经身为太后的赵姬仍然与吕不韦藕断丝连,吕不韦怕嬴政察觉,便暗中将嫪毐(lào ǎi)送入后宫以满足赵姬的私欲。赵姬与嫪毐私通多年,甚至生有两个儿子。母亲的这些不检点的行为使秦始皇无地自容,使他的心理在压抑下变得扭曲。秦始皇多疑、专制、暴虐、冷酷无情的复杂性格就是在这种不堪入目的环境里形成的。母亲的不检点最终惹怒了他,他下令处死嫪毐和两个私生子弟弟,并将自己的母亲赶出咸阳城。他迁怒于吕不韦,将其罢免,命他迁往蜀中,途中吕不韦服毒而死。母亲赵姬所做的一切给秦始皇造成了严重的心理阴影,导致他对女人始终抱着一种敌视的态度,所以他迟迟不立皇后,直到自己命归黄泉。

秦始皇的母后赵姬

第二种说法则是秦始皇觉得天下没有一个女人能配当"千古一帝"的皇后。 秦始皇自认功德超过三皇五帝,所以把立后的标准也提得非常高,最终也没能找到一个合适的女子来做皇后。

第三种说法倾向于政务繁忙。 秦始皇在位37年,所做之事都是震惊中国的大事。称皇帝之前,他忙于灭六国;称皇帝后,他忙着改革;晚年时期,他又忙着求仙,追求长生不老。因此他才没有立皇后。这种说法在情理上说不过去,立皇后不是什么费劲的事。况且在秦始皇的陵墓中并没有皇后陵,这就说明他本来就没有立后的打算,与他忙不忙并没有多大关系。

就情理而言,第一种说法比较可靠,第二种次之,第三种最不可信。秦始皇一生没有立皇后很可能是受其母亲放荡行为的影响,他对女人向来敌视,后宫三千佳丽只是他用来满足生理需求的工具而已。

秦始皇身世之谜

秦始皇,建立了中国历史上第一个封建王朝,成为中国历史上第一位皇帝,自称"始皇帝"。其对后世的影响是不可估量的。功过是非,暂且不谈,他给后世留下的两大谜团很引人关注:一是,求仙之道;二是,身世之谜。其中秦始皇是不是私生子,是最引人关注的一个谜团。那么,他是不是私生子呢?

秦始皇是中国历史上并不多见的最有成就的帝王之一。秦灭六国而一统天下,结束了战国时期的长期分裂,为中国的统一作出了很大贡献。在民间,秦始皇一直作为暴君的形象存在。其实,客观地分析,他的作为不仅无可厚非,而且还是功大于过,可以说是"中国式的拿破仑"。似乎帝王都喜欢给后世留下一些谜团。秦始皇嬴政留下的谜团——身世之谜,2000多年来都无人解开。

秦始皇究竟是吕不韦的私生子,还是纯正的皇室血脉,这个问题困扰了中国历史学家2000多年。《史记·吕不韦列传》中记载,吕不韦是一个商人。他获得巨大财富之后,想要自己的后代也永享富贵。于是,用赚来的金钱进行政治投资。书中记载,吕不韦对子楚说:"我虽贫,愿意献给您千两黄金,让您用来结交权贵。"子楚许诺:"必如君策,请得分秦国与君共之。"子楚果然继位为庄襄王。据

吕不韦

《史记·秦始皇本纪》记载:"秦始皇帝者,秦庄襄王子也。庄襄王为秦质子于赵,见吕不韦姬,悦而取之,生始皇。"由此可知其母为吕不韦的姬妾。前文说过吕不韦献金与子楚是用于政治投资,其后子楚(即秦庄襄王)娶吕不韦姬妾。其时,吕不韦姬妾是否已怀有身孕乃问题所在。照吕不韦的精明来看,很有可能其姬妾已有身孕,故意送与秦庄襄王。没过不久,姬妾生子,取名为政,就是后来的秦始皇嬴政。后世之人怀疑秦始皇是吕不韦和其姬妾私生子的原因就是来源于此。而著名史书《战国策》对吕不韦献其姬妾这件事只字未提。这在史学界引起了很大的争论:有人说,《战国策》主要记载个人比较私密的事情,类似于现在的绯闻、八卦杂志。书中既然没有记载,那么当时很可能就没有这件事。还有人说,《战国策》不是正史,其可信度和《史记》无法相比。应当遵循《史记》的记载。

千古一帝,创下不世之伟业的秦始皇嬴政的身世究竟如何,还需要专家们进一步的研究和探索。

指鹿为马——秦国姓赵还是姓嬴

秦始皇死后,胡亥当上了皇帝,是为秦二世。他有勇无谋,使朝政大权都落入赵高手中。赵高野心勃勃,日夜盘算着怎样篡夺皇位。为知道朝中有多少人忠诚于他,便在朝堂上导演了一出"指鹿为马"的闹剧。

一天上朝时,赵高让人牵来一只鹿,满脸堆笑地对秦二世说:"陛下,微臣今日献给大王一匹上等的千里马。"秦二世一看,心想:这哪是什么马,分明是一只鹿嘛!他笑着对赵高说:"丞相搞错了,这分明是一只鹿,你怎么说是马呢?"赵高不慌不忙地说道:"陛下,您仔细看清楚,这真是一匹马。"秦二世又看了看那只鹿,不知道赵高在搞什么名堂,问道:"那为何马的头上会长角呢?"赵高没有理会秦二世的疑问,转身指着朝中的大臣们,大声地说:"陛下如果不信的话,可以问问众位大臣。"

大臣们都被赵高的一派胡言搞得不知所措,私下里嘀咕:这个赵高搞什么名堂?是鹿是马这不是

赵高指鹿为马图

明摆着吗！当看到赵高脸上露出阴险的笑容,两只眼睛不怀好意地在人群中扫来扫去时,大家明白了赵高的用意。一些大臣充满正义感,直言不讳地指出:这就是一只鹿,根本就不是千里马。而那些平日里就对赵高趋炎附势的小人面不红耳不赤地争辩道:这分明是一匹日行千里的良驹。还有一些大臣胆小怕事,纷纷低下头,默不作声。

"指鹿为马"的闹剧过后,赵高通过各种手段把那些不顺从自己的大臣纷纷治罪,甚至满门抄斩。从此,朝中上下莫不噤声,都看赵高的眼色行事,任其为所欲为。

秦始皇暴死之谜

秦始皇在第五次出巡时病死于沙丘(今河北省平乡县),时年49岁。由于事发突然,引发政变,长子扶苏因矫诏自杀,少子胡亥即位。2000多年来,很多人猜测始皇的死因,提出多种说法,一说病死,一说吃丹药中毒而死,一说被害死。

司马迁的《史记》记载始皇是病死的。秦王政三十七年(前210年)十月始皇出巡(按:秦以十月为岁首),少子胡亥想游览河山,便随行。先后至云梦、丹阳、会稽,又北至琅邪乃回。"行至平原津而病。始皇恶言死,群臣莫敢言死事。上病益甚,乃为玺书赐公子扶苏曰:'与丧会咸阳而葬。'书已封,在中车府令赵高行符玺事所,未授使者。七月丙寅,始皇崩于沙丘平台。"

秦始皇体质较弱,但又过于勤政,每日批阅书简120斤,劳累过度,加以七月高温,长途巡游劳顿,诸因素并发,突然重病。《史记·秦始皇本纪》记载:"秦王为人蜂准,长目,鸷鸟膺,豺声,少恩而虎狼心……"郭沫若据此推测秦始皇幼时患有软骨症,有支气管炎,所以才形成鸷鸟胸,声音似豺,后来又因政务繁重,引发脑膜炎和癫痫等病症。

秦始皇

另有人认为始皇是吃丹药过量,引发中毒。始皇想长生不死是出了名的,以至于有方士骗他说某地有不死药。他们所献丹药多少有些毒性。始皇帝长年服用,导致慢性中毒。最终毒性与其他病一起发作,不治身亡。

第三种说法是赵高与胡亥害死了始皇帝。郭沫若认为可能是胡亥害死了他。也有说是赵高主谋害死了他。但这些说法都属猜测,欠考虑,经不住考证。

始皇帝病于平原津。从平原津到沙丘有100多公里,按慢行约需两三天。这期间他也认识到自己不久将死,便给长子扶苏写诏书"与丧会咸阳而葬",并且还加了封。结果,还没有派专人去送便死了。死之前胡亥、赵高、李斯等人都不知诏书内容,没有加害动机。得知始皇帝死后,赵高私看了诏书,知其意为立扶苏。赵高与扶苏、蒙恬不和,便劝胡亥趁机夺位。从《史记》的记载看,胡亥最初还不同意,认为有违忠孝。所以说赵高和胡亥谋害了始皇帝之说不可靠。

从上面的几种说法来看,还是司马迁所记最可信,毕竟其离得最近,史料多,可以查证。近代以来的种种推测多属附会,难以让人信服。

汉代是如何神化刘邦的

刘邦本是一介平民,当过泗水亭长,不喜读书,好酒色。然而,这样一个人,却在秦末农民起义中脱颖而出。短短几年时间,击败了不可一世的西楚霸王项羽,夺取江山做了皇帝。刘邦的成就,不仅让熟知他的人感到疑惑,就连司马迁也觉得不可思议。

汉高祖刘邦

虽是如此,司马迁在写《史记·高祖本纪》时,却把刘邦神化了,把他塑造成神和真命天子。文中记载:"其先刘媪尝息大泽之陂,梦与神遇。是时雷电晦冥,太公往视,则见蛟龙于其上,已而有身,遂产高祖。"这段话说刘邦是母亲在睡梦中与蛟龙交合后的产物,是神(蛟龙)的儿子。据说,刘邦相貌不凡,有着高高的鼻梁,长着龙的额头,同时是个洒脱飘逸的"美髯公"。最奇特的是他的左股长有"七十二黑子",竟与炎帝的七十二日之数相吻合。炎帝是日神之子,即火神。相传炎帝的母亲游华山时,看见一条神龙,身体马上有反应,回来就生下炎帝。因此,有人又把刘邦说成是炎帝的儿子。这样一来,刘邦是神龙后代似乎已成铁定的"事实"。

把刘邦塑造成神龙的后代,好像有些龙的气象和龙的影子来衬托才更具说服力,因此,司马迁又写道"所居上常有云气","其上常有龙"。说刘邦还没得志时,身上就经常出现龙的影子。强调他取得天下并非侥幸,而是上天的安排,是天神对他的委托和青睐。这样一写,使刘邦"真命天子"的形象跃然纸上。

司马迁对刘邦的"真命天子论",可以说是当时的一项"造神运动"。刘邦建立大汉帝国，成就了刘氏两汉400年的基业，把汉族缔造成中国的主体民族，影响深远，无愧为一代英雄。其实，即使英雄逝去，那些丰功伟绩也会被历史铭记，又何须这些无中生有的"噱头"呢？

冒顿单于是怎样调戏吕后的

秦二世元年（公元前209年），冒顿单于弑父自立。他的部落势力强大后，不断扩张，多次带兵南下袭扰汉边。汉高祖六年（公元前201年）秋，在马邑迫降韩王信。次年又以40万大军将汉高祖刘邦包围在平城白登山。无奈之下，西汉主动求和，采取"和亲"政策。

公元前195年，刘邦驾崩，吕后执政。冒顿单于变得更加骄横，甚至写信调戏吕后，信中说："我是孤独寂寞的君主，生在沼泽，长在草原。我多次到边境来，希望能到中原游览一番。陛下独立为君，也是孤独寂寞，一个人居住，我们两个寡居的君主都很不快乐，无以自娱，还不如我们以己所有，换己所无。"此信被原封不动地记录在了《汉书》里。

冒顿单于

吕后看过信后，羞愧难当，认为自己受到了极大的侮辱，气得要杀掉匈奴来使，发兵匈奴。在大臣们百般劝阻之下，她冷静下来，回信给冒顿道："单于没有忘记敝国，还赏赐我们书信，我们诚惶诚恐。我年老气衰，头发牙齿都已脱落，走路也不稳，不值得单于为我屈尊玷污自己。敝国若做错什么，还请单于宽恕。"然后附送给冒顿车、马等礼物。冒顿收到信一看，汉朝不但不动怒，还颇为谦逊，知道对手吕后并非简单人物，便收敛起来，回赠礼物，正式答应和亲。冒顿单于对吕后的这场调戏无果而终。

一代佳人戚夫人是如何被变为"人彘"的

公元前202年，汉王刘邦正式称帝，建立起大汉王朝。按理说，刘邦的结发妻子吕雉可就是大汉最幸福的女人了：丈夫当了皇帝，还把自己封为中宫皇后，儿子也被封为太子，从此可以荣华富贵、安享一生了。可是，吕雉并不快乐，因为后宫有太多的女人与她分享自己的丈夫，特别是戚夫人极得刘邦的宠爱。这

老陕西的趣闻传说

使得吕雉心里极为不快。

戚夫人是今山东定陶人。相传她眉目俊秀、窈窕多姿,多才多艺,会鼓琴、唱歌,还精于舞蹈。刘邦登基后,常常与戚夫人在宫中歌舞作乐,逐渐冷落了伴随自己征战多年的妻子吕雉。所以,吕雉视戚夫人如眼中钉、肉中刺。后来,刘邦又想废掉懦弱的太子刘盈,立戚夫人的儿子如意为太子。虽然经过张良等人的阻挠没有实施,可是这使得吕雉对戚夫人的仇恨更加加深了。

汉高祖十二年(公元前195年),刘邦病逝,太子刘盈即位,即汉惠帝。吕雉

戚夫人

就成了太后。此时,吕雉做的第一件事,就是要发泄对戚夫人母子多年的怨恨。她先逼戚夫人穿上囚服、戴上枷锁,将其囚禁于永春巷舂米。可是,吕雉还是不解恨,不过,考虑到戚夫人还有一个儿子,所以不敢再加害她,便把矛头对准了如意。

其实,刘邦在世时,就考虑到自己死后,吕雉一定会对势单力薄的戚夫人下毒手,于是把如意封为赵王,并托孤于国相周昌。吕雉设计召周昌和赵王先后到长安,以便分散二人的力量,加害如意时更加容易。可是,没想到,善良的惠帝刘盈为了保全弟弟性命,从如意进入长安城的那天起,就出城迎接,并且一直同食同寝,始终伴在如意左右,使吕雉无从下手。

刘盈有早起的习惯,一日,自己早早地起床练习骑射,看到如意正睡得香甜,便没有叫醒他。这下就使吕雉有了害如意的机会。等到刘盈满头大汗、兴高采烈地回到房中时,才发现如意早已七窍流血死在床榻上。

戚夫人闻得如意死讯,便知自己已失去最后的希望,也知道自己早晚都要遭吕雉毒手。可是,她想得还是太简单了。狠毒的吕雉想要的是让她生不如死。吕雉先命人剪掉戚夫人的一头长发,然后挖掉她一双美丽的眼珠,砍掉她的双手双脚。这还不够,吕雉还逼戚夫人吃下哑药,用烟把戚夫人的耳朵熏聋。最后,命人把惨不忍睹的戚夫人扔进了猪圈里,还给自己的"杰作"取名"人彘"。之后,她又带自己的儿子刘盈来欣赏自己的"杰作"。当刘盈看到这个无手无脚、眼睛成了鲜血淋淋的黑洞的怪物时惊呆了。当吕雉告诉他这是戚夫人时,刘盈更是吓得哇哇大哭。

可怜戚夫人这位能歌善舞的绝代佳人,竟被泯灭人性的吕雉折磨到如此田地。这是吕雉嫉妒心的摧使,更是那个时代女子的悲歌。

毒妇吕后的本来面目

吕雉（前241—前180），亦称汉高皇后吕氏，是汉朝开国皇帝汉高祖刘邦的原配夫人。公元前195年四月，刘邦驾崩，太子刘盈继位，史称汉惠帝。吕雉被尊为皇太后，开始临朝称制，掌握汉朝政权长达16年。

吕后为人有谋略，心狠手辣，擅长权术。韩信、彭越、英布皆死于其谋。《史记》记载："吕后为人刚毅，佐高祖定天下。所诛大臣多吕后力。"在她执政期间，继续保持"与民休养生息"政策，与匈奴和亲，所以汉朝得到恢复，为以后的盛世局面奠定了基础。吕布在一些事上过于毒辣，所为似非人类，故被人称为毒夫人。

楚汉战争时，于公元前205年，刘邦为项羽所败。吕雉和刘邦的父母被俘，做了两年的人质。她可谓是为刘邦做了很大的牺牲。公元前203年秋，吕雉携子归汉后，回到刘邦身边后却发现刘邦身边早已有了个得宠的戚夫人，不禁怒火中烧，便留守关中，与刘邦分居两地。《史记·吕太后本纪》："吕后年长，常留守，希见上，益疏。"当时刘邦嫌吕后所生的太子刘盈性弱，便想废掉太子刘盈，改立戚夫人所生的儿子赵王如意。幸在吕后的多方安排下，才保住了刘盈的太子之位。这些事使吕后对戚夫人怀恨在心。

公元前195年四月，刘邦死。吕后便临朝称制，夺了大权，便开始发泄仇怨。她逼戚夫人穿上囚衣，戴上铁枷，在永春巷舂米。戚夫人悲痛作歌："子为王，母为虏，终日舂薄暮，常与死为伍！相去三千里，当谁使告汝？"意为让其子赵王刘如意来救她。吕雉闻知大怒，召赵王回京，于公元前194年十二月，借机将其毒死。其死时年仅15岁。吕雉又下令剪去戚氏头发，砍断手脚，弄瞎双眼，熏聋双耳，灌哑酒，关在猪圈里，呼之为"人彘"。她让儿子惠帝刘盈来参观戚夫人。刘盈本贤弱，想不到母亲会残忍到这种程度，见戚夫人的惨状，绝非人类，顿时被吓成重病，不几年，就于公元前188年就病死了，年方24岁，只当了7年皇帝。

吕后又立惠帝刘盈之子刘恭为少帝。少帝因其生母为吕后所杀，有怨言。公元前184年，吕后杀少帝刘恭，又立刘盈次子

吕后

刘弘为(后)少帝。大权仍在吕后手中。刘邦共有8个儿子,分别是长庶子刘肥、嫡长子刘盈、刘如意、刘恒(即汉文帝)、刘恢、刘友、刘长、刘建,其中只有刘盈是吕后亲生的。吕后掌权后,先是毒杀了刘如意,然后又想杀刘肥。刘肥设计自保逃过一劫。吕后又设计饿杀刘友,又迫使刘恢自杀。刘建病死时留下一个儿子,吕后派人将其杀掉。8个儿子中,直接或间接死于吕后之手的有4人,1人被绝了子孙。没有受到损伤的只有刘肥、刘恒和刘长3人。

软弱的汉惠帝刘盈

另有谣传,由于刘邦经常在外征战,吕雉与故友审食其勾搭成奸。审食其也多照顾其母子。刘邦称帝后,在吕雉提请下,审食其被封为"辟阳侯"。辟阳侯与吕雉交往过密,令人怀疑,但无证据,又不敢乱说,故刘邦一直不知。刘邦死后,有人宣扬审食其与吕后的事情。《汉书·朱建传》载:"久之,人或毁辟阳侯(审食其),惠帝大怒,下吏,欲诛之。太后惭不可言。大臣多害辟阳侯行,欲遂诛之。"幸得朱建托宠臣救助讲情,审食其才免一死。惠帝死后,审食其与吕后关系更为密切。吕太后死,淮阳王刘长怀恨审食其在汉高祖时对其母亲见死不救,于公元前177年,伺机杀了审食其。

吕后晚年,因没有子孙,怕高祖刘邦的子孙欺凌吕氏,故大封诸吕为侯。公元前180年八月初一,吕后病死,终年62岁,与汉高祖合葬长陵。诸吕欲为乱,刘氏诸王与周勃、陈平等人发兵诛平之。

纵观吕雉的一生,既刚毅干练,又凶狠毒辣。但她统治期间,仍推行"无为而治,与民休息",政绩显著,为"文景之治"起了铺垫作用。史家称赞当时"天下晏然,刑罚罕用,民务稼穑,衣食滋殖。"这或许是对吕雉功过的最客观评价。

"金屋藏娇"后续故事知多少

汉武帝幼时,馆陶长公主想把自己的女儿阿娇许配给他,便半开玩笑地去征求他的意见。童稚的刘彻当场答曰:"好!若得阿娇作妇,当做金屋贮之也。"长公主大悦,遂力劝景帝促成了这桩婚事。与此同时,刘彻得到馆陶政治势力的支持,不久,就被立为太子。公元前141年,汉景帝去世后,刘彻继位,立陈阿娇为后。然而,阿娇并未因"金屋藏娇"得到幸福。这是怎么回事呢?

据说陈阿娇贵为皇后却多年没有生育，为求生子，仅医药费就花了9000万钱，仍毫无效果。她出身显贵，自幼荣宠至极，难免骄傲率真，且有恩于武帝，不肯逢迎屈就。因此，原本就不喜欢她的武帝越来越疏远、冷落她，另寻新欢。元光五年（前130年），汉宫里发生一件"巫蛊"案，矛头直指被汉武帝冷落已久的陈皇后。"巫蛊"自古是宫廷大忌，操作简便，且说不清道不明，被怀疑者根本无法自辩。有许许多多的后宫嫔妃遭人陷害，以巫蛊罪名被杀。陈皇后也没有逃过此劫。武帝刘彻以"巫蛊"罪名颁下诏书："皇后失序，惑于巫祝，不可以承天命。其上玺绶，罢退居长门宫。"至此，金屋未造，"恩"、"情"皆负。几年后，陈皇后在长门宫里郁郁而终。

陈阿娇

值得庆幸的是，陈皇后并没有像其他嫔妃一样，被埋在"妃园"，而是与其母馆陶长公主一起葬于窦太后陵墓侧，最后和真正疼爱自己的母亲、外婆和外公埋葬在一起。到此，"金屋藏娇"的故事彻底落幕。

 汉武帝后妃们的悲惨下场

汉武帝刘彻是西汉的第五位皇帝，是杰出的政治家、战略家。他独尊儒术、罢黜百家，沟通西域、吞并朝鲜，使西汉成为当时世界上最强大的国家。他一生功业辉煌，但终究是个帝王，逃不过薄情冷血之名。

在刘彻的后宫中，有太多的女人在这里香消玉殒，其中陈皇后、卫子夫、李夫人、钩弋夫人四人下场最为悲惨。

陈皇后（陈阿娇）是刘彻的第一位皇后。刘彻儿时便说过"若得阿娇作妇，当做金屋贮之也"。"金屋藏娇"便是由此而来的。在阿娇母亲馆陶长公主（刘彻的姑妈）的努力下，刘彻七岁被立为太子，阿娇被立为太子妃。刘彻17岁即位后，立阿娇为皇后。两人也曾十分恩爱，但阿娇始终没有给刘彻生下一男半女，刘彻转而宠幸了卫子夫。阿娇十分嫉妒，便在宫中行巫蛊之事，想要夺回失去的宠幸。东窗事发后，阿娇被讨厌巫蛊的刘彻废后，寡居在长门宫。阿娇虽花重金请司马相如作《长门赋》，以讨刘彻欢心，但沉浸在新人温柔乡中的刘彻

李夫人

终没能回心转意。郁郁寡欢的陈阿娇终日在长门宫中等待,终于在110年死于宫中,年仅38岁。

卫子夫本是刘彻姐姐平阳公主家的歌伎,被刘彻看中,被送进宫中。卫子夫入宫后,生下三女一男。刘彻喜得龙子,在公元前122年立卫子夫之子刘据为太子,册封卫子夫为皇后。自此,歌伎卫子夫宠冠后宫,卫氏家族权倾全国。时光流转,卫子夫逐渐年老色衰,再得不到刘彻的欢心。太子刘据在当时遭人诬陷,一怒之下竟举兵收捕诬陷之人,掉入奸人设计的圈套。兵败后,太子自缢而死。卫子夫自知躲不过此劫,便交出皇后玉玺,悬梁自尽。

"北方有佳人,绝世而独立,一顾倾人城,再顾倾人国。"宫廷乐师李延年这歌中倾国倾城的美人便是李夫人。李夫人是李延年的妹妹,他将自己的妹妹举荐给刘彻来讨取欢心。刘彻一见到李夫人就封她为夫人,升李延年为协律都尉。李夫人入宫后,生有一男,为昌邑王。但不久她就病死了,她死前坚持不让刘彻看到其病容。在其死后,刘彻因思念她还请方士为其还魂,以解朝思暮想的痛苦。李夫人死后,刘彻并没有因顾念旧情而放过她的家人,李氏家族被以各种罪名灭族。

公元前95年,50多岁的刘彻得到了年轻貌美的钩弋夫人。钩弋夫人十分得宠,刘彻专门为她建造"钩弋宫"来居住。钩弋夫人怀胎14个月生下了一个龙子,刘彻老年得子,对钩弋夫人更加宠爱。钩弋夫人的儿子就是后来的汉昭帝刘弗陵。按理说钩弋夫人本该贵为太后,拥有享不尽的荣华富贵。但事实却出乎所有人的意料。公元前88年,钩弋夫人被刘彻处死,罪名竟然是钩弋夫人太年轻,而太子过于年幼。

她们都是刘彻最为宠爱的女人,但却没有一个得到善终。终究权力和江山才是这位雄才大略的皇帝最喜爱的东西,女人再怎么倾国倾城,也只是可以替换的衣服。

钩弋夫人

舞姿如燕心如毒蝎的赵氏姐妹是如何独宠后宫的

汉成帝皇后赵飞燕可以说是我国古代杰出的舞蹈家。她身材苗条,姿容秀丽,舞姿优美。传说她可以在托盘上表演出绝妙的舞姿,可谓前无古人、后无来者。也正是因为赵飞燕的出众,所以,才能够和妹妹赵合德专宠后宫10余年。在这10余年里,赵飞燕充分展现了一个蛇蝎美人的妖冶和冷艳。

赵飞燕的父亲赵临是一个地位低下的汉宫家奴,生活穷困潦倒。赵临在赵飞燕生下后,因无力抚养,故把她抛弃在荒郊野外。三天后,因于心不忍便去寻找,他发现襁褓中的婴儿竟然还活着,于是便把飞燕抱回家中继续抚养。飞燕长大后,与妹妹赵合德一起被送到阳阿公主府中学习声乐舞蹈。赵飞燕窈窕轻盈的身姿和与生俱来的舞蹈天赋使她异常出众。

一次,汉成帝刘骜巡幸到阳阿公主家中,公主便召家中舞伎助兴。在众多舞伎中,赵飞燕勾人魂魄的眼神、袅娜轻盈的舞姿、动人心魄的歌喉,一下子就吸引了成帝的眼球。于是,汉成帝就把赵飞燕招进皇宫,封为婕妤,从此对她极度宠爱,几乎夜夜临幸,日日相陪。

赵飞燕与赵合德姐妹

赵飞燕是一个很有心机的女子,她知道在这深宫中,想永远得宠单靠自己实在是势单力薄,于是,便把同样容貌出众的妹妹赵合德推荐给了成帝。赵合德柔情似水,赵飞燕热情似火,赵氏姐妹齐心协力,令成帝对她们神魂颠倒。成帝一刻见不到赵氏姐妹就觉心神不安,对赵氏姐妹言听计从。

后来,不满足于昭仪地位的赵飞燕与妹妹一起设奸计陷害皇后许氏,令成帝废掉许皇后,并立自己为皇后,立赵合德为昭仪。从此,赵氏姐妹独掌汉朝后宫,生杀予夺,恣意妄为,不可一世。因为姐妹俩没有能力为成帝繁衍后嗣,所以她们特别害怕别的嫔妃怀孕生子,开始疯狂地摧残宫人。宫女曹氏得成帝宠幸,生下一个男孩,竟被赵氏姐妹逼死,就连皇子也被扔出宫外。许美人生下一子,赵合德在成帝面前哭闹不已,一定要成帝赐死许美人母子俩。成帝色迷心窍,竟然答应了。这真可谓"爱美人不爱江山"。成帝为了讨好两个女人,不顾自己年逾不惑仍膝下尤虚,两次杀死自己的亲生骨肉。

赵氏姐妹专宠后宫十几年。最后，赵合德因为成帝死于自己床榻之上而畏罪自尽。赵飞燕在汉平帝继位后以杀害皇子之罪被责令自尽。

巫蛊引起的西汉宫廷血案

汉武帝为人刚愎自用，处事武断，常造成冤案。其晚年身体欠佳，宠信术士江充等人，最终酿成宫廷血案，公主、皇后、太子、重臣被杀或自杀，朝廷根基动摇，武帝痛失亲人，自食其果。

汉武帝刘彻

征和元年（前92年），丞相公孙贺之子公孙敬声因挪用北军钱一千九百万被捕入狱，公孙贺奏请亲自办案抓获通缉犯阳陵游侠朱安世，以为儿子抵罪。朱安世被抓获并投入监狱。他出于报复，在狱中上书揭发公孙敬声与阳石公主私通，并诬称公孙一家在甘泉宫驰道埋木偶人诅咒汉武帝。武帝大怒，将公孙贺父子下狱。征和元年二年正月，公孙贺父子死在狱中，其家人全被斩杀。数月后，巫蛊案连及阳石公主和另一个卫皇后所生的女儿诸邑公主，以及卫青的长子卫伉，他们全部被杀。当时江充与太子刘据不合，江充见武帝年老将终，担心太子刘据继位后会对自己不利，又见武帝连自己的骨肉阳石公主和诸邑公主都敢杀，便想先下手利用巫蛊之案除掉太子。

当时汉武帝身体欠安，江充便对武帝说："宫中蛊气太重，巫蛊不除，陛下的病很难好转。"于是武帝任命江充追查巫蛊。江充先从失宠的后宫夫人查起，把屋里屋外都掘遍了，一直掘到皇后和太子的住所，把事先准备好的桐木人拿出来，并宣扬说："太子府挖到的木人最多，还发现了太子诅咒皇帝的帛书。应该马上奏明皇帝，办他的死罪。"但此时汉武帝在甘泉宫养病，不在长安。

太子刘据问太子少傅石德该怎么办："上疾在甘泉，皇后及家吏请问皆不报，上存亡未可知，而奸臣如此，太子将不念秦扶苏事耶？"意云怕太子刘据重蹈秦扶苏被奸臣害死的旧辙，建议太子拘捕江充等人及追查他们的阴谋。征和二年（前91年）七月壬午，太子派人假冒武帝的使者收捕江充等人。江充助手韩说怀疑使者身份，不肯受诏，被杀。皇后得知后，向太子伯舍人分发武器。太子告百官江充谋反，便把江充杀了，将胡巫烧死于上林苑。江充一伙的苏文逃到甘泉宫，向武帝控诉太子谋反。武帝派使者召太子。使者没敢到太子那里，回报武帝说："太子反已成，欲斩臣，臣逃归。"武帝大怒，令丞相刘屈氂率兵平乱。太子的市民兵数万与丞相军激战五日，死者数万人。长安城有流言说太子谋反，人们不敢依附太子。最终，太子势孤兵败，逃离长安。皇后卫子夫自杀。

太子向东逃到湖县（今河南灵宝西），隐藏在泉鸠里。后来消息泄露。八月初八辛亥，地方官围捕太子。太子自缢而死，二位皇孙也一同遇害。小皇孙刘病已尚在襁褓，被下狱。

巫蛊案中被杀的太子刘据

征和二年，壶关三老令狐茂与田千秋上书为太子鸣冤，因江充一平民小竖子之乱行，致使皇后、公主、太子、皇孙数位武帝的亲人身死，损失可谓大矣。武帝终于醒悟过来，斩江充全族，焚苏文于横桥上，在泉鸠里加兵刃于太子的长官被灭族。

巫蛊之祸致数万人身亡，还殃及皇亲，痛定思痛，武帝开始反思其错误，并注重民生。征和四年（前89年），他下《轮台罪己诏》，对自己即位以来的错误表示忏悔。天下臣民闻之，莫不悲戚。

中国最早的国立大学是什么

在21世纪的今天，知识才是推动社会发展的动力，而大学则是传授知识的地方。大学通过培养人才来推动着各行各业的发展和进步。重视教育不是现代的新鲜事，中国古代便已有了政府开办的国立大学——太学。

太学是中国最早的国立大学，太学之名早在西周时期就已经存在，直到汉武帝时期才在京师设立。公元前135年，汉武帝"罢黜百家，独尊儒术"之后，采纳董仲舒的建议，在长安建立太学。太学中由博士任教授，最早由五经博士专门讲授儒家经典《诗》《书》《礼》《易》《春秋》。太学中的学生称为"博士弟子"或"太学弟子"。历代的太学都有所发展，博士、学生人数都有所增加，学生人数在王莽时期达到上万。太学中学生在长安内由专门负责此事的太常选择产生，外则由郡国察举。

主张设立太学的董仲舒

西汉时设立的太学如今已无迹可寻,现有遗址留存的是东汉时期设立的太学。东汉太学遗址位于洛阳偃师佃庄乡太学村(原东汉洛阳城东南部开阳门外)。它始建于建武五年(29年),于建武二十七年(51年)建造太学讲堂,至顺帝时达到空前规模。有史料记载显示,东汉太学建有240房,共1850室。在新中国成立后的考古勘察中发现太学遗址总面积达5万平方米,可见当时太学的规模之大。东汉太学学生人数也超过西汉时期,曾达3万余人。东汉时著名的人物,像王充、张衡等都在这里读过书。

太学在东汉时期达到鼎盛,经魏晋南北朝后,逐渐衰落。先后历时六、七百年,是中国也是世界上最早的国立中央大学,对后世产生了深远的影响。

古代统治者设立太学的首要目的是要培养封建官僚。太学的课程以通经致用为主,学生经学习考试合格,就可以为官。另外,太学除培养封建官僚外,还具有培养人才和促进文化的传播和繁荣的积极作用。

隋文帝杨坚为何冷落后宫三千佳丽

隋文帝杨坚,是隋朝的开国皇帝。他建立隋朝,统一中国,开创了辉煌的"开皇盛世"局面。独孤伽罗,是北周卫公独孤信的女儿,14岁时,嫁与杨坚。她好读书,通达古今,是杨坚称帝的积极支持者。隋文帝即位之后,便封其为后。

独孤后柔顺恭孝,谦卑自守,才智过人。据说,每当文帝临朝听政,她便与文帝一起坐辇去朝堂,到了门阁才止步。她还暗中遣宦官监察朝政,若有不妥之处,等文帝退朝后,她必然婉言进谏。独孤后的看法往往与文帝不谋而合。因此,文帝非常信赖她,经常采纳她的意见。她曾劝动文帝从西城商人手中买下价值十万两黄金的宝玉,理由是:"有了这笔巨资,将来可以养活一万名士兵。"同时,独孤后对外戚要求尤为严格。她表弟崔长仁奸淫妇女。文帝看在皇后面上,本要免去其罪。而皇后却不徇私情,把崔长仁处以死刑。此后,宫中上下都十分敬重她,把她与文帝合称为"二圣"。

但是,独孤皇后生性妒忌,不容杨坚接近女色。当年嫁给杨坚时,她就让丈夫发誓:"一生之中,除她之外,不能与任何女人生孩子。"杨坚严格遵守誓言,即

隋文帝杨坚

使成为皇帝之后,也是如此。他的孩子真的全都是由独孤皇后一人所生。一次,文帝很得意地说:"前代皇帝内宠太多,往往由于嬖爱而废嫡立幼,我没有姬妾,五个儿子都是皇后所生,必然会和睦相处,不会像前朝那样发生争夺。"

独孤后的确非同一般,她有着怎样的才智与魅力,让贵为皇帝的杨坚能够冷落后宫佳丽三千。然而,杨坚能够一诺千金,对独孤后始终如一,实属难得。相信,如此纯真的皇帝私生活,在世界史上应是十分罕见的。杨坚不愧是在西方人眼中最伟大的中国皇帝之一,不愧被尊为"圣人可汗"。

陪伴六位君王的隋朝萧皇后有着怎样的传奇一生

在中国历史上,倾国倾城能够左右君王的红颜女子不可胜数,母以子贵权倾朝野的巾帼英雄也不计其数。然而没有一位后宫女子能够像隋朝的萧皇后一样随着朝代更迭而陪伴了六位君王。萧皇后是一个怎样的女子?有着怎样传奇的一生?

萧皇后出身皇族,是西梁孝明帝萧岿的公主。隋文帝开皇十三年(593年),隋文帝为了表彰次子——被封为晋王的杨广在平定陈国中所立下的战功,与独孤皇后在全天下名门望族、名媛淑女中为其挑选出了晋王妃——西梁公主萧氏。

据史书记载,萧氏生得琼姿仙貌,韶丽惊人,委婉和顺,禀赋非常,琴棋书画无一不精,堪称人间尤物。新婚过后,杨广对她娇宠备至,呵护有加。即使岁月变迁,杨广成为天下国君,萧氏成为母仪天下的皇后,夫妻相处得也还算融洽。

隋大业十四年(618年),宇文化及父子发动江都政变,杨广被乱臣缢杀。而天姿国色的萧皇后也被宇文化及据为己有,并被自立为许帝的宇文化及立为萧淑妃。然而,不到一年的时间,农民起义军的领袖窦建德便

隋朝萧皇后

打败了宇文化及,并且又一次改变了萧皇后的命运,使她变成了自己的宠妾。飘零的红颜有着飘零的命运。此时,崛起于北方的突厥又一次改变了萧皇后的命运。

隋文帝时期,杨广的妹妹义成公主远嫁突厥和亲。当远在异乡的义成公主听说长安已被李渊攻陷,萧皇后落入起义军之手时,便派使者来窦建德处索要萧皇后。窦建德不敢得罪实力强大的突厥,只得乖乖地交出萧皇后。

来到西域的萧皇后为了生计,不得不嫁给了突厥的可汗,并接连成为两位可汗的妃子。

在突厥的日子并没有长久。唐贞观四年(630年),唐太宗李世民攻破突厥,迎萧皇后回京,并为其举行盛大的宴会。

虽然不再青春年少,但萧皇后雍容华贵的气质与典雅端庄的气质仍然得到了一代明君唐太宗的垂怜。于是,唐太宗不顾年龄的差距与外人的品评,将萧皇后纳入后宫,封为昭容。

叶落归根,天意怜幽草。这位饱经战乱、久尝离别之苦的隋朝皇后最终得以在一代圣王明君的陪伴下,在金碧辉煌的大唐宫殿中幸福地度过余生。

唐贞观二十二年(648年),萧皇后病逝。唐太宗以皇后之礼将其葬在隋炀帝之陵,上谥愍皇后。

唐朝的三次"玄武门之变"知多少

张柬之

唐高祖武德年间,秦王李世民、太子李建成和齐王李元吉三兄弟为争夺皇位继承权,相互之间矛盾尖锐,冲突重重。三人中,李世民功劳最大,不但有勇有谋,而且手下有一大批人才。在秦王府中,文的有房玄龄、杜如晦等,号称十八学士;武的有尉迟敬德、秦叔宝、程咬金等著名勇将。太子建成知道自己的威信比不上李世民,心里妒忌,就和弟弟齐王元吉联合,一起排挤他。武德九年(626年)夏季的一天,世民得知建成和元吉二人将在傍晚于玄武门进宫,无奈之下在此地设下埋伏,抓住机会,忍痛射死李建成和李元吉。这就是著名的"玄武门之变"。不久,李渊将帝位传于李世民,是为唐太宗。

公元649年,太宗驾崩,传位李治,是为唐高宗。高宗体弱多病，由皇后武则天协助处理朝政。高宗死后，唐中宗和唐睿宗先后继帝位。公元690年，武则天废睿宗，自立为周武皇帝，改国号"唐"为"周"。虽然当时经济继续发展，但她任用酷吏，宠信张昌宗、张易之，引起大臣们的强烈不满。公元705年，宰相张柬之发动玄武门之变，杀掉二张，逼武皇退位，这就是第二次"玄武门之变"。公元710年，韦皇后和安乐公主想效仿武则天称帝，毒死中宗李显。此事激怒了临淄王李隆基，他率领羽林军由玄武门杀进皇宫，杀掉韦皇后及其党羽，平息此事。睿宗李旦恢复帝位，立李隆基为太子。此为第三次"玄武门之变"。

玄武门之变的历史真相如何

唐高祖武德九年(626年)六月四日，秦王李世民在玄武门射杀其兄长太子李建成、弟李元吉等人，史称"玄武门之变"。关于这次政变的原因，唐朝史书多说因秦王李世民创业功大，为太子李建成所不能容；李世民被逼无奈，为保性命，不得不先下手除去了李建成等人。但历史真相到底如何呢？

历史上，对"玄武门之变"有异议者不乏其人。北宋司马光认为李建成若能有"泰伯之贤"，李世民能有"子臧之节"，二人互相礼让，则不至于生出手足相残的变乱，对此弟杀兄之举表示："贻讥千古，惜哉！"宋人范祖禹也认为，李建成为李渊所立之正统太子，李世民杀他是"无君父也"。很多人都对李世民在道德上的缺欠颇有不满。

政变后，李世民让亲信房玄龄辩称他之所以发动政变，是因为太子李建成两次要杀他。第一次是李建成在校场替李世民挑一匹烈马，想摔死他。结果那马连蹶三下，李世民都及时跳离马背，并无受伤。第二次是在玄武门之变前两天，李建成请李世民去他家饮宴，在酒中下了毒，致李世民吐血数升，险些没命。

其实这都是李世民的一面之词。试想李建成怎么能笨到认为烈马能摔死李世民，并且，既然在酒中下毒，还不下剧毒，还能让李世民中毒后回到家中再解了毒？且看李世民在玄武门之变中的表现。他亲自上阵，一箭射死了李建成，又追杀李元吉，没有一点中毒后的虚弱，可见

"玄武门之变"中的尉迟恭

他在说谎。他在杀了李建成、李元吉等人之后,又杀了李建成的五个儿子和李元吉的五个儿子,并霸占了李元吉的妃子杨氏。如果说他杀李建成、李元吉是为了保命,那么他又杀死10个侄子,则纯属为夺皇位而除掉障碍。

在杀死李建成、李元吉等人后,李世民让尉迟恭去"日夜保护"李渊。当时李渊正在宫中海池划船。尉迟敬德手持长矛带着人马进入宫中,向李渊禀报说:"秦王以太子、齐王作乱,举兵诛之。"李渊知道事情已无可挽回,只好听其所便。三天后,李渊立世民为太子,诏令其处理一切军国庶事。八月,李渊传位于太子世民,自称太上皇。整个事变之中,李渊是多么的不情愿,但也没有办法。如果建成有子未死的话,李渊可能会考虑立其为皇太孙。但事情都让李世民做绝了。

而且原太子建成的旧臣大都被贬黜,就连魏徵也是先遭贬,后来才提升的,并不像当时所称的过往不咎。有一次,李世民指责魏徵挑拨他们兄弟的关系。魏徵则说,如果当初建成能采纳我建议的话,你还能有今日吗?李世民无法反驳。可见当时太子建成并没有下决心除掉李世民。而李世民发动政变,主要是因为李渊没有改立太子的意思。眼看自己无缘太子之位,于是他用武力夺取了皇位。

唐太宗为何篡改国史

唐太宗李世民可以说是中国历史上最伟大的皇帝之一。他开创了"贞观之治",使封建社会发展到顶峰。在当时,长安是世界政治、经济、文化的中心。但是唐太宗登上帝位的过程却不是很光彩。于是,民间有他篡改国史的说法。那么,唐太宗有没有篡改国史,又为何篡改国史呢?

唐太宗李世民

大业十三年(617年),李渊举兵反隋。翌年,李渊建立唐朝,成为唐高祖。据《旧唐书》记载,李渊造反的原因是被李世民等胁迫的。《新唐书》《资治通鉴》都沿用这一说法,把太原起兵的功劳归结在李世民身上。这与温大雅所撰《大唐创业起居注》的起因完全不同。温大雅所著的《大唐创业起居注》是记载李渊父子起兵的最早记录,而且他亲身参与了起兵造反的过程。故此书有较高的真实性。书中说,当时李渊身边仅有李世民,其余两个儿子都在河东。所以李渊只有把心中要起兵反隋的真实想法告诉李世民。此时,李世民正是血气方刚、英勇果敢的年龄,自然成为李渊的得力助手。李渊军中将领英勇善战,士兵个个奋不顾身。他们每占领一处地方都秋毫无犯,深得百姓之心。

由此可见,太原起兵完全是李渊一手策划和导演的。此前多年的苦心经营也完全是李渊的功劳。李世民只能说是李渊的助手。用现代话说,在起兵反隋建立大唐的这部戏中,李渊是主角,李世民只是一个很好的配角。在《旧唐书》等书中,事情的真相却被歪曲。李世民在位期间,曾不止一次地查看史官修纂国史。曾言:"今欲自看国史者,盖有善事,固不须论,若有不善,亦欲以为鉴诫,使得自修改耳。"李世民还创立了宰相监修国史的制度。这样,史官所修国史必须由宰相过目。在李世民授意下,"玄龄等遂删略国史为编年体,撰高祖、太宗实录各二十卷,表上之"。

那么李世民为何要修改国史呢?这要从李世民怎么登上帝位说起。"玄武门之变"是历史上的一件大事。通过"玄武门之变",李世民除掉了自己的兄长、当时的太子李建成,并迫使父亲高祖李渊禅位。这可以说是很残暴的事情,为人们所不齿。李世民修改国史,不过是要美化自己的形象,使自己继位变成正统,取得合法性。至于还有没有其他的原因,就不为世人所知了。

武则天真的"淫荡"吗

武则天是中国历史上唯一一个正统的女皇帝,也是继位年龄最大、寿命最长的皇帝。她在位期间,功勋卓越。在其统治与管理之下,社会太平,经济、文化繁荣发展,边疆形势稳定。但是一些通俗小说或民间小说常常将武则天说成是一个"淫荡"之妇。说她有四个"面首"。真相确是如此吗?

唐高宗去世之后,武则天确实先后将冯小宝、沈南璆、张昌宗、张易之招到内宫。冯小宝身材魁梧,巧言善辩,曾是流浪于洛阳街头的江湖郎中,懂得按摩技术。武则天在铲除异己之后,的确需要轻松轻松。她忙完政务,就让冯小宝给她做做按摩,以缓解疲劳。沈南璆是个御医,常常到宫里讲些保健长寿之道。当时武则天已年逾古稀,这些对她延年益寿有很重要的作用。张昌宗、张易之二位之所以被招进宫中,是因为他们会吹拉弹唱。在社会稳定、经济繁荣之时,武则天欣赏欣赏歌舞,听听音乐,享受享受,也并无过。根据这些,我们不应妄加评论,给武

武则天

则天加上"淫荡"之名。

上官婉儿为何不记恨武则天

唐麟德元年（664年），宰相上官仪因替唐高宗起草废黜武则天皇后之位的诏书，而被武后诛灭全家。只有上官仪刚刚出生的孙女上官婉儿与她的母亲郑氏幸免于难，但以罪臣家属的身份配入掖庭，成为宫婢。可以说，上官婉儿与武则天有不共戴天之仇。然而令人惊奇的是，上官婉儿长大后却成为武则天身边的得力助手，她陪伴一代女皇走向生命的最后一刻。为什么上官婉儿不记恨杀祖、杀父仇人武则天呢？这主要源于上官婉儿母亲郑氏的力量和武则天的个人魅力。

上官婉儿

上官婉儿的母亲郑氏出身名门。在掖庭为奴期间，她没有像其他遭遇不幸的女人一样怨天尤人，蹉跎度日。她温和从容，不仅没有给上官婉儿从小灌输仇恨，反而将所有的人生不幸都化作力量来养育上官家唯一的后代。优秀的遗传基因，加上母亲的精心培养，使上官婉儿自幼聪慧机敏，文史兼通，诗词文章尤为出色，才名很快传到武则天的耳中。仪凤二年（677年），武则天召见了年仅13岁的上官婉儿，当场命题，令其作文。上官婉儿文不加点，须臾而成，且文意通畅，辞藻华丽，语言优美。武则天看后大悦，赞其"才智非凡，赛过须眉"，当即下令免其奴婢身份，让其掌管宫中诏命。

虽然史书经常将武则天描绘成一个心狠手辣的暴君，但是在重用上官婉儿一事上可以看出武则天的王者风范。假如武则天是一个小肚鸡肠之人，她不仅不会重用上官婉儿，反而会将其杀之以除后患。估计当时武则天的做法令上官婉儿也大吃一惊。可能她也从未想过武则天会是一个不记旧仇、爱才惜才之人。假如上官婉儿此时心中还存有一丝仇恨，那么也被武则天的大度所感化。之后的上官婉儿和武则天名为君臣，实为母女，一同走过了风风雨雨的政治生涯。

同时，也应该看到上官婉儿是一个识时务者的聪明角色，非常懂得审时度势。她一眼看到只有武则天才能帮她和她的母亲脱离掖庭的困境，使自己的才华显现于世。也正是她的这种聪敏，使自己重获荣华富贵，青史留名。

太平公主淫乱知多少

太平公主是中国历史上赫赫有名的大人物。身为中国历史上第一位女皇武则天的女儿,在政治上,她同自己的母亲一样天赋异禀。她生前拥有傲人的权势,几乎坐上了那把龙椅,成为继武则天之后的第二位女皇。

太平公主在武周时期开始深得武则天的信任,开始掌握权力。中宗时期,她逐渐走向幕前,积极参与政治,深得中宗的信任。景龙四年(710年),中宗被韦后与安乐公主毒死,韦后欲夺皇位。太平公主派其子参与了诛杀韦氏的行动,她拥立相王李旦复位,称唐睿宗。睿宗念及功劳,将她晋封万户,三个儿子都被封王,权势傲人,为唐朝公主之顶峰。

太平公主不仅在政治上与武则天相似,在私生活上,太平公主也与武则天一样淫乱。太平公主有过三次婚姻,第一次是嫁给薛绍,婚后安分守己,并未有不轨之事。薛绍被武则天处死后,这段婚姻也就随之结束。第二次是嫁给武承嗣,但因武承嗣得病而未能嫁成。第三次

太平公主

婚姻是在武则天登基之前,她为了保护自己的女儿而将其嫁给武攸暨。

太平公主在第三次婚姻中,因武攸暨性格谨慎退让,便大肆包养男宠,甚至与朝中大臣私通,连当朝宰相崔湜都是她的枕边人。另外,她还将令自己满意的男宠进献给武则天,其中有张昌宗、冯小宝等后人皆知的角色。

太平公主在私生活上没有节制,甚至到寺庙里找和尚作为泄欲的对象。史书中记载:"胡僧惠范,家富于财宝,善事权贵,公主与之私,奏为圣善寺主,加三品,封公,殖货流于江、剑。"可见,太平公主与这个惠范确有私情,惠范还因此被加官晋爵。惠范本是僧人,本应该四大皆空,慈悲为怀。但他在做了太平公主的男宠之后变得盛气凌人,常常恃强凌弱,做了许多坏事。他甚至掳来民女,藏于寺中,夜夜笙歌。于是寺庙中的风气大变,寺中的和尚大多也成了酒色之徒。原本清净的佛门圣地,却被太平公主和她的男宠搞得乌烟瘴气。

杨贵妃本是唐玄宗的儿媳吗

那"回眸一笑百媚生,六宫粉黛无颜色"的"大唐第一美人"杨贵妃集唐太宗"三千宠爱于一身"。可是,也许你并不知道,"四大美女之一"的杨贵妃其实并不是通过正常渠道进宫的,而原本竟是唐太宗儿子李瑁的寿王妃!那么,杨贵妃是怎样从一个平民女子成为寿王妃,又一步步登上贵妃宝座的呢?

杨贵妃

杨贵妃,名玉环,字太真,原名杨芙蓉,出生在四川成都的一个官宦之家。10岁时,她父亲去世,被寄养在洛阳的三叔父家中。杨玉环天生丽质,倾国倾城,性格婉顺,精通音律,擅长舞蹈。在她17岁时,正值唐玄宗的宠妃武惠妃到洛阳为儿子寿王李瑁挑选王妃。才貌出众、运气极佳的杨玉环被武惠妃看中。不久,武惠妃恳请唐玄宗赐杨玉环为寿王妃。此时,唐玄宗并没有见过杨玉环,加之十分宠爱武惠妃,便一口答应。就这样,在受宠的母亲武惠妃的光环下,李瑁和杨玉环过了5年幸福美满的夫妻生活。然而,小两口甜蜜的时光就在唐开元二十五年(737年)戛然而止。

这一年,唐玄宗宠爱的武惠妃去世。唐玄宗因此整日郁郁寡欢、闷闷不乐。后宫佳丽三千人竟没有一个让他满意,讨得他的欢心。就这样过了三年,唐玄宗仍没有找到心仪之佳人。

唐玄宗身边的宦官高力士为讨玄宗欢心,便出宫为玄宗寻找绝代佳人。当高力士看到寿王的妃子杨玉环时,不禁惊为仙人。高力士觉得杨玉环不仅风华绝代,而且能歌善舞,性情温和,实在是玄宗之妃的最佳人选。于是,高力士把这一情况告诉了唐玄宗,并在玄宗的授意下,安排杨玉环进宫。唐玄宗见到这位倾世佳人,果然一见衷心,久久不能相忘。

随后,唐玄宗命人将杨玉环装扮成女道士,与其在骊山温泉宫相会,并度过了一段欢畅愉快的时光。后来,为了彻底将杨玉环占为己有,唐玄宗竟不顾纲常伦理,导演了一出"寿王妃变女道士,女道士变杨贵妃"的好戏:唐玄宗以为生母窦太后超度为借口,批准杨玉环出家为道士,赐号"太真";接着,又为儿子寿王李瑁封了一位新的王妃;最后,便迫不及待地把时刻牵肠挂肚的杨"太真"迎入皇宫,封为贵妃。

从此,"在天愿作比翼鸟,在地愿为连理枝"的轰轰烈烈的爱情神话便拉开了序幕。

"一骑红尘妃子笑,无人知是荔枝来"说的是谁

"一骑红尘妃子笑,无人知是荔枝来",是唐代诗人杜牧《过华清宫绝句》中的名句。看到杜牧的这句诗,就会让我们不自觉地想起杨贵妃与李隆基。当时,李牧写这首诗是为了抨击封建统治者的骄奢淫逸和昏庸无道,以史讽今,警戒世人。但后来,有人认为这首诗表达了真挚的爱情,歌颂了李隆基对杨玉环的真挚感情。

杨玉环本是寿王李瑁的王妃,唐玄宗李隆基的儿媳妇。22岁时被召到宫中时,玄宗已56岁。玄宗先令她出家为女道士,为自己的母亲窦太后荐福,并赐道号"太真"。天宝四年(716年),封为贵妃。杨贵妃姿容出众,不仅体态丰腴,肌肤细腻,且面似桃花带露,指若春葱凝唇,青丝万缕。她天生丽质,性格婉顺,精通音律,擅歌舞、琵琶。对于这样一位才貌双全的佳人,玄宗甚是宠爱。史料记载,当时专门为杨贵妃织锦的工人就达700人,并且中外很多人向贵妃

《华清出浴图》中的杨贵妃

争献器服珍玩,因为凡献精美之物者皆能升官。故长安有民谣:"生男勿喜女勿悲,君今看女做门楣。"当时,杨贵妃竟影响到了男尊女卑的封建思想,使人们无意中产生男女平等的观念。

据说,每年十月,唐玄宗都会带着杨贵妃到华清宫避寒,并专为她在华清池修了"海棠汤",作为爱情信物送给她。华清宫的长生殿是唐代皇帝祭祀老子斋戒沐浴之地,外姓人是不得进入的,可玄宗不仅将杨贵妃带到那里,还以此来表达自己对爱情的忠贞。贵妃十分喜欢吃新鲜荔枝,玄宗便开辟千里贡道,沿途开设驿站,命人快马加鞭送至长安,以保荔枝色味不变。"一骑红尘妃子笑,无人知是荔枝来"说的就是这件事。后来,他们的爱情故事又被写进了叙事诗《长恨歌》与戏曲《长生殿》之中。

杨贵妃为何没被册封为后

杨贵妃于开元七年(719年)生于容州(今广西玉林容县),出身宦门世家。入宫成为贵妃后,集三千宠爱于一身。"春宵苦短日高起,从此君王不早朝",这句诗充分地体现了当时唐玄宗对杨贵妃的迷恋程度。那么,既然玄宗对杨贵妃如此痴迷,为何不将其封为皇后呢?

杨贵妃上马图

人们推测,可能有以下原因。其一是,贵妃是从儿子李瑁手中抢来的,毕竟有违伦理。虽然当时风俗开化,但纲纪伦常的主体还是存在的。贵妃做了皇后显然无法"母仪天下"。其二是,如果封杨玉环为皇后,势必将寿王李瑁心中压抑的怒气激发出来,到时候很有可能发生政变。其三是,杨贵妃得宠后仙及鸡犬,她的兄妹亲戚都得到了朝廷的重用,已经发展成一股庞大的政治力量。如果再将其封后,必将引起大臣的反对和权力的倾斜,这对维护稳定是很不利的。所以唐玄宗一直不肯封杨贵妃为皇后。此外,还有一个重要的原因,杨贵妃跟随唐玄宗后一直没有子嗣。至于贵妃为何没有生育,我们无从得知。但是没有儿子肯定是封她为后的一大障碍。因为古代册立皇后是件非常重大之事,君臣参与,诏示天下。册立的皇后必须是懿德懿容,能起到垂范万众、母仪天下的作用。

事实上,杨贵妃虽然没有成为皇后,但她享受的待遇一直是皇后的标准。她虽无皇后之名,但已得皇后之实。贵妃也比较聪明,并没有反复请求唐玄宗立自己为后。既然已经达到了一个女人所能达到的极致,得到了天子的万千宠爱,何必还去在乎皇后的名号呢?

杨贵妃下落之谜

杨贵妃,名玉环,中国历史上著名的四大美女之一。她本是唐玄宗之子寿王李瑁的妃子,后被唐玄宗看中,招入宫中,入居南宫,赐号太真,后进封为贵妃,享受与皇后同等的待遇。然而杨贵妃得到的不仅仅是一人之下、万人之上的地位,更多的是与唐明皇可歌可泣的爱情。不过,自古红颜多薄命,唐朝天宝年间,安史之乱爆发。杨玉环随同唐玄宗逃出京城,在陕西马嵬坡,遭遇了兵变。杨玉环的族兄杨国忠被杀后,士兵们又逼唐玄宗杀死杨贵妃。玄宗无奈之下只好赐爱妃自尽。这位"三千宠爱在一身"的女子真的当时就香消玉殒了吗?事实上对于杨贵妃的最后归宿,千百年来众说纷纭,至今仍然疑团重重。

杨贵妃死于马嵬坡是许多史书公认的事实。其中《旧唐书·杨贵妃传》记载,禁军将领陈玄礼等杀了杨国忠父子之后,认为"贼本尚在",请求再杀杨贵妃以免后患。唐玄宗无奈,与贵妃诀别,"遂缢死于佛室"。也就是说,杨贵妃最后死在佛堂里。《资治通鉴·唐纪》也认为杨贵妃是被高力士带到佛堂里缢死的。《唐国史补》却记载说,杨贵妃死亡地点是在梨树之下。然而陈寅恪先生在《元白诗笺证稿》中指出:"所可注意者,乐史谓妃缢死于梨树之下,恐是受香山(白居易)'梨花一枝春带雨'句之影响。果尔,则殊可笑矣。"陈指出,认为杨贵妃死在梨树下是受到了诗句的影响,不太可信,但是杨贵妃被三尺白绫缢死在马嵬坡还是有据可查的。

唐诗中有一些句章也可以觅到这位绝世贵妃的芳踪。杜甫《哀江头》有句"明眸皓齿今何在,血污游魂归不得"。李益所作七绝《过马嵬》和七律《过马嵬二首》中有"托君休洗莲花血"和"太真血染马蹄尽"之句。这都纷纷暗示杨贵妃不是被缢死于马嵬驿,因为缢死是不会见血的;贵妃实应为乱军所杀,死于兵刃之下。而刘禹锡所用的《马嵬行》则云:"绿野扶风道,黄尘马嵬行,路边杨贵人,坟高三四尺。乃问里中儿,皆言幸蜀时。军家诛佞幸,天子舍妖姬。群吏伏门屏,贵人牵帝衣。低回转美目,风日为天晖。贵人饮金屑,倏忽舜英暮。平生服杏丹,颜色真如故。"这透露出杨贵妃是吞金而死的。

但是更多人更愿意相信杨贵妃没有死,死的只是一个替身。白居易《长恨歌》中一句"马嵬坡下泥中土,不见玉颜空死处"透露出,唐玄宗最后并未在马嵬坡找到杨贵妃的尸骨。这也就给后世人留下了关于"贵妃未死"的无尽遐想。我国著名红学家俞平伯就持这种观点,他认为当时缢死的是个宫女,而杨玉环却辗转逃往日本了,随其一起出逃的还有杨国忠的儿媳及孙子杨欢。据一些日本野史记载,杨玉环寓居日本时,还帮助日本天皇挫败过一起

陕西兴平杨贵妃墓园

宫廷政变。至今日本还有两座贵妃墓。日本人对杨贵妃逃亡日本深信不疑。1963年有一位日本姑娘向电视观众展示了自己的一本家谱,说她就是杨贵妃的后人。日本著名影星山口百惠也曾自称是杨贵妃的后裔。此外,还有一种离奇的说法是杨贵妃远走美洲。台湾地区学者魏聚贤在《中国人发现美洲》一书声称,他考证出杨贵妃并未死于马嵬驿,而是被人带往遥远的美洲。

历史长流滚滚而过,关于杨贵妃之死的传说愈来愈生动,当然离开史实也愈来愈远。其实,从马嵬驿事变的形势来看,杨贵妃是非死不可的。民间传说杨贵妃死而复生,这充分体现了人们对她的同情与怀念。经过历史的洗礼和反思,人们也逐渐认识到了历史的真相。杨贵妃事实上并不是安史之乱的本源,民间传说还给了她一个公正的评判。贵妃之死,既有其咎由自取的一面,更有作为牺牲品的一面,令人扼腕,更令人深思。

李白与杨贵妃到底有啥关系

唐朝大诗人李白,以诗仙形象示人,写出了许多为世人广为传诵的诗歌。李白曾被封为待诏翰林,虽然是候补官员,但是却有机会接触皇帝。其在待诏翰林位上一年多。就是在这一年多的时间里,他多次跟随唐玄宗、杨贵妃游玩,因而才子李白与美女杨贵妃必然相识。李白也写出了"云想衣裳花想容"、"名花倾国两相欢"的诗句来形容杨贵妃的美貌。完美的搭配总是让人想把才子佳人结合在一起。但是这两位历史名人的关系究竟是不是像世人所想象的那样呢?

李白于天宝元年(742年)入宫为官,到天宝三年(744年)被朝廷放逐。在这一年多的时间里,李白经历了由盛宠到流放的人生巨大变化。据说李白被放逐和杨贵妃有着很大的关系。《新唐书·李白传》记载,高力士曾摘出李白诗中写赵飞燕的诗句,意为李白以赵飞燕影射杨贵妃干涉朝政,留下恶名。但是这种说法难以令人信服。当时李白虽然受到唐玄宗盛宠,但是身为候补翰林的他,还不至于如此胆大妄为,敢如此露骨和直接地影射这样敏感的事情。而且杨贵妃纵然"三千宠爱在一身",历史证明,唐玄宗并没有让她干政摄政,所以杨贵妃诋毁李白的说法难以立足。而且李白所任职务并没有很大的实权,他和杨贵妃之间自然不存在重大利害关系,彼此之间才子佳

李白

人惺惺相惜的可能性倒是比较大。高力士身为唐玄宗的近侍，纵然李白醉酒后让他脱靴，他心中不悦，但李白可是正在皇宠之下的大臣。这其中的利害关系他最应该清楚，不会为了李白这样一位小小的候补翰林去得罪皇帝。

既然李白被放逐和杨贵妃并无关系，那么其中的真正原因是什么呢？《汤左拾遗翰林学士李公墓碑序》记载："玄宗深爱其才，或虑乘醉出入省中，不能不言温室树，恐掇后患，昔而逐之。"从此文中可以看出来，李白被逐的真正原因是李白爱喝酒并易喝醉，唐玄宗害怕他酒后吐真言泄露了宫闱秘密，所以就打消了任命李白为中书舍人的念头，并将其逐出京城，以绝后患。

四大美女之一的杨贵妃与安禄山有着怎样的不了情

杨贵妃被后世推崇为中国古代四大美女之一。她不仅天生丽质，雍容华贵，而且能歌善舞，通晓音律。她与唐明皇的爱情为后人所称道。白居易《长恨歌》中"在天愿作比翼鸟，在地愿为连理枝"将两人的爱情诠释得淋漓尽致。然而流传至今的不仅仅是这些。长达八年的安史之乱皆由她起，甚至还有书大肆渲染她与安禄山的苟且之事。

杨贵妃与安禄山偷情之事被后人传播得沸沸扬扬，故事情节丰富，听来十分的可信。细想一下，信与不信，全在自己。

新旧唐书中对于两人的私情没有丝毫的记载。只在《新唐书》中记载有安禄山认了比自己小20多岁的杨贵妃做干妈，中间并未提及两人的暧昧关系。

关于两人的私情，不仅在《开元天宝遗事》《杨太真外传》《禄山事迹》等野史稗记中有记载，而且在《唐史演义》《梧桐雨》等小说杂剧中也有大量描写。尤其是在小说杂剧中，两人的暧昧被描写得活灵活现，真假难辨，不得不令人相信。

《唐史演义》中是这样描述的：杨贵妃与安禄山私通了一年多，安禄山甚至在意乱情迷之时将贵妃的胸乳抓破，贵妃怕玄宗瞧出破绽，就用一块丝绸将胸前遮住。后来，后宫中人以遮胸为美，纷纷效仿，这块丝绸就演变成了后来女人用的兜肚。因为这段私情，杨贵妃竟成了传说中兜肚的发明者。

杂剧《梧桐雨》中，作者白朴将安禄山

安禄山

的起兵造反归因于杨贵妃。安禄山因在宫廷中与杨贵妃有暧昧而被逐出宫外,改封渔阳节度使,去镇守边关。安禄山离开后,贵妃对他日思夜想。安禄山起兵并不是为了江山,而是美人。

安禄山为得皇帝欢心,常以忠心耿耿的姿态示人。他买来别人从南海进贡来的荔枝献给杨贵妃,谎称是自己快马加鞭运来的。他在认杨贵妃做干妈的仪式中,扎起小辫,穿上兜肚,打扮成小孩子来拜见"母后"。杨玉环还用锦绣做成的大襁褓裹住安禄山,让宫女用彩轿抬起。唐玄宗也亲自去观看"洗儿"并予赏赐。司马光在《资治通鉴》中也记录了这件事,并说两人有"丑闻传于外"。司马光的记录并不可信,他也是从野史中看来的。况且玄宗一代帝王,怎会像白痴一样任人欺瞒?

道听途说也罢,证据确凿也罢,这样的故事如今不过是人们茶余饭后的消遣罢了。

唐朝公主为何愁嫁

俗话说"皇帝的女儿不愁嫁",可是在国力强盛的大唐,士族子弟都畏惧娶公主过门。在唐朝290多年的统治中,共有210位公主,但是真正嫁出去的只有130位。这是为什么呢?

唐朝公主

首先,与中国传统的五服之礼有关。五服之礼以"斩衰"居首。"斩衰"是要服丧之人为死者穿最粗的麻布衣服表示哀痛,服期三年。传统的"斩衰"之礼中,都是女子为丈夫服丧。但是,按照唐朝律例,倘若妻子是一位公主,丈夫要为妻子服"斩衰"之礼三年。如此沉重的礼仪,的确使人望而生畏。

其次,汉族传统的门第观念使然。中原地区的高门大姓都以优良的门风和家族文化传统为重。李唐皇室乃突厥胡夷之族,婚姻上继承胡夷之风太过明显。弟娶兄嫂、子承父妃、父占子媳以及女子多次改嫁的习俗是汉族的名门望族难以接受和嗤之以鼻的。所以,中原汉族的世族子弟对于与李唐王室联姻往往都是拒绝的。

最后,唐朝的公主大多品行不佳,骄纵奢侈、不修妇礼。例如,唐宣宗本已准备把永福公主嫁给于琮,可是后来他发现公主的品行实在令人难以接受,于是自己收回了成命,使婚事作罢。武则天当政时期,太平公主仗着母亲宠爱嚣张跋扈。她看中了薛绍,武则天便命令薛绍迎娶太平公主。而公主下嫁的条件竟然是让非出自贵族的薛绍兄嫂萧氏和弟妹成氏离开薛家。娶一个公主,破坏家族的两段婚姻,哪一个家族胆敢冒这样的危险!又如唐太宗的女儿合浦公主嫁给了唐朝著名宰相房玄龄的儿子房遗爱。但万万没想到,合浦公主竟背地里和一个名叫辩机的和尚私通,令房家颜面全无。

所以,于情于礼,唐朝的公主的确是一块烫手的山芋。

没做过一天皇帝的皇帝是谁

您知道中国历史上没做过一天皇帝的皇帝吗?他就是唐睿宗李旦的嫡长子宁王李宪。

公元710年,韦皇后与太平公主密谋篡位。李隆基率羽林军由玄武门杀进皇宫,杀死韦皇后及其党羽。后由太平公主出面,睿宗李旦复位。睿宗立李宪为太子。李宪却坚辞不受,他说:"国家安而立嫡长,国家危而立有功,临淄王(李隆基)有功,应立临淄王为太子。"睿宗认为其言有理,于是改立李隆基为太子。公元711年,睿宗让位于太子李隆基,是为唐玄宗。唐玄宗李隆基非常感激和尊重李宪,并以李宪为榜样,兄弟之间和睦相处,亲密无间。

开元二十九年(741年),李宪病

唐玄宗李隆基

故。李隆基万分悲痛,以"宪实推天下,有高世之行,非大号不称,乃追谥让皇帝"。就这样,李宪就成为没有做过一天皇帝的皇帝。史书赞曰:"谦而受益,让以成贤。唐属之美,宪得其先。"

唐宣宗为何装疯卖傻36年

唐朝从公元618年李渊建立,到公元907年亡于农民战争,前后历经300年,在封建历史上是一段很长的岁月。在唐朝300年间出现的20余位皇帝中,

唐宣宗

唐宣宗李忱是最富有传奇色彩的一位帝王。在登基前,唐宣宗李忱为何会装疯卖傻36年呢?

从小到大,唐宣宗李忱就被认为是一个智力有问题的人。整个长安城凡是认识李忱的人都这么认为。从元和五年(810年)到会昌六年(846年),整整36年间,李忱一直都没有受到过身为亲王真正的待遇。一直被人认为是"智障"的李忱,在这波澜壮阔的36年里四处云游漂泊,远离政治斗争的旋涡。直到会昌六年(846年),李忱才在宦官马元贽的带领下回到了京都长安,摇身一变,成为史称"小太宗"的唐宣宗。直到登基后,李忱才退掉"智障"的面纱,让人们见到一个伟大政治家、领袖的真面目。

登基后,唐宣宗爆发出前所未有的精明和果敢。不但结束了长达半个世纪的"牛李党争",而且从吐蕃手中收复了沦陷近百年的河湟全境,使盛唐余晖昙花一现。那么唐宣宗为何要卖傻36年的呢?这要从李忱的出生说起。

李忱是唐宪宗李纯的十三子,被封为光王,但却是庶出。由于庶出,李忱不像其他亲王那样受到皇帝的恩宠。小时候,李忱就落落寡合、木讷呆滞。及至成人,李忱和其他亲王在一起的时候一天之中也说不出一句话来。众人认为,这跟穆宗年间他所受惊吓有关。其时,光王李忱去谒见懿安郭太后,正好撞到刺客行刺,虽有惊无险,但从此之后光王李忱更加沉默寡言。人们一致认为光王李忱被吓得更傻了。之后,无论什么场合李忱都会受到人们的戏弄和嘲笑。

一次亲王宴会上,众亲王言笑晏晏,唯独光王李忱一句话不说。文宗皇帝就跟他开玩笑:"谁能让光王皇叔开口说一句话,朕重重有赏。"众亲王一哄而上,百般戏弄,可是光王仍然一句话不说,甚至连嘴角都不曾动过。众亲王看着他逆来顺受的样子,满堂大笑不止。可有一个人却没有

唐宣宗李忱贞陵

大笑,他就是后来的武宗李炎。经受这样戏弄还不为所动的亲王,不是愚不可及,就是深不可测。李炎隐隐觉得,光王李忱是个大智若愚之人。直到登基,武宗李炎对此事还耿耿于怀。

李炎登基后,利用权力制造种种"意外",欲除光王而后快。可是光王在种种"意外"的磨炼下就是不死。无毒不丈夫。李炎派内卫绑架了光王,扔进了宫厕。之后光王李忱一直没有出现在武宗李炎的视线里。然而光王却没有死,他被宦官马元鸷救走了。之后,李忱离开长安,四处漂泊,最后落发为僧。

会昌六年(846年),武宗去世。此时皇子都很年幼,没有设立储君,也无人治理朝政。在这后继无人的关键时候,光王李忱在宦官马元鸷的陪同下忽然回到了长安。于是顺理成章,光王继承大统,成为皇帝。宦官马元鸷本意是拿光王作为傀儡皇帝,自己把持朝政。可是李忱继位后,一反常态,处理朝政有条不紊。等马元鸷明白过来的时候,生米已成熟饭,悔之晚矣。

宣宗在位期间,事必躬亲,明察秋毫,治理国家是有声有色,得到了历史的肯定,被评价为"小太宗"。在混乱的晚唐历史中,1000多年后的我们还能有幸看到那盛唐下的一瞥余晖。

朱元璋为何封次子为秦王

朱樉(1356—1395),是明太祖朱元璋的次子,洪武三年(1370年)被封为秦王,洪武十一年前往封地西安。西安地处关中地区,历来为兵家必争之地,位置十分重要,朱元璋为何要封朱樉为秦王来驻守此地呢?

第一,封朱樉为秦王与明朝实行的分封制密不可分。朱元璋登基之后,为巩固打下的江山,使朱家王朝长盛不衰,采取了一系列的措施。明初都城位于今天的南京,与北方边疆之地相距甚远。为了防元朝残余兵力以及北方其他的少数民族骚扰边境地区,巩固政权,朱元璋采用分封制,让诸子带兵前往各地驻守。于洪武三年四月正式颁诏分封诸王,其中朱樉被封为秦王,其封地就位于今天的西安。

第二,封朱樉为秦王与封建社会的长幼有序有关。朱元璋在洪武元年(1368年)登基之时,为防止发生宫廷政变,所以立长子朱标为太子。在洪武三年分封诸王时,除太子朱标外,最年长

朱元璋

的便是朱樉。据史料记载:"哀痛者,父子之情;追谥者,天下之公。朕封建诸子,以尔年长,首封于秦,期永绥禄位,以籓屏帝室。夫何不良于德,竟殒厥身,其谥曰愍。"其中"以尔年长,首封于秦"准确地说明了封朱樉为秦王的原因。

第三,封朱樉为秦王与其封地西安的重要性有关。西安因地处关中地区,地势险要,曾是明朝可供建都之处,但出于南京拥有长江天堑,足以建都,就此作罢。西安地处秦地,位于边疆地区,自古便有"金城千里,天府之国"的美誉,地理、经济、军事位置十分优越。出于这种考虑,朱元璋便封其次子朱樉为秦王前来此地镇守。

朱元璋封朱樉为秦王,既是遵从封建社会的等级制度,又是出于保卫边疆巩固政权的统治需求。秦王朱樉因在诸藩王中年龄最长,兵权最重,又担负着保卫西北边疆的重任,因此秦藩国被称为"天下第一藩"。

慈禧太后是如何在西安避难的

清光绪二十六年(1900年)七月,八国联军进犯北京,慈禧太后携光绪帝、后妃及大臣约千人仓皇出逃。一行人途经山西大同、太原,在八月二十六日渡过黄河,于九月四日抵达西安。

1900年5月,义和团在京津地区已经愈演愈烈,慈禧为避难,命军机大臣荣禄派遣心腹到陕西,命令陕西巡抚端方准备"迎驾"事宜。九月,慈禧太后到达西安时,陕西已经设立了支应局以支应皇差,赶修了总督署作为行宫,此外还仿照紫禁城中的御膳格局设置了御膳房。

慈禧到达西安时,天降大雨,地方官强令百姓跪在雨中接驾。慈禧太后嫌布置好的行宫房子太少,非常满意,就先居住在了北院门巡抚衙门。地方官为满足其私欲,只得大兴土木,加紧改建南院门一处几百间房屋的督署做行宫,完工后,慈禧才满意地搬了进去。慈禧太后虽然是在逃难,但生活用度却十分铺张浪费。其中御膳房分荤局、素局、菜局、饭局、茶局、酪局、粥局、点心局等,每局有厨师10个左右,总共有100多人伺候,每餐饭必须先由太监呈上菜

慈禧太后

单百余种,再由慈禧来挑选。专门设立的支应局在开设不到一个月的时间里就支出了白银29万余两。在西安,慈禧大兴赏赐宗教寺院,挥霍的钱财不计其数。受赏赐的八仙庵、卧龙寺等都得到了一笔丰厚的赏赐,使得寺院得到修建,为这些人文景观的保存作出了重大贡献。但是,这与劳民伤财的负面效应是远远不能够抵消的。

慈禧太后在西安避难期间,并未放下"国家大事"。在西安时,慈禧太后一方面以光绪帝的名义发布剿讨义和团的谕旨;另一方面多次电谕议和大臣李鸿章,要求不惜代价,割地赔款议和。在此期间,她还下令处死或罢免了一些敌视洋人的官僚。

《辛丑条约》签订之后,八国联军从北京撤军。慈禧及王公大臣们于1901年10月6日从西安启程回京,临行时搜刮了大量的金银财物,共计白银70多万两。随行车辆有3000多辆,个个满载着绸缎珠宝。在返京途中,慈禧还命人告知沿途地方官,御辇所经道路必须用黄沙铺平,每60里设一行宫。沿途地区劳民伤财,皆深受其害。

红军长征为何要到陕北

1934年,中央苏区反围剿失败,红军被迫放弃中央根据地,开始长征。长征途中,党中央和红军历经千难万险和复杂的政治斗争,于1935年10月到达陕北。党中央在这里建立了中华苏维埃人民共和国中央政府西北办事处,使陕北成为革命的中心根据地。红军长征时,距离中央根据地近的还有湘西、川黔等地,党中央和红军为何要舍近求远,千里迢迢地去往陕北呢?

一方面是由于敌我力量悬殊,被迫转移。在长征开始时,中央打算转移到湘西同红二、六军团会合。在突破了湘江封锁线后,蒋介石发觉其意图,在通往湘西的路上布置重兵防守。党中央接受毛泽东的主张,向敌人力量薄弱的贵州前进。在遵义会议上,党中央纠正了王明"左"倾领导在军事指挥上的错误。红军四渡赤水,跳出了敌人的包围圈,摆脱了数十万优势敌人的围追堵截。

另一方面是由于国民党刊登在报纸上的一则消息。1935年9

红军长征女战士

月12日在四川俄界会议上，决定将红一方面军和党中央、中央军委直属部队改编为中国工农红军陕甘支队，由彭德怀、毛泽东、周恩来、林彪等组成领导班子带领陕甘支队北上。1935年9月20日，陕甘支队在突破天险腊子口，翻越岷山之后，到达甘肃哈达铺。在这里，陕甘支队进行了休整，并且党中央和毛泽东在当地所获得的一些国民党发行的《大公报》《山西日报》等报纸上，看到了红二十五军与刘志丹领导的陕北红军会合的消息，了解到陕北还有一支活跃的红军，于是提出了去陕北会合陕北红军的意见。9月26日，党中央在榜罗镇举行会议，分析研究了当前的形势和陕北的军事、政治、经济状况，做出将红军长征的落脚点放在陕北的决定。陕甘支队在党中央和毛泽东的率领下，于1935年到达陕北吴起镇，与陕北红军和先期到达陕北的红二十五军胜利会师，这次会师成为红军长征的转折点。1936年10月，红一、二、四方面军在甘肃会宁会合，长征胜利结束。

党中央在陕北建立的革命根据地（陕甘宁边区）是中共中央和中央军委所在地，成为敌后抗日战争的政治指导中心和敌后抗敌根据地的总后方。

毛泽东思想是在党的哪次代表大会上提出的

毛泽东思想是马克思列宁主义普遍原理和中国革命具体实践相结合的产物，是适应中国具体国情的科学的指导思想。它是马克思列宁主义在中国的运用和发展，是被实践证明了的适合中国革命和建设的正确的理论原则和经验总结，是中国共产党集体智慧的结晶。

在中国共产党第七次全国代表大会上，毛泽东思想被确定为党的指导思想。中共七大于1945年4月23日—6月11日在延安杨家岭的中央大礼堂召开。出席大会的有正式代表547人，候补代表208人。大会的主要任务是组织和保障全中国人民取得抗战的最后胜利，建立一个新民主主义国家。

毛泽东在中共七大上作了《论联合政府》的政治报告。在报告中毛泽东提出了党的政治路线，即："放手发动群众，壮大人民力量，在我党的领导下，打败日本侵略者，解放全国人民，建立一个新民主主义的中国。"这个报

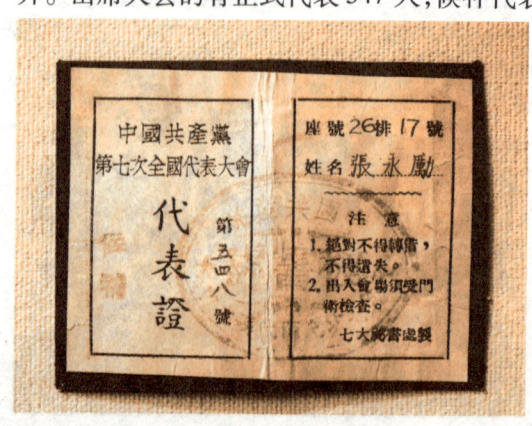

中共七大代表证

告成了这次大会的中心议题。

大会顺利通过了刘少奇修改党章的报告及新党章。新党章明确规定将毛泽东思想作为自己一切工作的指导方针,坚决反对一切教条主义或经验主义的偏向。毛泽东思想地位的确立,使全党在思想工作上有了牢固的理论基础。

中国共产党的第七次代表大会以"团结的大会,胜利的大会"被载入中国共产党的史册。这次大会为争取抗日战争和新民主主义革命在全国的胜利奠定了基础。

延安保卫战知多少

1947年春,蒋介石对解放区的"全面进攻"计划破产后,改变进攻策略,实行对陕甘宁解放区和山东解放区的重点进攻。延安作为中共指挥中枢,首当其冲。

国民党在西北地区集结了34个旅23万的兵力,企图攻占中共革命根据地延安,摧毁中共党、政、军指挥中枢。3月13日,蒋介石命令胡宗南主力14万人分别从洛川、宜川出动,向延安发动猛烈进攻。胡宗南部在数十架飞机的配合下,以密集队形实施多路攻击,企图三天占领延安。当时,人民解放军在陕北战场仅有2万余人,且装备很差,无法与国民党军队展开正面战争。因此党中央采取毛泽东的正确的作战方针,暂时放弃延安,避开国民党军队的锋芒,利用陕北有利的地形条件和群众基础,诱敌深入,集中优势兵力,各个歼灭敌人。16日,中共中央决定将陕甘宁解放区的各部队整编为西北野战军,由中共中央军委副主席彭德怀和中共中央西北局

毛主席在延安讲话

书记习仲勋指挥。西北野战部队利用有利地形,实行积极防御,适时组织反击,并利用夜晚灵活出击,袭扰、迟滞国民党军队的进攻。

18日,胡宗南部进攻至延安以南的二十里铺、杨家畔一线,距离延安只剩10公里。此时,延安城内的各机关、学校已经安全转移,群众也已疏散完毕。当晚,中共中央主席兼中央军委主席毛泽东率中央机关和人民解放军总部等撤离延安。西北野战军打了七天七夜,击退敌人100多次进攻,歼敌5000余人,完成了预定任务,于19日上午主动撤离延安。西北野战军的阻击战为党中央和

延安群众的转移赢得了足够的时间。

延安革命纪念馆

19日,胡宗南军队进入"空城"延安。自大的胡宗南并没有意识到中国共产党的计策,他错误地认为解放军不堪一击。在追击解放军"残余势力"时轻敌,他贸然挺进,在青化砭、羊马河、蟠龙镇遭到西北野战军的伏击。西北野战军在三次战役中的胜利,有效打击了国民党军队的嚣张气焰,大大振奋了边区军民的斗志。

延安保卫战胜利后,毛泽东、周恩来、任弼时等率精悍的指挥机构继续留在陕北,指挥全国的解放战争。

老陕西的地名

 "陕西"之名始于何时,陕西为何被称为"秦"或"三秦"

陕西之名始于西周时期。那时候,王朝实行的是分封制。西周王室把疆域土地划分给同姓或功臣,作为他们的封邑。周公和召公就是当时两个封邑的头领。周公,姓姬名旦,是周文王的儿子、周武王的同母弟弟。召公,姓姬名奭,是周文王的儿子、周武王的异母弟弟。周成王时,召公和周公以"陕原"(在今河南陕县境内)为界,分陕而治。陕原以东叫"陕东",由周公统治;陕原以西叫"陕西",由召公管辖。这就是陕西得名的缘起。

"秦",最早是指今天的甘肃省清水县一带。秦人先祖非子原是西周时期嬴姓部落的首领,善于养马。公元前890年,他受诏于周孝王,主管养马。因

周公

为他养马有功,被周孝王封于"秦地"。他是秦国先祖中第一个被分封的人。公元前770年,周平王迁都洛邑(今河南洛阳),史称东周。因为秦非子的后代秦襄公护送周平王东渡有功,受封"岐山以西之地",秦国始建。这时候,秦的领地也从甘肃转到了陕西一带,"秦"于是成了陕西的代称。

"三秦"这个概念最初源于秦末楚汉之争时期。秦朝末年,项羽入关后,废除郡县,恢复分封制。为了防止汉中王刘邦北上,项羽将关中地区分封给三员秦国降将,称"三秦王"。他们分别是雍王章邯、塞王司马欣、翟王董翳。这就是"三秦"的由来。到了现代,人们按照地形、地貌和气候等自然地理因素以及语言、历史和文化等人文地理因素的差异,将陕西自北向南大致分为三部分:陕北黄土高原、关中平原、陕南秦巴山区。所以,陕西被称为"三秦"大地。

为何有"秦中自古帝王州"之说

"秦中自古帝王州",出自"诗圣"杜甫的组诗《秋兴》中的第六首。这组诗本是诗人的感物伤怀之作,用来表达他的凄凉心境的,但却道出了一个不争的历史事实:秦中自古以来就是帝王之州。

关中田园风光

秦中即关中,是指以长安为中心的渭河平原地区,这里自古以来有"陆海"、"天府"的美名。从西周起,前前后后总共有13个王朝在此建都,无论是建都数量,还是延续时间,这里都是当之无愧的中国第一"帝王州"。以下是对这13个王朝的建都者和其建立时间的简要统计。

西周:周武王姬发,公元前1046年;秦:秦始皇嬴政,公元前221年;西汉:汉高祖刘邦,公元前202年;新:王莽,8年;东汉:汉献帝刘协,190年;西晋:晋愍帝司马邺,313年;前赵:刘曜,319年;前秦:苻健,351年;后秦:姚苌,384年;西魏:元宝炬,535年;北周:周闵帝宇文觉,557年;隋:隋文帝杨坚,581年;唐:唐高祖李渊,618年。

在陕西关中地区建都的朝代,目前被官方和史学界公认的就是以上13个王朝。此外,还有14朝、16朝、17朝的说法。其实,不管说法有多少种,单单看以上的统计数字,就已经能够把"帝王州"的雅号送给关中了。

"关中"之名因何而来

关中地区,物华天宝,人杰地灵。早在四五千年以前,中华民族的始祖轩辕氏和神农氏就在这里生活,所以此处可以被看做是华夏族的发祥地之一。

关中之名,从战国晚期开始,就被人们所称道。古人在习惯上所称的关中,泛指函谷关(东汉以后被潼关取代)以西的地方。那时候,渭河平原(也叫渭河谷地)被"四关"包围,称为"秦之四塞"。它们是大散关(今宝鸡市南郊)、函谷关(今河南灵宝市境内)、萧关(今宁夏固原市境内)、武关

大散关

(今陕西丹凤县东南)。因为渭河平原地处四关之中,故称"关中"。在地理学上,也把渭河平原叫做"关中平原"或"关中盆地"。

关中地区自然环境十分优越,是中国最早被称为"天府之国"的地方。由于这里四面都是重要关隘,再加上陕北高原和秦岭两道天然屏障,使其自古以来成为"帝王州"和兵家必争之地。西汉贾谊的著名政论文章《过秦论》里说:"始皇之心,自以为关中之固。"

关中平原是由河流冲积和黄土堆积而成的,地势平坦,土壤肥沃,水源充足,机耕、灌溉条件都很好,因而这里交通便利,物产丰富,经济发达,其粮油产量和国民生产总值约占陕西全省的 2/3,是全省的政治、经济和文化中心。所以,这里被称为"八百里秦川"。

"西安"一名有何由来,西安城是如何形成的

西安是中华民族和中国文明的发祥地之一,它有 6000 多年的建城史和 1200 多年的国都史。其被称为"世界四大古都"(西安、罗马、开罗、雅典)之一,"中国四大古都"(洛阳、南京、西安、北京)之首。同时,它是中国建都最早、建都最久、建都朝代最多的城市。西周时,此地称"丰镐",是周文王和周武王分别修建的丰京和镐京的合称。汉代以后明代以前,这里被称作"长安"或"京兆"。据《明史》记载,洪武二年(1369 年),朝廷设立了"西安府",自此沿用至今。

在漫长的历史进程中,经过历朝历代的建设和完善,才形成了今天的西安城。

汉高祖五年(前202年),刘邦置长安县,由宰相萧何主持营造新城,名为"长安城",意思是"长治久安"。以后又修建了宫殿长乐宫和未央宫。汉惠帝元年(前194年),开始修建长安城城墙,至惠帝五年(前190年)竣工。汉武帝时期,对长安城进行了大规模扩建,先后兴建了北宫、桂宫和明光宫,并在城西扩充了上林苑,开凿昆明池,兴建章宫等。

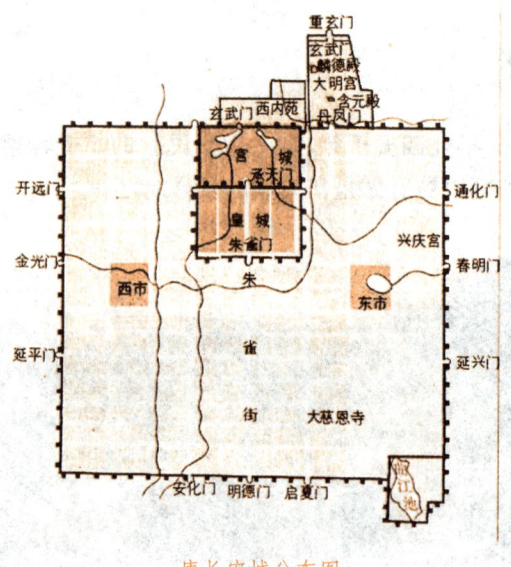

唐长安城分布图

到了隋朝开皇二年(582年),隋文帝打算在长安城东南建造新都,定名为"大兴城"。大兴城由年仅28岁的建筑学家宇文恺主持规划和建设。他在修建此城时,将整个城区设计成南北八条、东西十四条大街,纵横交错如棋盘。此外,他还将宽度达155米的朱雀大街作为整个城市的中轴线,南北贯通,至承天门形成一个巨型广场。这种棋盘式格局不仅成为以后历代王朝设计都城的典范,而且也在国外产生了重要影响,如日本的京都和奈良均仿照其设计而建。大业九年(613年),隋炀帝动用10万余人修筑大兴城外郭城,它的总体格局至此形成。

榆林因何得名,为何又被称为"骆城"

榆林位于陕北高原,地处毛乌素沙漠的南部边缘,因为当地的土壤适合种植榆树和柳树,榆树成林,柳树成荫,故而得名。

榆林当地的人们有养骆驼的习俗,在长久的历史变迁中形成了著名的"骆驼文化"。另一方面,榆林处于沙漠地带,本身看起来也像一匹行进中的骆驼,故名"骆城"。

北宋时期,榆林属永兴军路,

榆林骆驼雕塑

元代时属延安路。明永乐六年(1408年),在今红山(雄石峡)一带建榆林寨,榆林之名始见于史。成化八年(1472年),在城北增筑城垣;成化九年(1473年),当地巡抚将延绥镇治所由延绥移往榆林城,延绥镇因此也称榆林镇。正统二年(1437年),地方政府初步建成了榆林城堡。由于榆林城池前后进行过三次较大规模的维修和扩建,因此有"三拓榆林"之说。

延安因何得名,有何特色

商以前,延安属鬼方。公元前13世纪,武丁伐鬼方,这里成为商朝的势力范围。西周时期,此地为犬戎等民族控制。春秋时,晋人将此纳入晋国版图。战国时,秦人置上郡管辖该地。隋朝开皇三年(583年),朝廷在此设延安州,延安之名始见于史。唐武德元年(618年),改延安郡为延州总管府。元朝置延安路,明朝改设延安府,清朝仍沿用。1937年9月,陕甘宁边区成立,将延安作为边区的首府。

延安历来是陕北地区的政治、经济、文化和军事中心,有"塞上咽喉"、"军事重镇"、"三秦锁钥,五路襟喉"之称。这里地域宽广,自然资源丰富,是中国石油的故乡。北宋时,沈括在此发现了石油,并命名为"延州石液",最早提出石油的概念。1907年9月10日,在延川县打出了中国第一口油井,被称为"延一井"。

延安枣园革命雕塑

延安最大的特色是旅游资源。这里不仅是历史文化名城,也是"红色革命圣地"。此处的主要人文胜迹有:黄帝陵、轩辕庙、杜公祠、宝塔山、秦直道、钟山石窟、石宫寺石窟、石泓寺石窟、千佛寺石窟、木华黎王墓、花木兰陵园、吴旗县明长城、吴旗镇革命旧址、瓦窑堡革命旧址、南泥湾革命旧址、刘志丹烈士陵园、谢子长烈士陵园等。

咸阳因何得名,为何又被称为"渭城"

咸,是"皆"、"都"的意思。阳,在古代指山之南、水之北。据《史记》载,咸阳地处渭水之北,九嵕山之南,山水俱阳,故而得名。早在夏代,咸阳城区已初

西安咸阳国际机场

具规模。秦孝公十三年(公元前349年),秦国迁都于此(有人根据秦都咸阳出土的陶文,认为商鞅曾在此设"咸亨"、"阳里",而秦孝公将两名合一,即为"咸阳")。公元前221年,秦始皇统一中国,仍把此处作为都城,因而它被赞誉为"中国第一帝都"。

渭城之名,始于西汉,唐时仍旧沿用。汉高祖初年,刘邦恢复重建咸阳城,取名"新城"。汉武帝年间,因为新城临近渭水(今渭河),所以更名为"渭城"。

咸阳不仅是古都,也是著名风景区,有许多文人骚客在游历此地后留下了一些美丽的诗篇。盛唐诗人王维的《送元二使安西》里写道:"渭城朝雨浥轻尘,客舍青青柳色新。劝君更尽一杯酒,西出阳关无故人。"晚唐时,诗人许浑登临咸阳西楼,赋了一首七律《咸阳城西楼晚眺》:"一上高城万里愁,蒹葭杨柳似汀洲。溪云初起日沉阁,山雨欲来风满楼。鸟下绿芜秦苑夕,蝉鸣黄叶汉宫秋。行人莫问当年事,故国东来渭水流。"清代时,诗人朱集义在《咸阳古渡》一诗中赞道:"长天一色渡中流,如雪芦花载满舟。江上丈人何处去,烟波依旧汉时秋。"

咸阳有着悠久深厚的历史文化底蕴,这里的主要文化胜迹有:昭陵、乾陵、茂陵、长陵、平陵、汉阳陵、五陵原、大佛寺、郑国渠、开元寺塔、咸阳古渡、李靖故居、杨贵妃墓、懿德太子墓、永泰公主墓等。

宝鸡因何得名,有何特色

宝鸡享有"炎帝故里"、"青铜器之乡"、"民间工艺美术之乡"的盛誉。此地在古代叫做陈仓、雍州、大散关。唐朝至德二年(757年),唐肃宗改陈仓为宝鸡,此后沿用至今。关于宝鸡一名的来源,有这样一个美丽的传说:

在春秋时代,有个陈仓人抓到一只像羊又像猪的怪兽,他准备进献给秦国国君。当时,有两个小孩劝他不要这样做:因为这个怪兽名叫"媦",刚一出生,就张口吃母,等到长大后,会吸人脑浆。陈仓人听后,赶紧用力打怪兽的头,想要把它杀死。但是,媦却开口说话了:"你不要杀我,快放了我,去抓这两个小孩。他们是龙凤胎,都叫陈宝,得了男的可以称霸,得了女的可以称王。"陈仓人一听,认为这是件奇事,于是就放下了媦去抓那两个小孩。然而,两个小孩突

宝鸡市市政广场雕像

然变成了两只神鸡。其中一只飞到了河南南阳,千年之后转世为汉光武帝刘秀。另一只飞到了陈仓山顶,化为石鸡,体大如羊,光洁如玉。陈仓人于是放了猎。猎为了感谢他的恩德,从此就衔草掩护石鸡。在石鸡的福泽恩荫之下,陈仓山从此草木茂盛,周围百姓安居乐业。唐至德二年,本地人又听到了神鸡的啼鸣,声音传遍了附近十余里。这时正值安史之乱,唐玄宗避乱四川,太子李亨在灵州提前登了基(史称肃宗),亲自挂帅平叛。令人奇怪的是,当听到了神鸡鸣叫后,唐军开始节节胜利,而叛军从此一蹶不振。肃宗认为神鸡是国宝,鸡鸣乃是吉祥之兆,遂改陈仓为宝鸡。

宝鸡的名胜古迹众多,比较著名的有:炎帝陵、天台山、太白山、钓鱼台、五丈原、周公庙、法门寺、箭括岭、慈善寺、始祖殿、大散关、鸡峰山(陈仓山)、张载祠(张子祠)、金台观、周原遗址、太平寺塔、大唐秦王陵、扶风城隍庙、东方大佛宫、苏文忠公祠、九成宫遗址、秦公一号大墓等。其中,太白山被后人冠以"天然地质博物馆"、"天然植物园"、"动物乐园"等称谓,法门寺被称为"皇帝佛国"、"塔庙之祖"。

潼关一名有何来历

潼关因水得名。据《水经注》载:"河在关内南流潼激关山,因谓之潼关。"这里是黄土高原进入中原大地的重要通道,历来为兵家必争之地,有"畿内首险"、"三秦镇钥"、"四镇咽喉"、"百二重关"的美称。《山海关志》里说:"畿内之险,惟潼关与山海关为首称。"盛唐诗人崔颢曾写下了《题潼关楼》律诗一首赞美此地:"客行逢雨霁,歇马上津楼。山势雄三辅,关门扼九州。川从陕路去,河绕华阴

潼关古城东门外景

流。向晚登临处,风烟万里愁。"杜甫也在《潼关吏》一诗中赞道:"丈人视要处,窄狭容单车。艰难奋长戟,万古用一关。"今在其关口仍留有清乾隆皇帝的御笔题词:"第一关"、"金陡关"。

潼关在上古时代叫"桃林塞",商时属定国。《左传》里有"晋侯使詹嘉守桃林之塞"的描述,《唐书》中也有"古为桃林塞"的记载。潼关的历史,源远流长,自汉末设县至今已有两千多年了。此处作为关口,始于东汉建安元年(196年)。曹操为预防关西兵乱,下令废弃函谷关,于河滨之处拦路设关。当时的关城建在黄土塬上,隋朝时南移数里。武则天时北迁塬下,设置潼津县,形成今日的潼关城旧址。明代建立潼关卫,清雍正四年(1726年),始设潼关县,此后沿用至今。

潼关最为著名的景色是"潼关八景":雄关虎踞、禁沟龙湫、秦岭云屏、中条雪案、风陵晓渡、黄河春涨、谯楼晚照、道观神钟。

韩城因何得名,为何被誉为"文史之乡"、"小北京"

韩城最早被称为"龙门",民间传说"鲤鱼跃龙门"的故事与此相关。史载,大禹"导河积石,至于龙门"。西周初年,周武王的一个儿子受封于韩,建韩国,韩城属韩侯国封地。秦朝时设夏阳县。隋朝开皇十八年(598年),正式更名为韩城县,此后这个名称被沿袭下来。

韩城位于关中平原东部,历史悠久,源远流长,早在旧石器时代就有了人类活动。西汉时期,韩城诞生了一位伟大的历史人物——司马迁。司马迁因为写就了《史记》而被后世尊为"史圣"和"传记文学的开山鼻祖"。从此,韩城被称为"文史之乡"。明清之际,特别是清朝乾隆年间,因韩城在京城做官的人太多,所以出现了"朝半陕,陕半韩"之说。该地在明清时期的科举中试者达到了1396人之多,其中有进士119人。夺魁者仅清朝就有状元1人,会元3人,解元11人。此地名人辈出,除了司马迁之外,还有春秋时期的政治家赵武、清代名相王杰和现代作家杜鹏程等。

韩城享有"小北京"的美称源于清乾隆年间。当时,乾隆皇帝针对此地独特的风情,下旨三道:第一,韩城百姓结婚可用龙袍凤冠;第二,民宅可仿照北京"四

韩城文庙尊经阁

合院"修建;第三,人死后可沿袭北京贵族之制。于是,当地人大兴土木。目前,这里仍保留着1.5万座四合院。

此外,韩城也被赞誉为"世界民居之瑰宝"、"人类文明的活化石"。这里现有各级各类文物保护单位182处,馆藏文物万余件,其中全国重点文物保护单位就有11处:司马迁祠墓、大禹庙、魏长城遗址、文庙、党家村古民居、普照寺、城隍庙、法王庙、玉皇后土庙、梁带村遗址、北营庙。该地现存的元、明、清三代古建筑遍布城乡,其中元代建筑占全国的六分之一,也是陕西之最。韩城的文化遗产也极为丰富,最具代表性的有门楣题字、百面锣鼓、耍神楼、秧歌等。

安康之名有何寓意,为何当地人喜欢称"安康"为"金州"

安康在古代号称"群夷之国"。商周时属庸国。秦时设安阳县,为汉中郡治所。据《兴安府志》记载,晋武帝太康元年(280年),朝廷为安置巴山一带的流民,以达到"万年丰乐、安宁康泰"的目的,遂将古代的安阳县更名为安康县,此后被沿用至今。

安康位于陕南地区,因为当地的汉江和月河流域盛产一种沙金,所以当地人喜欢称此地为"金州"。唐朝时,该地每年都要向朝廷贡金。此外,这里称"金州"的另一个原因是盛产丹漆。

安康物产丰饶,素有"秦巴万宝山"、"中药材摇篮"和"天然生物基因库"的美誉。此地生态环境优美,文化胜迹众多,最为知名的有:香溪洞、文峰塔、天柱山、龙王山、巴山秋池、子午栈道、石泉县老城等。

安康石泉老城西门

汉中因何得名,为何被称为"帝王兴业之地"

汉中因位于汉江中游而得名。早在秦朝时,朝廷就设立了汉中郡,是当时的36郡之一。据史料记载,秦惠文王"取地六百里,置汉中郡"。

这里地处秦岭、巴山之间,跨汉江、嘉陵江两大流域,形成了冲积平原地貌,即"汉中盆地"。由于这里地理位置优越,历来为兵家必争之地。秦末楚汉之争时期,刘邦曾被项羽封为"汉王"。后来刘邦取得天下,建立了汉朝,成就汉室大业。所以,此地被称为"帝王兴业之地"和"汉家发祥地"。后来,汉朝、汉人、汉族、汉语、汉文化等称谓相继出现并一脉相承。

汉中古汉台

东汉末年,张鲁自立为王,占据汉中长达20年。三国时,刘备取汉中称王,建立了蜀汉政权,与魏、吴形成"三足鼎立"局面。诸葛亮六出祁山,驻屯汉中,虽然"出师未捷身先死",但却名垂青史。南宋大诗人陆游,从此地投笔从戎。明朝时,这里爆发了"白莲教起义",高福兴自称"汉明皇帝"。由此可见,汉中真是兴业之地。

汉中有众多的古迹名扬天下,例如古汉台、拜将坛、饮马池、午子山、圣水寺、灵崖寺、张良庙、五门堰、武侯墓、褒斜道、蔡伦墓祠、开明寺塔、龙岗寺遗址、虎头桥遗址、明瑞王府遗址、汉中古城墙、定军山古战场、石门及其摩崖石刻等。

何谓"坊",为何西安地名多以"坊"来命名

"坊"最早出现在唐代,是唐朝时长安城区规划的一种形式。大唐盛世期间,长安是丝绸之路的起点,在当时容纳了大量从西亚和中亚迁入的穆斯林教徒。随着穆斯林的涌入,伊斯兰教也开始在中国传播、扩散。为了宗教活动和生活的方便,一些穆斯林开始依清真寺而居,这种布局的传统从当时一直延续至今。这样,每座清真寺就自然而然地形成了一个所谓的"坊",也叫"回坊"。即使到了现在,我们还能够听到西安地区把信仰伊斯兰教的回族人亲切地称为"坊上人"。

西安聚居着约30万回族同

西安回坊小吃

胞,主要集中分布在"七寺十三坊"。七寺是指:化觉巷寺、大皮院寺、小皮院寺、广济街寺、大学习巷、营里寺、洒金桥寺。十三坊是指:化觉巷、西羊市、北院门、麦苋街、大皮院、小皮院、北广济街、狮子庙街、大学习巷、小学习巷、大麦市街、洒金桥、城南的回回巷。

在西安的回坊,你会看到各种各样的小吃,可以说应有尽有。西安坊上人擅长小吃制作,他们较完整地保留了传统的清真饮食风味,并且以用料考究、制作精细,小吃有甜咸辣荤素搭配和品种众多,享誉全国清真小吃之首。小吃有牛羊肉泡馍、腊牛羊肉、烩羊杂、粉蒸羊肉、蜂蜜凉粽子、盛氏酿皮、羊肉饼、八宝甜稀饭、胡辣汤、羊肉水饺、韭饼、酸汤水饺、灌汤包子、牛肉拉面、羊肉臊子饸、黄桂柿子饼、蛋花醪糟、水盆羊肉、芝麻烧饼、葱油饼等。

杨凌因何得名,有何特色

杨凌,原称杨陵,因隋文帝杨坚定陵墓泰陵于此地而得名。后来,为了展示中国将要腾飞的农业科技,将"陵"字改为"壮志凌云"的"凌"。

该地原为陕西省咸阳市杨陵区,与武功县相接,历史上一直隶属于武功县。其在古代称"邰",是中华农耕文明的发祥地之一。大约5000年以前,该地区就有先民繁衍生息。《孟子》中记载:"后稷教民稼穑,树艺五谷。"1997年,国家批准成立了杨凌农业高新技术产业示范区,成为我国唯一的国家级农业示范区,被赞誉为中国农业的"硅谷"。

杨陵隋文帝杨坚泰陵

早在1934年,于右任与杨虎城等人就在这里创办了中国西北地区第一所农业高等专科学校——国立西北农林专科学校,也就是现在的西北农林科技大学。目前,杨凌有大学2所,科研机构5所,中等专业学校3所。这里有十分密集的农业科技人才,具有较强的科研能力,因此又有中国"农业城"的美名。世界上第一例克隆山羊就是在这里诞生的,曾在国内外引起了极大轰动。

杨凌最大的特色是农业高新技术产业示范区。现在,以农业观光和科技游为主的特色旅游正在成为示范区发展的一个新亮点。杨凌还紧靠着西

安旅游圈,与这里临近的名胜古迹也有不少,如兵马俑、乾陵、太白山、法门寺等。

临潼因何得名,有何美景

临潼地处关中平原中部,是古都西安的东大门。因为临河和潼河两条河流从城区的东、西两侧流过,所以人们把这个地方叫做临潼。《临潼县志》里是这样记载的:"祥符改名,以临、潼二水环县左右故名临潼。"

临潼俯瞰

临潼最早为古骊戎国所在地。秦时称骊邑。汉时称新丰县。北宋大中祥符八年(1015年),正式更名为临潼县。

临潼的名胜享誉天下,最主要的有秦始皇陵、兵马俑、华清池、骊山等。秦始皇陵和兵马俑已被列为世界文化遗产,骊山风景区也是国家首批公布的风景名胜保护区之一。

秦始皇陵兵马俑坑是秦始皇陵的陪葬坑,是世界最大的地下军事博物馆,被誉为"世界第八大奇迹"。

华清池,也叫华清宫,唐玄宗时期,是玄宗和杨贵妃的专用温泉。华清池在历史上一直被看做是唐玄宗纸醉金迷生活的真实写照。晚唐诗人杜牧当年经过华清宫时,发思古之幽情,写下了一首讽刺唐玄宗奢靡烂生活的七绝,即《过华清宫》:"长安回望绣成堆,山顶千门次第开。一骑红尘妃子笑,无人知是荔枝来。"

当然,临潼在历史上名动一时,还因为发生过以下这些重大历史事件:褒姒一笑失天下、鸿门宴、西安事变。

泾阳之名有何寓意

泾阳县位于陕西省"八百里秦川"的腹地,咸阳市中部,南靠泾河和渭河,是一座古老而又年轻、充满着勃勃生机和活力的魅力城市。

泾阳泾湖晚霞

泾阳之名最早见于《诗经·小雅》里的记载："侵镐及方,至于泾阳。"因为泾阳位于泾河以北,而古人以"山南水北"为"阳",故名泾阳。"泾渭分明"这一典故即来源于泾河与渭河之名。夏商时期,泾阳隶属于雍州。战国晚期,秦国设立了泾阳县。此后,这一名称沿用至今。

泾阳历史悠久,自然资源丰富,风光秀丽,素有"关中白菜心"之美称。另外,中国领土的中心位置也位于泾阳,被誉为"原点之城"。

富平之名有何寓意及来历

富平位于陕西中部,是关中平原和陕北高原的过渡地带。古人常以"美田"来赞美这里的土地,著名的美原平原就在其境内。该县在秦汉之际分属怀德和频阳两县管辖。富平的寓意是"富庶太平"。历史上曾发生过"富平三迁"事件。

东汉汉安帝永初五年（111年）,东汉政府下诏将边塞的四个郡北地、安定、上郡、陇西迁往内地。其中,将北地郡的富平县迁到了池阳（今陕西泾阳县西北）。这是富平第一次迁移。

汉顺帝永建四年（129年）,尚书仆射虞诩上书汉顺帝,认为包括富平在内的边塞四郡,沃野千里,水草丰美,阻山带河,不可久弃。因此,建议仍迁回原地。汉顺帝采纳了这个建议,派郭璜督促原郡居民各还旧县,修复城郭,大兴屯垦。于是,富平县在迁出吴忠18年后,又迁回了原地。这是富平第二次迁移。

永和四年（139年）,在第一次羌人起义刚结束10年之后,又爆发了第二次羌人起义。这一次,东汉政府派马贤率军镇压。马贤与他的两个儿子在一次战斗中战败身亡。羌人又开始攻打富

富平陶瓷艺术博物馆

平县。北地郡太守贾福(驻富平县)由于防守不力弃城而逃,仓皇将富平县迁往冯翊(今西安郊区高陵)。汉灵帝时,该地又打算从冯翊移回原址,但在移到彭阳县界就停了下来。因为那时正值战乱,各地群雄并起,边塞也不安宁。此地只好再向西南回迁,最后落户在陕西怀德。这是富平第三次迁移。

至此,富平就永远固定了下来。

白水因何得名,有何特色

白水因境内有白水河而得名。春秋时称彭衙地。公元前350年,秦孝公将此地命名为白水县。按《太平寰宇记》载:"洛水东南,沮水入焉,故洛水亦名漆沮水,其境东南多白玉,因又名白水。"

白水历史悠久,源远流长,曾为辉煌灿烂的中华文明做出过重要贡献。此地有"造字圣人故里"、"酒圣故里"、"制瓷先祖故里"的美称。今白水史官乡有仓颉墓一座,于右任先生尊其为"文化之祖"。今白水大杨乡是"酒圣"杜康的故里。曹操曾在《短歌行》一诗中写道:"何以解忧,唯有杜康。"今白水县大雷公村是黄帝时代的医官雷祥的故里。

苹果之乡白水

白水在过去也发生过一些重大战役,像春秋战国时的秦晋彭衙之战,明末王二起义,李自成七克白水之战,以及解放战争中的壶梯山战役等。这些战役在改写中国历史的书上,已被载入关键性的一页。

说到白水,不能不提的就是当地的苹果。当地的苹果不仅质量高,而且产量大,因而此处被赞誉为"中国苹果之乡"。这里的苹果有很多"优点",我们不妨细数一下:果个硕大,果形圆正,果皮细嫩,洁净光滑,色红艳丽,肉质细密,酸甜适度,营养丰富,纯天然无公害。由于白水的苹果拥有如此"迷人"的品质,更使得本地名扬天下。现在,全县苹果的种植面积达到了55万亩,人均1.7亩,而且每年以35万吨的高产量销往全国各地。

老陕西的地理

 天下之中在哪里

天下之中又称"大地原点"或"大地基准线"。陕西位于居中的地理位置，所以陕西拥有天下之中的称号。

大地原点是利用高斯平面直角坐标的方法建立的全国统一坐标系，即现在使用的"1980国家大地坐标系"（简称"80系"）。所以它并不是中国的几何中心，而是国家地理坐标系的基准点，是个经过考察、研究而人为界定的点。作为中华神州的地理中心，它象征着国家的尊严，如今已受到法律的保护。

确切地说，大地原点位于泾阳县永乐镇石际寺村村内。从陕西西安北行，出西安，过咸阳，就能到达。村中有一占地6万平方米的建筑群，群中的八角形塔楼非常引人注目，

泾阳大地原点

这就是"中华人民共和国大地原点"的所在地。原点标志则位于所在地主建筑的地下室内。室内中央有一块边长约0.5米的正方体红色大理石。大理石中心镌刻着"中华人民共和国大地原点"这几个隶体勒金字,大理石基座的中心有一个半球面,半球面上镌刻有一精密"十"字。十字的中心即中华人民共和国大地原点。这个"十"字的交点就是"中华人民共和国大地原点",也就是我国地理坐标精度与纬度的起算点和基准点。

我国西汉时期长达1000多公里的超长建筑基线恰好从大地原点处经过,2000多年前测定的建筑基线与今日的大地原点基本一致,相差无几。所以我们认为天下之中在陕西。

秦岭为何被誉为"中国的中央国家公园"

秦岭呈东西走向,主体地处陕西,西起甘肃南部、经陕西南部到河南西部,长约1500公里,是我国地理、气候和环境的南北天然的分界线,把我国中部划分为南北两个部分。秦岭集南北景观于一身,保存有世界上最珍稀的野生动物——大熊猫、金丝猴、朱鹮、羚牛等,同时又位于我国的核心地带,故被誉为"中国的中央国家公园"。

由于秦岭是南北分界线,所以山南山北的景色有很大不同,可谓是包罗万象。秦岭以北有由渭河冲积而成的号称"八百里秦川"的关中平原,还有千沟万壑的黄土高原。秦岭以南有狭窄的汉水谷地,还有号称"天府之国"的成都平原。秦岭东西横亘,从太平洋吹来的东南季风所带的水汽难以到达秦岭的北部,使得秦岭以北降雨较少,气候干旱,而秦岭以南则降雨丰沛,形成一派江南水乡的景象。

由于秦岭南北气候的差异,两侧的动植物也有很大不同。在秦岭,从南到北,分布着从亚热带到温带的植被类型,有常绿阔叶与落叶阔叶混交林、落叶阔叶林、针阔叶混交林、亚高山针叶林和高山灌丛草甸等,是我国植物区系最为丰富的地区之一。这里还有我国的四大国宝——憨态可掬的大熊猫、活泼灵巧的金丝猴、体型巨大的羚牛和被誉为"东方宝石"的朱鹮,另外,全国29%的动物种数和全国34%的鸟类种数也都分布在这里。多种动植物的存在让秦岭成为野生动植物的天堂。

总之,秦岭拥有众多美丽的

秦岭

景观,特殊的地质构造,丰富的动植物资源,它获"中国的中央国家公园"的称号是当之无愧的。

 中国最早被称为"金城千里,天府之国"的地方在哪里

《史记·留侯世家》中记载:"夫关中左肴函,右陇蜀,沃野千里……此所谓金城千里,天府之国,天下之脊,中原龙首。"正如史记中写的那样,位于陕西三大自然区中部的关中平原,物产丰富,经济发达,是中国最早被称为"金城千里,天府之国"的地方。

战国时关中就有"四塞之国"的说法。关中南靠秦岭,北有黄土高原,西北有黄河天堑,西倚陇山,东有黄河,四面都有保护屏障,易守难攻。到了楚汉时期,刘邦的将领张良曾用"金城千里"来概括关中的地理优势并以此来建议刘邦进攻关中。刘邦采纳建议后率大军向西攻入关中,夺取天下,建立了西汉王朝,成就霸业。"金城千里"也就这样流传下来了。

关中平原风光

天府之国是指土地肥沃、物产丰富的地区。由于四川盆地和成都平原的存在,现今多指四川。但古时天府之国却专指陕西关中地区,这比四川获得此称号早半个多世纪。战国时期,苏秦认为关中是"田肥美,民殷富。战车万乘,奋击百万,沃野千里,蓄积多饶"的地方,并称赞关中为"天府,天下之雄国也"。后来,便向秦惠王提出合纵之计,主张攻打关中。这一称号也就流传开来。关中有"天府之国"的称号还得益于郑国渠的修建。郑国渠修好后,灌溉水源充足,再加上得天独厚的地理优势,使得关中孕育出大批农田,农业生产水平高,形成了一个精耕细作的区域,于是关中是最早被赞誉为"金城千里,天府之国"的地方。

 为何说陕西地图神似跪射俑

闻名世界的兵马俑,拥有神态各异的造型,跪射俑便是其中的精品。来到西安兵马俑博物馆,导游和讲解员常会说:"在中国的行政区图上,陕西的轮廓

陕西地图

就像一个跪射俑。"仿佛是巧合,陕西省地图的轮廓与一个跪射俑形状非常神似。

陕西的地形南北高且纵长,东西低且横宽。北部是地势较高的陕北高原,中部是低平的关中平原,南部是地势险峻的秦巴山地。跪射俑身披战袍与铠甲,头顶左侧绾一发髻,脚穿方口齐头翘尖履。他上身笔直挺立,左腿蹲曲,右膝着地。右膝、右足尖及左足三个支点呈等腰三角形支撑着上身。

陕西被北山和秦岭分为三大自然区,这三大自然区刚好与跪射俑身体的布局相吻合。黄土高原沟壑区的轮廓神似秦俑的头部,关中平原区好像秦俑的腰部,而秦巴山区恰好极像秦俑的双腿。所以自北向南依次勾勒的地图轮廓就好像一尊跪射俑。

这样的巧合的确为人们游览陕西和兵马俑增添了许多乐趣。

为何说黄土高原是被风吹出来的

黄土高原位于我国北方地区与西北地区的交界处,拥有40万平方公里的土地面积,其黄土覆盖量占世界黄土总量的70%。关于黄土高原上黄土的来源,长期以来学术研究界都有不同的争论。其中,以"大风吹成说"最令人信服。

黄土高原东起太行山,西至乌鞘岭,南连秦岭,北抵长城,主要包括山西、陕西以及甘肃、青海、宁夏、河南等省的部分地区,位于我国第二阶梯。陕北黄土高原是黄土高原的中心,地势西北高、东南低。高原上经过流水切割和土壤侵蚀而形成的黄土厚度最大可达一二百米。高原北部有卡拉库姆沙漠和塔克拉玛干沙漠、巴丹吉林等广大干旱沙漠区。这些沙漠区的沙砾和岩石,白天受热膨胀,晚上冷却收缩,逐渐被风化成大小不等的石块、沙子、黏土等。这些

黄土高原

细小的沙砾经过风力作用被带到高原上,在长期的堆积作用下才形成十分广阔的黄土高原。

科学家们经过考证认为,黄土高原形成至少需要 100 多万年,需要十分干燥而寒冷的条件,在大气环流的推动下产生。大气环流中的西北环流有利于黄土的搬运和沉积作用,其中,东亚冬季风在黄土形成中起主导作用。

虽然科技在进步,实践在发展,人们还在探索黄土高原形成的原因,但目前为止"北风送土成高原"仍然是能经得住考验的最具科学性的理论。综上所述,我们认为黄土高原是被风吹出来的。

关中为何被誉为"八百里秦川"

陕西自南向北有三大自然区,关中便位于这三大自然区中部的关中平原或关中谷地。它南靠秦岭,北接"北山",西起宝鸡峡,东至潼关港,东西长约 360 公里,号称"八百里秦川"。

关中有"八百里秦川"称号的历史还可追溯到秦朝。秦朝时,关中就风调雨顺,土地肥沃。关中发达的农业为秦朝文明的兴起奠定了强大的物质基础。同时它也逐渐成为黄河流域华夏文明的发源地。

具体来说,关中是一个得天独厚的农业圣地。河流阶地和黄土台原的地貌、地势低平的河床、

八百里秦川

横贯盆地流入黄河的渭河,使得关中拥有最好的自然地理优势。堆积的黄土受到河流冲积作用的影响让关中平原的地势平坦开阔,土质肥沃,水源充足,良好的机耕和灌溉条件,再加上当地适宜农作物生长的温和湿润的气候,使得关中物产丰富,农作物繁盛,粮食产量和国民生产总值位居全省第一。另外,关中的交通十分便利,公路、铁路的建设加强了对外联系,贸易来往频繁促进了经济的发展,是全省经济发展的重要力量,是全省的精华之地,所以被誉为"八百里秦川"。

天下第一雄关——潼关知多少

潼关位于陕西东部渭河下游的潼关县,与函谷关遥遥相对,古称桃林塞。

潼关发展较早，历史悠久，文化源远流长，被称作"天下第一雄关"。

东汉年间，为防关西发动兵乱，曹操下令废弃函谷关，在黄河边上修建潼关以做防护。潼关从此便成为军事关口。隋朝时潼关向南挪移。唐朝时向北迁移并开始设置管辖机构。唐朝设潼津县，明朝设潼关卫，清朝设潼关县并一直延续至今。

古潼关

现在的潼关，经明、清的多次修葺，保存尚好。西门有明代建筑的门楼，俗称"谯楼"，宏伟壮观。有仰韶文化遗址，名胜古迹星罗棋布，还有风陵晓渡、谯楼夕照、秦岭云屏等"潼关八景"。

因地处黄河渡口，位居山西、陕西、安徽三省的要冲，地势险要，易守难攻，潼关一直是兵家必争之地。它南有秦岭，东南有禁谷，北有渭、洛二川，西近华岳，有"百二重关"之美誉。清代大诗人、大书画家张船山《潼关》云："时平容易度雄关，拍马河潼自往还。一曲熏黄瓜蔓水，数峰苍翠华阴山。登陴版牌丁男壮，呼酒烹羊守吏闲。最是绿杨斜掩处，红衫青笠画图间。"

古潼关有两条路径，一处为山路，一处为水路。潼关周围重峦叠嶂，谷深崖绝，山高路狭。人们经常用"人间路止潼关险"来形容它。杜甫游此后也有"丈人视要处，窄狭容单车"的感慨。

为何说白浪镇"一脚踏三省"

在中国的版图上三省交界之地共有40多处，陕西的白浪镇就是其中之一。这个古老的乡镇一脚踏三省，融会了三省不同的地域风情。

白浪镇是一个神奇的地方。它地处陕西省东南边陲，位于陕西省商洛市商南县，东邻河南，南接湖北，在巍峨的大巴山和绵延的秦岭交会处，是陕、豫、鄂三省的结合部。小镇虽然不大，但紧密相连，同住着陕、豫、鄂三省的居民，同样保留着三省的文化民俗。

"鸡鸣狗叫听三省，土地毗连屋相邻。百姓同饮一溪水，亲如一家共甘美。"民谣说的是白浪镇上著名的白浪街，曾有"小香港"之称。由青石条铺成的白浪街街长半里，宽不过10米。街旁有缓缓流动的小溪。大人们在这里挑水、淘米、洗菜，小孩子在这里玩耍、嬉戏。他们之中，既有陕西人，又有湖北人，还有

三省石

河南人,三省人民同走一条街,三省人民共饮一渠水,形成了三省一条街的融洽景象。三省的不同习俗也在这里交汇。爱吃面食的河南人、陕西人与爱吃大米的湖北人相互尝试彼此的生活,相互欣赏彼此的文化习俗,和和睦睦,亲如一家人。

街道的中心伫立着一座友谊界碑,人称"三省石"。3米多高的界碑成三面棱柱状,以三棱石中心为界线,朝西的一面归陕西管,朝东的一面归湖北管,朝东北的一面归河南管。据石碑上记载,早在200年以前,这里已形成街道,出现商业店铺和作坊。

河南以古都洛阳为代表的黄河文化、陕西以古都西安为代表的秦晋文化、湖北以三峡为代表的长江楚文化,共同构成了白浪镇的三省文化,让白浪镇在文化方面也成为"一脚踏三省"的地方。

"陕北的好江南"知多少

抗日战争时期,国民党对延安实行经济封锁,许多八路军战士没衣穿、没饭吃、没鞋袜、没铺盖。在困难面前,毛主席发出"丰衣足食,自己动手"的号召。于是,一场轰轰烈烈的大生产运动在解放区全面展开。

1941年,王震将军率领三五九旅进驻南泥湾。他们用了不到三年的时间,把荒芜的南泥湾变成了"平川稻谷香,肥鸭满池塘,到处是庄稼,遍地是牛羊"的丰美之地。毛主席高度评价三五九旅是"发展经济的先锋"。

1942年,朱德总司令视察南泥湾时,高兴地赋诗赞道:"去年初到此,遍地皆茅草。夜无宿营地,破窑亦难找。今辟新市场,洞房满山腰。平川种嘉禾,水田栽新稻。屯田仅告成,战士粗温饱。熏风拂面来,有似江南好。"

1943年,著名词作家贺敬之和著名曲作家马可谱写出了《南泥湾》这首流传至今的陕北民歌。

南泥湾"自己动手,丰衣足食"碑

从此以后,一提南泥湾,人们马上就会想到一个概念,它就是"陕北的好江南"。

翠华山为何被称为"中国山崩地貌博物馆"

西安翠华山山崩国家地质公园位于陕西省西安市长安区,距西安30公里,是秦岭终南山的一条支脉。主要地质遗迹类型为山崩地质遗迹。翠华山属秦岭山脉,由中元古界变质杂岩组成,受混合岩化作用强烈影响,山崩颗粒大,呈多种形状断裂,是国内外学者进行混合岩化作用研究的天然实验室。秦岭北麓大断层从翠华山北侧通过,该断层目前仍在活动,1万年以来平均每年上升1.73~3.4毫米。强烈的断裂活动,加上构成翠华山山体的岩石质坚性脆,又地处地震带,从而引起山体崩落。

西安翠华山

这里的山崩地质作用形成了一系列山崩地质景观,如山崩悬崖景观、山崩石海景观、山崩地堆砌洞穴景观、山崩堰塞湖景观、山崩瀑流景观及山崩形成的各种造型奇石景观等,秦岭北坡的两个堰塞湖——水湫池和甘湫池就是山崩形成的。翠华山山崩地貌类型之全、保存之完整,为国内罕见,堪称"山崩地质博物馆",在研究秦岭和关中平原形成历史及山崩地质作用类型上具有重大的科学价值。

翠华山山崩景观国家地质公园为2001年3月国土资源部首批11个国家地质公园之一,而且是全国第一批建成揭碑的国家地质公园。2002年被国家旅游局评为国家AAAA级旅游区。

翠华山的主峰是终南山,海拔2604米,总面积32平方公里,是我国山崩地质作用最早发育的地区之一。景区主要包括翠华峰、玉案峰、甘湫峰,海拔820~2131米,面积约7.85平方公里,山中集山、石、洞、水、林、庙一起,共有各类景点68处,其中主要景点18处,这些景点组合成特点迥异的8个风景区。

长江、黄河的最大支流知多少

长江、黄河是中国最著名的两条大河,它们的最大支流都在陕西,即汉江和

陕西汉江风光

渭河,成为陕西自然风景的重要组成部分。

汉江即汉水,是长江最大的支流,发源于宁强县,流经陕南12个县,陕西境内为汉江上游,长719公里,穿过黄金峡和凤凰山与大巴山之间的基岩山地,进入安康盆地,向东蜿蜒于丘陵低山区,至白河县东流入湖北省,在武汉市汉阳入长江。汉江及其支流流经秦巴山区,宽谷与峡谷交替出现,有多处优良坝址。江水清澈透明,水质清洁无污染,清洌甘美,成为全国少有的清洁饮用水最佳水源地之一。水源以山地降水和山泉为主,用以沏茶,醇正清香,沁人心脾。

渭河为黄河最大支流,位于中国西北黄土高原的东南地区,发源于甘肃省渭源县的鸟鼠山,于陕西潼关注入黄河,全长818公里。渭河流域包括甘肃、宁夏、陕西三省区13个地区86个县市,总面积134 766平方公里,其中陕西占50%,流经关中平原,由于地质构造上的原因,渭河属不对称水系。北岸支流源远流长,主要流经黄土高原,洪枯流量相差悬殊,泥沙含量大,是渭河的主要来沙支流。南岸支流较短,主要流经土石山区,比降较大,水流湍急,水力资源较为丰富。黄河流域总被人们称誉为中华民族灿烂文化的摇篮,而渭河正是关系到这古老摇篮摆动的中轴组成部分。

陕西的"天生桥"位于何处

在陕西省安康市镇坪县南部小榆河的大山深处,有一座被当地人称作"天生桥"的天然石拱桥。"天生桥,桥天生;桥是一座山,山是一座桥",人们如此形容这个充满神秘色彩的自然景观。小榆河发源于镇坪县与重庆市城口县交界的大巴山分水梁。这里青山苍翠、奇峰屹立、流泉散布、古木参天,处处充溢着古朴原始的自然景观,丰富奇特。

"天生桥"长100余米,宽4

安康镇坪天生桥

米,高约 100 米,半椭圆形的桥拱跨度 60 多米,从对面山上望去只见一桥飞架于林海之中,平缓的桥面上古木错落、怪石杂陈。桥两端分别与两岸山体相连,像长长的引桥伸向远方。据了解,如此巨大的"天生桥"在国内实属罕见,其长度与宽度虽不及世界最大的"天生桥"——贵州黎平"天生桥",但其高度却远远超过了黎平"天生桥"。

为何太白山堪称中国的"植物王国"

太白山植物种类繁多、资源丰富。现有种子植物 1550 种,苔藓植物 300 余种,其中特有种 150 多个。植被垂直分布明显。

海拔 1500 米以下,原始植被早已遭到破坏,多开辟为农田和果园,只残留少量的次生疏林,主要树种为麻栎、栓皮栎、油松、侧柏、马尾松、青冈栎、竹类等。

海拔 1500～2450 米,为温带针阔叶混交林或落叶阔叶林带,主要有锐齿栎、油松林、辽东栎、红桦、华山松林,混交树种有槲栎、光皮桦、漆、椴、千金榆、化香、山杨等。

太白山风光

海拔 2450～3350 米,为针叶林带,下部为巴杉冷杉林,上部为太白红杉林,北坡有红桦混交林。

海拔 3350 米以上,为灌丛草甸,已经无乔木生长,有密枝杜鹃、爬柳、高山绣线菊等组成的低矮灌丛。

北坡植物,以华北植物区系成分为主;南坡,多为华中植物区系成分。高山地带,无论南坡、北坡都具横断山脉高山植物特点。因此,保护区成为华北、华中、横断山脉三种成分的过渡或交会地带。

保护区有药用植物 511 种,素有"太白山上无闲草"之美称,有太白黄连、太白米(假百合)、太白菊(肺经草)、桃儿七(鬼臼)、鹿蹄草等。

林下的独叶草、紫斑牡丹,是特有、稀有种类。此外,林下真菌种类丰富,其中有美丽的珊瑚菌。保护区经济植物丰富,油料植物 155 种、淀粉植物 84 种、纤维植物 155 种、芳香油植物 71 种。

保护区国家级保护植物有 23 种,二级有太白红杉、大果青、连香树、杜仲、山白树、水青树、星叶草、狭叶瓶儿小草、独叶草,三级有秦岭冷杉、庙台槭、金钱槭、领春木、水曲柳、紫斑牡丹、羽叶丁香、青檀、天麻、桃儿七、延龄草等。

陕西的"黑腰带"、"黑帽子"在哪里

陕西矿产资源丰富,矿产种类较齐全,是我国的资源大省之一,许多矿种在全国占有重要地位。而且,陕西省矿产资源分布区域特色明显。

其中,煤是陕西的第一大矿种。陕北和渭北,以优质煤、石油、天然气等矿产为主。已经开发的主要有渭北的铜川、黄陵、蒲城、澄城、韩城等矿。正在开发的陕北神府煤田,已探明储量1340亿吨。正在开发的神府东胜煤田,地表下1500米已探明储量1339亿吨,煤田区域1.3万平方公里,煤层厚、埋藏浅、易开发。煤质低硫、低磷、高发热量,不经

神木县大柳塔镇煤矿生产情景

洗选即可作动力煤,是世界上少有的优质动力大煤田。陕西从地图上看,像一个跪射兵俑。煤资源呈带状分布在渭北地区,好像兵俑腰间的一条带子,所以渭北地区被誉为陕西的"黑腰带";榆林神木、府谷位于兵俑头部,被称为"黑帽子"。

中国内地的第一口油井位于何处,创建于何时

中国内地第一口油井,位于延长县城西今石油希望小学操场。延长油矿的前身——"延长石油官厂",创建于清光绪三十一年(1905年),是中国陆上开发最早的油田,迄今已有近百年的历史。

陕北有石油,最早见之于东汉著名历史学家班固(32—92)所著的《汉书·地理志》,书中载道:"高奴(今延安)县有洧水,肥可燃。"北宋著名科学家沈括(1031—1095),在任知延州兼鄜延路经略安抚使期间,对陕北延长一带的石油作了考察和研究,并在《梦溪笔谈》中写道:"延境内有石油,旧说高奴县出脂水,即此也。"第一次提出了"石油"这个科学命名。

20世纪初,清朝政府腐败贫弱,民族工业少得可怜,又得不到发展,石油工

业几乎是一张白纸。据清光绪三十一年至三十二年(1905—1906年)两年的海关贸易资料统计,每年要支付1500万两以上的巨额白银,从欧美各国进口"洋油"。光绪二十一年(1895年),德国人来延长调查石油。1903年,发生德帝国主义企图开采未遂事件后,延长石油引起了官方的注意。光绪三十年(1904年),陕西巡抚曹鸿勋奏请试办延长石油厂,得旨允准。1905年,拨地方官款白银51 000两为开办资本,派候补知县洪寅为"总办",自此,创办了"延长石油官厂"。光绪三十三年(1907年),聘请日本技师佐藤弥市郎在延长县西门处勘定延一井,获得工业油流,成为中国内地第一口油井。用小铜釜提炼原油,每日可得灯油12.5公斤,中国炼油工业由此萌芽。

延长石油官厂

　　延长石油官厂的创办和内地第一口油井的投产,结束了中国内地不产石油的历史,填补了旧中国民族工业的一项空白,在中国石油发展史上起到先驱作用。延安是中国石油工业的发祥地,延长油矿是中国石油工业之母。经过近百年来的发展,延长油矿已经成为全国500强企业之一。

老陕西的古迹

 "大荔人"遗址是如何被发现的,有何价值

大荔人是中国旧石器时代的早期智人,介于北京猿人和马坝猿人之间,距今有20万年。1978年,陕西水利局的刘顺堂在陕西大荔县解放村附近做勘测时,于乱石层中发现了一个完整的古人类头骨化石。后经专家们鉴定,该头骨化石为早期智人化石。考古界曾于1978年和1980年对"大荔人"进行过两次发掘。

大荔人头骨化石保存得基本完整,唯缺下颌骨和牙齿。它的头骨特点是粗壮、厚实,应该属于从猿人向现代人过渡的一个代表。研究表明,大荔人已具备一定的智慧,开始用大脑进行思维活动。大荔人头长207毫米,头宽经复原后测量为149毫米,重450克。与大荔人同出的是一些

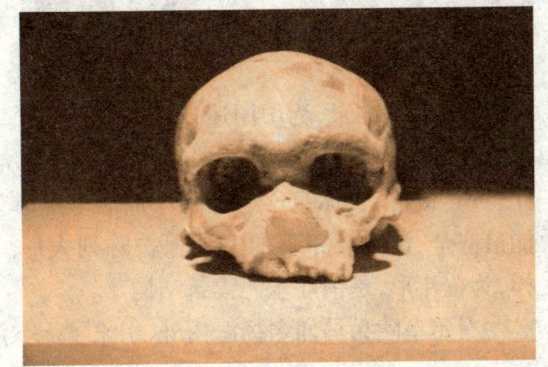

大荔人头骨化石

石制品和哺乳动物化石。

大荔人头骨化石的发现,不仅证明了古人在大约20万年前已借助大脑制作简单的工具,同时也填补了我国历史上人类由蓝田人(今陕西蓝田县)向丁村人(今山西襄汾县汾河附近)过渡的空白,为研究汾渭谷地早期人类活动提供了重要线索,在中国及东亚地区早期人类演化史的研究中具有非常重要的作用。同时,这一发现也填补了"北京猿人"头骨化石遗失后,我国没有完整的早期智人头盖骨的缺憾。此外,该发现进一步证明了陕西是人类重要的发源地之一,对于了解和确定陕西地区旧石器时代文化的性质也至关重要。

中国最大的遗址性博物馆在哪里

秦始皇陵兵马俑博物馆是中国最大的遗址性博物馆,位于西安市临潼区的骊山北侧。兵马俑是秦始皇陵的陪葬坑,是世界最大的地下军事博物馆,被誉为"世界第八大奇迹"。1987年,秦始皇陵及兵马俑坑被联合国教科文组织批准列入《世界遗产名录》。可以说,秦始皇陵兵马俑是人类考古史上的最伟大发现之一。

秦始皇陵兵马俑兵勇

1974年3月,临潼县宴寨公社下河大队西阳生产队(现西安市临潼区宴寨乡西阳村)的社员在抗旱打井时,发现了兵马俑。1975年,国务院批准在一号坑的原址上建一座博物馆,1979年10月1日正式对外开放。三号坑展厅于1989年9月27日正式开放。1994年10月,二号坑正式对外开放。

一、二、三号坑的总面积为2.078万多平方米,为中国遗址性博物馆之最。一号坑展厅总面积为1.6万多平方米,是目前我国最大的遗址展厅。二号坑展厅内,有文物库、监控室、录像厅、贵宾接待室、休息厅、茶座、小商店等配套设施,是目前中国最现代化的、功能最齐全、设施最完善的遗址保护陈列大厅。三号坑展厅的外形和二号坑一样,为覆斗形,是钢筋水泥建筑结构。

秦始皇陵兵马俑名扬海内外,引来了无数游客驻足参观。

秦始皇陵中的水银取自何处

秦始皇陵南依骊山,北临渭水,以其巨大的规模和丰富的陪葬物居中国历代帝王陵墓之首。关于秦始皇陵中存在水银的说法,在司马迁的《史记·秦始皇本纪》里有记载:"以水银为百川江河大海,机相灌输。上具天文,下具地理。"

2003年,中国考古队利用地球物理勘查技术,对秦始皇陵进行了无损害勘查。考古人员在经过周密分析后得出了这样的推论:地宫中的水银至少有100吨。那么,这么多的水银来自何处呢?北京大学考古学院秦陵研究专家赵化成教授曾对秦始皇陵的水银来源做了研究。他说,东汉学者许慎在《说文解字》里这样解释丹砂:"丹砂,巴(巴郡)与南越(今广东、广西一带)之红色矿石。"丹砂是制造水银的原料。上古时代丹砂的出产地很少,主要集中在巴郡和南越两地,由此看来,水银也是取自巴越两地了。

中国最早建成的遗址性博物馆在何地

中国最早建成的遗址性博物馆是半坡遗址博物馆,位于西安市东郊浐河东岸的半坡村北。该博物馆是中国第一座史前遗址博物馆,陈列展览面积约4500平方米,包括两个陈列室、一个遗址大厅和一个陶窑遗址。

1953年,在修建灞桥火力发电厂施工中,发现了半坡遗址。1954年到1957年,中科院考古所先后在此地进行了5次发掘。经勘测,该遗址的总面积达5万平方米,现已发掘了1万多平方米。目前,共发掘出房屋遗址46处,围栏2处,陶窑6座,储藏窖穴200多个,墓葬250多座,出土生产工具、生活用器1万多件,另有果核、兽骨、炭化的谷子、菜子等。

半坡遗址博物馆

1957年,半坡遗址博物馆在半坡遗址上建成,1958年正式对外开放。1961年,被国务院公布为全国重点文物保护单位。1996年,半坡博物馆被确立为全国100个爱国主义教育示范基地之一。1997年,西安市政府将半坡博物馆评定为"西安旅游十大景"之一。

半坡遗址所保存的距今6000多年的原始社会母系氏族公社时期的文化,

属于黄河中游地区的仰韶文化类型。在全国1000多处仰韶文化遗址中,半坡遗址是保存得最为完整和典型的一处。

秦咸阳城有没有城墙

秦都咸阳作为秦朝的政治、经济和文化中心,是当时最大的城市。那时的人口,估计将近100万。秦咸阳城的地位既然如此重要,那么它到底有没有城墙呢?目前,人们莫衷一是,尚无定论。说有,但在考古发掘中没有发现;说没有,作为都城也不可能是一个不设防的城市。如果从秦咸阳城的建制布局、史书记载和其他的一些考古发现来进行推断的话,可以估计其城址大致轮廓在今咸阳市东北约10公里,以窑店地区为中心,占地约45平方公里的范围内。

咸阳钟楼

秦咸阳城由大城和小城结合组成。小城是王城,大城是居民区。按当时的礼制,以西方为尊,小城应建在大城之西。它的东城墙应是大城的西城墙,大城里有纵横排列的大道,大道两旁是整齐的居民区。城内东部有店铺林立的商业区,称为"市"。这里也是秦处决重要犯人的地方。城外的西北地区,是秦咸阳的手工业作坊区。

秦始皇即位后,曾对咸阳城进行了大规模的扩建。他在咸阳城北的原上建造了以湖光水色著称的兰池宫,池水引自渭河。他每灭一国,就在咸阳原上仿造一座该国宫殿,后来就形成了"六国宫室"。这些宫殿各具特色,为咸阳城增添了浓郁的异域情调。

渭河之上有横桥飞渡,将咸阳城南北两部分连为一体,使其成为跨越河流两岸的大都市。在渭河南岸的上林苑,有秦的祖庙和章台宫。秦始皇三十五年(前212年),又修建了规模巨大的阿房宫。咸阳城周围的离宫别馆星罗棋布,计有270多处。

对于秦咸阳城有无城墙之说,目前还不能找出最科学的依据,因此有待后人进一步考察论证。

秦始皇是在什么地方"焚书"、"坑儒"的

据史料记载,"焚书"、"坑儒"是在秦朝都城咸阳的郊外进行的。然而,究竟是在咸阳的具体什么地方,现在就不得而知了。今陕西渭南洱水河东岸有一个小山包,说是发现了灰堆,疑为"焚书坑",然而距离咸阳太远。西安市有一个村子叫"灰堆村",人们传言秦始皇曾在此地焚书。"坑儒"的地点,民间传说在临潼骊山的一条山沟里,这条山沟就叫"坑儒谷"。

一般情况下,人们把"焚书坑儒"合在一起使用,但这是一前一后发生的两个关联事件。秦始皇三十四年(前213年),朝廷高官淳于越反对当时实行的"郡县制",要求根据古制,分封子弟。丞相李斯加以驳斥,并主张禁止儒生(读书人)以古非今,以私学来诽谤朝政。秦始皇采纳了

秦始皇"焚书坑儒"图

李斯的建议后,下令焚烧除《秦记》之外的列国史记,对不属于博士馆的私藏《诗》《书》等文献古籍也要限期交出进行焚烧。如果有胆敢谈论《诗》《书》的就要被处死,对称赞过去而议论现在政策的人要灭族。同时,秦始皇还禁止私学,想学法令的人要以官吏为师。当然,这种措施引起许多读书人的不满。第二年(前214年),一些方士(修炼功法炼丹的人)和儒生开始攻击秦始皇。秦始皇随即派人调查,将460多名方士和儒生逮捕并在都城咸阳郊外挖坑活埋。历史上把这两次事件合称为"焚书坑儒"。

汉长安城为何又被称为"斗城"

秦末汉初,长安是秦都咸阳的一个乡村;意思是"长治久安"。因为这里曾经是秦始皇的兄弟长安君的封地,所以被称为"长安"。西汉初年,汉高祖下诏,由相国萧何主持营造都城长安。起初,只修缮了秦的长兴宫,改名为"长乐宫",后又修建了未央宫。汉惠帝元年(前194年),开始修建城垣,用了5年时间才使其初具规模。到了汉武帝时期,修成了建章宫,至此,汉长安城才完全建成。据史料记载,汉长安城周长65里,城墙高3.5丈,基厚1.5丈。根据现在实测,汉长安城周长为25.7公里,城墙遗存基宽19米,合汉尺近7丈,比史料记载的

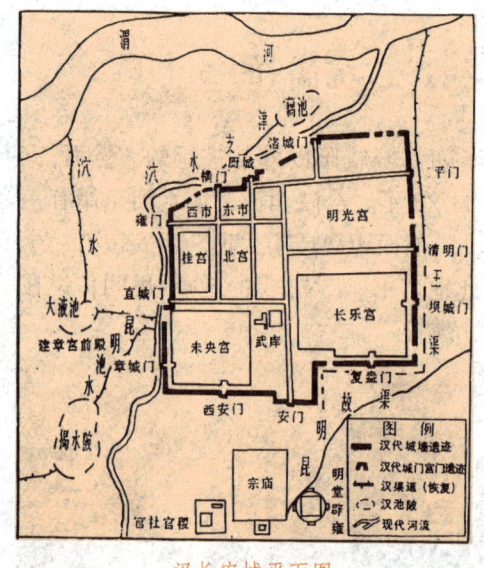

汉长安城平面图

要厚得多。汉长安城的总面积为同时代的罗马城面积的3倍。

长安城在修建之初,规划并不科学,光是宫殿就占去很多面积,将近整个城区的一半。宫殿分布不集中,三大宫殿相互偏离,未央宫坐落在城的西南,长乐宫位于城的东南,建章宫在城以西。因为分散的布局,加上河流的影响,尤其因为汉长安城是分三步建成的,所以影响了它的平面规制。它的轮廓呈不规则的形状,南、北城墙曲折,南像南斗,北像北斗。这样,它从南北方向看起来就像一个"斗"字,因此,人们称汉长安城为"斗城"。

"木兰故里"今何在

花木兰替父从军的故事激励着一代代华夏儿女,早已是家喻户晓的典故了。乐府诗《木兰辞》赞颂了花木兰的英雄事迹,千古流芳,荡气回肠。其中,有这样几句:"万里赴戎机,关山度若飞。朔气传金柝,寒光照铁衣。将军百战死,壮士十年归。"

然而,关于"木兰故里"究竟在何处,自20世纪90年代初开始,就争论不休。参与这场争论的地方主要有陕西延安、安徽亳州、湖北黄陂及河南虞城县。经过考察,专家们认定延安花塬村就是女英雄花木兰的故里。

据史料记载,唐天宝十五年(756年)和唐至德二年(757年),"诗圣"杜甫曾两度来到延安。诗人一时被万花山迷人的风光所吸引,曾夜宿此山的一石崖下,以鞋作枕,篝火为伴,仰身而卧。到了北宋年间,时任延安知州的范仲淹感怀杜甫之举,曾写下了"杜甫川"三字,命人刻于石崖的东壁之上。

花木兰

1947年，人们在此修建了"杜公祠"，以示纪念。

这里还是赏牡丹的佳地之一。北宋初期的"文坛泰斗"欧阳修曾编写了《花谱》一书，里面提到了名为"延州红"的名贵牡丹品种。

现在，这里已成为国家领导人到延安时的下榻之处。

唐长安城的"龙脉"在何处

唐长安城是古代世界上规模最大的城市，它是在隋大兴城的基础上扩建而成的。它的总面积为84平方公里，东西14条大街和南北11条大街把宫城、皇城外的居民区分割为110个坊。正东正西、正北正南走向，笔直的街道，使其成为古代世界上最为规整的城市。长安城内有6条呈东西向的高坡，恰好符合八卦中乾卦六爻的布局，由初九的"潜龙"、九二的"见龙在田"，到九五的"飞龙在天"、上九的"亢龙"，构成了一整个"龙"的形象。既然有龙，那么，"龙脉"在哪里呢？

龙首原，又叫龙首山，是唐长安城"龙脉"的自然起点。传说在秦朝时，有一条黑龙从秦岭来到渭河饮水，黑龙经过的地方形成了一条土山，形状如龙，龙首原正是由这条龙变化而成，因此得名。龙首原位于西安北部，南高北低，东西向相间分布。按照古代风水学，龙首原的地理位置非常优越。

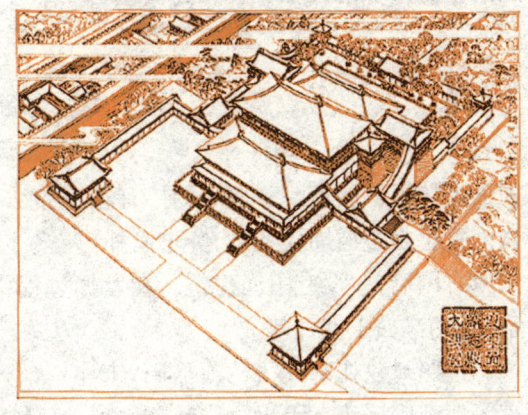

唐长安城三大宫殿群

"龙脉"就是以中轴线所在的朱雀大街向南北延伸的。朱雀大街宽155米，北端是朱雀门，南端是唐长安城的正南门明德门。出了明德门，大道直抵南山的子午谷。而子午谷是子午栈道经过之地，南通汉中再达于蜀地。从朱雀门进去，是皇城内的天街，北端是宫城正中的承天门，由此门可以进入太极宫。过了太极宫，就到了玄武门。此门与承天门南北相对，出了此门就能够进入西内苑中。由上观之，明德门、朱雀门、承天门和玄武门在南北一条线上，这就是唐长安城的"龙脉"所在。

当前，这条"龙脉"正在打通，宽阔的朱雀大街向南出明德门与直达秦岭的子午大道接通，向北越过西大街，经莲湖路出北城墙达城运村。"龙脉"被打通，不单单是增加了一条大道，更重要的是，交通更为便利，气脉更为畅通。

为何说隋唐天坛是天下第一坛

天坛是古代皇帝祭天的地方。古人认为"天圆地方",所以天坛被建成圜丘状。隋唐天坛于1999年3月被发掘,它是唐朝皇帝进行祭天活动的礼仪性建筑。唐代共有17位皇帝(除顺宗和哀宗外)在此处进行过祭天活动。此坛位于西安市南郊,距离大雁塔5公里处。它始建于隋开皇十二年(592年),比北京的天坛早800多年,是名副其实的"天下第一坛"。

西安隋唐天坛遗址

隋唐天坛高出现代地面8米,圆形,共有4层。最底一层直径为54米,二层为40米,三层为29米,最顶一层为20米。各层高1.5米到2.3米不等。每层均设有12陛(登坛的阶道),基本对称,象征一天中的12个时辰。其中,唯午阶(即正南的阶道)比其余的11条宽,是皇帝专用陛。整个圜丘用素土夯筑而成,不用砖石包砌,表面平抹黄泥。泥面上抹了一层不到1厘米的掺有谷壳和秸秆的白灰面,外观通体洁白。这样做的意思是遵循周代礼制,务求简朴、天然,以示对上天的崇敬与真诚。圜丘外围原有围墙,并没有附属建筑。在发掘过程中,还出土了陶印、石印及燎祭(火祭)用的汉白玉残片等。

按照封建礼制,汉长安、洛阳、宋汴京(今开封)、临安(今杭州),明初的南京等地都应该建有天坛,可惜历史的长河已把它们侵蚀得荡然无存了。在这种情况下,西安地区隋唐天坛的发掘,显得弥足珍贵,这为研究当时的礼制、建筑制度等提供了重要的实物资料。

隋唐天坛遗址,在今陕西师范大学附近。

中国最大的民间粮仓——丰图义仓知多少

丰图义仓建于清光绪八年(1882年),它是一座民办仓库,也是我国目前所存无几的清代大型粮仓之一。该仓是由晚清著名理财家、被称之为"救时宰相"的阎敬铭倡议修建的,历时四年而建成。光绪九年(1883年),该仓正式投入使用,开始存粮。丰图义仓曾被慈禧太后朱批为"天下第一仓"。

陕西大荔丰图义仓

该仓坐北面南，总面积为11 039平方米，它的主体建筑是一座以砖结构为主的窑群式仓城，外观看起来酷似一座古城。该仓周垣为砖砌，南开二门，二门之间的壁上刻着"丰图义仓"4个大字。仓库建于仓城墙体之内，环内城一周排列窑洞58个，每窑可储粮90吨，共可储粮5200吨。院落宽敞，车马可通过。院内西南角有台阶可通仓顶，顶面是砖铺的。仓顶周围筑有女儿墙，仓外筑外城，城中有城，固若金汤。根据国家粮食储备局专家的统计，如此完好无损保存下来的丰图义仓，是中国现存民间粮仓中最古老的一个。仓寨占地4.5万平方米。仓城外围有土筑寨墙，墙外有城壕。在北仓城上中部建有一座仓楼，是紫阳仓祖朱文公祠。

丰图义仓的建筑风格如此独特，究竟有什么神秘之处呢？一方面，它利用有利、险要地势，形成了安全、牢固的军事防御系统；另一方面，该仓置于城墙之中，可以有效利用城墙墙体的厚度，从而达到库温恒定。

该仓自建成以来，发挥了储粮备荒的功能，在关中东部经济发展、军事攻略、社会稳定等方面起到了重要的作用，同时也具有很高的研究价值。

"陕西第一书院"今安在

"关中书院"今位于陕西省西安市。它是明、清两代陕西的最高学府，被称为"陕西第一书院"。该书院也是当时我国的"四大著名书院"之一，位于"西北四大书院"之首。

陕西自古以来就是有名的教育大省。明清之际，仅关中地区就有书院80多处，知名度最高的有关中书院、横渠书院、味经书院、四知书院、学一草堂等。其中，以"关中书院"名气最大。

该书院有两重门，大门二楹，二门四楹。学者王大智曾用隶书

关中书院

为书院题名,郡丞刘孟直曾为书院写下了"八景诗",甚为壮观。关中书院建筑规模宏大,分布合理,显得集中而紧凑。书院有讲堂6楹,左右屋各4楹,东西号房各6楹;二门4楹,大门2楹以及亭、池、桥、阁等。

明万历二十年(1592年),御史冯从吾被罢官返西安讲学。当时的讲学地点设在宝庆寺。没过几年,学生越来越多,宝庆寺因地方狭小而容纳不下。于是,万历三十七年(1609年),由陕西布政使汪可受牵头,在宝庆寺西边修建了关中书院。冯从吾题额"允执堂",取"允执厥中之秘"的意思。至清乾隆时,该书院进入了最辉煌时期。乾隆四十一年(1776年),乾隆皇帝亲赐该书院"秦川浴德"的匾额。清光绪二十九年(1903年),书院改建为"陕西省师范大学堂",成为当时西北的最高学府。民国时,改为省立师范学校。现在是西安文理学院初等教育学院。

明西安城为何被誉为"当今世界上保存最完整、规模最大的古城垣"

明代西安城墙不仅是中国至今保存最完整、规模最大的古城垣,也是世界上至今保存最完整、规模最大的古城垣。西安城墙已经成为西安市的地标性建筑之一,也是游客们到西安后必游的景点之一。

明代西安城墙于洪武三年(1370年)开始修建,历时八年完工。规格上仅次于当时的都城南京。明西安城以唐长安城的皇城为基础,南城墙和西城墙建在原长安城遗留的城基上,北城墙和东城墙向外各扩展了原长的四分之一。明隆庆二年(1568年),在原土墙外包砌青砖。清乾隆四十六年(1781年),加修了内外基石,顶铺青砖,并完善了排水设施,遂形成今天的规模。从20世纪80年代开始,陕西省、西安市政府对城墙进行了全面的、大范围的修葺。这样,就形成了一个以城墙为主,以城河、林带为辅的三位一体的环城公园,使西安城墙由古代单纯的军事防御工程体系演变为一个独具特色的旅游景观。现在,每年都会在这里举行国际马拉松赛跑活动。

明西安城规模宏大,主要由主体墙、宇墙、垛墙、海墁、排水槽、敌台、角台、马道、城河、城门、廊城、月城、瓮城、闸楼、箭楼、城楼等组合而成。城墙每隔120米

明西安城墙

有一个方形凸出部分,叫做马面,在它上方的墩台上建有敌楼,主要用来储存物资。如果敌人攻城,两个马面和城墙之间就可形成三个方向的交叉火力打击敌人。紧贴城墙的内侧有马道,坡度为25°,宽6米,便于战马直接登城。宇墙也叫女儿墙,是城头上靠内侧高近1米的矮墙,作用是防止人马行走时失足坠下。西安城墙的排水系统也十分科学。城墙顶部由两外侧向中线倾斜,每隔40~60米,在内侧开一排水沟,水口下接排水槽,槽口下设滴水池。

1961年,西安城墙被国务院列为第一批全国重点文物保护单位之一。

"西安事变"的旧址有哪些

1936年12月12日,国民党东北军将领张学良和西北军将领杨虎城实行"兵谏",扣押蒋介石,逼其"联共抗日"。这件事不仅震惊了中国,也轰动了世界。因为此事的爆发地点在西安,故称"西安事变";又因爆发时间在12月12日,也称"双十二事变"。事变发生后,共产党派周恩来等人赴西安进行谈判,使事变得到了和平解决,这促成了国共第二次合作局面的形成,为抗日统一战线建立了基础。"西安事变"的相关旧址主要有以下几处:

张学良公馆,位于今西安市建国路,至今保存完好。这是一座砖木结构的西式楼房,东西排列三座三层,四周筑砌青砖围墙,大门开在北墙,正东楼是机关楼,中楼是客厅、会议室,西楼是张学良居室。从1935年9月到1936年12月,张学良和夫人于凤至,秘书赵一荻小姐,儿子张间琳以及其他随从人员在这里居住。"西安事变"的酝酿、策划、发生及和平解决都是在这里进行的。

止园,即杨虎城公馆,位于今西安市青年路,曾是杨虎城将军以及夫人居住和办公的地方。该公馆建于1931年,总建筑面积为389平方米,整体是砖木结构,歇山顶,顶施灰布板瓦,用筒瓦压脊,檐角起翘。建筑周围有回廊,四周有院墙。现在,这座别墅已辟为杨虎城将军纪念馆。

华清池五间厅,自西往东依次是:秘书室、蒋介石卧室、蒋介石办公室、部署进攻红军的会议室、侍从室主任钱大钧的办公室。五间厅的玻璃窗、墙壁上,至今还保留着当年兵谏发生时激战后的弹痕。现在,各房间办公室用的桌子、椅子、床、沙发、茶具、火炉、

西安事变纪念馆

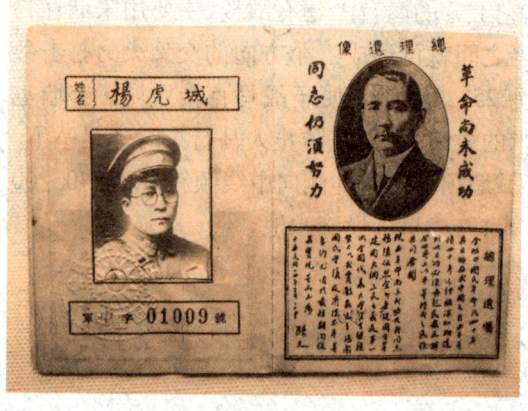

西安事变时杨虎城的党证

地毯、电话等,均按照原貌经复制后摆放如初。

兵谏亭,是一座高4米、宽2.5米的石亭,初建于1946年3月。兵谏亭由国民党高级将领胡宗南发起,黄埔军校七分校全体士官募捐而成,当时定名为"正气亭"。新中国成立后,该亭曾一度被叫做"捉蒋亭"。1986年12月,国家在纪念"西安事变"50周年前夕,为了缓和两岸关系,正式更名为"兵谏亭"。

 ## 西安鼓楼有何美名

西安鼓楼位于西安城内西大街北院门的南端,东与钟楼相望,辉映成趣,仿佛是一对"孪生兄弟"。鼓楼始建于明洪武十三年(1380年),比钟楼早建4年。古时候,人们击鼓以报暮,因此有"晨钟暮鼓"之说。按当时的制度,一夜之中报时5次,即每更一次。

西安鼓楼呈长方形,高33米。楼基宽38米,长52.6米,高7.7米,南北正中辟有券洞,高、宽均为6米,可通车。楼为重檐、三滴水式,气势恢弘,甚为壮观。清康熙三十八年(1699年)和清乾隆五年(1740年),曾先后两次对鼓楼进行过重修。鼓楼上面悬挂着"文武盛地"和"声闻于天"的匾额,可以说美名传天下。

西安鼓楼

如今,当年的巨鼓早已不复存在,只有鼓楼耸立如初。1996年,西安市决定重制鼓楼大鼓。重制的大鼓高1.8米,鼓面直径2.83米,用整张优质牛皮蒙制而成,是目前中国最大的鼓。鼓腹直径3.43米,重1.5吨。该鼓声音洪亮,重击之下,方圆十里可以听到。

老陕西的山水园林

 华山之名由何而来，为何华山又被称为"太华山"

华山海拔2154.9米，位于陕西省西安以东120公里的华阴市境内，是我国的五岳之一。华山是秦岭山脉的支脉，它北临渭河平原和黄河，南依秦岭，风景千变万化，属国家一级风景名胜区。

关于华山名称的由来，历来说法众多，其中较为普遍的一种是与华山众峰的形状密不可分的。《山海经》中曾记载："远而望之，又若华状。"华山共有五座山峰，东边的朝阳峰、西边的莲花峰、南边的落雁峰和北边的云台峰将玉女峰聚拢在中间。在高空俯瞰，华山就像是一朵盛开的莲花。东、西、南、北四座山峰各是四个大花瓣，而中峰则是花蕊，被包在中间，故而有"花山"之名。又因古时"华"和"花"两字是通用的，因此称"华山"。

华山

对于"花山"怎么被后人称作"华山"还有另外一种说法。华山本名为"花山",地处黄河流域,因当地人们的口音才被误解成了"华山"。

华山又称为"太华山",这是因为在华山以西40里处有座"少华山"。少华山主峰只有1664.4米,远远低于华山。又因两山自古并称"二华",是姊妹山。因此为将二者区别开来,称海拔低的为"少华山",海拔高的为"太华山"。

华山五峰分别有何雅号

华山古称"西岳",是我国著名的五岳之一。它共由五座山峰组成,分别为东峰、西峰、南峰、北峰和中峰,五峰皆因所处方位而得名。除此之外,华山五峰另有名称,这些名称不仅独特,而且还十分的雅致。

东峰海拔2096.2米,峰顶上到处都是巨桧乔松,环境十分清幽。峰顶有一个平台,因居高临下,视野非常开阔,最宜观赏日出,故人称"朝阳台"。华山东峰也因此有了"朝阳峰"这个别致的名字。

西峰海拔2082米,整个山峰是一块完整的巨石,十分独特。西峰之上有一绝崖,深千丈,形状像是用刀削出来的,十分陡峭。相传这绝崖是沉香救母时用神斧劈开的,故而陡峭。西峰上有一块巨石,状如莲花瓣,古代文人常因此石称其为莲花峰、芙蓉峰。徐霞客《游太华山日记》中有记载:"峰上石耸起,有石片覆其上,如荷花。"古时也有将华山称作"莲花山"的,现在人们只是将西峰称作"莲花峰"。

华山西峰莲花峰

南峰海拔2154.9米,是华山最高的主峰,古时有"华山元首"之称。南峰由东西两个山顶组成。东侧的一座因峰顶长满乔松巨桧,而称作松桧峰。西侧的一座因民间传说而得名。相传飞往南方越冬的大雁常在这座山顶上落下休息,因而得名"落雁峰"。两峰相比,松桧峰面积虽大,但海拔却略低于落雁峰。故南峰被人们统称为"落雁峰"。

北峰海拔1614.9米,因四面悬绝,上冠祥云,下接地脉,状若云台,因此称为"云台峰"。在云台峰的绝顶处,有一个平台,上面建有倚云亭。立于亭中南望,华山三峰之景尽收眼底。

中峰海拔2037.8米,位于东、西、南三峰中央。中峰是东峰西侧的一座小峰，古时是东峰的一部分，今人将其列为华山主峰之一。相传春秋时期秦穆公的女儿弄玉曾在中峰上静修，在峰头建有道舍玉女祠，因此中峰又被称作"玉女峰"。

华山"回心石"有何寓意及传说

关于华山"回心石"的由来，在当地民间流传着这样一个传说。

相传，元代时期陇西人贺元希带着两个小徒弟在华山上修道，起初他开凿的石洞都被他人抢去。后来，他便带着两个徒弟开始在南峰下的长空栈道开凿石洞。在这栈道处开凿石洞非常辛苦，他每天都让两个徒弟用绳子将自己绑紧，然后只身悬在空中凿洞。就这样日复一日，两个徒弟见师父只知道凿洞，都觉得师父无能，跟着他修炼没什么前途。有一天，他们趁师父悬在空中，就把绳索给松开，想要让其坠落山崖。他们两个看着贺元希掉下去后，就收拾行囊，准备下山另投名师。但是，当两人跑到"回心石"时，看到师父从山下迎面而来，他们吓得连忙跪下求饶。贺元希原谅了他们，带着他们回到南峰继续凿洞，最终师徒三人都修道成仙。后人便将两徒弟回心转意的地方称为"回心石"。

回心石及其石刻蕴含着十分丰富的寓意。

在民间传说中，回心石是"知错能改，善莫大焉"精神的代表。两个徒弟在这里认识到自己的错误，并改正，继续跟从师父修炼，最终得道成仙。

回心石见证了华山之险，同时也检验了登山者的意志。回心石位于距山门口五公里处。回心石前后都是陡坡，特别是之后的

西岳华山风光

千尺幢和百尺峡，又陡又长，石阶甚至达到80度，很难攀爬。游人到达这里时已经很累，而眼前的山却是比之前还要陡峭，这时往往有一些意志薄弱者会望而却步，转身下山。在古代，山上道路还未整修时，山路更加难走。因此，古人在回心石四周的崖壁上留下了"英雄进步"、"迈进"、"步步留神"等鼓励性的话语。回心石给了登山者提供了一个两难的抉择，或继续前进，或原路返回。登山者的意志在这里被验证出来。

华山神话传说知多少

华山身为五岳之一，不仅以雄伟峻峭、挺拔秀丽的山峰闻名于世，其众多的神话传说也给人们留下了深刻的印象。

相传，大禹治水时，黄河之水在潼关被华山和中条山挡住了去路。这两座山紧紧相连，河水不能通过。因此，大禹找来了力大无穷的巨灵神来帮忙。巨灵神将两山掰开，河水才顺利地往东流去。华山被巨灵神掰成的两座山，就是今天的华山和少华山。如今在华山东峰东石楼峰侧的崖壁上有一块形状类似巨型掌印的天然石纹，名为"华岳仙掌"，相传便是巨灵神开山之时留下来的。华岳仙掌被列为关中八景之首，是著名的旅游景观。唐代大诗人李白有诗云："巨灵咆哮擘两山，洪波喷流射东海。"讲的就是这个神话故事。

西岳华山玉女峰

华山中峰又名玉女峰，其名称源于一个美丽的故事。相传在春秋时期，秦穆公有一个女儿，生下之后啼哭不止，直到看到宫人送来的美玉才止住哭声。公主在周岁"抓岁儿"时，撇开脂粉之物，唯独拿了一块美玉在手上。因此，秦穆公便将其取名为弄玉。弄玉长大后，精通音律，一夜在梦中与华山隐士萧史笙箫和鸣，互为知音。后来他们两人在梦外相见，遂结为夫妻。两人都是厌倦宫廷生活的风雅之人，不久便乘龙跨凤来到华山居住。华山中峰上的明星玉女崖、玉女洞、玉女石马、玉女洗头盘、玉女祠等都与这个故事有关。其中玉女祠内供奉有玉女石像，相传是由秦穆公所建。秦穆公思念女儿，到华山寻找，但萧史弄玉两人早已不见踪影（传说两人成了仙人），于是就建了玉女祠来纪念。

沉香劈山救母的故事在民间广为流传，其故事发生地点就在华山。在华山脚下，有一座西岳庙，民间相传此庙是为华山女神三圣母所建。三圣母因与凡人结为夫妇而触犯了天条，被自己的哥哥二郎神压在了华山。其子沉香长大后得知事情真相，历经磨难，誓要救母。最终沉香用找来的神斧将华山劈开，将自己的母亲救出，终于一家团圆。相传西峰上的千丈悬崖就是沉香救母时用神斧劈的。另外，西峰上还有斧劈石等与之相关的景观。

华山除了这三个流传最广的神话传说之外，还有老君犁沟、韩愈投书苍龙岭、赵匡胤输华山等故事传说。这些神话故事为华山景观增添了一层神秘色彩。

骊山因何得名，有何特色

"骊山晚照"亭

骊山，位于西安临潼区的南部，是秦岭山脉的一个支脉。它靠着兵马俑博物馆，东西绵延20多公里，是西安著名的旅游区。

关于骊山名字的来历，自古有两种说法。骊山山势逶迤，山上多四季常青的树木，整座山远望就像是一匹苍色的骏马。"骊"字有一意为深黑色的马，因此古人便将此山起名为骊山。另外一种说法则认为骊山是因居住在这里的古民族骊戎而得名。

骊山流传着众多的传说故事，有女娲补天、遇仙桥等。相传人类之母女娲就是在骊山炼石补天的，骊山西绣岭第二峰上的"老母殿"就是为女娲所建的。在东西绣岭之间的石瓮谷中有一座单孔石拱桥。该桥建于唐代，长5米，宽2.4米，高5米。相传古时有一个书生，进京赶考路过此桥时得到了仙人的指教，之后便考中了状元，因此，这桥便被称为"遇仙桥"。

骊山风景秀丽多姿，特色众多，自古便成为帝王游乐宝地。从周朝开始到唐代，各代君王都来此地游玩，并在骊山留下了很多名胜古迹。相传周幽王为博得美人褒姒一笑，不惜烽火戏诸侯，失了天下。如今位于骊山西绣岭第一峰上的烽火台便是这一历史传说遗留下来的古迹。

骊山不但风景美，温泉也是天下闻名。周幽王在此处建有骊宫，秦始皇时将其改名为"骊山汤"，汉武帝时经扩建改为离宫，唐太宗在此造宫殿取名为"汤泉宫"。唐玄宗时再次扩建并取名"华清宫"，又称"华清池"。1936

骊山老母殿

年西安事变时,蒋介石就住在华清池内的五间厅。在骊山半山腰处有一"兵谏亭",就是为纪念西安事变而建的。在1982年到1986年的考古发掘中,陆续清理出8个汤池,有莲花汤、海棠汤、太子汤、尚食汤和星辰汤等。莲花汤有上下双层,上台台缘是莲花形状,经推测是唐玄宗的御汤。海棠汤是玄宗为杨玉环所修,其形状似海棠,因此得名。今人在华清宫遗址上建造了"唐华清宫御汤遗址博物馆",以供游人观赏。

骊山上最有名的景观是"骊山晚照"。每当夕阳西下之时,金色的晚霞便会笼罩骊山苍翠的山林,景色十分壮观。骊山晚照因其绚烂多姿被称为"关中八景"之一。

"太白积雪六月天"有何传说

太白山位于陕西宝鸡,是秦岭山脉的主峰,海拔3767.2米。它以高、寒、险、奇、秀、富饶和神秘的特点闻名于世,称雄于华夏。太白山盛夏积雪,银光四射,百里可见,景色奇丽,持续时间长,真可谓是奇观。人们把"太白积雪六月天"归为著名的关中八景之一。然而在这六月积雪之地,还有着一个关于美酒的故事。

传说,金渠酒坊的两个小伙计偶然发现了从太白山流出的雪花水,其最适宜酿酒。酿出的酒甜酸苦辣咸五味俱全。此后,金渠酒的名声不胫而走。于是三秦大地有"名酒产地有良泉,更需精酾过严关。借得太白灵池水,酿成玉液醉八仙"的美谈。到了唐代,唐玄宗、杨贵妃、韩愈、杜甫、苏东坡等名人骚客游历终年积雪的太白山时,都饮用金渠酒,使得此酒的名声更为大振。天宝元年(742年),诗仙李白奉诏从西蜀经褒斜赴长安,路过酒城,即开怀畅饮,赞不绝口,酩酊中吟成千古绝篇《蜀道难》。后人为纪念李白,建造了"太白庙",并把酒命名为太白酒。

除此之外,六月积雪的太白山还是一座宗教名山,据《云笈七签》卷二十七记载,太白山是道教三十六洞天之第十一洞天。山上有按道教神仙谱系建立起来的庙宇建筑群,正所谓"十里一寺,五里一庙"。如太白庙、文公庙、南天门、药王殿、老君庙、拔仙台、玉皇庙、三官殿、菩萨大殿等。由于历史的原因,道、佛、儒三教也在太

太白山雪岩

白山相融相通。拔仙台曾建有一座三圣殿(三圣,指老子、孔子、佛祖释迦牟尼),门上的楹联开宗明义。上联是"植松树栽桃李树栋梁九州昌盛万木荣",下联是"想忠恕念慈悲思感应三教同源一心境"。这在全国其他宗教名山是很少见的。

总的来说,太白山雄奇、高危、清寒、神秘多彩的景致和文人骚客写下的许多歌咏太白山的诗篇及现存的历史文物、众多的遗址,还有与太白山有关的历史故事、神话传说是其摄人心魄的魅力所在。同时也证明了它深厚的历史文化内涵。

处女泉有何来历

处女泉,又名东鲤瀵、伏鱼泉。位于举世罕见的洽川瀵泉中,被称为是天下奇泉。在当地,人们有"不下处女泉等于没到洽川"的说法。为何处女泉如此引人入胜,它的名字又是怎样来的呢?

处女泉实际上是一个泉群,大小泉眼难以数计。小的如蚁穴,大的似车轮。站在泉边观看,只见泉水冲起金黄的细沙,汇集成巨大的蝶状,因此有"蝴蝶泉"的美称。这里的泉水水温常年保持在31℃,有极大的冲力。泉涌沙动,如绸拂身,故又有"沙浪浴"的美誉。泉水里还含有人体需要的氮、磷、钾、锶、铜等多种微量元素。如果经常在此洗浴,可以祛病健身,益寿延年。

站在处女泉边广袤的河滩上,清风徐来,天高云淡,芦苇茂密。夏日里,芦絮飘香。冬季时,泉水水汽浮空,绵延十里不绝。在这里环顾四野,您会感觉到心旷神怡,对于在喧嚣中的城市人来说,置身于野趣盎然的处女泉边,确实是难得的人生享受。

要说处女泉的得名,来源于当地的一个古老民俗。据说,古代洽川的女子出嫁前都要由姊妹陪伴到该泉洗浴净身。在幽静的黄河滩涂之中,中华民族母亲河的怀抱里,飘浮着白云的蓝天下,茂密的芦苇围成一道天然屏障。清纯的泉水能够洗去姑娘满身的尘土和疲劳,让姑娘们光彩照人地去迎接人生的幸福时刻。正因为如此,人们就将此泉称为"处女泉"。可能是受处女泉玉液灵气的滋润,洽川自古出美女。禹母、商妃、周文王母亲太

洽川处女泉

妊、妃子太姒都生长在这里。

鲤鱼跳龙门在何处

民间传说,居住在黄河中的鲤鱼听说龙门的风光好,都想去观光。于是它们从河南孟津出发,沿黄河逆流而上,通过洛河,又顺伊河来到龙门水溅口的地方。龙门山上没有水路,没办法上去,鲤鱼们只好聚在龙门的北山脚下。一条刚健的鲤鱼坚持跳了过去,真的变成了龙,于是群鲤争越。但是,除了个别的鲤鱼跳过去化为龙之外,大多数都没有过去。这些没有过去的鲤鱼,从空中摔下来后,额头上就烙下一个黑疤。直到现在,这黑疤还长在黄河中鲤鱼的额头上。大唐诗人李白曾还为这事写了一首诗:"黄河三尺鲤,本在孟津居。点额不成龙,归来伴凡鱼。"那么,鲤鱼争跳的这个龙门是在哪里呢?

"鲤鱼跳龙门"画

龙门是黄河的咽喉,坐落在陕西省韩城市北30公里的黄河峡谷出口处。《三才图会》记载:"此处两山壁立,河出其中,赛约百步,两岸断壁,状尽斧凿,形状似门,故称'龙门'。""龙门"附近,有很多遗迹。龙门以南大河中,有所谓的"禹王陵"露于水面,望如沙洲。水虽不断冲激,终不能浸没。相传禹凿山断崖时,大石坠入中流,沉入水底,固结成丘。这里是禹王当年指挥施工的地方,并非"禹王陵"。还有禹门水中石,上面刻有"龙门"二字。其状大如斗,水落石出。人们刚开始可以看见它,但河水涨高后,石头就会沉下去,不知道写字人的姓名和上面所刻的年月。东西龙门山上均建有禹庙。每年三月古会,山陕群众就会云集于此,进行物资交易,十分热闹。

据说,一年之中能跃上龙门的鲤鱼还不到七分之二。因其不易登越,是为可贵。过去科举时代,就把金榜题名的人,叫跃上龙门。所谓"一登龙门,身价十倍"。龙门的宏伟壮观正如李白所歌咏的:"黄河西来决昆仑,咆哮万里触龙门。"这就是鲤鱼所跳的"龙门"。

姜太公在何方钓鱼

陕西省宝鸡市的磻溪钓鱼台,是享誉海内外的风景游览区。它坐落于渭河南岸、秦岭北麓的伐鱼河山谷中。这里古柏森森,山清水幽,怪石兀立,建筑风格典雅,景色十分迷人。除了风景优美,此处还有"垂钓始祖发祥地"和"伐纣兴周起步点"之称。这是为什么呢?

《简明历史辞典》载,姜太公"遂到渭水支流钓鱼,果为文王所赏识"。《吕氏春秋》载曰:"太公钓于滋泉,遭纣之世也,故文王得之而王。"据这些史料记载,我们可知,商末周初的著名政治家、军事家姜太公出任国师前就是在此隐居垂钓的。历史上周文王访贤招纳姜子牙兴周灭商也是在这里。所以就有了上面的称谓了。

自周以后,这钓鱼台被历代建设修葺不止,颇负盛名。于是有了磺石、文王庙、太公庙、三清庙等名胜古迹。这里也曾吸引来许多文人学士。如宋代大诗人苏轼就曾两次到此,写下了"夜入磻溪如入峡,照山炬火落惊猿。山头孤月耿犹在,石上寒波晓更喧"的诗句。

宝鸡磻溪河姜太公钓鱼台

据说,伐鱼河的河边有一块巨石,石面宽阔,上书"钓鱼台"三个隶书大字。值得关注的是石上的两条光滑的凹痕,传说这是姜太公当年双膝跪坐垂钓时留下的。

 ## 牡丹的故乡在哪

万花山又名牡丹山,位于延安市城区西南方向的杜甫川。这里满山翠柏,枝叶繁茂,四季常青。每年春暖花开时,柏树丛中到处奇花异草。其中野生牡丹最负盛名,满山遍野姹紫嫣红,竞相盛放,香气袭人,约有五万多株,数十个品种。

万花山的野生牡丹历史久远。洛阳牡丹兴盛之前,天下牡丹以延安为宗,所以延安可称为是中国牡丹的故乡。宋《图径本草》载:"今丹延安山中皆有,但

万花山牡丹

花有黄紫红白数色。"欧阳修在《洛阳牡丹记》中写道:"牡丹出丹州、延州。"那时牡丹多到被当地的老乡砍其茎秆当柴烧,可谓是天下一大奇观。

相传,万花山的所在地花源头村是巾帼英雄花木兰的故乡。这里建有规模宏伟的木兰陵园,园内石碑上刻写着《木兰诗》全文,还有廖沫沙与舒同分别题写的"木兰祠"、"木兰诗"。木兰冢前立有舒同题写的"花将军之墓"墓碑,碑前竖一座4米多高的木兰跨马征战的戎装石雕。在万花山的山顶有一道长500米、宽100米的山梁,俗称"跑马梁"。据说,那是花木兰当年练武纵马的地方。

万花山的景点甚多,有从军亭、望仙亭、吟诗亭、崔府君庙、群芳谱等。山下还有一个万花湖,碧波荡漾。当然,在牡丹花开时,无论什么景观也不能像牡丹一样夺人眼球,谁让这是牡丹的故乡呢!

鬼谷岭美在哪里

鬼谷岭森林公园位于陕西省石泉县境内,方圆65平方公里。其景观雄浑、壮美、神秘、深沉。这里山奇、水奇、树奇、花奇,极富于销魂勾魄的韵味。相传在鬼谷岭森林公园中,各种景点共有108处。现在除了传说中的石公鸡、藏经洞、铁棺材不见外,其他105处景观尚存。

鬼谷岭上东侧的龙王井,隐于云中。《嘉庆重修一统志·兴安府》载:"鬼谷岭上有佛殿,佛座下有泉,云雾四时不散。下有洞,不甚高阔,深不可测。岁旱祷雨,投石于中,即有风从洞中出,风止即止。"这里所说的洞便指此井。民间广泛流传的鬼谷子曾斩断黄龙一支龙脚的传说,也是在此井中。如今,云雾山主峰上高高的龙王井,周围茂林修竹,繁花蔓草;一泓清池,位

石泉鬼古岭遗址

于一片浓荫之中,确实是人间少有的清凉世界。

除此之外,在鬼谷岭中还有神秘的鬼谷田,令人炫目的舍身岩,奇特的云雾天桥等各种别致的景观。传说,舍身岩曾是鬼谷先生羽化登仙的地方。它高达千丈,深不可及,悬石幽洞,古树阴森,岩下终日堆云叠雾,迷迷茫茫,使人始终看不透隐藏着什么秘密。可以说,它是大自然为人们雕塑出的一幅雄奇险峻、气势磅礴的杰作。

鬼谷岭上多白云,常年云雾缭绕。浩浩云雾,铺海百里。山峰若隐若现,放眼望去,就像无数的航船、无数的岛屿飘浮在汪洋大海之上。在云海的涌动中,鬼谷岭好似常年沉浸在虚幻的仙境里。这里隐藏着许多世人罕见的神奇。

美水泉的传说是真是假

美水泉又名甘泉,以其悠久的历史、优良的水质和神奇的传说闻名于世。据说,这泉水味道甘美,饮用之后,令人心旷神怡。那么,在这甘甜的泉水上会有什么样的传说呢?

据说,隋炀帝游猎北巡,在伏陆县界,遇到一名叫薄姬的俊秀女子。这女子聪明伶俐,美丽动人。隋炀帝十分喜爱,便选纳为妃。一日,二人去游山玩水。正在二人海阔天空、谈笑风生之时,迎面飞来一对奇异的小鸟。其胸颈素白,脚尾赤红,顶上有扇状羽冠,体形娇小,十分美丽迷人。薄姬甚是喜爱,就让隋炀帝活捉两只鸟。大家忙做一团,可鸟是空中飞行之物,怎会容易捉到。大家被鸟带到了奇特的榆树林。人们被累得口渴难耐时,在离榆树10余丈处,发现了涌流的山泉。隋炀帝饮之,顿时神清气爽,遂赐名"美水泉"。

隋炀帝回朝后,再也喝不惯皇宫的水,食而无味,时常惦记着美水泉。于是下旨将伏陆县改为甘泉县,同时命甘泉知县常年贡美水于长安宫,供皇帝享用。千里之遥,山路崎岖,为送水,许多人出生入死,有去不回,不少家庭家破人亡,痛不欲生。后来,甘泉新来一位县令。他看到此景,不忍百姓受此痛苦,便在一个夜深人静的晚上,带了几个心腹来到美水泉。县令先将自己的玉印堵塞泉眼,并用三合土和五金液浇灌,死死封锢。后禀报皇帝美水泉干涸,贡水才终止。

隋炀帝

1974年，当地政府重新挖掘美水泉时，果真发现了"孟其瑞"玉印章。这是美水泉传说的有力证据。甘甜的泉水，却因隋炀帝的暴政多年被封，实在是有几许的悲哀。

华山姊妹山——少华山有何美景

少华山位于陕西省渭南市华阴县少华乡刘家河村南，距离县城约5公里。因其险峻与华山相似，海拔低于华山，所以称为"少华山"。少华山是中国道教名山，与华山齐名，并称"二华"。少华山山翠景秀，历来为文人墨客所吟诵。

古时少华山由东峰、中峰和西峰三个巍峨险峻的山峰组成，其中中峰的山势最为险峻，风景最为壮观。今人所说的少华山指的只是中峰，其又称"独秀峰"、"玉女峰"。

在少华山进山处，有一道石墙。石墙是古代的绿林好汉所建，两头与东西峭壁相连，中间有一个门洞可以过人，易守难攻，有"一夫当关，万夫莫开"之势。在当地世代流传着隋末绿林好汉王伯当在少华山活动的故事。

少华山山势险峻，四周多为悬崖峭壁，可供游人攀爬的坡也十分的陡峭。峰顶上灌木茂盛，松柏擎天，怪石林立。山顶终年白云缭绕，胜似人间仙境。站在峰顶，蜿蜒东去的渭河、与之遥遥相对的华山、万山起伏的秦岭，各种美景尽收眼底，顿时心旷神怡。少华山上遍布奇石，有老君刀劈石、陈持石床、王伯当跑马石岗及古代绿林好汉遗留下的石门、石狮、石碾、石井、石槽、石灯等各种石头。这些奇石不仅形态奇特，而且具有浓郁的故事趣味。

少华山下有山谷，名为少华谷。谷内遍布池潭，水流清澈见底，树林茂密，环境十分清幽。少华谷主景区内分布着石门峡景区、红崖湖景区、密林谷景区和潜龙寺景区。其中石门峡景区是少华山森林公园的主景区，该区内池潭星罗棋布、飞瀑高挂。季节更替之时，景区内树木色彩绚烂，与潭水相映，美景堪与九寨沟媲美，有"陕西的九寨沟"之美誉。

密林谷景区位于森林公园深处，是人迹罕至的原始森林。景区内树木丛生，分布着数十种野生动物，是寻奇探险的理想之地。

潜龙寺景区因建于此处的潜龙寺得名。

少华山景区石门峡

潜龙寺建于东汉时期,因刘秀避难于此而闻名于天下。潜龙寺内的千年古树"柏抱槐"、寺对面山顶上的仰天大佛等共同显现了潜龙寺景区的独特风采。另外,少华山还有娘娘庙遗址、玉皇庙遗址供人游玩。

乐游原有何文学地位

西安地处我国黄土高原的南部边缘,在渭河冲积阶地上。在西安的东南部分布着诸多名原,如神禾原、白鹿原等,共计九原。其中乐游原具有"九五冈原"之誉,在中国文学史上有着重要的地位。

乐游原位于西安市南郊大雁塔东北部,曲江池北面的黄土台塬上。这里地势高敞、风景幽静,登高望远,即可纵览全城。古原上还建有青龙寺遗址。遗址内建有空海纪念碑、纪念堂,种植着多株名贵樱花,是人们春游踏青的好去处。

早在2000多年前的秦汉时,曲江池一带就以风景秀丽而负盛名。汉宣帝在位时,曾携许皇后出游至此。二人迷恋于这里的绚丽风光,乐不思归。据说许皇后死后就被葬于此处。汉宣帝还在这里建了一座乐游庙,又称乐游苑。因"苑"与"原"谐音,后被人们传为"乐游原"。到唐朝时,太平公主在乐游原添造亭阁,营造了当时最大的私宅园林——太平

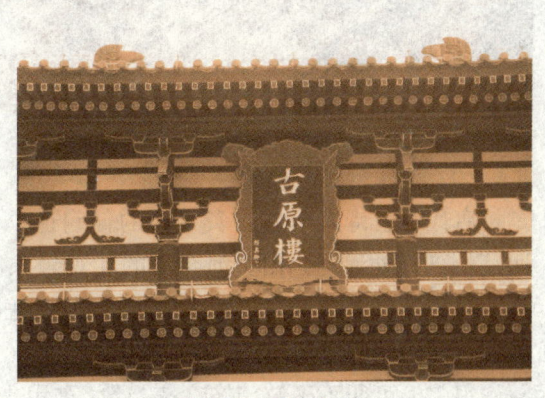

乐游原古原楼牌匾

公主庄园。韩愈《游太平公主庄》诗云:"公主当年欲占春,故将台榭押城堙。欲知前面花多少,直到南山不属人。"仅是乐游原上的一处园林,因太平公主谋反被没收后,就能分赐给了宁、申、歧、薛四王。足以想见乐游原的规模之大。后来,四王又大加兴造,使乐游原成为了以冈原为特点的自然风景游览胜地。

乐游原有着独到的自然风光,春夏秋冬,清晨、傍晚都各具特色。这里自然是唐长安诗人吟诗作赋的清雅良地。"向晚意不适,驱车登古原。夕阳无限好,只是近黄昏。"这是唐朝李商隐的千古绝唱《乐游原》。其中"夕阳无限好,只是近黄昏"两句更是家喻户晓。除此之外,还有杜甫笔下"乐游古园翠森森,烟绵碧草萋萋长";唐彦谦吟诵的"杏艳桃娇夺晚霞,乐游无庙有年华"。可见,乐游原在中国古代文学史上的地位是何等的重要。

世界第一条黄色瀑布知多少

黄河像一条巨龙,在中国北方蜿蜒流动。而当黄河水流至壶口一带时,两岸苍山夹峙,将滔滔河水约束在狭窄的黄河峡谷中。这时,河水聚拢,收束为一股,奔腾呼啸,跃入深潭,溅起浪涛翻滚,形似巨壶内黄水沸腾。所以被称为"黄河壶口瀑布",号称"黄河奇观"。其声如雷鸣,气势壮观,以排山倒海的独特雄姿著称于世,是国内外罕见的奇观。

壶口瀑布

唐代著名诗人李白脍炙人口的佳句道:"黄河之水天上来,奔流到海不复回。"恰到好处地勾画出黄河奔流的壮观景象。但是,不观壶口瀑布,难识黄河真面目。壶口瀑布这一黄河上的璀璨明珠,正以巨龙般的姿态奔腾、咆哮着,来展现黄河的磅礴之势,让人叹为观止。

很多人可能不了解,其实"壶口"之名由来已久。据《禹贡》载:"盖河旋涡,如一壶然。"壶口即因此而得名。《古今图书集成》谓:"山西崖之脚,尽受黄河之水,倾泻奔放,自上而下,势如投壶。"《水经注》也记载:"禹治水,壶口始。"传说,壶口是公元前2140年大禹治水时凿石导河的地方。

雄伟多姿的龙门,世称"九河之磴"的孟门山,再加上山飞海立的壶口瀑布并称为"黄河三绝"。其中,壶口瀑布的地位尤为重要,它不仅是世界上第一条黄色瀑布,而且是我国仅次于黄果树瀑布的第二大瀑布,是伟大中华民族的象征。

为何蓝田汤峪温泉的水值千金

蓝田汤峪温泉位于西安市东南秦岭北麓蓝田县。因它和眉县的汤峪温泉东西相对,故称东汤峪温泉,也叫东汤峪矿泉。古代叫"汤",俗称"汤泉"。"桃花三月汤泉水,春风醉人不知归",这里是古长安的名胜之一,有"玉女疗养胜地"的美称。

蓝田汤峪温泉的历史悠久,始于汉朝,鼎盛于唐朝,是历代皇家沐浴之地。汉代建有闻名于世的"皇室御汤院"。现今此院尚存,后建有五福汤——福汤、禄汤、寿汤、财汤、禧汤五汤,另有波斯汤院、大食汤院等八个独立汤院和其他更多设施。相传,雄才

蓝田汤峪温泉

大略的汉武帝刘彻,曾在汤峪、焦岱一带修上林苑,兴建鼎湖宫,还经常在此狩猎、演百戏,进行娱乐活动。他的儿子汉昭帝刘弗陵还把石门汤水赐给其姐盖长公主作为沐浴之用。据说,东汉开国皇帝光武帝刘秀也在这里留有许多传说和遗迹。到了唐代,唐玄宗李隆基将汉代沐浴文化发扬光大。大唐盛世时,泡汤、沐浴文化对世界开放,传播至日本、东南亚等国,意义深远。

传说,地处石门关的汤峪温泉是李隆基与杨贵妃最早沐浴的地方。因此人们把汤峪温泉确定为皇室沐浴之源、世界温泉沐浴发祥地。宋敏求《长安志》载:"明皇时赐名大兴汤院,并扩建五汤曰:融雪、玉女、涟珠、漱玉、濯缨,分别供官绅、军人、妇女和平民淋浴。"

蓝田汤峪温泉除了具有一定的历史价值外,最重要的是水中含有钾、镁、铁、钙、碘等多种元素。出水口水温为50℃左右,有促进人体组织代谢和杀菌作用,是不可多得的疗养沐浴圣地。所以就有了"桃花泉水值千金"之说。

 西北最高的瀑布——天华山瀑布有何特色

天华山自然保护区位于陕西省宁陕县境内,地处秦岭南坡。天华山自然保护区属于亚热带季风气候,呈现出云多、云雾多、湿度大、日照短的特点。该自然保护区生态系统复杂,野生动植物资源十分丰富。保护区拥有野生植物207科,760属,1819种;拥有野生脊椎动物227种。在这些野生动植物中有很多都是国家重点保护物种。

天华山自然保护区内有挺拔的山峰、神秘的溶洞、清澈见底的潭水、蜿蜒交错的溪流、面积广阔的原始森林、保存完整的第四纪冰川遗迹等特色景观。天华山以其秀丽的风景被誉为"陕西的九寨沟"。但是在天华山景区内最令人惊

老陕西的趣闻传说

天华山瀑布

叹和神往的却是瀑布。天华山瀑布又称为"龙潭瀑布"、"三潭三瀑"。瀑布位于天华山主峰海拔 1250～1500 米之间，水流自百米高的悬崖跌落而下，形成了天华山自然保护区内最亮丽的一道风景。

天华山瀑布是由三个瀑布上下连接而成的，总落差达到 247 米，是西北地区落差最大的瀑布。天华山瀑布位于天华山萝卜峪里，是西北地区有名的三级瀑布。其中第一级瀑布落差达到 152 米，清澈的水流从悬崖上飞奔而下，似一条白带挂于悬崖峭壁之上，场面非常壮观；第二级瀑布顺着 30 度的斜坡滑下；第三级瀑布落差有 20 米，与第一级一样是从悬崖处垂直落下。在三级瀑布的作用下，天华山瀑布形成了上、中、下三个龙潭。其潭水碧绿、水深莫测，各成美景。三潭三瀑，气势恢弘，雄伟壮观，用"疑似银河落九天"来形容恰到好处。

天华山瀑布以其壮丽的景色吸引着越来越多敢于挑战的游客前来探险游玩。

西北第一漂知多少

西北第一漂位于陕西省丹凤、商南两县境内，由流经此地的丹江形成，称丹江漂流。丹江相传因产"得者多寿"的"丹鱼"而得名，其源自商洛市商州区，在湖北省境内流入汉江，是长江水域的一条二级支流。

1991 年，为适应改革大潮而兴起的旅游热，商洛外事旅游办公室及丹凤、商南两县的旅游公司共同开办了丹江漂流。丹江漂流是西北地区首次开办的漂流旅游项目，自开办以来深受游客好评。

丹江漂流现在分为三段。丹凤县境内有两段，上段从棣花二郎神庙下水，沿河而下，到船帮会馆登岸，全长 15 公里。该段江阔流缓，乘船漂流而下可以欣赏到

龙驹寨水利风景区丹江漂流码头

沿岸的岩险东旸、县花胜地、商山雪霁、四皓古冢、两岭石窟、商鞅封邑等景观。下段从船帮会馆前徐霞客登舟处开始,到月日滩结束,全长约7.5公里。该段山狭水急,向来有"没奈何,走寨河,手把舵,腿哆嗦"的谣谚。下段沿途可见鸡冠插汉、金鸡锁关、镇江巨石、乌龟白驼、赧王斩山、月日险滩等景观,另外,沿途两岸的石壁上遍布有各种书体的摩崖题刻。

位于商南县境内的一段,是从湘河镇庙沟到月亮湾,全长17公里。此段水急浪高,惊险刺激,沿途可见红鱼口、梳洗楼、月亮湾等景观。

丹江漂流具有丰厚的历史文化底蕴,古代名人李白、白居易、杜牧、徐霞客等,都在这里荡舟游玩,并留下了大量的作品。其中徐霞客"怒流送舟,两岸浓桃艳李,泛光欲舞。出坐船头,不觉欲仙也"的描绘最为贴切。商州作家贾平凹为其题词:"日水旱码头,今日漂流胜景。"

随着生态旅游的发展,丹江漂流以其亲近自然的独特形式越来越受到海内外众多游客的青睐。

药王山因何得名,有何特色

药王山位于陕西耀州区城东1.5公里处,原名磬玉山。因其由五座山峦组成,山峦顶部很平,像是五座平台,因此也被称为五台山。又因它与终南山的南五台遥遥相对,又称为"北五台"。关于"药王山"这个名称的由来,则与唐代孙思邈密不可分。

唐代著名医学家孙思邈幼年时家贫体弱,于是就自己研究医药。待他学成后曾辞朝廷征召,常年在家隐居济世救人。孙思邈隐居在五台山中,行医数十年,造福了民间百姓。他晚年编写的医书《千金方》为我国中医药学的发展作出了突出的贡献。因孙思邈在民间被尊称为"药王",人们为了纪念他,就将五台山称作了"药王山"。

药王山海拔812米,山上植被覆盖,草木丛生,风景如画。另外,药王山也是寺庙林立、文物丰富的宝库。

南北朝时,药王山上已开始建造佛教寺院。自唐末以来,宋元明清各代都陆续为孙思邈建造了庙宇,药王山上早已是寺庙林立。药王大

耀州药王山石碑

殿建在北边的山腰上,高22米、宽24米、长57米,它依山而建,远望像是一座空中楼阁。在药王庙前的五个高大石碑上刻有孙思邈的医学著作《千金要方》的内容。大殿之中有一尊高3米的明代孙思邈彩色塑像。另外,大殿的配殿中,还有扁鹊、仓公、张仲景、华佗等10位古代名医的彩色塑像。

药王山上石刻众多,不仅有大量的摩崖造像,动物、植物石刻等文物,还有被称为"碑林"的北魏到隋唐的造像碑和历代记事碑300多个。这些石刻都是研究宗教、书法、医药和雕塑艺术的珍贵史料。

清凉山之名有何含义,山上有何主要景观

清凉山又名太和山,位于延安城北边的沿河岸上,与沿河对岸的凤凰山、宝塔山相望。清凉山自隋唐时期开始,一直就是我国著名的佛教名山。"清凉山"这个名称就来源于佛教文化。在佛教中,清凉意为清凉安宁的涅槃境界。佛家认为,人从世俗轮回中解脱出来之后,将会达到涅槃的境界。因此,佛家将此山称为"清凉山"。

延安清凉山

清凉山上风景别致,古迹众多。清凉山上的古迹主要分为历史文物古迹和革命旧址。

清凉山上的历史文物古迹主要是以万佛洞等石窟为主。清凉山共有4个面向南的石窟,其中最大的一座佛窟是万佛洞。万佛洞高6.7米,宽17米,深14米。石窟中央有台基,原有3尊佛像,洞内四周石壁上共刻有一万多尊神态各异的大小佛像,"万佛洞"的名称即是由此而来。洞内大小佛像皆形象逼真,着汉服,刻工细腻。万佛洞开凿于隋唐时期,盛行于宋。洞内佛像不仅体现出了华丽纤巧的宋代石刻风格,也体现出了隋唐时期的艺术风格。

三圣佛洞开凿于宋代时期,洞内雕有文殊菩萨、普贤菩萨、两大天王像和十六罗汉像。弥勒洞建于明代,洞内中央莲花台上端坐袒胸露腹的弥勒佛化身造像。四号窟建于明代前后,洞内四壁之上雕满了行云、亭台楼阁、园林等景观,景中是佛、菩萨、罗汉和供养人的生活雕像。

清凉山上的革命旧址包括《解放日报》社旧址、中央印刷厂旧址和新华通讯社和延安新华广播电台留下的窑洞。驻扎在清凉山上的这些宣传机构和通讯

机构为中国革命的胜利作出了重大的贡献。1988年,延安清凉山新闻出版革命纪念馆在清凉山上建成,这是中国第一座新闻出版专业性纪念馆。

辋川因何得名,与诗人王维有何关系

辋川,位于陕西蓝田县城西南约5公里的尧山间,是秦岭北麓的一部分。这里青山逶迤,层峦叠嶂,草木葱茏,瀑布溪流随处可见。辋川的溪流蜿蜒曲折,清澈见底,是这里十分优美的自然景观。"辋川"这个名称的来历就与遍布在这里的河流有着密切的关系。在古时,川水流过川内的欹湖,同时两岸山间也有几条小河同时流向欹湖,由高山俯视下去,溪流和欹湖的形状与古时的车轮形状相似。因"辋"字意为古时车轮周围的框子,故称此地为"辋川"。

辋川在历史上不仅是"秦楚之要冲,三辅之屏障",而且是达官贵人、文人墨客心驰神往的风景胜地。辋川之所以成为众人神往的胜地,关键在于王维。

王维是唐代著名的诗人兼画家,他的山水田园诗在我国诗歌发展史上占有重要的位置。北宋大文豪苏轼赞其"诗中有画,画中有诗"。王维诗画中呈现出的超然脱俗的意境,与昔日辋川的山水是密不可分的。

唐初,宋之问在辋川建造了蓝田山庄。开元十六年(728年)前后,王维购买下几近荒芜的山庄。他将山庄整治重建,在辋川山谷建了华子岗、文杏馆、金屑泉、临湖亭等20个景区,构建了一个山水田园般的园林。辋川山中那株高大粗壮的银杏树,相传是王维亲手种下的,虽历经千年风雨,但仍郁郁葱葱。王维晚年无心仕途,专心奉佛,常年隐居在辋川,写下了众多出色的山水田园诗。他所作《辋川集》中收录的20首诗分别从各个不同的角度描写了辋川的山水。王维还创作有《辋川图》,书画辋川风景,只可惜没有保存下来。在王维众多的山水田园诗中,最具代表性的是《山居秋暝》。这首诗打破了传统的悲秋情调,着重描绘雨后山中的空灵之境。其中"明月松间照,清泉石上流"一句让世人永远对辋川美景念念不忘。

王维

少陵原因何得名，有何美景

少陵原，位于西安市区以南的浐河和潏河之间。少陵原在汉代时期名为鸿固原，后来汉宣帝死后葬在杜城南，陵墓名为杜陵，也称为杜陵原；汉宣帝的许皇后葬在杜陵南，因陵墓比杜陵原小，所以又称其为"少陵原"。

少陵原上的杜公祠

少陵原南起引镇，北到陆家寨，呈东南——西北走向。南北长约20公里，东西宽约10公里，海拔470～630米，高出河面80～150米。整个原面由西北向东南呈阶梯状上升，有三个明显的台阶，各级之间以陡坎相接。少陵原北望长安，南接秦岭，地势高亢，视野开阔，自古就是一个游览胜地。少陵原不仅自然风景优美，而且拥有深厚的文化底蕴。

少陵原的特色用当地人的话来说就是"唐塔汉冢，朱大圈"。"唐塔"是指唐朝时期在此地建造的寺庙、古塔。建于少陵原畔的牛头禅寺、华严寺、兴国寺和兴教寺是唐代著名的樊川八大寺之中的四座。四座寺庙皆面对樊川、远眺秦岭，风景优美，让人流连忘返。其中华严寺是我国佛教华严宗的发源地；兴教寺和兴国寺都与唐代著名佛经翻译家、旅行家玄奘法师有关，前者为其遗骨埋葬地，后者是其香火院。

"汉冢"指的是西汉许皇后少陵、汉宣帝刘询杜陵。"朱大圈"指的是明朝秦王朱樉及其后人的墓葬群，其规模较大，状如一个大圈，所以被当地人称为"朱大圈"。

少陵原上还建有著名的杜公祠，它创建于明嘉靖五年（1526年），是为纪念诗圣杜甫而建。杜甫年轻时怀抱政治理想来到长安，选择了风景优美的少陵原作为住处。在这里一住就是十年，期间他经历了仕途失意，看清了权贵当道的社会现实，写出了《兵车行》《丽人行》等批评时政、讽刺权贵的诗歌。

红石峡因何得名，有何特色

红石峡，又名"雄石峡"，位于榆林市北郊3公里处的红石崖上，是一处集自然景观与人文景观于一体的旅游区。

关于红石峡名称的由来,有着这样一个故事。明成化八年(1472年),副都御史巡抚延绥余子俊驻榆林,他命人凿石为渠,引水而下,与无定河合流,定名为"榆溪河"。榆溪河从河套蜿蜒至此,水流湍急,穿过红石峡直达城西。红石峡两侧山上石头皆为红色,每当夕阳西下,红石映日,分外夺目,因此将此峡谷称为"红石峡"。这里独有的"红山夕照"是榆林八景之一。

红石峡山奇水秀,自然景色优美。其红岩绝壁是我国北方地区少有的丹霞地貌峡谷景观。其黑龙洞长达30米,伸手不见五指。这里的钟乳石有着不一样的美感,白色的钟乳石在红色岩壁的衬托下,显得优雅美观。分为三叠的白龙瀑,状如飞雪玉龙,令人叹为观止。红石峡还有一线天、悬石、相吻石、黑龙潭等,其自然景观众多,数不胜数。

榆林红石峡

红石峡谷长350米,有东西两崖。东崖为雄山寺,寺内的庙宇都是在悬崖上凿的石洞,约10个,寺内有"天门"、"地门"各一,两者都是隧道。其"天门"通至峡顶,"地门"通至峡底榆溪河岸边。寺内现存有石刻佛像,工艺精巧。在红石峡的东西两壁散布着大小不一的25处石窟。

在红石峡西崖壁上,现存有大量的书法石刻,吸引了大量的书法艺术爱好者前来观赏。古时,榆林地处边塞,文人墨客来到此地,总会抒发内心豪情,他们在这里留下了160多幅宝贵的书法艺术作品。红石峡的书法石刻,大的有6米,小的只有一寸,篆、隶、楷、行、草,样样皆有。石刻中有晚清左宗棠所题的对联一副,其内容为"榆海胜地"、"白云初晴如月之曙,黄唐在诗与古为新"。革命先烈杜斌丞在此题刻"力挽狂澜"四字,字迹苍劲,笔力不凡,受到书法界的一致赞赏。

午子山因何得名,有何景观

午子山,原名"武子山",位于汉中市西乡县城东南的堰口镇。这里三峰挺立,二水环绕,风景宜人。午子山上原有几座大庙,统称为午子观。相传汉高祖刘邦的宠妃戚夫人每年三月三都会到午子观中敬香,为自己的儿子如意祈福,

汉中西乡午子山

因此又称此山为"母子山"。午子山能够名扬天下,多半是因为戚夫人这个身世可怜的美人儿。

午子山位于巴山的北麓,集秦岭的雄伟和巴山的幽雅于一体,素有"汉南胜景"、"陕西小华山"的美称。午子山上生长有数万株挺拔苍翠的白皮松,其原始松林面积接近3000亩,成为这一地区独有的特色景观。

午子山上的"午子朝霞",是西乡八景之一。每当日出时分,彩霞满天,山峰彤红,山水辉映,同为一色,无比壮丽。午子山侧的崖壁上,有一个极深的山洞,投石其中,群鸽惊飞鸣叫,其声悠远清越,所以人称"鹁鸽洞"。洞边残壁上刻有诗一首:"洞口碧桃花,层层笼绛纱。彩鸽田锦色,断碣记年华。"

午子山的主峰午子峰,壁立千仞,似拔地而起。在其左侧有石壁腾空,似腾飞的大鸟,人称"飞凤山"。石崖上刻有"飞凤山"三个大字,其字苍劲有力,相传是三国时期的张飞在路过此地时所题写的。三字旁边有"虎头崖"三字,其字迹依稀可辨,不知何人所写。在午子峰的右侧,有仙人坪,山路崎岖难行。

午子观现存有三层上观大殿,一处中观、一处下观,共61间殿宇房屋。观内的两尊铜佛和一尊铁佛铸造于明朝时期,大铁钟铸造于清乾隆五十年(1785年)。另外,殿中还留有大量制作精美的壁画浮雕。

午子山上产有午子绿茶。午子绿茶源于秦汉,在盛唐时声名鹊起。午子绿茶共分为四种,其中最有名的是午子仙毫,它是由清明前采摘的新茶嫩芽所制成,其茶汤碧绿,是中国著名的绿茶之一。

陕南第一名山——天台山知多少

天台山,又名秦山、天太山,是国家级风景名胜区。它位于宝鸡市南部10公里处的渭滨区益门乡(原称神农乡),地处风光秀丽的秦岭北麓,有"陕南第一名山"的美称。

天台山充分体现了秦岭雄伟博大的气魄,其最高峰天柱峰(即老君顶)海拔达到2198米。天台山生长着上千种植物,其植被覆盖率高达92.3%。这里四季分明,不同的季节有不一样的风景。春时野花烂漫,夏时绿涛奔涌,秋时万紫千红,冬时银装素裹。

天台山物种资源丰富,生长着被誉为"秦岭三大名花"的杜鹃花、报春花和龙胆花,还有兰花、紫斑牡丹、砂玉兰等珍稀野生花卉;这里拥有野生动物200多种,包括金钱豹、青羊、豹猫、红腹锦鸡、大鲵等国家重点保护珍贵野生动物。

天台山风景区分为嘉陵江源头、九龙泉、烧香台、杨家滩、莲花顶5个景区,有景点、景物150多个,其中主要景点50余个。天台山的自然风景尤以嘉陵江源头景区内的上千棵奇树异木最为吸引人。它们或松抱柏,或同根异树,或同树异花,也有石上树、水中树等奇异景观。天台山风景区总面积达124平方公里,这里山高林密,潭瀑众多,怪石嶙峋,奇花异树遍布,是别具特色的旅游胜地。

炎帝

天台山不仅自然景观独特,而且还充满着浓郁的文化气息。相传,中华民族的先祖炎帝在天台山出生、成长、创业和卒身。天台山上现存有采药洞、白马关、神农骨台、神农祠、太阳市遗址等众多有关炎帝神农氏的遗迹和传说。白马关及其仙洞是为纪念炎帝采药时所骑的白马而命名和修建的。神农骨台位于天台山老君顶,是炎帝的骨台寝殿。炎帝在140岁时误尝了毒草"火焰子"而肝肠寸断,死于老君顶。他的妻子及其子孙、族民们在这里设祠祭祀。后来,人们将炎帝停尸的地方叫做"神农骨台"。太阳市遗址位于天台莲花峰西边的山谷中,这里相传是炎帝首创"日中为市"的地方。神农氏也被尊为"太阳神",因此人们就将这个地方称为"太阳市遗址"。据说,这里是中国商贸的发源地。

天台山风景区融自然景观与人文景观与一体,风景独特,四季皆宜,令人流连忘返。

红碱淖为何被誉为"大漠明珠"

红碱淖地处陕西最北端,位于神木县的西北部。它坐落在鄂尔多斯草原和毛乌素沙漠的交会处,是陕西省最大的湖泊,也是我国最大的沙漠淡水湖。

红碱淖属于高原性内陆湖泊,其水面面积达67平方公里,湖岸线长43.7公里,东西最宽处有10公里,南北最长处达到12公里,最大水深10.5米,平均

水深8.2米,状似不规则的三角形。红碱淖四周共有7条季节性河流常年注入,其蒸发量与补给量基本平衡,水位常年稳定。红碱淖湖水十分清澈,在周围沙漠的映衬下,显得异常美丽。从高空俯瞰,红碱淖就像是无边沙漠里的一颗明珠,因此被人誉为"大漠明珠"。

红碱淖风景

红碱淖内有一个面积580亩的红石岛,其上沙滩洁净,灌木丛生。每逢春秋两季,这里都会聚集成千上万只鸟类,它们在湖面上翱翔,齐声鸣叫,为红碱淖增添了无限生机。在这里栖息繁衍的鸟类有30多种,其中包含有白天鹅、鸳鸯等国家二级保护动物。

红碱淖四周的生态环境保持良好,其东侧有天然牧场尔林兔草原,水美草肥,牛羊成群,一派典型的塞外风光。南北两侧以沙丘、滩地为主,滩地上有以沙柳为主的大面积的固沙防风林带。红碱淖盛产多种淡水鱼类。冬季时,气温降低,湖面结冰,这时渔民就会在湖面上破冰拉网捕鱼。

红碱淖沙滩十分洁净,湖水清澈,站在湖边远望,水天一色,仿佛置身于大海之滨。夕阳西下,满天的红霞将天空、沙丘、草原全都染成了红色。夕阳如血,倒映在波光粼粼的湖面上,这样的美景简直如仙境一般让人停止呼吸。

羊群、沙柳、绿草、蓝天、白云、碧水、沙丘,这些美丽的自然景观互相映衬,将红碱淖装扮得更加迷人。

中国最早的帝王园林——灵沼知多少

据史料记载,中国早在商周时期就已经开始利用自然的山川、水泉、树木、鸟兽进行初期的造园活动。中国的园林建造经过3000多年的发展,逐渐形成了一套完整的体系,体现出独特的民族色彩。中国最早的园林是由帝王建造的,属帝王园林。有文字记载的最早的园林是周文王建造的灵囿。

"囿"是中国古代供帝王贵族进行狩猎、游乐的一种园林形式。据记载,约公元前11世纪,周文王在今陕西西安市长安区灵沼乡兴建了中国最早的帝王园林——灵囿。《诗经·大雅·灵台》中有对这一事件的描写:"经始灵台,经之营之。庶民攻之,不日成之……王在灵囿,麀鹿攸伏。麀鹿濯濯,白鸟鹤鹤。王在灵沼,于牣鱼跃。"整首诗描写了灵囿的建造及其它所包含的内容。

灵沼属于灵囿的一部分,是灵沼河的发源地。周文王在建造灵台时,在此开掘取土,形成了一个池沼,在灵囿建成后,便为其取名灵沼。灵沼中的泉水可自涌出地面,泉水自池中向低处流去,形成了灵沼河。现在,灵沼因干旱日益枯竭,但在雨水丰沛的年份仍会有地下水涌出。

灵台是周文王建造在灵囿中的高台,是由土石堆筑而成,是一种园林建筑,其作用是游览和观测天象。

最早建帝王园林的周文王

中国最早的帝王园林中有许多野生动物,它们在园林中自行繁衍,以供观赏和狩猎。上面《诗经·大雅·灵台》中的内容充分证实了这些野生动物在帝王园林中的存在。

中国最早的帝王园林,除建造高台水池外,其他所有景观全部是纯自然的。灵囿是一个典型的原始的朴素园林。位于其中的灵沼则是这个原始园林中除高台以外唯一的人工作品。

秦汉的皇家园林——上林苑有何特色

上林苑是秦汉时期规模最大、最具有代表性的皇家园林。公元前 138 年,汉武帝刘彻将秦代的一个旧苑进行了大规模的扩建,称为上林苑。其规模雄伟,宫室众多,不仅具有狩猎游玩的功能,更具有军事功能。

据史料记载,上林苑规模大得惊人。司马相如的《上林赋》、扬雄的《羽猎赋》和班固的《西都赋》,三部文学作品均对上林苑的规模进行了描写。依据史料,今人对上林苑的规模进行估算,其周长达 340 公里,地跨今天的蓝田、长安、户县、周至、兴平五个县(市)和西安、咸阳的两个市区,总面积约 2500 平方公里。这样的规模在我国园林史上是独一无二的,中国历朝历代的皇家园林都只能自愧弗如。

上林苑中河流交错、池沼遍布。上林苑中有灞、浐、泾、渭、沣、镐、涝、潏八

上林苑遗址

条河流穿过,并有昆明池、镐池、祀池、麋池、牛首池、蒯池、积草池、东陂池、当路池、大一池、郎池等有史料记载的池沼。其中的昆明湖最为有名。昆明湖是为训练水军而建,它周长40公里,面积达10多平方公里,是一个烟波浩淼、景色迷人的人工湖泊。在上林苑中,还驻扎着皇帝的亲兵羽林军,由大将卫青统一操练。由此可知,上林苑不仅是游玩狩猎之地,也是一处军事要地。

上林苑中所建宫室众多,据《关中记》记载,上林苑中有三十六苑、十二宫、三十五观。其宫室分门别类,样样俱全。

上林苑内花草树木种类繁多,高达3000多种,很多种类都是从四面八方移植而来的。上林苑中还出现了我国最早的蔬菜温室。上林苑中的动物不计其数,《汉书·旧仪》中有记载:"苑中养百兽,天子春秋涉猎于苑中,取兽无数。"上林苑算得上是我国最早的植物园和动物园。

优美的自然景观和华丽的宫室群交相辉映,形成了上林苑多种多样的生活内容,使其成为中国古典园林史上秦汉园林的典型代表。

为何说华清池堪称中国现存最古老的园林

华清池位于西安临潼县城南的骊山北麓,它依山而建,风光秀丽,温泉出众,是陕西地区著名的旅游景点。

骊山的地下温泉年代久远,早在西周时就是帝王游玩沐浴之处。3000多年前,相传周幽王在这里建"骊宫",因当时汤池上方没有加盖屋顶,因此沐浴时可以看到星辰,故称其为"星辰汤"。后来秦始皇、汉武帝、隋文帝都对这里进行了扩建。至唐代,经过唐太宗和唐玄宗的两次扩建,依靠骊山温泉建成的园林规模达到空前。唐玄宗"修汤井为池,环山列宫殿,宫周筑罗城",并将其改名为"华清宫",也称"华清池"。从杜牧"长安回望绣成堆,山顶千门次第开"的诗句中可见当时华清池的壮观。"安史之乱"之后,华清池规模缩小。今天的华清池是在发掘遗址后重建形成的,其规模更小,只是唐华清池的核心部分。

现在的华清池风景如画,景色宜人。其东南部的环园故址散布有荷花阁、

西安华清池

望湖楼、望河亭、桐荫轩、飞虹桥、棋亭、碑亭和"西安事变"时蒋介石下榻的五间厅等。南部是唐华清宫御汤遗址博物馆,这里有供唐玄宗沐浴的"莲花汤",有供杨贵妃沐浴的"海棠汤",另外还有"星辰汤"、"尚食汤"、"太子汤"等汤池。西北部是九龙湖以及环湖所建的殿、阁、亭、舫和回廊。东北部汤池星罗棋布,是闻名于世的沐浴游览区。华清池是唐代最有名的皇家园林,其宫殿皆依山势而建,规划布局充分利用了骊山的自然条件,充分体现了中国早期的自然山水园林的特色。

华清池始建于西周,虽晚于周文王所建的灵囿,但却被历代扩建并保存至今,称得上是中国现存最古老的园林。

西安华清池发生过哪些著名历史故事

在陕西西安骊山北麓的山脚下,有一处以温泉而闻名的游览胜地——华清池。自周起,秦、汉、隋、唐等历代帝王都在这里修建过行宫别苑。其优美的自然景观自然伴随着无尽的传奇故事。

传说,女娲补天时就看中了骊山,于是在这里潜心修行,炼出了五色石,拯救了世界。同时,她也是在这里用黄土捏出了泥人,从而创造出了人类。

曾几何时,荒唐的周幽王为博美人一笑,在骊山山顶燃起滚滚狼烟。于是,"烽火戏诸侯"的闹剧在此上演,而西周也像骊山山顶随风而逝的狼烟一般一去不复返。

"春寒赐浴华清池,温泉水滑洗凝脂",几千年后,华清池迎来了唐玄宗和杨贵妃。在这里,他们相识、相知直到相爱。华清池记录了帝王与佳人的爱情,记下了大唐的盛世飞歌,也埋下了"马嵬兵变"的祸乱。

时间到了清朝末年,当八国

西安华清池贵妃池

联军的枪炮动摇了慈禧太后的京城宝座。华清旧宫又一次接纳了一位皇家的贵宾。当慈禧仓皇出逃,从关中平原一路飞奔到这骊山脚下的华清汤泉时,终于可以在这里洗去逃窜的尘土,稳住落魄的惊魂,找回往日的尊贵。

历史的脚步停在了20世纪30年代。一次震惊世界的西安事变再一次把全球的目光吸引到了华清池。故事的三个主角就是:"少帅"张学良、将军杨虎城、国民党总裁蒋介石。华清池曾目睹了张杨二人扣押高高在上的蒋介石这一全过程。

如今,骊山烽火台还依稀可见,贵妃池仍旧存留,蒋介石的行辕五间厅保存完好。但是故事的主人公早已灰飞烟灭,只留下这美丽的华清池,去向人们诉说那些曾经的传奇。

太液池有何特色

历史上出现于西安的太液池有两个,一个是汉代宫中的太液池,一个是唐代大明宫中的太液池。

汉代的太液池位于古长安城的西边,坐落在上林苑中建章宫的北边。唐代的太液池位于唐代长安城大明宫的北部,是唐代最重要的皇家池苑,其遗址位于今西安市未央区大明宫乡孙家湾村的南边。两个太液池虽有不同,但都体现出了我国秦汉时期"仙岛瑶池宫墙柳"的园林特色。

太液池最大的特色是"一池三山",这种造园模式起源于秦始皇。秦始皇对神仙术士十分迷信,他曾经多次派人出海寻找神仙以及神话传说中的东海三仙山,但多次下来都没有结果。因此他让人挖池筑岛,建造出一个海上仙山的模型,来满足自己接近神仙的愿望。后来,一池三仙山的模式就成了帝王园林中不可或缺的风景。

西安大明宫太液池上的拱桥

到汉代,汉武帝建造太液池。《史记·孝武本纪》中对此有记载:"其(建章宫)北治大池,渐台高二十余丈,名曰太液池,中有蓬莱、方丈、瀛洲,壶梁象海中神山、龟鱼之属。"汉代的太液池水面宽广,岸边布满水生植物,平沙上落雁纷飞,一派生机勃勃的景象。池中有蓬莱、方丈、瀛洲三座仙山,这样的格局对后世园林的发展有着深远的影响,逐渐成为我国园林建造中创作池山的一种模式。

唐朝贞观八年(634年)开凿的太液池就是沿袭了秦汉时期"一池三山"的造池模式。唐代大明宫有前宫和后宫,其中后宫是以太液池为中心而布局的。唐代的太液池与汉时的略有不用,它由东池和西池两部分组成,并非是秦汉时的"一池三山"。其西池是主池,呈椭圆形,水面面积达14万平方米,如今池中的三座岛屿除蓬莱岛已有准确位置外,其他两座的位置都未能得知。

太液池所代表的"一池三山"的园林叠山理水的基本模式从产生到现在,历经2000多年,体现出了古代中国人对自然山水的高度模仿及其丰富的想象力。

玉华宫风景区有何来历及特色

玉华宫风景区位于铜川市西北的玉华镇,属于桥山山系的一部分。其海拔2401.67米,总面积为2482公顷,森林覆盖率高达90.4%,景区平均气温比西安城区低10℃~12℃,历来有"夏有寒泉地无大暑"的美称,是一处集旅游观光、避暑度假、佛事活动为一体的风景游览区。

关于玉华宫风景区的来历就要追溯到唐朝时期。玉华山坐落在子午岭南端的谷底中,北依黄土高原,南视渭水和长安,自古便是军事要地。唐高祖时,为抵御北部突厥势力的进犯,于武德七年(624年)在玉华山上修筑了哨所"仁智宫"。

唐太宗时,开创"贞观之治",仁智宫失去其军事价值。但这里气候宜人,植被丰富,是天然的避暑、休养、狩猎胜地。因此,唐太宗于贞观二十一年(647年)在这里建造了玉华宫。据史料记载,玉华宫以凤凰谷的仁智宫为主体,用石桥、廊道将西北的兰芝谷与东北的珊瑚谷联结在一起。在这三个山谷中,共修了九座巍峨的宫殿,五个高大、华丽的宫门,总称为"玉华宫"。至此,玉华宫风景区完整呈现在世人面前。

玉华宫的自然景观具有雄秀、奇丽、清幽的特征。景区内不仅遍布山峰、岩嶂、寒泉、瀑布、小溪等景观,并且植被丰茂,拥有千顷松涛和其他植被。随着季节的变换,玉华宫风景区内景色各异,呈现出不同的味道。春时山花烂漫,万紫千红;夏时浓荫蔽日,凉爽宜人;秋时满山红叶,如火如

铜川玉华宫

茶；冬时银装素裹，树树梨花。其中最为壮观的是严冬时节挂于悬崖之上的"冰凌玉塔"，每年的12月到来年4月都可以在玉华宫欣赏到这样的景观。

玉华宫是我国的佛教圣地，是法相宗之祖。唐太宗信仰佛教，将玉华宫捐出为寺，改名为"玉华寺"。显庆四年（659年），玄奘法师带门徒移居玉华寺。他在这里住了四年，完成了《大般若经》的翻译工作，终于因过度劳累而病逝于玉华寺肃成院。玄奘被佛学界尊为"玉华法师"，在全世界享有很高的声誉。1999年，玉华宫风景区内建造的玄奘纪念馆的开馆仪式，吸引了世界各地20多个国家和地区的代表前来参加。玄奘纪念馆是陕西地区著名的爱国主义教育基地和文化遗产。

西安大唐芙蓉园有何独特魅力

大唐芙蓉园坐落在西安市曲江新区，位于大雁塔东侧，是中国第一个全方位展示盛唐风貌的大型皇家园林式文化主题公园。2011年，西安大雁塔—大唐芙蓉园景区被国家旅游局正式批准为国家5A级旅游景区。大唐芙蓉园作为一个文化主题公园具有不同于其他普通公园的独特魅力。

首先，大唐芙蓉园是一个文化主题公园。大唐芙蓉园共有帝王、诗歌、民间、饮食、女性、茶文化、宗教、科技、外交、科举、歌舞、大门特色等12个文化主题区域，向世人全方位地展现了大唐盛世的灿烂文明。另外，大唐芙蓉园还举行各种形式的活动，如规模盛大的"百帝游曲江"大唐仪仗队、杏园探花、雁塔题名、曲江流饮等。这些主题活动更充分、自然地展示了盛唐时期的文化。

其次，大唐芙蓉园最突出的魅力在于它是一个五感公园。步入大唐芙蓉园中，这里的景观会刺激一个人的视觉、听觉、嗅觉、触觉、味觉，使其能够全身心地感受盛唐文化。园内的大型歌舞《梦回大唐》、祈天鼓舞、"教坊乐舞"宫廷演出、"艳影霓裳"服饰表演、少林武术表演、舞狮、高跷、杂技以及各种主题活动等为人们的各种感官都提供了对象。大唐芙蓉园使盛唐文化变得可听、可看、可闻、可触，是中国第一个五感主题公园。

再次，大唐芙蓉园拥有全世界最先进的水火景观表演。公园内每晚上演的水幕电影，集音乐喷泉、激光、火焰、水雷、水雾为一体，常给人震撼的立体感觉，是全

大唐芙蓉园

球最大的水幕电影。

最后,大唐芙蓉园以其壮观的唐式建筑群闻名于世。今天的大唐芙蓉园是在原唐代芙蓉园遗址上建立起来的,园内唐式古建筑是我国也是世界上最大的建筑群,集中了唐时期的所有建筑形式,堪称唐式建筑的教科书。公园内建有紫云楼、仕女馆、御宴宫、芳林苑、凤鸣九天剧院、杏园、陆羽茶社、唐市等众多景点,使人如临其境,实现世人千年来梦回大唐的愿望。

大唐芙蓉园以其独特的魅力和历史地位,被誉为中华历史之园、精神之园、自然之园、人文之园、艺术之园,成为华夏子孙重温盛世的精神家园。

沉香亭与杨玉环、李白有何渊源

沉香亭是古代长安兴庆宫(今西安兴庆公园)里的典型园林建筑。此亭相传是用一种名贵的木材沉香木建成的,所以称为"沉香亭"。

沉香亭之所以闻名于世,关键在于唐明皇、杨贵妃和李白三人。沉香亭位于兴庆湖中央的大岛上,其重檐四角攒尖,红颜碧瓦,雕梁画栋,十分雅致,是当年唐明皇和杨贵妃纳凉消暑的地方。另外,在沉香亭的周围有牡丹台,所以沉香亭也是二人观赏牡丹之地。"诗仙"李白著名的《清平调》三首,写于沉香亭,与唐明皇和杨贵妃二人有着密不可分的联系。

相传,唐明皇和杨贵妃在沉香亭赏牡丹,为助兴,唐明皇下诏让李白作诗。此时李白已饮下不少酒,醉意朦胧,于是借着酒力,呼来高力士为自己脱靴,唤杨国忠为其磨墨。唐明皇因欣赏李白的才华,并未觉得有失君王的威严,便让二人为其脱靴磨墨。李白大笔一挥,写出新诗三章:"名花倾国两相欢,长得君王带笑看。解释春风无限恨,沉香亭北倚阑干。""云想衣裳花想容,春风拂槛露华浓。若非群玉山头见,会向瑶台月下逢。""一枝红艳露凝香,云雨巫山枉断肠。借问汉宫谁得似?可怜飞燕倚新妆。"李白在《清平调》三首里将唐明皇和杨贵妃赏牡丹的情景描写得惟妙惟肖,赞誉了杨贵妃的花容月貌。新诗写完后,激起赏花众人的共鸣。乐师李龟年歌咏此诗,梨园弟子为其伴奏,唐明皇一下子变得很有兴致,于是拿起自己的

西安兴庆宫遗址公园

笛子吹了起来。杨贵妃读完此诗,高兴得命人拿起来七宝杯,敬酒于李白。一时间,沉香亭内外,歌声飞扬,牡丹飘香,一派祥和景象。

一座沉香亭,既见证了盛唐时的这段旧闻逸事,也成就了李白的诗,使世人记住了杨玉环的花容月貌。

凤翔东湖因何得名,与苏轼有何渊源

凤翔东湖位于陕西省西部的凤翔县县城东部,占地16公顷。东湖之上,荷花飘香,杨柳依依,亭台轩榭布局巧妙,是一处集自然景观和人文景观为一体的风景游览区。

关于凤翔东湖这个名字的来历,就要从周代开始说起。凤翔县在夏代以前称雍州,唐代时才改为凤翔府。凤翔东湖在周代以前并不为人知。相传在周文王元年,有凤凰鸣叫着从雍州飞过,并在这个地方喝了水,当时的人都认为这是祥瑞之兆,因此便将凤凰喝水的水池称为"饮凤池"。这个名字一直沿用至北宋时期。北宋时,苏东坡曾在凤翔府担任签书判官。在任期间,他倡导修筑扩建了饮凤池。因饮凤池距离城东门只有二三十步远,故改名为凤翔东湖,这个名称一直沿用至今。

凤翔东湖景区亭台轩榭众多,它们大多是苏东坡修筑或是与他有关。湖心景区的核心君子亭是苏东坡修建并取名的。君子亭周围原栽种有荷花,荷花因"出淤泥而不染"被誉为"花中之君子"。而苏东坡喜爱竹子,自称"宁可食无鱼,不可居无竹",因此亭子建成后,便在周围种上了竹子。竹子"中通有节",也有"君子"之称。另外苏东坡常以"君子"自许,因此便为新亭取名为"君子亭",暗含花、竹、人三君子之意。喜雨亭建成于"久旱逢甘霖"之时,为表达喜悦之情,因此苏东坡为其取名"喜雨亭"。

凤翔东湖的鸳鸯亭、断桥亭、春风亭、望苏亭、聚贤厅等都与苏东坡有关。它们都是为了纪念苏东坡而建,大大小小的亭子建造虽有先后,但无一不拥有无法抹去的东坡印记。

在凤翔东湖岸边,有一座纪念苏东坡的苏公祠。现存的苏公祠有正殿、同笑山房、鸣琴精舍等附属建筑,规模宏大,气象庄严。

苏东坡不仅扩建了凤翔东

陕西凤翔东湖风景

湖,还留下了 180 多篇有关东湖的诗文,其中有《喜雨亭记》《凌虚台记》《凤鸣驿记》《思治记》《凌虚台诗》等千古传唱的名篇。凤翔东湖藏有苏东坡梅、兰、竹、菊手迹石刻,并有历代文人墨客诗词石刻 150 余通,为赏心悦目的东湖增添了古朴典雅、博大精深之感。

秦岭野生动物园为何被称为"西北首家最大的动物园"

西安秦岭野生动物园,位于距离西安市区 28 公里的秦岭北麓浅山地带,占地 2000 多亩,是一个集科普教育、旅游观光、休闲度假于一体的综合性园林。秦岭野生动物园享有"西北首家最大的动物园"的称号,其原因在于:

第一,秦岭野生动物园拥有野生动物 300 多种,近万只。这个由兽类、鸟类、两栖类和爬行类动物组成的群体在数量上为西北地区之最。

第二,秦岭野生动物园拥有全国规模最大、功能最全的鸟语林。鸟语林位于动物园内的东海,占地 55 亩,拥有鸟类 151 种,6000 多只。鸟语林内数以千计的飞禽在面积达 1 万平方米的天

西安秦岭野生动物园

网内和平共处,并且拥有普及各种鸟类知识的电教中心。这里常年有各种展出项目,还有聪明的鹦鹉表演,是一个鸟类的天堂。

第三,秦岭野生动物园是全国最大的黑豹繁殖基地。秦岭野生动物园在四年内繁殖了 22 只黑豹,提高了黑豹的繁殖率,创全国黑豹繁殖新纪录。

第四,秦岭野生动物园的食草动物车入区面积为全国野生动物园之最。秦岭野生动物园动物展区分为步行区和车入区两部分。步行区建有大熊猫馆、小熊猫池、灵长馆、金丝猴馆、猴苑、火烈鸟馆、河马馆、袋鼠馆、大象馆、鹦鹉廊、白虎馆、海洋表演馆、两栖爬行馆,及鸳鸯池、雁鸭湖、水禽湿地,共有动物 260 种,8000 只(头)。车入区分为分食草动物和食肉动物两个部分。食草动物展出部分占地面积 37 万平方米(570 亩),是全国野生动物园中最大的。这里共展出动物 47 种,1700 多只,其中有很多都是该动物园有史以来首次展出的。车入区的食肉动物部分最为惊险刺激。在这里,游客可以与狮子、老虎等猛兽正面接触,场面有惊无险,成为每个游客整个游览过程中印象最为深刻的经历。

从秦岭野生动物园中动物的种类和数量、繁殖成就、场地面积来看,其"西北地区首家最大的动物园"的称号当之无愧。

南湖风景区为何被誉为"西北明珠"

南湖风景区位于汉中市西南 17 公里处的南郑县汉山脚下,北靠秦岭,南望巴山,冬暖夏凉,四季分明。景区属亚热带湿润季风气候,常年山青水绿,风光绮丽,是国家 AAA 级旅游区和省级风景名胜区,素有"西北明珠"的美称。

汉中南湖风景区

南湖风景区以南湖和四周青山为主体,美在山水交融。南湖湖面有 1380.2 公顷,原为强家山水库。近年来,随着旅游业的发展,这里建成了以山水风光为主体的公园。整个风景区,青山环绕,绿树成荫,水清湖绿,姿态各异的亭台楼阁散布其中,身临其中,宛若置身仙境。南湖风景区"融碧水青山为一体,集天地灵秀于其内",散发出无尽的幽雅与情趣。

南湖风景区内有七沟八梁,68 个山岭,山势优美,加之此地河流密布,形成了独特的山水美景。山上遍布松、柏、竹、杉、桂、茶树等四季常青的树木。景区内河流走势随山势而变,山转水亦转,青山一侧总有绿水环绕。迂回曲折的湖水与青山绿水遥相呼应,使得此地成为遐迩闻名的避暑旅游胜地。

南湖风景区是一个集旅游、灌溉、养殖、发电等功能为一体的综合型生态休闲度假区。风景区水力资源丰富,水美鱼肥,风景如画。天然的自然美同巧夺天工的园林古建筑相结合,自然生景,景中传神,构成一幅仙境般的画卷。

革命公园因何得名

革命公园,位于西安市西五路北侧,总占地 10 公顷,创建于 1927 年 2 月。之所以称其为"革命公园",是因为这个公园记载了西安的一段革命历史。

历史上的 1926 年,是一个战火弥漫的年代。在这一年的春天,北伐战争前夕,匪首刘镇华在张作霖的支持下集结 10 万兵马,企图攻占西安来扩大北洋军阀的地盘。刘镇华兴冲冲地攻打西安,却没料到这场战争成了一场长达 8 个月的持久战。在此期间,刘镇华为逼迫全城军民投降,放火烧掉了城外的 10 万亩麦田,在城的周围挖掘了一条 3 公里的断绝沟。当时镇守西安的国民军将领是杨虎城、李虎臣,他们带领全城军民积极抵御敌人进攻,坚守西安长达 8 个月。后来,冯玉祥将军率大军进入陕西,粉碎了刘镇华等人的阴谋。"二虎守长安"虽最终赢得胜利,但却付出了惨痛的代价。守城期间,军民死难众多,高达 5 万人左右,是当时城内人口总数的四分之一。

率众公祭的冯玉祥

1927 年 2 月,为纪念西安的死难军民,冯玉祥率众公祭,在这里建造了革命公园。其中有烈士祠和革命亭等供市民凭吊纪念的建筑,革命亭八角攒尖顶,上有杨虎城将军所写对联一副:"生也千古,死也千古;功满三秦,怨满三秦。"其中的"怨"字由书写的谷凤鸣先生改为"誉"字。

西安解放后,人民政府对革命公园进行了大规模整修,广植树木,修筑花坛,开辟莲池等使革命公园焕然一新。公园东南角的烈士亭建于 1952 年,内有纪念碑一座,是为了纪念烈士王泰吉和王泰城。

现在的革命公园不仅是人们纪念革命烈士的地方,也是游玩休闲的好去处。革命亭前有喷水池,池内的太湖石相传是唐朝兴庆宫内的遗物,来历非比寻常。在公园的东边,有一处宽敞的展览室,常有书画展出。北边是波光粼粼的人造湖,曲桥、亭子点缀其中。西北设有假山,假山之上,情趣无限。西南处的"棋艺之家",是棋艺爱好者的活动场所。另外,随着旅游业的发展,这里还新开辟了游乐园,拥有电动马车和高空缆车等游乐设施。

枣园因何得名,有何特色

枣园,位于陕西省延安市西北 8 公里处的枣园村。枣园内树木茂盛,风景优美,本来是陕北军阀高双城的庄园。这里原本种满枣树,春时枣花清香袭人,秋时红枣压满枝头,景观独特,因此才有了"枣园"这个名字。

枣园曾经在中国革命中起到了非常重要的作用,如今成为中国革命传统教育的重要基地,是红色旅游的重要景点之一。

1939 年初,中央社会部等部门进驻枣园,并将其改名为"延园"。1944 年至

老陕西的趣闻传说

枣园中共中央书记处礼堂

1947年,中共中央书记处由杨家岭迁驻此地。在此居住期间,中共中央书记处领导全党开展了整风运动和解放区的军民大生产运动,筹备了中共"七大",领导全国人民取得了抗日战争的胜利,并为粉碎国民党反动派的全面内战作了充分准备。毛泽东在枣园写下了《学习和时局》《关于重庆谈判》等著作,并发表了《为人民服务》的重要讲话。

1947年2月,国民党侵占延安,枣园遭到破坏。新中国成立后,人民政府对其按原貌进行了修复。现在的枣园,保存有毛泽东、周恩来、刘少奇、朱德、彭德怀、张闻天等人的故居和中央书记处小礼堂等建筑。在中央书记处小礼堂的北边,有一条人工修建的水渠"幸福渠",这是在大生产运动中由当地群众和部队战士以及中央机关工作人员共同修建的。幸福渠长6公里,可灌溉80多公顷的土地,至今仍在使用,造福了一方百姓。

1996年,第五届全国大学生运动会"世纪之火"火炬传递活动采集"革命之火"火种的仪式在枣园隆重举行。枣园成为中国革命传统教育的重要基地。

枣园是一个园林式的革命纪念地,不仅拥有众多的革命遗址,展出了815件珍贵文物;而且风景秀丽,环境清幽,交通方便,游客众多,成为我国红色旅游中的重要景点之一。

老陕西的文物

 陕西为何被誉为"天然历史博物馆"

在中国有这样一句话,"看中国五千年要到陕西"。陕西的历史是从距今115万年前的蓝田猿人开端的。从那时起,地处黄河中游的三秦大地就格外受到文明的垂青。

自西周以来,几乎是连续性的,先后有15个王朝在陕西建都。尤其是占据古代中华文明高峰的周、秦、汉、隋、唐均以陕西为核心,建立起规模庞大的完整的文明体系,为陕西留下了一笔非常宝贵而丰富的文化遗存。如今,仍然有这样一句话来形容陕西,即"掘地三尺可得宝"。

到目前为止,陕西省已出土文物达200多万件,其中国家级文物123件,全省有各类文物保护点3.58万处。陕西拥有博物馆151座,馆藏各类文物90万件

陕西历史博物馆馆藏编钟

（组），文物点密度之大、数量之多、等级之高，均居全国之首。

在陕西，几乎每一个县都有博物馆，经常有奇迹出现，所以，人们又常常说陕西是"地上一个城，地下一个城"。也可以这样来评价陕西这个文物大省："秦中自古帝王州，陕西文物甲天下。"

陕西省因为拥有丰富珍贵的大量文化遗产，且几乎囊括了整个中国历史，所以被誉为"天然历史博物馆"。

西安半坡遗址出土的"人面鱼纹陶盆"有何含义

半坡鱼纹陶盆被誉为原始美术、原始文字和原始艺术的结晶。1955年在陕西省西安市半坡出土。高16.5厘米、口径39.8厘米，是新石器时代仰韶文化的遗物。此件陶器人鱼合一，人面呈圆形，嘴角两边各衔1条小鱼，两侧耳部簇拥着两条小鱼，高高束起的发髻也用鱼纹装饰。半坡人为什么要创造出人鱼合一的图纹呢？

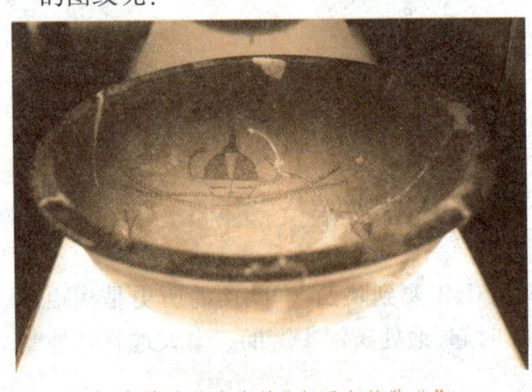

半坡遗址出土的"人面鱼纹陶盆"

有人认为这应与当时的图腾崇拜和经济生活有关。半坡人在河谷阶地营建聚落，过着以农业生产为主的定居生活，兼营采集和渔猎。这种鱼纹装饰是他们生活的真实写照。人头上奇特的装束，大概是进行某种宗教活动时的化妆形象，而稍有变形的鱼纹很可能是代表人格化的独立神灵——鱼神，表达出人们以鱼为图腾崇拜的主题。

还有人说，这件彩陶盆是儿童瓮棺的棺盖。仰韶文化流行一种瓮棺葬的习俗，把夭折的儿童置于陶瓮中，以瓮为棺，以盆为盖；埋在房屋附近。由于陶盆上画有人面，且人面两侧各有一条小鱼附于人的耳部。《山海经》中有"某些地方曾有巫师'珥两鱼'"的记载。有的学者据此认为，人面鱼纹表现的是巫师珥两鱼，寓意为巫师请鱼附体，进入冥界为夭折的儿童招魂。

此外，在先秦典籍《诗经》《周易》中，鱼有隐喻"男女相合"之义。以此推之，这人面鱼纹也应有祈求生殖繁衍、族丁兴旺的含义。但无论它有何意蕴，作为中国原始社会先民的艺术杰作，它已经放射出耀眼的光芒。

世界上最有名的鼎是哪个

世界上最有名的鼎是毛公鼎。

被誉为晚清"海内三宝"的大盂鼎在北京,大克鼎在上海,唯独另外一宝毛公鼎越过海峡,落脚在了台北故宫博物院。

毛公鼎为西周晚期的宣王时期器物,通高近54厘米,重34.5公斤,大口圆腹,口沿上竖立着两只高大的耳朵,半球状深腹,腹下三只兽蹄形足看起来敦实有力。整体造型浑厚而凝重,饰纹简洁有力、古朴典雅,标志着西周晚期青铜器已经从浓厚的神秘色彩中摆脱出来,淡化了宗教意识而增强了生活气息。它的内壁铸有五

毛公鼎

百字的长铭,是现存商周两代7000多件有铭文的铜器中铭文最长的一件。其内容主要是周王为中兴周室,励精图治,策命重臣毛公,要他忠心辅佐,以免遭丧国之难,并赐给他大量物品作为赏金。毛公为感谢周王,特铸鼎记其事。其书法是成熟的西周金文风格,结构匀称准确,线条遒劲稳健,布局妥帖,充满了理性色彩,显示出金文已发展到极其成熟的境地。

毛公鼎系于清末道光二十八年(1848年)前后,在陕西省岐山县出土的。出土后,经多次转手秘藏。抗战期间,险为日本军方所夺。抗战胜利后,民间献鼎归公。铭文中有阳文网格线,是西周中晚期制铭的习惯。因此除了史料的价值外,其在中国古文字学与书法艺术上也具有举足轻重的地位。

最早出现"中国"二字的文物是什么

宝鸡市贾村镇西街有一户姓陈的人家,屋后有个约3米高的断崖。陈家常年在崖根取土,上面未取土的地方便突出一个约1立方米的大土块。1963年的一天,陈家老二怕这个土块掉下来砸伤人,就搭起梯子去挖,没挖几下土块就掉了下来。出人意料的是,大土块破碎后竟从里边滚出一件古铜器。

这古铜器高38.8厘米,口径28.8厘米,重14.6公斤。它口圆体方,通体有四道镂空的大扉棱装饰,颈部饰有蚕纹图案,口沿下饰有蕉叶纹,整个尊体以雷

纹为底,高浮雕处则为卷角饕餮纹,圈足处也饰有饕餮纹。其工艺精美,造型雄奇,十分漂亮。更值得惊喜的是,在铜尊内胆底部有一篇122字的铭文,残损3字,现存119字。大意记载了周成王营建洛邑、建筑陪都的重要历史事件,极具史料价值。其中,"宅兹中国"(大意为我要住在天下的中央地区)便是"中国"最早的文字记载。这些特征使得铜尊具有无法估量的价值,在国内外引起不小的轰动。经考证,该铜尊是西周一位姓"何"的人所造,就将它起名为"何尊"。

何尊

"何尊"是我国目前发现最早有"中国"二字的文物。1965年,被佟太放搬运回宝鸡市博物馆,一直收藏至今。

号称"西周第一青铜器"的文物是什么

1976年3月,在西安市临潼区(当时为县)出土了一件青铜器。该器高28厘米,口径22厘米。深腹,双耳,作兽首口衔鸟头状,足下有方座,其为周武王时的有司"利"所作,故名"利簋",被称为"西周第一青铜器"。

这件青铜器的最大价值在于它上面的32个大字。"武王征商,唯甲子朝,岁鼎,克昏夙有商,辛未,王在阑师,赐有事利金,用作檀公宝尊彝。"其大意为:周武王要讨伐商纣,甲子日的早晨是最适宜征伐的时间。当天,武王军队大破商军。8天后的辛未日,武王赐铜给功臣利(人名)。他便以之铸造铜簋,作为纪念先人的宝器。这段铭文的重要意义在于,其印证了《尚书·牧誓》《逸周书·世俘》及《史记·殷本纪》等古代文献中关于武王克商在甲子日,又恰逢岁星当空的记载。官员利因参与克商之役受赐而作此器,时间在克商后的第七天,故利簋是现存最早的一件西周青铜器。此器现藏于

利簋

中国国家博物馆。

"夏商周断代工程"启动后,在对武王克商年代的天文学推算中,专家们根据利簋提供的线索和其他一些依据,最后确定公元前1046年为周武王克商之年。

我国最古老的吹奏乐器——埙知多少

中国有很多历史悠久的乐器,其中广为世人所知的有湖北随州出土的距今2400年的楚国编钟,以及《诗经》中提到的琴和瑟。不过,到目前为止,我国迄今所发现的最早的一种吹奏乐器是埙,其大多由泥土制成。它属于气鸣乐器,形状有管形、橄榄鱼形、圆锥形等多种。它们的顶端都有一个吹孔,埙体上有的无按音孔,有的有若干按音孔。多为陶制品,也有骨制品。古代主要为诱捕猎物所用。陶埙在八音中是属土音,最早文献记载始于《诗经》中:"如埙如篪,伯氏吹埙,仲氏吹篪。"其在周代奴隶制社会已相当流行,秦汉以后用于历代宫廷雅乐。

唐三彩埙

据考古学家考证,埙产生于史前时代,首次是在西安的半坡遗址中发掘的。目前发现的最古老的埙,是大约六千年前居住在今天浙江杭州湾河姆渡遗址的居民使用的椭圆形无音孔陶埙与西安半坡遗址发现的两个陶埙。

中国最早的绘画工具出自何处

1972年2月15日,陕西的考古工作者在西安市临潼区的姜寨一梯田处,发现了一块早已裸露出的古遗址。通过考古人员认真的探测和鉴定后,他们认为这是一处内涵丰富的仰韶文化遗址。经过了8年的发掘和整理,这处遗址终于被完整地呈现出来。

姜寨遗址总共包括房屋120余间,分别以中心广场的4个大房子各自为核心,形成4个氏族活动和居住的范围。分布在大房子周围的所有小房子的门都是向着中心开的。这种向心状的分布格局,一是体现了同一部落中每个氏族是团结内聚、统一而不可分割的;二是体现了一种绝对的权威性,也就是全体氏族

仰韶文化遗址出土的彩陶盆

成员都要无条件地服从于氏族的整体利益。

在姜寨遗址中还出土了大量的彩绘陶器。就绘画而言,既重写实又重写意,图案的变化极为丰富,有的生动活泼,有的酷似剪纸,给人以清新明快之感。当然,最令人惊异的是,考古学家在这里发现了一套绘画工具,它们分别是石砚、水杯、研石以及用来着色的赤铁矿颜料。这些实物堪称是迄今为止我国发现最早的一套绘画工具。就出土的方砚来讲,也将其使用年代比之前的历史记载提前了4000余年。

兽首玛瑙杯为何方圣物

兽首玛瑙杯,又称镶金兽首玛瑙杯。1970年,出土于西安市南郊何家村。通高6.5厘米,长15.6厘米,口径5.9厘米。此杯的选材精良,是用极其罕见的红色玛瑙琢制而成。琢工十分精细,通体呈玻璃光泽,晶莹瑰丽。其杯体是角状兽首形,兽双角为杯柄;嘴部紧闭,镶有金帽,能够卸下,类似塞子;兽头圆瞪着大眼,目视前方,似乎在寻找和窥探着什么;耳朵微微内收,仿佛聆听世间的声音;鼻子微微鼓起,刻画细微精确,栩栩如生。同时,它巧妙地利用了玉料的俏色纹理,两侧深红,中心乳白,层次明晰,展现出大自然的神奇变化。这样一个精美之作,是来自何方呢?

专家考证,它的形制起源于西方。希腊人称之为"来通"(rhyton),后来才传播到亚洲。而且唐朝时,西域盛产红玛瑙,使者常常赠送玛瑙杯给大唐。因此,有的学者推测,此杯很可能是从中亚或西亚进献来的礼品。但深入研究者坚信,此杯出自唐人之手。兽首杯在制作之初,可能也想模拟西方风尚,采用羚羊之形。可由于对题材的生疏,所以最后成了现在的面目。据估计,它的制作年代当在8世纪前期。

有学者认为,兽首玛瑙杯是

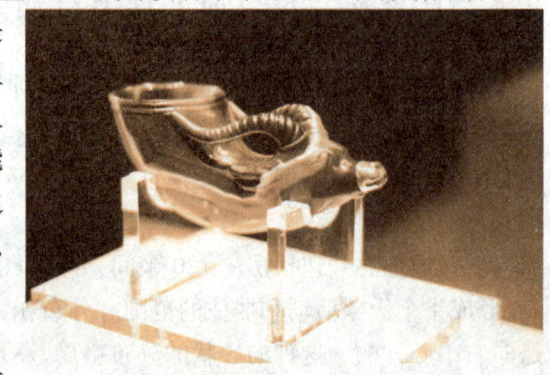

镶金的兽首玛瑙杯

至今所见唐代唯一的一件俏色玉雕，也是唐代玉器做工最精湛的一件。这件国之重宝，象征着财富和权力，是一件高贵的艺术品。如今，这件稀世珍品已成为陕西历史博物馆的镇馆之宝。

秦兵马俑究竟是如何发现的

殷周时，贵族死后，常常以活人陪葬，时称"人殉"。到战国以后，人逐渐被模拟的陶俑取而代之。陶俑，是以泥土、木头或铜为原料而制成的一种偶人。

1974年3月，临潼县晏寨公社西杨村的农民杨志发等人在秦陵东侧打井，意外地挖出了一个陶俑的躯干和一些肢体碎片。有人说这是"妖怪"，有人说这是"神爷"，弄不清到底是什么东西。于是这些农民赶紧向上报告了此事。

临潼博物馆的赵康民闻听此消息后，立马赶赴现场，组织相关人员收缴散落在群众手中的文物，并带回博物馆的修复室进行修复。正在临潼探亲的新华社记者蔺安稳知道此事后，亲自采访，写了一篇题为《秦始皇陵出土一批秦代武士陶俑》的内参，向中央报告秦俑的出土和秦始皇陵的破坏情况，引起中央高度重视。时任国务院副总理的李先念同志

秦始皇陵兵马俑一号坑内景

当即批示："建议请示文物局与陕西省委一商，迅速采取措施，妥善保护好这一文物。"之后，国家文物局立马派考古队前来探测，发现了规模宏大的兵马俑坑，随即派出考古、文物专家进行现场考察，并决定由陕西省组织考古队进行挖掘。考古队于1974年7月15日进入考古工地，开始挖掘工作。

这样，"20世纪最伟大的考古发现"，堪称"世界第八大奇迹"的秦兵马俑在尘封了2000年之后，终于破土而出，展现在世人面前，令全世界为之轰动，为之震惊，为之感叹！

被誉为"青铜之冠"的铜车马知多少

被誉为"青铜之冠"的是秦始皇铜车马。

秦陵铜车马出土于秦始皇陵西侧20米处，1980年局部试掘铜车马坑时，在

老陕西的趣闻传说

秦铜车马

一木椁内出土了一前一后纵置的两辆大型铜车马。出土时它们已残破，经修复后恢复原状。这两具铜车马因具有形体大、部件多、制作精、形象真的特点而被誉为"青铜之冠"。它们共重2.3吨，体积是后母戊鼎的10多倍。铜车马制作精良，采用了铸造、焊接、粘接、冲凿、錾刻、抛光、镶嵌等多种方法。其中不少工艺为秦代工匠首创。铜车马不仅把青铜器与彩绘结合起来，而且还成功地铸造了铜俑、铜马的形象，赋予了精美的青铜器以生命之感。

秦铜车马，是中国迄今为止发现年代最早、结构最完整的铜质车、人、马。车马全长3.28米，高1.04米。铜车上的圆形篷盖似一龟壳，寓意吉祥长寿，与四方形的车底相配，构成上圆下方的车身，与中国古代"天圆地方"的传统观念配合得恰如其分。据专家们统计，这组铜车马构件多达3400多件，其中金制品有700多件、银制品800多件，工艺极为复杂，为中国举世无双的艺术珍品。

为何秦兵马俑出土的秦剑光亮如新

秦剑是秦始皇陵兵马俑一、二号坑所出土的青铜兵器。在中国历史上的青铜器时代，铸剑的关键技术在于冶炼时对锡的用量的把握，也就是向铜里加入多少锡才是最适度的。如果锡少了，剑就会太软；反之，剑则会过硬，因而容易折断。

秦朝人铸剑，有三种讲究。一是刚柔相济，即对剑的铜锡成分配比要求十分严格。二是弹性，因此采用的是适当由厚变薄的有层次递减工艺，这样就能使剑身强度均衡，不易被折断。三是防腐技术，也就是尽量保持剑的使用寿命。所以，秦人运用的是铬盐氧化技术。故而，秦剑不但锋利无比，而且光亮如新。这种技术，一直到20世纪30年代，才由德国人取得专利权。

秦始皇陵出土的兵器

在今人对秦剑做了化学定量分析后表明,恰到好处的铜锡成分比例让秦剑的硬度和韧性结合得几近于完美。由于秦剑的长度、硬度和韧性达到了巧妙的契合,因此攻击性能也就大大增加了。

秦兵马俑出土的陶俑上果真有字吗

精美的兵马俑让所有人在感叹之余,留下了这样一个疑问:谁是这个奇迹的创造者?

自从发现了秦兵马俑,考古工作者在不断的修复过程中发现了一个令人惊奇的秘密:陶俑的身上有字,而且非常隐蔽。经专家们鉴定,认为这些文字的含义除了具有编号功能的数字外,还有工匠们的名字,共计80多个。这些工匠大体是宫廷匠人、官方专营陶坊匠人以及民间优秀匠人。这些匠人无论来自何处,均是经验丰富、技艺高超的制陶专家。

由于分别来源于中央和地方,陶工们在刻画陶俑时,便将他们不同的艺术风格展现在陶俑的制作过程中。因此,留下了典型的"宫子俑"和"咸子俑"。"宫子俑"由宫廷匠人制作,身材魁梧高大,如同古代的大力士;"咸子俑"出自民间工匠之手,眉清目秀,个体修长,略带些曲线,造型显得比较丰富。

其实早在东周时期,我国已有严格的标准化生产制度,这在战国晚期的秦国体现得更为突出。秦国的规范管理章程极其精密,要求"责任到人"。青铜兵器产品也都具有统一、严整的尺寸与生产质量标准。到了秦朝时,"物勒工名,以考其诚"(《礼记》)。所以,秦兵马俑出土的陶俑上留有工匠们的名字,是不足为怪的,因为这是一种质量测

秦始皇陵兵马俑跪俑

试手段,即"工有不当,必行其罪,必究其情"(《礼记》)。可见,秦俑的制作成功,归根结底是来自完备而行之有效的管理制度和质量考核标准,秦人做到了这一点,因而产生了奇迹。

秦兵马俑一、二、三号坑的结构、布局知多少

秦兵马俑坑就其结构而言,已发现的三座坑均是采用了地下坑道式的土木

结构建筑形式。具体地讲，就是先根据俑坑的形制，挖成大小不一的土坑，然后在地面上铺以青砖。其次是根据各自坑道的特点，起夯土隔墙，并在隔墙两侧起木柱，最后在木柱上面横置枋木并密排棚木，覆以席子和黄土。

秦始皇陵兵马俑二号坑

一号坑的布局呈长方形，是兵马俑坑中最大的一个。坑深5米，面积为14 260平方米。该坑内有6000余陶人陶马，成环形方阵排列，井然有序。坑的东端是三列横排武士俑，它们手执弓弩类远射兵器。后面是6000铠甲俑组成的主体部队，手执矛和戟等长兵器，同35乘驷马战车在11个过洞里组成38路纵队。此坑中目前已发掘出武士俑500余件，战车6乘，驾车马24匹。此外还有青铜剑、吴钩、矛、箭、弩机、铜戟等实战用的青铜兵器和铁器。俑坑东端有210个与人等高的陶武士俑，面部神态、服式、发型各不相同，个个栩栩如生，形态逼真，排成三列横队，每列70人，其中除3个领队身着铠甲外，其余均穿短褐，腿扎裹腿、线履系带，免盔束发，挽弓挎箭，手执弩机，似是前锋部队。南北两侧和两端，各有一列武士俑，似是卫队，以防侧尾受袭。这支队伍阵容齐整，装备完备，威风凛凛，气壮山河。

二号坑的布局呈曲尺形，位于一号坑的东北侧和三号坑的东侧。二号坑东西长96米，南北宽为84米，总面积约为6000平方米。坑内建筑与一号坑相同，但布阵更为复杂，兵种更为齐全，是3个坑中最为壮观的军阵。二号坑东、西两端各有4个斜坡门道，北边有2个斜坡门道，俑坑坐西面东，正门在东边。坑内布局分为4个单元。二号坑建有1.7万平方米的陈列大厅，是目前我国规模最大、功能最齐全的现代化遗址陈列厅。

三号坑的布局呈"凹"字形，是三个坑中面积最小的。它位于一号坑西端25米处，面积约为520平方米。它由南厢房、车马房、北厢房三部分组成。其中，南厢房为将军们议事和休息的场所；北厢房是战前祈祷的场所，士兵多是警卫和仪仗兵。据此可以判断，三号坑应是地下军事指挥部。

三个坑总体结构呈"品"字形，象征当年守卫京城的卫戍部队。

陕西出土的著名铜镜有哪些

我国铜镜的制作历史可以追溯到殷商时代，它的产生与人们的审美需求是分不开的。起初，人们为了美常常到清澈的河边梳洗打扮，后来人们发明了一种盛水或冰的器皿，称为"鉴"。人们就用鉴内的水来照影，在春秋战国时代，这种方法非常盛行。

瑞兽葡萄镜

与此同时，铜镜的制作在楚地已经出现。当时人们用水银作反光涂料，再用细毛呢摩擦，使其达到类似镀金的光亮度。由于它非常稀少，人们对它有一种神圣不可侵犯的敬仰。当年，秦始皇执政时就曾用铜镜来威慑群臣，据说那面铜镜可以照见人身体内部的每一个部位。后来，刘邦将其高悬于寝宫之内，由此引出"秦镜高悬"的典故。随着时代的发展，又进而引申出"明镜高悬"的概念。

秦汉之际，铜镜的制作技术大大提高，用途也更加广泛，但仍流行于上流社会。唐朝以后，铜镜的合金比例银锡成分增多，故颜色更为纯净而有银白之感。由于社会的进步，铜镜生产普遍，它逐渐进入寻常百姓家。宋代以后，铜镜制作渐渐衰落，逐渐被玻璃取代。20世纪二三十年代，人们将它仅仅作为姑娘出嫁的"照妖"之用。

陕西出土的著名铜镜，当属瑞兽葡萄镜和孔子问答镜。

瑞兽葡萄镜，是在1953年于陕西汉中西乡县民间征集而得。此镜背面的中央是由九只瑞兽组成的，侧边是带有枝蔓的葡萄相伴，外区有16只飞禽走兽相间围绕，边缘饰一圈流云纹。该镜在武则天时代最为流行，由于工艺精美，饰纹漂亮，加之有外来文化的气息，因而，此镜被学者称为"凝结欧亚大陆文明之镜"和"多谜之镜"。就其30厘米的直径看，也堪称"铜镜之王"。

孔子问答镜

孔子问答镜，又称三乐镜。它是唐代人们的人生观和世界观最为典型的实物体现。在唐朝时，人们希望做男子，希望长寿，体现人之尊贵，故而借《列子·汤问》中孔子游泰山，遇荣启而引发的一段对话，来展示人们的追求。此镜是件难得的透视唐代人们生活观念的艺术珍品。

百戏俑知多少

百戏是古代乐舞、杂技表演的总称,包括扛鼎、吞刀、爬杆、角抵等。秦汉时期称百戏,隋唐时叫散乐。唐宋以后为了区别于其他歌舞、杂剧,改称为杂技。百戏源于夏商,始于春秋战国,形成于秦,两汉时期得到广泛发展。它包括各种杂技、幻术、装扮人物的乐舞。据说,秦始皇统一六国后,不仅把各诸侯国的钟鼓搬到咸阳宫中,还把善于歌舞、杂技的艺人当做战利品集中于咸阳,统称"角抵俳优之戏"。表演项目中,扛鼎是最刺激的节目。所谓扛鼎,即举鼎,比谁力气大。据文献记载,当年秦武公与人比举鼎,结果挣断膝盖骨,不久便去世了。

秦始皇陵园出土的彩绘百戏俑

1999年3月至4月,考古队在秦陵东南侧发现了一座面积近800平方米的陪葬坑。在已开挖的9平方米的坑道中,发现了11尊彩绘百戏俑以及他们用以表演的鼎、矛、陶盆等器物。这11件陶俑非常特别,不穿铠甲,不披战袍,赤裸上身,肌肉发达,个个滑稽可笑,有的还有啤酒肚。它们下身着裙,姿态各异,有的手是举着的,有的是垂着的,好像拿着什么东西。秦陵博物院副院长曹玮介绍说,"陶俑用非常写实的手法将俑人的身体表现得淋漓尽致。在已知的陪葬坑内,百戏俑坑与一、二、三号坑出土的俑完全不一样"。可以说,11尊百戏俑是中国古代雕塑史上的一个里程碑。

"鸳鸯七志斋"有何由来

谈起"鸳鸯七志斋",还要从邙山说起。邙山位于河南省洛阳市北,黄河南岸,是秦岭山脉的余脉,崤山支脉。其景色宜人,土质疏松,自汉代以来就被视为"风水宝地",民间有"生在苏杭,死葬北邙"之说。除此,唐代诗人王建也曾题诗写道:"北邙山上少闲土,尽是洛阳人旧墓。"

民国初年,邙山成了盗墓贼的天下,许多无价之宝被国外的江洋大盗掠走。

面对这一现实,充满爱国之心的于右任先生(陕西三原县人,早年随孙中山积极从事民主革命活动,曾任南京临时政府交通次长,国民党监察院院长。他善诗词,精于书法。其书法融魏碑和草隶于一体,号称"于体"。其草书被推广为"标准草书","易识、易写、准确、美丽")为之痛心疾首。为了保护国家文物,从民国初年起,他先后收集了从汉代至宋代的墓志近400余方,均来自洛阳邙山。他收藏的墓志中有七对夫妇的墓志。于是,他给自己的书斋起了一个浪漫而又有纪念意义的名字——"鸳鸯七志斋",收藏的碑石也因此被称为"鸳鸯七志斋藏石"。

于右任

我国现存最早的石刻作品是什么

唐代在陕西凤翔出土的石鼓是我国现存最早的石刻作品。因石头形状成鼓形,故曰"石鼓",共有10只。高2尺,直径1尺多,每只四周均镌刻诗文,故称"石鼓文"。它是我国最早的石刻文字,世称"石刻之祖"。战国时秦国刻,书体为大篆,其记述了秦始皇统一前一段为后人所不知的历史。现藏于故宫博物院。

石鼓原文应为650字,但是现在第八鼓却一个字都没有,因此9只鼓仅存300余字。石鼓文的主要内容是记叙贵族阶级游猎的情况,因而又称"猎碣"。石鼓文集大篆之大成,开小篆之先河,在书法发展史上有着承前启后的作用。石鼓文无论是从史料价值还是从书法角度来看,都是中国古代史石刻文化中的一组瑰宝。

凤翔石鼓

我国现存最早的虎符知多少

符是中国古代朝廷传达命令、征调兵将以及用于各项事务的一种凭证。用金、银、玉、角、竹、木、铅等不同原料制成，用时双方各执一半，合之以验真假。虎符，因其形而得名，是我国古代调兵遣将的信物，由帝王授予臣属。右在君手，左在将手，两半相符方可调兵。1973年，在西安市的山门口发现了一枚秦国"杜虎符"。"杜"在今西安市长安区，持左符的将军及部队驻扎在杜，故名"杜虎符"。

秦杜虎符

此符有错金篆字40个，上书道："兵甲之符，右在君，左在杜。凡兴士被甲，用兵五十人以上，必会君符，乃敢行之。燔燧之事，虽毋会符，行殴（也）。"这段文字将秦军的调兵制度描述得极其详尽，即调兵50人以上须两符相合。但遇紧急军情，则不必会合国君的右符，即可举火行动。

该虎符的造型生动传神，犹如猛虎疾走之态，寓意为见符如见君，行动要像虎一样迅捷勇猛，以此来鼓舞战士的斗志。可以见得，古人的兵法不仅仅只在书上。虎符通高4.4厘米，通长9.5厘米，铭文先镂刻阴文，再嵌入金丝，打磨光亮，远望若虎皮斑纹，反映出高超的错金工艺水平。文体为小篆，有力地证明了小篆在李斯入秦之前就已经很成熟。西安市出土的这件杜虎符，是同类文物中年代最早、文字保存最完整、工艺最为精湛的一件无价之宝。现藏于陕西省博物馆。

陕西历史博物馆中存有哪些名贵钱币

陕西历史博物馆收藏的钱币主要有以下几种：

贝币：是我国最早的一种流通货币。商周以来，此币在中原一带非常流行。中国人讲究物以稀为贵，因此，产自海边且色泽迷人的贝壳就成为人们进行商品交换的媒介物。当然，贝成为货币，不只是因为它的稀有性以及便于携带的特点，还因为，当时人们视女阴为宝贝，佩带海贝，能求妇女顺利生产，预示生命旺盛，灵魂转生。

布币：称得上是铜钱之祖。

陕西历史博物馆馆藏五铢钱石范

布原为除草的农具，类似铲子。因其外观似泉水流动，故又称"泉币"。后来，人们将这个概念引申为对所有古钱币的通称。

秦半两：在中国钱币史上有着举足轻重的地位。史书云："铜钱识半两，重如其文。"这种方孔圆钱有两个特征：一是外形独特。外圆而内方，外圆可以减少钱币的磨损，保持钱币的价值；内方则方便穿绳，携带自如，且不易散乱。二是名副其实，即钱币的重量与名称是一致的。

"五铢钱"：是西汉武帝时期出现的一种标准化货币，这种钱币在其形制和重量上都有统一的规格，币形漂亮美观，是中国使用时间最长、最成功的标准化货币。

通宝钱：是唐代初朝出现的新型货币。陕西历史博物馆存放的"开元通宝"钱币，字迹为欧阳询书体，端正古朴，劲健含蓄，也是难得一见的墨迹珍宝。陕西历史博物馆还收藏了一件金代用来印刷交钞的铜板。版头有"伪造交钞者斩"的字样。

陕西博物馆所收藏的钱币多种多样，可以说，它们是历史的缩影，每一个都会带领我们回顾一段不一样的历史。

"皇后之玺"是怎样被发现的

1968年9月的一天傍晚，咸阳市区东北30多公里的韩家湾公社韩家湾小学的14岁学生孔忠良放学回家，他沿着渭惠渠边的路走到狼家沟，无意中看见渠南边的土坎上有个东西在夕阳斜照下闪闪发光，开始他以为是只躲在草丛中的小兔子在偷看他，就好奇地走近去看，却什么也没有看到，只是那亮光仍在闪烁。后来挖出来才发现，原来是一块光亮的玉石，玉石的上部趴着一个动物，下面四四方方的，好像刻着字。这就是中国西汉皇后玉玺了。

据《汉官旧仪》上记载："皇后玉玺，文与帝同。皇后之玺，金螭虎纽。"而这里发现的"皇后之玺"在吕后与刘邦合葬的封土之西约一公里的陵园之内，玉玺的边长2.8厘米，高2厘米，重33克，螭虎纽，四侧刻云纹，印面阴刻"皇后之玺"四个字，其形制、式样、印文内容及字数均与《汉官旧仪》所载相符。中国历代皇帝、皇后都拥有自己的玉玺，可是，真正保存下来的并不多。皇后之玺是目前中国发现的唯一一枚汉代皇后玉玺，距今已有2000多年的历

"皇后之玺"玉印

史，是已发现的最重要的古代玺印之一，可以说是瑰宝中的瑰宝了。

据说，"文化大革命"期间，江青从陕西博物馆拿到玉玺，迟迟不还，直到粉碎"四人帮"之后，这方"皇后之玺"才得以完璧归赵，返还陕西省博物馆收藏。

秘色瓷真的神秘吗

晚唐五代的越窑有一种"秘色瓷"。从前人们提到它，都沿用宋代文献，说这种瓷器是五代十国时位于杭州的钱氏吴越国专为宫廷烧造的，臣庶不得使用。1987年，随着陕西扶风法门寺宝塔的轰然倒塌，塔基下的地宫暴露出来，一批稀世之宝的出土轰动了世界。其中，有令佛教徒顶礼膜拜的佛骨舍利，有唐懿宗供奉给法门寺的大量金银器、瓷器、玻璃器、丝织品。重要的是，这里出土了记录所有器物的物帐碑，让文物考古专家明明白白地知道了出土物的名称。

物帐碑上"秘色瓷"三个字，叫古陶瓷专家眼前一亮。这几件瓷器中，有八棱瓶，有圆口或花瓣形口的碗、盘等。它们共同的特点是造型精巧端庄，胎壁薄而均匀，特别是湖水般淡黄绿色的瓷釉，玲珑得像冰，剔透得如玉，匀净幽雅得令人陶醉。

秘色瓷神秘的面纱终于被揭开了。专家们恍然大悟：其实，对于秘色瓷，我们并不陌生，它本就是越窑青瓷中的极品，只是从前相见而不相识罢了。那种八棱瓶，陕西的唐墓里出土过，故宫的学者在越窑的遗址也采集到过。

秘色瓷之所以被抬到一个神秘的地位，主要是因为技术上难度极高。青瓷的釉色如何，除了釉料配方，几乎全靠窑炉火候的把握。不同的火候、气氛，釉色可以相去很远。要想使釉色青翠、匀净，而且稳定地烧出同样的釉色，那种高难技术一定是秘不示人的。

秘色瓷在晚唐时期烧制最为成功，不久之后，五代钱氏吴越国就把烧造秘色瓷的窑口划归官办，命它专烧贡瓷，的确是"臣庶不得使用"，那就当然远离百姓，高高在上了。至于它的名称，偏偏不明说是青瓷，也不像宋代那样，取些豆青、梅子青一类形象的叫法，却用了一个"秘"字，着实逗弄得后人伤了一千年的脑筋。然而，仔细琢磨，这个"秘"字似乎又包含了很多实与虚的内容。这样极富深意的名称，恐怕只有浸泡在诗歌的海洋里的唐代人才能琢磨出来吧！

陕西扶风法门寺出土的秘色瓷盘

"世界柏树之父"——黄帝手植柏知多少

《古今图书集成》记载:"中部县有轩辕柏,在轩辕庙。考之杂记,乃黄帝手植物,围二丈四尺,高可凌霄。"

进入陕西黄帝陵轩辕庙山门,在山门内西侧,我们就可以看到一棵参天古柏。树枝像虬龙在空中盘绕,一部分树根露在地面上,叶子四季不衰,层层密密,像个巨大的绿伞。树龄有5000多年,这便是文中记载之物。因为相传是黄帝亲手所植,所以人们称之为"黄帝手植柏"。它是轩辕庙内重点保护的古柏之一。

据说,黄帝为了教化桥山民众,从洞穴中走出,住在陆地上的房子里,便指挥大家大量砍伐树木,几乎将桥山及周围的树木都砍光了。一次山洪暴发,洪水像猛兽一般从山上猛冲下来,把几十人和黄帝得力的大臣共鼓、狄货都卷走了,人们死伤惨重、居无定所。悲痛的黄帝看到漫山遍野的坑坑洼洼,立誓今后不再乱砍

黄帝陵"黄帝手植柏"

乱伐,并亲手栽下了一颗小柏树。臣民们深受感动,纷纷效仿。若干年以后,桥山丛林茂密,郁郁葱葱。从此,植树造林便成了中华民族的优良传统,世世代代一直延续至今。

传说,黄帝在乘龙升天飞经桥山上空时,特意让巨龙停下,看一眼自己亲手栽下的那棵柏树。临行时,又随手把群民送给他的干肉块扔下来,落在自己栽种的柏树上。人们说,现在黄帝手植柏树干上长的24个疙瘩,就是那时黄帝扔下的肉块变的。

如今,这"黄帝手植柏"枝干苍劲挺拔,柏叶青翠,主干略向南倾斜。树高19米,胸径11米,为群柏之冠,被国际柏树专家誉为"世界柏树之父"。

青铜制品——雁鱼灯有何特色

汉代的青铜灯具形式多样,铸造工艺精巧实用。造型多取祥瑞题材,如雁足灯、朱雀灯、牛灯、羊灯、连枝灯等。雁鱼灯也是其中的一种。

老陕西的趣闻传说

1985年,雁鱼灯出土于平朔秦汉墓城西照什八庄一号墓,造型生动,工艺考究,是一件难得的艺术珍品,被定为一级文物。它全系铜铸,整体作鸿雁回首衔鱼伫立状。灯长34.5厘米,高53厘米。它的结构非同一般,由雁首颈(连鱼)、雁体、灯盘、灯罩四部分套合而成,鱼身及雁颈、体腔均中空相通,可自由拆装,便于擦洗。同时有很强的实用性,雁身上灯罩的两片弧形板可左右转动开合,既能挡风,又可调节灯光的照度。灯火点燃时,烟雾通过鱼和雁颈导入雁体内,防止了油烟对室内空气的污染。可以说,这代表了西汉时期的文明,是古代人类聪明智慧的体现。

汉代彩绘铜雁鱼灯

雁古为瑞禽,"鱼"寓"余",是富足有余的象征。雁鱼灯造型是人们追求富足、向往胜利的思想反映,寄托了人们的美好愿望。

"马踏匈奴"讲述的是什么

在陕西兴平市的汉武帝茂陵陵园里,埋葬着一位伟大的青年英雄,他就是西汉著名的将军——冠军侯霍去病。

霍去病,是汉武帝时期的一名勇将。他6次出兵抗击匈奴,被封为骠骑将军、冠军侯。他有句名言道:"匈奴未灭,何以家为!"表达了他平定匈奴、报效国家的决心。霍去病24岁时,得暴病而亡,陪葬于汉武帝的茂陵。为了表彰这位功勋卓越的少年英雄,汉武帝下令将他的墓修为祁连山的形状,并在墓前雕刻了16件石刻作品,象征他曾经战斗过的地方,以此来表彰霍去病的丰功伟绩。其中,"马踏匈奴"就是最有代表的作品之一。

"马踏匈奴"这尊令人瞠目的杰作,高1.68米,长1.90米。纵观其外貌,石马昂首

兴平茂陵"马踏匈奴"石刻

站立，肌肉丰满。马腹下刻一仰卧的老朽，头对马嘴，表情十分痛苦。这尊石刻看上去浪漫、粗犷、古朴，追求神似，生动而自然。它不但高度地展示了汉人独特的艺术风格，而且将这位传奇将军的英雄事迹和将军本人的风采淋漓尽致的表现出来。该石刻高度概括了霍去病生前抗击匈奴的宏伟战功。

对于将军霍去病的功绩历史上记载有很多，有古诗赞曰："为报圣主之遇恩，马踏匈奴震敌胆。从来英雄先耄耋，自古英雄出少年。"这位曾经为平定匈奴征战沙场的少年将军值得我们永远去铭记！

中国古代帝王的陵墓石刻为何多采用动物造型

中国古代的帝王陵墓一般都有巨大的规模，气势宏伟、庄严肃穆。展示帝王的威仪是中国古陵墓雕刻的一大特征，因此狮子、老虎以及传说中的灵兽便成为帝王陵墓石刻中首选的动物标志。当然，以动物作造型，也是符合长期以来根植于中国古人心中的"人来自兽，兽齐于人，神为兽形，兽为神灵"的传统生命理念。动物造型作为帝王精神的写照，往往可以折射出一个帝王的历史地位，甚至是一个时代的精神面貌。

以唐代为例，因为这是中国古代文明的鼎盛时期，所以那时的陵墓石刻动物造型都显得大气磅礴，气势非凡，力量充沛，令人振奋。其中最具代表性的是献陵（唐高祖李渊墓）犀牛、顺陵（武则天为其母亲修建的陵墓）石狮和桥陵（唐睿宗李旦墓）天禄。

献陵的圆帽犀，重达10吨左右，是用一块整石雕刻而成，也是我国古代最大的石犀。石刻的左

陕西三原唐高祖李渊献陵神道石刻

前部有"高祖怀远之德"的字样，说明这件作品还是反映古代中外友好交往的一件纪念品。

顺陵石狮为走狮，现藏于陕西历史博物馆。此狮为雄狮，高3.5米，长3米。狮口大张，气势威武逼人，充分地展示出了盛唐气象，被后人称为"东方第一狮"。

桥陵的天禄高大威武，气势逼人，也显示了盛唐气象的雄伟气魄。

为何说"独孤信印"为中国古代印章之最

1981年,在陕西旬阳县城东门外,出土了一件西魏时期多面体煤精石印章。它共有24个印面,由16个正方形和8个三角形组成,高4.5厘米,宽4.3厘米。石印中的十四面是刻有文字的,有"臣信上疏"、"臣信上章"、"令"、"密"、"大司马印"等。文字的书体为魏体楷书,印文分为行文、上节、书信三种用途。独孤信印在我国已出土的印章文物中是首次发现,因为它独特的魅力而被称为"中国古代印章之最"。

独孤信煤精组印

印章的主人是独孤信(503—507),本名独孤如愿,鲜卑族人。独孤信是北周云中人,西魏八大柱国之一,官拜大司马,进封卫国公,有"奇谋大略"之誉。独孤信曾历任北魏、西魏和北周诸朝的官职,他的三个女儿分别嫁给了北周明帝、隋文帝杨坚和唐高祖李渊的父亲。由于独孤信权力显赫,官职众多,因此人们推测说"独孤信印"就是在他最辉煌之际雕刻的。

唐乾陵的石刻组合有何意义

乾陵是唐高宗李治和武则天的合葬陵,修建于公元684年,花费23年时间建成。唐乾陵创下了许多中国古代陵墓之最,其中石刻组合制度就堪称第一。

唐乾陵石刻组合,位于司马神道之上,从南往北,分别有华表1对,翼马1对,高浮雕鸵鸟1对,石马及牵马者5对,直阁将军石人像10对,碑石2通(《无字碑》和《述圣纪碑》),蕃王石像61尊,石狮1对,共计101件。这些石刻作品都是经过武则天严格审定的。

华表,亦称神道石柱或通天柱,原来用于给天子提意见,将其列入陵墓石刻之中,主要是展示帝王的威严。乾陵的华表,柱为八棱形状,顶部为圆形,底部为方形,暗含"天圆地方"、"帝王通达八方"之意,将"普天之下莫非王土"的帝王思想昭示于天下。

翼马，又称天马或飞龙马。《易·乾》有"九五：飞龙在天，利见大人"。孔颖达解释这是"有圣德之人的居所"。刻此马以表主人的圣德。

鸵鸟，原产于非洲，汉室由波斯传入中国。列置此物有纪念的性质，是唐朝与非洲友好往来的重要物证。

陕西乾陵石刻

石马及控马石人，是分件雕刻，最后拼合而成。关于它们的含义有两种解释：其一，炫耀主人的文治武功；其二，是御马厩的象征。

直阁将军像，又称石翁仲。翁仲，原为秦朝大将，姓阮，名翁仲。此人高一丈三尺（合2.99米，气质英武。他死后，秦始皇下令铸铜为像，立于咸阳宫内，匈奴人见之，以为阮翁仲还活着，一个个吓得纷纷退却）。所谓直阁将军，就是掌管宫殿门户的卫戍部队的将官，属贴身侍卫。这些石人像通高4.1米，胸宽1米，宽衣博带，神态各异，个性化十足。

两通石碑，分别是《述圣纪碑》和《无字碑》。它们均是为帝王歌功颂德的碑石，是中国古代帝王陵墓中最早立的功德碑。

61尊蕃王像，是隶属或臣属唐朝的少数民族部落首领的石刻形象。将他们的石刻像列于陵前，主要是展示大唐与各民族的友好往来。

最后就是石狮。狮子是兽中之王，威武神圣不可侵犯，它能够将乾陵的威势和唐帝国的强盛充分地体现出来。

唐乾陵的石刻，从规模上超出了以往的陵园石刻，表现出大唐盛世的宏大雄壮之势。乾陵石刻的雄浑气势不仅表现在外在形式的高大宏伟，更表现为内在精神的深邃与大气。这种精神气度自然地体现在乾陵石刻作品中，深邃而强大的精神力量与简洁朴实的雕刻形式相辅相成，相映生辉。乾陵石刻无论是人物还是动物，都能从它们宏大的体积内感受到一股涌

陕西乾陵石刻：狮子

动的力量,而那些流动的线条中又有着音乐般的节奏与韵律。换句话说,乾陵石刻艺术就是大唐盛世社会风貌的实物佐证。

西安何家村因何闻名天下

1970年10月10日,在西安市南郊何家村,出土了1000多件窖藏文物,有金银器、宝玉珍饰、贵重药物、中外钱币(外币是日本、波斯和东罗马的金银币)等。其中,金银器多达270件,是唐代金银器出土最多的一次,远远超过了全世界收藏的唐代金银器的总和。

西安何家村出土的舞马衔杯纹银壶

工艺精、规格高,是何家村出土的这些窖藏金银器的最大特点。因为数量众多、种类繁复、工艺精美、保存完好,何家村遗址被誉为"20世纪隋唐考古最为重要的发现之一"。

金碗,一般多供皇帝专用。何家村出土的两件鸳鸯莲瓣纹金碗,让我们首次看到了唐代皇帝用的金碗是什么样子。该金碗以錾金工艺从内向外捶击成型,计用金九两半。莲花瓣为两层,上曾有鸳鸯、鹦鹉、狐、兔等动物,辅之花草,下层均为忍冬纹。整件作品富丽典雅,时隔千年之久,仍金光闪闪,异常瑰丽。

舞马衔杯纹银壶,也是何家村出土的一件稀世珍宝。该壶为皮囊式马镫型,壶身中央有模压凸出的衔杯舞马。整件作品采用隐起錾花手法,处理十分得当。加上高超的镏金工艺,金银色交相辉映,色调格外和谐。皮囊式壶,一般多为契丹人所用。何家村出土的这件银壶正是当时汉人与契丹人进行文化交流的见证。

每年农历八月初五,唐玄宗都要举办隆重的生日宴会。在宴会上,常有训练有素的舞马用其嘴衔杯献寿,场面惊险却十分精彩。此舞马口含金杯,前足直立,后腿屈膝,尾部翘起,是舞马曲终时向皇帝行礼献寿的姿势。刻工精确而到位。

石门十三品知多少

石门十三品之一《石门颂》局部

石门十三品,也叫"汉魏十三品"。这十三品不仅是研究褒斜栈道通塞和汉中水利建设的珍贵史料,而且是书法艺术的杰作。石门十三品中,有汉刻8种,曹魏和北魏石刻各1种,宋刻3种,记述或赞颂褒斜栈道修治通塞历史的汉魏摩崖有5种。汉中石门石刻正是处在汉字由篆而隶的重要过渡时期,它代表了汉字书法发展史上承前启后的一个重要阶段。这些石刻反映了我国文字由篆到隶、由隶书到楷书的发展过程,是文字发展的历史真迹,从中可以看出我国书法演变的历史轨迹。那么,如何欣赏石门十三品呢?

首先,要搞清楚字是怎样写上去的。汉人刻碑一般先用毛笔蘸上红色颜料,将文稿书在碑面,称作"书丹",然后再刻。石门的摩崖石刻亦是如此,但是没有过人的胆量是难以为之的。那些写"丹书"的人常常是腰系粗绳,悬于崖壁,用朱笔将文字写在崖面上。因此,有人说学摩崖刻石"胆怯者不敢学,力弱者不能学"。

其次,从用笔看,摩崖刻石不能一板一眼地书写,线条比较粗犷。因此,摩崖刻石是那些喜欢不受限制、恣肆狂放的书法家酷爱的一种艺术形式。透过这种艺术的独特表现形式,我们可以看出人类征服自然的英雄气概,以及天人合一的一种理想境界。

再次,从每幅作品看,虽均为隶书,但每一幅都个性化十足。刻于东汉光和七年(184年)的《石门颂》,"劲挺有姿","行笔如野鹤闲鸥,飘飘欲仙"。刻于北魏时期的《石门铭》,体态飞逸,笔势深厚,"疏处可使走马,密处不使通风","若瑶鸟散仙,骖鸾跨鹤",堪称"书中仙品"。西汉隐士郑子真手书的"石虎",三国曹操手书的"衮雪",以及无名氏书的"石门"、"玉盆"等八个大字,不但个个含义深刻,而且,行笔恰似波涛澎湃,令人振奋。难怪

石门十三品拓片

有人面对"衮雪"二子,不禁题诗赞道:"滚滚飞涛雪作窝,势如天上泻银河。浪花并作笔花舞,魏武精神万顷波。"

最后,石门十三品有极高的史料价值。例如,刻于东汉永平年间的《鄐君开通褒斜道碑》就详细地记载了石门隧道开凿的时间、方法,等等。刻于南宋的《山河堰落成记》则介绍了西汉名相萧何、曹参监修褒河水利工程一事。可惜,清朝嘉庆年间,该摩崖最前面的两个字"绍熙"被一位石匠在取石时伤到了,至今无法弥补。据说,那位石匠也被当时主管汉中的县令杖杀。

新中国成立后,我国有关部门编写了《辞海》。"辞"和"海"这两个字体都取自《石门颂》。可以说,石门十三品堪称中国书海中的一朵奇葩。

西安碑林是怎样形成的

西安碑林,是在保存唐代石经的基础上发展起来的。唐代石经包括刻于唐天宝四年(745年)的《石台孝经》和刻于唐开成二年(837年)的《开成石经》。这些石经,原存于唐长安城的国子监太学内。唐朝末年,长安城遭到毁灭性的破坏,驻防长安的节度使韩建为了便于防守,将长安城进行了缩建,致使石经弃于郊野。为了保护唐经,他下令将太学和《石台孝经》移入新城中的文宣王庙内(今西安市社会路一带)。这次举动可以说是西安碑林形成的起源。

后梁开平三年(909年),刘鄩出任长安节度使。是年,他下令将《开成石经》也迁入文宣王庙内。文宣王庙成了保存最早几种唐代碑石的地方。但是,直接促成西安碑林的最终形成是在北宋。北宋时,金石学兴起,镇守长安的官员们和地方的乡绅便开始搜集唐代的名碑,并向当时的文庙集中。如颜真卿的《多宝塔碑》《颜氏家庙碑》,柳公权的《玄妙塔碑》,都是在这一时期被移入文庙的。据统计,当时存于文庙内的唐宋碑刻有44种。这些碑石在有识之士的多方努力下,终于有了一个温暖的"家"。

北宋元祐二年(1087年),可以说是西安碑林形成的标志性时间。这一年,陕西转运使副使吕大忠下令将存于文宣王庙内的所有藏碑,迁至"府学之北墉",并按一定的格式对已收藏的碑石进行归类和排序,为西安碑林的发展奠定了基础。

北宋崇宁二年(1103年),京

西安碑林博物馆

兆知府虞测又将文庙、府学及已收藏的碑石一并迁建于"府城之东南隅"（今西安市三学街孔庙）。这次搬迁后，这些碑石就再也没有换过地方。900多年后，这里已经成为中国最为知名的碑林，被冠以"石质书库"和"书法故乡"的美称。

西安碑林收藏的《熹平石经》知多少

石经，是指刻在石头上的经典。在中国古代，刊刻石经是国家的一项重要文化事业。至今有文字可考的就有七次。由于石经的刊刻是一项浩大的工程，一般均由国家政府组织。宋代以后，活字印刷术普及，石经没有了生存的实用价值，逐渐被人们遗弃。

《熹平石经》刻于东汉灵帝熹平四年（175年）至东汉光和六年（183年），是中国历史上刊刻最早的一部石经。因用隶书这一种书体刻成，所以又称"一体石经"。

该石经的刻写，由当时著名的经学家蔡邕牵头，共24名经学家一同完成。内容为《周易》《尚书》《鲁诗》《仪礼》《春秋》《公羊传》和《论语》，共计用石46万，字数达20余万。石经刻成后，立于洛阳的太学之中。从三国时起，此石经在历经了无数次的浩劫之后，毁失殆尽。

西安碑林博物馆《熹平石经》残石

1925年，在洛阳原汉魏时期的太学遗址上，出土了一面大石，此石两面各刻《周易》一段，是《熹平石经》的开篇刻石，非常珍贵。此石出土后，被分裂为二。其中的下半部分被于右任购得。1937年，他将此残石赠予西安碑林。此石的上半部分藏于上海博物馆。

西安碑林收藏的《孔子庙堂碑》是真品吗

《孔子庙堂碑》是"初唐四大书法家"（薛稷、褚遂良、欧阳询、虞世南）之一虞世南的传世之作。

虞世南，浙江余姚人，书法得王羲之七世孙智永的真传，甚得王氏书法之妙。他的字外柔内刚，点画间洋溢着温文尔雅的"君子藏器"（《周易》）之美。因此，古人常以"沉醉"或"风神凝远"来赞美虞世南的书法。

《孔子庙堂碑》刊立于唐贞观七年（633年），碑文讲述了唐朝皇帝诏封孔子33世孙孔德伦为"褒圣侯"的经过，以及孔德伦修缮孔庙之事。

该碑刊立后，慕名求拓者甚众。但没过多久，此碑就被损毁。目前，仅日本存有该碑的真迹拓本。西安碑林收藏的《孔子庙堂碑》，是宋代王彦超的摹刻本，不是真品。因为该摹刻本与山东成武县的摹刻本东西相对，所以也把碑林所藏叫做"西庙堂碑"。

宋代诗人、词人、书法家黄庭坚曾用"孔庙虞书贞观刻，千两黄金难购得"的诗句来赞美《孔子庙堂碑》。可见此碑在人们心目中的价值。

《孔子庙堂碑》碑刻

怀仁和尚的集字"千金贴"与佛教有何关系

唐太宗李世民是一位酷爱书法的皇帝，对王羲之的字，他更是痴迷。同时，他还推崇佛教，称佛教为"圣教"。

当时的弘福寺和尚怀仁看出了李世民的心思，于是决定从王羲之的真迹中集字，将李世民赞美玄奘大师献身佛教的文章《大唐三藏圣教序》刻于石上。

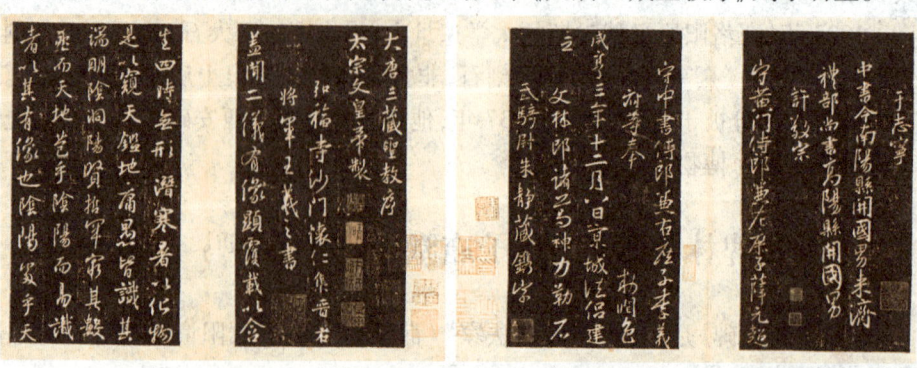

怀仁集王羲之字《大唐三藏圣教序》

怀仁和尚为此付出了20年的心血，有时他为了补齐缺字，不惜在全国悬赏重金征购。他曾以一两黄金换一字的代价，求购缺字。这就是"一字千金"的由来。"一字千金"后来被人们形容文章的价值或修辞的美妙。故而,集王羲之真迹的《大唐三藏圣教序碑》又俗称"千金贴"。

这块碑石立于唐高宗咸亨三年(672年)。该碑帖可谓字字珠玑,是西安碑林中的一块重要碑石,上面刻写的是当年玄奘和尚从印度带回佛经的汉字译文。汉字经文由玄奘精心译成后,请唐太宗作了序文,再加上太子李治作述记及玄奘的谢表,通称为《三藏圣教序碑》。玄奘的事迹、李世民的御文、"书圣"王羲之的字,珠联璧合,三全其美。因此,人们又称该碑为"三绝碑"。

《述圣纪碑》为何又称"七节碑"

《述圣纪碑》是武则天为纪念唐高宗李治,亲自撰文、由其子中宗李显书写的一通功德碑,立于乾陵内城朱雀门外的司马道西边。此碑由顶、身、座三部分构成,通高7.35米,重约89.6吨。碑文为5600余字,今实存1700余字,初刻时所有文字均填以金屑,在阳光的照耀下显得光彩夺目。

因为此碑顶、身、座正好七节,表示日、月、金、木、水、火、土,所以得名"七节碑"。此意还暗含李治的文治武功光照天下的意思。《述圣纪碑》在中国历史上开创了在帝王陵前立功德碑的先例。

陕西乾陵《述圣纪碑》

"昭陵六骏"的身世知多少

昭陵是唐太宗李世民的陵墓。当年,李世民为了展示他在统一大唐征战时所立的战功,将他在战争中所乘的六匹骏马刻于昭陵两侧的庑廊中。

"六骏"分别名为"拳毛䯄"、"什伐赤"、"白蹄乌"、"特勒骠"、"青骓"、"飒露紫"。六骏均采用高浮雕雕刻手法,赞词由李世民撰文,欧阳询书写。

拳毛䯄:黑嘴黄马,称"䯄"。该马为唐州都督洛仁所献,又称"洛仁䯄"。因身上有卷毛,故名拳毛䯄。此马身中9箭11刀而不倒,是六骏中最具抗击力的一匹良马。李世民封之为"平北将军",并称赞它为"天马行空"。这件作品现存于美国费城的宾夕法尼亚大学博物馆。

什伐赤：是西域汗血马的一种。"什伐"是波斯语"赤"之意。此马像一团火，原为隋炀帝的宝物，疾跑如燕，不闻蹄声，主人乘之，常以卧地之姿迎接。一次战斗中，此马身中5支毒箭而亡。

白蹄乌：通体为黑色，因其四蹄皆白，故名。相传此马可跃大江，李世民称其是"倚天长剑"。有诗句赞曰："马蹄踏过青玻璃，天风响处金鞭挥。"

特勒骠：为突厥某特勒（特勒是突厥族的官职名称）所赠，可连续疾驰千里，为李世民太原起兵所乘。此马声如晴空霹雳，又似雄狮猛吼。李世民对它的评价是"天险摧敌，承危继难"。死后以三品官礼葬于太原。

青骓：西域良马。此马为李密花2000两白银所购得，后献给李世民。它的特点是能识别方向，李世民对它的评价是"足轻电影，神发天机"。此马在身中5箭的情况下，仍驮李世民返回军中，最后咽气而亡。

飒露紫：是唯一有牵马人的浮雕作品。牵马人是丘行恭。唐武德四年（621年），李世民与王世充在洛阳城外激战，身陷重围，流矢射中飒露紫，丘行恭赶到，张弓四射，敌不敢进。丘行恭一边给御骑拔箭，一边把自己所乘之马让与李世民，保卫李世民突阵而归。据传，李世民乘此马杀敌达7000之多。这件作品的原作也存于美国费城的宾夕法尼亚大学博物馆。

昭陵六骏拳毛䯄

昭陵六骏飒露紫

无字碑为何无字

无字碑原是武则天为自己立的碑，通高7.53米，宽2.1米，厚1.49米，重98.8吨，由一块完整的巨石雕成。但是，无字碑上未刻一字，这究竟是什么原因呢？民间一般流传有三种说法。

第一种说法认为：武则天立"无字碑"是为了夸耀自己的功德无比，非文字所能表达。武则天是一个富有政治才干和理想的人，在她统治期间也为老百姓做过很多实事。最主要的是，武则天稳固和发展了"贞观之治"，推动了历史进步，并为后来的"开元盛世"起到了承前启后的作用。

第二种说法认为：武则天立"无字碑"是因为自知罪孽深重，所以还是不写碑文为好。首先，武则天以非人道的手段取得信任，从地位较低的"才人"爬到了掌握大权的皇后，最后窃居皇位。其次，武则天培养为自己效忠的党羽、建立了宫廷奸党集团，并打着李唐王朝的旗号，消灭异己。再次，武则天任用酷吏，实行告密和滥刑的恐怖政策。最后，在武则天当政期间，曾失掉了安西四镇，危害了国家统一。因为这个原因，武则天无法为自己立传，所以只能给自己制作"无字碑"。

陕西乾陵无字碑

第三种说法认为：武则天是一个有自知之明的人，立"无字碑"是聪明之举，功过是非让后人去评论，这是最好的办法。武则天在晚年时被迫交出了自己的权力，还政于唐中宗李显。对于自己的统治历史，人们将会有各种各样的评价，所以碑文写得好或者坏都是一件难事，因此才决定立"无字碑"，任由后人去评说。

章怀太子墓出土的《打马球图》与《观鸟捕蝉图》知多少

《打马球图》是章怀太子墓出土壁画中的代表作之一。该壁画长6.75米，高1.65米。画面上有20匹"细尾扎结"的各色骏马，骑士均穿白色或褐色窄袖袍，脚蹬黑靴，头戴幞头。他们一律为左手执缰，右手执偃月形鞠杖，整个比赛场面精彩激烈，是难得的一流壁画作品。

马球运动起源于波斯（今伊朗），古称"波斯球"或"波罗球"。唐初，在李世民的倡导下，风靡全国。该运动所用的球为木质，轻而坚韧，中心挖空，外饰色彩。球杆外形为弦月状，类似今天的冰球杆，手柄雕刻

唐《打马球图》

唐《观鸟捕蝉图》

有各式花纹。球门有单、有双。单球门是一个木板墙,墙下开一个一尺左右的圆孔,并有球网,先入网者为胜,称作头筹。双球门是在球场两边各设一间。比赛时没有裁判和守门员,以进球多少定胜负。章怀太子墓中的《打马球图》所表现出来的比赛形式,显然属于"双球门"。

唐景云年间,金城公主远嫁吐蕃,为此,唐皇室专门安排了一场别开生面的"球场婚礼"。在这场展示友谊的比赛中发现了一个巨星,他就是李隆基。此人从小就酷爱打马球,有时练得吃饭都忘了。民谣就有"三郎少时衣不整,迷恋马球忘回宫"。在这场比赛中,以李隆基为首组成的4人皇家球队打败了10人组成的吐蕃代表队,为唐皇室赢得了很大的面子。

《观鸟捕蝉图》是一幅感人至深的以"宫怨"为题材的著名作品。它出土于唐章怀太子墓,位于该墓前墓室的西壁上,宽1.80米,高1.75米。画面有三个侍女及鸟、树、蝉、石组成。三位宫女中,一位穿圆领对襟衫,袒胸,肩披红巾,腰系绿色曳地长裙,作仰视飞鸟状;一位着男装,脚穿尖头软鞋,腰系帛带,作捕蝉装;一位肩批墨绿长巾,身穿黄色曳地长裙,作目视前方状。

这幅图再现了唐朝宫廷侍女们寂寞无聊的空虚生活。高大的宫墙让这些原本漂亮的女性失去了自由,失去了爱,失去了本应属于她们自己的幸福和快乐,只好自寻乐趣,排遣心中的苦闷。

唐代宫女有近万名,没有几个得到皇帝的专宠,更没有几个像"红叶题诗"中那位宫女那么幸运。她们仅仅只是某个皇帝荒唐生活的"道具"而已。据《开元天宝轶事·蜂蝶相随》记载,每年春暖花开季节,唐玄宗李隆基都会让他的嫔妃们头插香花站在不同的地方,然后将他手中的粉蝶放飞,粉蝶落在哪位嫔妃的头上,哪位嫔妃就会获得陪他一夜的资格。这是嫔妃,还轮不到宫女呢!

桥陵石刻有哪六大谜团

桥陵石刻位于陕西蒲城县境内,气势磅礴,是盛唐石刻艺术的代表。近年来,中外专家、学者及游人发现,唐桥陵的石刻中有六大待解之谜。

第一，奇特的鸵鸟眼睛之谜。 桥陵南门神道东西两侧的石刻群中，有一对石鸵鸟，相向而立，刻于高、宽均约两米的石屏上。如果从远处看起来，好像是站在一侧鸵鸟跟前看对面的鸵鸟，其中唯有鸵鸟眼睛呈白色。而走近再看时，鸵鸟的眼睛与身体各部位同为一块石料，并且是一样的颜色，毫无特别之处。

唐睿宗李旦桥陵石刻

第二，击敲石马传钟声之谜。 在桥陵陵区，有5对石马（现存9匹）。如果对其中东边的第一匹和西边的第三匹石马敲击拍打，就会听到一种钟鸣声。而且不论你在石马哪个部位拍击，钟鸣声都聚集在马嘴边，细听时你会感觉到马的身体似乎是空的。然而从有关桥陵的资料以及现存的石刻来看，桥陵石刻皆是用一整块石头雕成，绝无空心的雕刻。

第三，鸵鸟颈之谜。 如果细看石鸵鸟的雕刻，脖子下的绒毛刻得清清楚楚，丝丝分明。而当你把手放在鸵鸟脖子下时，则有毛茸茸、绵乎乎的感觉。

第四，獬豸头石刻之谜。 獬豸又叫独角兽，是在唐十八陵中桥陵所独有的一种异兽雕塑，在桥陵石刻中东西两边各有一尊。近看石獬豸，怒目露齿，面容凶恶，而从对面远看，石獬豸则似一位慈祥老人，低眉含笑。

第五，美女石雕之谜。 在桥陵石刻中，有10尊美女石雕像，皆为手托盘状。唐十八陵中的石刻，有美女石像的唯桥陵一处。据史书记载，唐十八陵墓的布局大致相似，陵前石刻设置也基本相同，但唯独桥陵前有美女石像，让人们迷惑不解。

第六，石刻是武将之谜。 唐陵神道石雕中一般都是按左文右武排列，而在桥陵，则全部是武将而没有文官。

为何说"韩城文物甲陕西"

陕西韩城市历史悠久，文化灿烂，源远流长，5万年前先民们就在此繁衍生息。

新中国成立后，经过先后5次较为详细的文物普查，韩城境内共有各类文物遗存300余处，已公布为各级重点文物保护单位的共183处。其中，国家级重点文物保护单位3处，省级8处，市级162处。

韩城党家村古民居

在这些文保单位中有古迹27处,古墓葬17处,石刻5处,古建筑142处。全市共有馆藏文物万余件,其中国家一、二、三级文物千余件。

韩城文物有三个重要特色。

其一,古建筑数量多,历史序列性强。在各级重点文物保护单位中有古建筑261座。在古城区内有一定保护价值的古民居、店铺和古建筑占老城区总建筑栋数的45%左右。建筑的年代唐、宋、金、元、明、清无一缺漏。

其二,元代建筑数量保存多,占陕西的90%以上,居全国1/6强。

其三,韩城文物保存下来的古民居多,特色突出,尤其是号称"东方民居活化石"之称的党家村更是其中的佼佼者。

韩城境内文物古迹丰富,省级(含)以上文物保护单位有29处,其中全国重点文物保护单位就有11处,分别是:司马迁祠墓、大禹庙、文庙、陕西韩城梁带村两周遗址、魏长城遗址、普照寺、城隍庙、法王庙、玉皇后土庙、北营庙党家村古民居、梁带村遗址等。韩城市还是历史上赵氏孤儿的发生地,有九廊庙、三义墓以及程庄村等。

无论从数量上还是等级上讲,韩城的文物均居陕西之首,所以韩城享有"关中文物最韩城"和"韩城文物甲陕西"的美名。

老陕西的宗教

 法门寺地宫是如何被发现的

　　法门寺地宫是世界上迄今为止发现的年代最久远、规模最大、等级最高的佛塔地宫。

　　法门寺塔,初建时名为阿育王塔。唐贞观年间,改建成 4 级木塔。木塔在矗立了 1502 年以后,于明隆庆三年(1569 年)在地震中倒塌。明万历七年(1579 年),开始重建真身宝塔,工程历时 30 年。重建后的法门寺塔重量过大,而塔基下有舍利地宫,造成了上重下轻的问题。因此,建成 54 年后,在一次地震中法门寺塔向西南倾斜。

　　1976 年,扶风县阴雨连绵,又遭四川松潘大地震的影响,佛塔更加严重地向西南倾倒。

　　1981 年 8 月 24 日夜晚,伫立在法门寺中的唐建佛塔,因年

法门寺地宫

久失修和雨水侵袭,中部出现裂缝,佛塔遭到了严重破坏。让人们感到惊奇的是,佛塔东北边的部分基本上已经完全坍塌,而剩下的西南一边虽然出现倾斜,却仍然奇迹般地矗立着。对于残塔的处理,上级文物主管部门极为重视,经过反复论证后,形成了两个方案。第一个方案是把残塔拆除后重新修建,第二个方案是保护剩余的半边塔。鉴于佛塔倒塌的情况十分罕见,修复工作必须按照一系列严密程序进行。但在考古专家掌握了大量一手资料时,发现先前确定的那个方案(即上面的第二个方案)执行起来困难重重。因为塔里全是土坯,怎样把土坯保护起来在技术上非常难,而且造价高。

1986年,陕西省政府决定仿制明代的砖塔重建新塔。就在恢复重建残塔的过程中,人们发现了一个绝世秘密。1987年4月3日,在法门寺佛塔勘察施工现场,考古工作人员意外地发现了一个洞口。考古人员首先看到的是一块白玉石板,在清掉石板上覆盖的浮土后,一尊雄狮浮雕显露出来。当考古队员推开白玉石板旁的碎石板时,一个洞口出现在人们眼前。正是通过这个洞口,人们进一步发现了法门寺地宫,并在地宫中发现了深藏千年之久的释迦牟尼指骨形舍利和供养舍利的大批珍贵文物。

法门寺为何被誉为"关中塔庙之祖"

法门寺,位于陕西扶风县城北10公里的法门镇,西距西安市120公里。它是我国古代安置佛祖释迦牟尼佛骨舍利的著名寺院。法门寺始建于东汉,距今已有1700余年,寺因塔建。法门寺塔,又名"真身宝塔",因葬有释迦牟尼的一节指骨形舍利而得名。

公元前485年,释迦牟尼涅槃,印度摩揭陀国孔雀王朝阿育王为了使佛光远大,将佛祖骨分成84 000份,并建成84 000座佛塔来安葬佛骨。这些佛塔遍及世界各地,我国有19座佛骨舍利塔,法门寺就是其中一座。因此,法门寺及寺塔被誉为"关中塔庙之祖"和"佛教圣地"。

法门寺先有塔后有寺,寺和塔的名称历代不一。明代重修的13级宝塔,正南塔门上方刻着"真身宝塔"4个大字。"真身宝塔"是法门寺的中心建筑,它分别由地宫、基座、塔身、塔刹构成。塔身平面呈八角形,塔的层数按

法门寺

照奇数的规律为13层,地宫在塔基下面,用砖石砌就,深达数米,地宫构造复杂,分阶梯、通道、平台、甬道、前室、中室、后室6部分,地宫各室均有石门相隔,地宫内金碧辉煌。这个藏着释迦牟尼佛祖舍利和近千件供奉宝器的地宫是1000多年前关闭的。一千多年来地宫从未开启,成为一座完整的唐代珍宝库。

法门寺还保存有千佛碑等北魏和唐代的大量碑刻,有隋文帝赠送的泼水即现虎形的卧虎石,明成化年间铸造的1500多公斤重的大钟等。

法门寺地宫中共发现了几枚舍利,哪一枚是佛祖的真身指骨

在法门寺发现的舍利,是最令人激动和瞩目的。

法门寺地宫中总共发现了4枚舍利。第一枚藏在地宫后室的八重宝函之中,长40.3毫米,上下俱通,竖置在金塔基的银柱上。第二枚藏在地宫中室的汉白玉双檐灵帐之中,形状与第一枚相似。第三枚藏在后室秘龛五重宝函的白玉棺中,管状,长37毫米,白中泛黄。第四枚舍利藏在地宫前室彩绘菩萨阿育王塔内,色泽、形状与第一、二枚相似。

经已故中国佛教协会会长赵朴初和副会长周绍良先生鉴定,其中第三枚

法门寺第一枚佛指舍利(影骨)

是灵骨,即佛祖的真身指骨,其余三枚为"影骨",是唐朝皇帝为了保护真骨而命人仿制的。但在佛教徒的眼中,"影骨"也是圣骨,与真身舍利具有同等意义。

法门寺佛骨舍利放光之谜知多少

1988年农历十月一日,法门寺举行了盛大的瞻礼法会后,四枚佛骨舍利重新供养于新建的明代塔下地宫。就在庄严的法事活动在此进行时,出现了灵异现象。

法门寺开放的1988年11月9日(农历十月一日)晚上,留寺广大僧众聚绕在舍利供养佛龛周围,就在他们虔诚膜拜之时,舍利突然大放光明,舍利之光聚绕涌出,距水晶棺上17厘米处,一圈圈放光。当然,这是从保留下来的当时拍

法门寺放光的佛指舍利

摄到的照片上看到的景象。

香港宝莲寺圣一法师和法门寺澄观法师、静一法师正在举行祈祷法事，忽然一道佛光照耀，地宫内一片光明，之后又有一道红色光带形成"人"字形，将三位法师和其他俗人分离，而三位法师的身体呈透明体（佛教所谓琉璃体），这也是从摄影师及时抓拍的照片上看到的，结果反光效果较差的地砖方格鲜明地印在反光效果好的三位法师身上。两光一影，被佛教徒视为佛、法、僧三宝一体。

此外，1994年11月3日下午4时许，在即将举行舍利赴泰供奉、大雄宝殿落成典礼、澄观方丈升座仪式前夕，许多僧众在殿前塔后诵经焚香，沸天震地。突然之间，在真身宝塔和博物馆珍宝之间出现五彩光环，引得更高的诵经浪潮。

对于法门寺佛骨舍利放光之谜，人们众说纷纭，莫衷一是。其中，代表性的观点有四种。第一种观点认为，这是释迦牟尼大师显圣人间，标志着末法时代的结束，尊法世纪的到来。第二种观点认为，由于许多修行好的人在修法诵经时，同时对准佛骨发功，使得能量会聚而撞击上涌，产生发光现象。第三种观点认为，这可能是一次物理学上的放电现象。第四种观点认为，这可能是摄影师用照相机拍照时出现的闪光灯反射现象。

草堂寺的"草堂烟雾"有何奇妙之处

草堂寺，距西安约50公里，位于陕西省户县圭峰山麓，东临沣水，南与终南山圭峰、观音、紫阁、大顶诸峰相对。该寺约创建于东晋末年，距今1500多年，不仅是佛教的著名古刹，也是三论宗祖庭。

神奇的"草堂烟雾"，出自于寺内的一口古井，被誉为"关中八景"之一。古井在草堂寺的北院，这里林茂竹秀，幽静清雅，超凡脱俗。古井内经常出现烟雾升

草堂寺烟雾井

腾的景象,更给这里增添了一种神秘的色彩。清人朱集义曾写诗描述过这一景象:"烟雾空濛叠嶂生,草堂龙象未分明。"

烟雾井位于草堂寺内西北角,俗称"龙井"。关于龙井,有这样一个传说:井下有一个巨石,石上卧着一条蛟龙。因为蛟龙早晚呼气,气从井口冒出来就变成了"烟雾"。另一种说法认为,草堂寺自古以来佛事兴盛,进香拜佛的人不计其数,以至于香烟升至高空,与山气聚合后成为"烟雾"。

现在,人们对于"草堂烟雾"的成因有了更为科学的解释:由于关中一带地热资源丰富,地热在运动的过程中,沿地壳的岩缝冒出地面,升至高空,遂成"烟雾"。后来,由于地热改道运动,"烟雾"于是消失了。

草堂寺的"八宝玉石塔"有何来历

所谓"八宝玉石塔",是草堂寺内的一座舍利塔。这座塔高约2.33米,呈八面十二层,是用玉白、砖青、墨黑、淡红、浅蓝、乳黄、赭紫和灰色等8种颜色的玉石雕刻建造的,民间俗称"八宝玉石塔"。这座塔与东晋十六国时期的高僧鸠摩罗什大师有关。

鸠摩罗什是当时因学问渊博而名噪一时的著名佛教大师。由于他在翻译佛经和推动中外文化交流方面作出的杰出贡献,在我国佛教史和文化史上都占有一席之地,其成就为后人所称道和赞颂。

鸠摩罗什,祖籍印度,其族属婆罗门种姓,世代为相,是印度望族。他既通梵语,又娴汉文,佛学

草堂寺大雄宝殿

造诣极深,总共翻译经律论撰94部、425卷,是中国佛教史上"四大译师"之一(其余3人为玄奘、不空、真谛)。

据说,鸠摩罗什临终时发愿说:如果他的译文没有错误,死后焚身,其舌当不坏,后来果然应验。他的弟子们就将他的舌头埋在为他建造的舍利塔下。这座舍利塔就是现在的"姚秦三藏法师鸠摩罗什舍利塔",即"八宝玉石塔"。传说他死后,西域人民为了表达对大师的敬仰和怀念之情,特地精选了晶莹的五色宝玉,跋山涉水送到长安,为他建造了这座舍利塔。

大唐名寺大慈恩寺因何而建

唐大慈恩寺

大慈恩寺位于西安境内,创建于唐贞观二十二年(648年)。该寺是太子李治为了追念他的母亲文德皇后而修建的。大慈恩寺建筑规模宏大,占地面积近400亩,有10多个院落,各式房舍1897间,是唐长安城最宏伟壮丽的皇家寺院。大唐最为著名的玄奘法师曾在这里主持寺务,领管佛经译场,创立佛教宗派。寺内的大雁塔也是他亲自督造的。大慈恩寺在中国佛教史上具有十分突出的地位,一直受到国内外的瞩目。

现在的大慈恩寺是明成化二年(1466年)在原寺院西塔院基础上陆续修建而成的,占地76亩多。寺院山门内,有钟、鼓楼对峙,中轴线之主体建筑依次是大雄宝殿、法堂、大雁塔、玄奘三藏院。

大雁塔因何得名

大雁塔,建于唐永徽三年(652年),原称慈恩寺西院浮屠、大慈恩寺塔。最初是玄奘法师为藏佛教经典而修建,塔身七层,通高64.5米。大雁塔被视为古都西安的标志性建筑。

大雁塔的名称由来,目前尚无定论,有三种不同的解释。

其一,根据《天竺记》,古印度有一位伽叶佛伽兰,曾"穿石山做塔五层,最下一层作雁形,谓之雁塔"。玄奘亲手初建的砖表土心塔,有可能采取的就是这种形制。

其二,与该塔的创建者玄奘有关。玄奘所著《大唐西域记》中这样写道:在摩伽陀国的因陀罗势罗娄河山中,有雁塔,

大雁塔夜景

相传雁投身为食,欲开悟小乘教徒。当时天竺摩揭陀国一个寺院内的和尚信奉小乘佛教,吃三净食。一天,空中飞来一群雁。有位和尚见到群雁,信口说:"今众僧都没有东西吃了,菩萨应该知道我们肚子饿呀!"话音刚落,一只雁坠死于地。众僧都认为这是佛在教化他们。于是就在雁落之处,以隆重的仪式葬雁建塔,并取名雁塔。唐朝高僧玄奘于公元629年至645年间,在天竺游学时,瞻仰了这座雁塔。回国后,在慈恩寺译经期间,为存放经书佛像,于公元652年,在慈恩寺西院建造了一座仿印度雁塔形式的砖塔,名为雁塔。

其三,唐代新科进士在慈恩寺塔题名留念,由于这些题名"妙有行列,宛若雁阵",塔也因此得名"雁塔"。

"雁塔题名"知多少

唐中宗神龙年间,进士张莒游慈恩寺,一时兴起,将自己的名字题在大雁塔下。不料,此举引得文人雅士们纷纷效仿。尤其对于新科进士们来讲,更把雁塔题名视为莫大的荣耀。他们在曲江宴饮后,便集体来到大雁塔下,推举同科中的书法高手将他们的姓名、籍贯和及第的时间用墨笔题在墙壁上。这些人中若有人日后做到了卿相,还要用红笔重新把名字改过。

唐代科举考试,每年参加进士科考的有一两千人,录取名额仅30人左右,故而考中进士是最高的荣耀。登第之人无不春风得意、吐气如虹。考后会有一系列恩宠活动,其中"杏园赐宴"、"雁塔题名"令学子们最为兴奋。杏园探花宴之后便是"雁塔题名"。

早在唐中宗神龙年间,雁塔题名就已形成风俗。唐代许多著

西安大雁塔题名碑刻

名诗人都曾在大雁塔留下了传世佳句。下面是当时一些广为流传的"雁塔题名"诗句:

"高标跨苍穹,烈风无时休",《同诸公登慈恩寺塔》,杜甫;

"却怪鸟飞平地上,自惊人语半空中"《题慈恩寺塔》,章八元;

"登临出世界,磴道盘虚空",《与高适、薛据同登慈恩寺浮屠》,岑参;

"慈恩塔下题名处,十七人中最少年",白居易;

"紫毫粉壁题仙籍,柳色箫声拂玉楼",刘沧。

小雁塔为何经历几次地震而不倒

小雁塔位于西安荐福寺内,始建于唐景龙元年(707年),是典型的唐代密檐式砖塔。塔共15级,呈正方形,底边长11.8米,由下而上平面宽度递减。每层南北开拱形门,门楣上线刻蔓草花纹和天人供养像,线条流畅,雕刻精美。整体造型玲珑秀丽,与大雁塔交相辉映,同是西安的地标性建筑之一。

西安小雁塔

在1300多年的岁月里,小雁塔曾经历了70余次地震的洗劫,但依然屹立不倒,这就是小雁塔最神奇的地方。雁塔原有15层,因为明嘉靖三十四年(1555年)遭遇华县大地震而导致塔顶两层被震毁,现存13层。小雁塔在历史上经过几十次地震,虽然受到过一些损坏,但至今未倒,得益于它自身的塔基。

有人说,小雁塔虽有40多米高,但其塔基之下深而广的夯土层,如同一个实心锅,使其整体上好似不倒翁一般,虽经千年而无大恙。正是地下的庞大载体让它具有了如同不倒翁的原理与功能,让其减缓了各种外力、尤其是地震时外力的作用,虽经千年风雨而能保存至今。也许这就是小雁塔具有超强抗震能力的原因所在吧。

荐福寺有何来历

唐睿宗文明元年(684年),唐高宗死后百日,皇室族亲为了给高宗献福而修建了一座寺院,命名为"献福寺"。武则天天授元年(690年),改名为"荐福寺"。这就是荐福寺的由来。唐朝末年,因遭战争祸害,荐福寺被迁建于安仁坊小雁塔所在的塔院里,即现在的所在地陕西西安市南门外友谊西路。

荐福寺在唐代一直是长安城中著名的佛教活动中心之一。据说早在寺院建成初期,武则天就度僧200人在此活动,这是荐福寺的第一批佛教徒。唐中宗至唐玄宗时期,是荐福寺佛教活动的鼎盛时期,律宗、华严宗、密宗、禅宗等宗派的大师纷纷在此弘扬佛法,其中最著名的是义净。

义净在37岁时,沿海路西去求法,在外游历25年,足迹遍及30多个国家。唐武周证圣元年(695年),义净带着400部梵文佛教经典返回洛阳,并于9年后

荐福寺白衣阁

来到长安。朝廷在荐福寺特设译经院,让义净住持。义净一生从事翻译工作11年,期间在荐福寺译经就达7年之久。可以说,他翻译的56部、230卷佛经的大部分,是在荐福寺完成的。义净翻译的经书,涉及华严宗、律宗、密宗等流派,被称为中国佛教史上的"四大译师"之一。荐福寺也因为义净而称为长安城中重要的翻译场所。

荐福寺和律宗也颇有渊源。当年,营建寺院的负责人之一道岸,是律宗之祖道宣的第二代弟子,在当时被誉为天下400余州的"受戒"之主,也是唐中宗的受戒师。在道岸的弟子中,以鉴真和尚最为有名。鉴真后来东渡日本,传播律宗,被誉为日本律宗的创始人。

荐福寺经宋、元、金、明、清历代重修,香火不绝。民国初年,曾两度沦为战场,僧侣四散,殿堂颓败。新中国成立后经全面整修,存有大雄宝殿、藏经楼、慈氏阁、白衣阁、钟鼓二楼及小雁塔,并有北宋政和时碑记和金代所铸大钟一口。寺内庭院肃穆雅静,殿堂屋宇宏伟壮观,夹道古槐、古楸,树龄皆在300年左右,为西安著名游览区之一。

为何青龙寺成为日本人心中的圣寺

青龙寺,又名石佛寺,位于西安市城东南铁炉庙村北的乐游原上。该寺前身是灵感寺,建于隋文帝杨坚开皇二年(582年)。青龙寺为什么会成为日本人心中的圣寺,这还得从高僧惠果和日本的空海和尚说起。

惠果(747—805),俗姓马,今陕西临潼人。他9岁出家,于青龙寺剃度,在大慈恩寺受戒。大兴善寺的名僧不空喜欢他天资聪颖,将他留在身边教授密宗。后来,又有高僧玄超传授他瑜伽密法。惠果学成后,在青龙寺住持密部,时称"密宗瑜伽大师",被唐代宗、德宗、顺宗三朝尊为"国师"。顺宗永贞元年

西安青龙寺云峰阁

(805年),惠果圆寂于青龙寺,终年60岁。

惠果在密宗方面的成就斐然,声名远播。当时日本派许多"学问僧"、"请益僧"到中国求法,其中著名的"入唐八家"最澄、常晓、空海、圆行、圆仁、惠远、圆珍、宗睿中除了最澄、常晓二人外,其余六人都在青龙寺向惠果学习过"密法",其中最著名的是空海和尚。

空海,号弘法大师,唐贞元二十年(804年)入唐后,跟随惠果学习密宗真谛,惠果赠法号"遍照金刚"。由于学业突出,空海不到两年就学成回国。唐元和元年(806年),空海在高野山建造金刚寺,创立了真言宗,成为开创"东密"的祖师。所以,日本"密宗"以中国的青龙寺为宗祖圣地。空海和其他入唐僧人回国时带回了大量佛教经典和中国古籍,仅"入唐八家"就带走了1700多部,对中日文化交流起了重要作用。

空海还在书法上造诣极深,"草、行、隶、篆、真"五体俱佳。唐德宗赞誉他为"五笔和尚"。相传,唐皇宫墙上王羲之的墨迹因年久而残缺不全,唐德宗命空海填补,他挥毫而就,竟然与书圣的真迹一般无二。他的《风信帖》在日本被视为书法典范,其真迹已成国宝。空海、嵯峨天皇、橘逸势,在日本书法界被称为"日本三笔"。

他回国时还将唐朝先进的灌溉技术和毛笔制作方法传到日本,促进了日本经济、文化的发展。空海一生写下许多不朽的著作,《十著心论》是日本最早的一部思想史,《篆录万象名义》是日本的第一部汉语辞书,《执笔法》《使笔法》是日本研究中国书法的最早著作,《文镜秘府论》是研究唐诗的杰作。这位高僧还仿唐代学制创办"综艺神智院",首次吸收平民子弟入学。日本字母中的"平假名"就是空海参照汉字草书创造出来的。

空海这位多才多艺的佛学家、书法家、

弘法大师空海

文学家、思想家和教育家,谱写了当时中日友谊最辉煌的一章。正是由于空海与青龙寺的渊源,青龙寺也成了日本人心目中的"圣寺",日本真言宗奉其为祖庭,广大僧众称其为"心中的故乡"。

卧龙寺因何得名

卧龙寺位于今陕西省西安市碑林区柏树林街。该寺创建于汉灵帝年间(168—189),距今已有1800多年。隋朝时,该寺称作"福应禅院"。唐朝时,因为大画家吴道子在这里画了一幅观音像,所以该寺又被称作"观音寺"。宋朝初年,高僧惠果入寺做住持,由于他终日高卧,当时被人叫做"卧龙和尚"。到了宋太宗年间(976—997)时,该寺更名为"卧龙寺"。这是卧龙寺得名的由来。

原寺院占地4公顷多,内有白石牌坊,三层,高20余米,石雕仿木结构。自宋元以来,已成十方禅林,故千年香火不衰。明代亲王藩府曾捐资维修,各种建筑焕然一新。但后又有毁废,又有复修,故至今保留不少建筑。现仍存者有天王殿、大雄宝殿、斋堂、侧厢等。大殿前的大悲心陀罗经幢,系唐乾宁元年(894年)所建,院内并列着两座高大牌楼,

西安卧龙寺

是清代慈禧太后逃亡西安时修缮的。慈禧还亲书"慈云悲曰"、"三乘迭耀"匾额赐寺,并为山门书额"敕建十方卧龙禅林"。当时有西藏、蒙古的喇嘛和王公们千里迢迢送来各类真品、佛像,其中佛像均诏令送往卧龙寺供养,所以现在寺内藏有众多的小型佛像。

因为历代卧龙寺住持多为名僧,对佛教遗物十分珍视,倍加保护,故而至今仍有珍品收藏。如唵字碑、北魏石佛、印度贝叶经、宋咸宁年间所铸铁钟及西藏喇嘛留赠寺院的大理石香炉等。这些遗物皆为佛教珍品,历史价值甚高。

卧龙寺在历史上以禅宗道场为主,但也传播其他宗派的经典和教义。卧龙寺内碑石林立,文物荟萃。卧龙寺的石碑,碑文清晰,是研究唐朝及明清时期卧龙寺的重要史料,同时也具有绘画、书法价值。

香积寺因何得名,有何特色

关于香积寺名称的来历,有两种说法。一种说法认为,唐代时,因为该寺旁边有香积堰水流入长安城内,因此得名。另一说法认为,该寺名来源于佛经"天竺有众香之国,佛名香积"。据历史记载,唐高宗李治曾赐给该寺千余粒舍利,以及百宝幡花供养,因此取名香积寺。

西安香积寺

香积寺是汉族地区的全国重点佛教寺院之一,也是中国净土宗祖庭。唐高宗永隆二年(681年),净土宗创始人之一善导大师在此圆寂,弟子怀恽为纪念善导功德,修建了香积寺和善导大师供养塔,使香积寺成为中国佛教净土宗正式创立后的第一个道场。1980年,在善导大师圆寂1300周年之际,日本净土宗派遣2000余名僧人赴香积寺举行法会,向寺院赠送善导大师像等礼物。如今,香积寺已成为中日宗教文化友好交流的见证。

唐朝的香积寺规模宏大,风景秀丽,整个寺院幽而不僻,静而不寂。山水田园派诗人王维在其著名诗篇《过香积寺》中描绘道:"不知香积寺,数里入云峰。古木无人径,深山何处钟。泉声咽危石,日色冷青松,薄暮空潭曲,安禅制毒龙。"

大兴善寺有哪些著名大师进行佛教活动

大兴善寺位于西安城南约2.5公里的小寨兴善寺西街。该寺始建于晋武帝年间(265—290),距今1700余年,是西安现存历史最悠久的佛寺之一。隋文帝开皇年间(581—600),扩建西安城为"大兴城",寺庙正好占了城内"靖善坊"一坊之地,因此以都城名和坊名将该寺赐名为"大兴善寺",沿用至今。

隋唐时,长安佛教盛行。有印度来长安传教及留学的僧侣,曾经在寺内翻译佛教经典和传授密宗。隋文帝杨坚开皇年间,印度僧人那连提黎耶合、阇那崛多和达摩笈多,先后来长安,住寺内翻译佛经59部278卷。唐玄宗开元四年至八年(716—720),号称"开元三大士"的印度僧人善无畏、金刚智和不空,到

西安大兴善寺天王殿

此传授佛教密宗,大兴善寺因此成为当时长安翻译佛经的三大译场之一和中国佛教密宗的发源地。

不空和尚在唐玄宗、肃宗、代宗时被尊为灌顶国师。唐大历六年(771年),不空圆寂于大兴善寺,唐代宗悲痛异常,下令"废朝三日",并"以舍利起塔"于大兴善寺。唐德宗建中二年(781年),为不空和尚刻立了"唐大兴善寺正光智三藏国师之碑",记叙了不空的事迹,是西安碑林的唐代名碑之一。因此,大兴善寺也是中印文化交流史上一个值得纪念的地方。

为何华严寺在唐代有着显赫的地位

华严寺是中国佛教"华严宗"的祖庭,位于长安县韦曲东南少陵原半坡上,距西安城约15公里。该寺是唐代长安城南樊川八大寺之一。

澄观(737—838),是华严宗的实际创始人,是中兴华严宗的著名思想家和学者。澄观曾历时四年撰写二十卷的《大方广佛华严经疏》,后又作《大方广佛华严经随疏演义钞》数十卷,这两部书后合刊为《华严经疏钞》,是《华严经》注疏中最重要的著作,因此澄观有"华严疏主"之称。此外,他还被尊为"教授和尚",授予"镇国大师"称号,后又被唐宪宗赐以"僧统清凉国师"称号。澄观曾多次奉敕译经撰疏、入殿讲经,深得当时的唐朝皇室尊崇,被委任为天下大僧录主持全国佛教。澄观在103岁时圆寂,历唐玄宗至文宗九朝皇帝。正因如此,华严寺在唐朝有着显赫的地位。

澄观的弟子众多,圭峰宗密、东都僧睿、海外法宝及寂光号是著名的门下四哲。其中,圭峰宗密不仅继承了其学说,而且将其发扬光大,被称为"华严五祖"。澄观的一生以振兴华严为目标,他批判慧苑两重十玄说和四教说,恢复和

西安华严寺塔

继承了法藏的五教判释和十玄宗义,并加以发挥,吸收天台宗"一念三千"的"性具说",以发扬华严性起的教义。由于他受禅宗思想的影响,从而极力将华严思想与禅宗融通。澄观的禅教一致、诸宗融通的思想,对中唐以后的中国佛教有很大的影响。

令人惋惜的是,在清乾隆年间,由于少陵原一部分崩塌,华严寺内殿宇全部被摧毁,现仅存两座砖塔。东为华严宗初祖杜顺禅师塔,西侧是华严宗四世祖清凉国师塔。唐宣宗大中六年(852年)刻的《杜顺禅师碑记》,已移至碑林保护。此碑是华严寺最重要的碑石。

兴教寺因何而建,有何有三座舍利塔

兴教寺是唐代樊川八大寺院之首,也称护国兴教寺,位于西安城南约20公里处。公元664年,著名高僧玄奘法师圆寂后,葬于白鹿原。唐高宗总章二年(669年),又改葬于樊川凤栖塬,并修建了五层灵塔。次年因塔建寺,唐肃宗赐"兴教"二字,从此取名"兴教寺"。

西安兴教寺

慈恩塔院,即为兴教寺的西跨院,是玄奘及其弟子圆测和窥基遗骨安葬之地。三个舍利塔并峙耸立于古柏之中,庄严肃穆。

中间最高的是玄奘法师的灵塔,为方形五层砖结构,是我国现存最早的仿木结构砖塔之一。该塔通高约21米,底边长5.2米。一层较高,面南辟龛室,内置玄奘塑像;二层以上实心壁面隐出倚柱、阑额、斗拱,叠涩檐下砌两排菱角牙子。塔身收分适度,造型庄重,为早期楼阁式塔的典范。

陪葬在玄奘其侧的是他的两个弟子窥基和圆测的灵塔。两侧弟子灵塔均为方形三层,高7米左右。其中"窥基塔"为唐永淳元年(682年)始建,大和三年(829年)重建;"圆测塔"为北宋政和五年(1115年)由终南山丰德迁来灵骨时所建。

圆测是新罗王之孙,3岁出家,精通梵文,熟识汉语,是唯识宗的继承人之一。他临死时,嘱咐弟子将自己陪葬在师父的舍利塔旁边。

窥基,聪慧超群,是玄奘法师亲自选定的徒弟。此人著述颇丰,在佛教界有

"百本疏主"之称。窥基一生译经不辍,50岁猝死在译经院的书案旁。后人将他陪葬在师父的舍利塔旁,以昭其功德。

"水陆庵"名称有何来历

水陆庵,位于蓝田县城东10公里的普化镇王顺山下,原是古时的悟真峪北普陀蓝渚庵内的水陆殿。此庵为六朝古刹,以保存了古代精巧罕见的彩塑而闻名天下,被誉为"中国第二敦煌"。水陆庵是国内目前保存最大的壁塑群。

明代,佛教已经渐渐衰落,而水陆殿的幽静和秀丽风光仍使秦王朱怀埢流连忘返,遂尊水陆庵为亲王府佛堂,常携母亲到此烧香拜佛。他母亲去世后,为了铭记母恩,改水陆殿为水陆庵,并大肆修建殿宇,重新粉绘塑像,工程长达5年之久。现在的水陆庵是一座规模不大却很完整的佛家寺院,十分清幽古朴。前有山门5间,南北两边各有厢房13间,院

蓝田水陆庵壁塑

中有3间中殿,西有5间大殿,大殿"水陆庵"三字为赵朴初所写。

水陆庵坐落在一个形似卧鱼的小岛尾部,是明嘉靖四十二年(1563年)至明隆庆元年(1567年)修建的。殿内13面墙壁上精雕细塑着大量泥制彩绘塑像、壁塑、悬塑,总计3000多尊,其造型、身姿、表情、服饰等繁复各异。水陆庵是陕西省年代最久、保存最完整的彩绘泥塑群,泥塑内容、结构和彩绘非常特殊,保存了多种历史艺术文化信息,具有极高的艺术、历史和佛教研究价值。后来因为水陆殿被毁,人们便把这个殿宇叫做水陆庵。

1957年,水陆庵被公布为陕西省重点文物保护单位,并修筑了直达水陆庵的公路,现在水陆庵建筑已全部整修。

太极张三丰是在哪里修炼的

创立太极拳的元末明初著名道士张三丰和宝鸡金台观有很深的渊源。

金台观地势高旷,建筑雄伟壮观,是宝鸡三大道教宫观(金台观、银台观、玉台观)之首。此观位于陕西省宝鸡市金台区北坡森林公园半坡处。

宝鸡金台观

金台观始建于元朝末年,是张三丰的修真之所。金台观由中院和东、西偏院三部分组成,主要道教古迹与建筑有山门、玉皇阁、吕祖殿、圣母殿、张爷殿、三清殿、慈航殿、八卦亭、圣母洞、三丰洞、药王洞、朝阳洞等。

观内古柏森森,传为张三丰手植,朝阳洞前有张三丰手书"瓜皮书"碑刻。观前玉皇阁朱檐雕栏、飞檐玲珑,在阳光下流光异彩,被称为"金阁流霞",是"宝鸡八景"之一。如果登临观中,能够远望到整个市区高楼林立,山色秀丽,一览无余。

每年农历三月初三和十月初十,金台观举行庙会,人流如织,香火鼎盛。

新中国成立后,人民政府曾多次拨款维修金台观古建筑,后又将此建为宝鸡市博物馆。

明朝宦官造的"千佛铁塔"位于何处

千佛铁塔位于陕西省咸阳市北杜镇,为中国现存铁塔中最高的一座。千佛塔的塔身上刻有铭文"大明万历十八年(1590年)南书房行走太监杜茂铸造"。一个宦官竟能出资铸造如此巨大的铁塔,可见明代宦官的权势和富贵。由权而贪,由贪而富,这正是明代宦官专权的一个"铁证"。

千佛铁塔全部为砖木石混合结构,由塔基、塔身、相轮、华盖、塔刹五部分组成。此塔由纯铁铸成,平面方形,共十层。塔高33米,边宽3米,层层有窗,门南向,中空,有梯可攀登。四角柱铸成金刚力士像,顶立层楼,各层环周铸造了铁佛多尊,故名"千佛塔"。在佛像间还夹杂奇花异草、珍禽怪兽的雕刻,显得工艺超群,精巧绝伦。该塔至今保存完好,唯塔刹稍有倾斜。

千佛铁塔周围有大雄宝殿、天王殿、观音殿、地藏殿等。千佛铁塔内香火兴盛,梵音缭

咸阳市北杜镇千佛铁塔

绕，瑞象屡现。历史上，千佛铁塔周围曾有过书法家米芾、藏书家庄肃、画家任仁发、政治家章质夫等当时各界名人的足迹，陆游、范仲淹、苏轼、苏辙、秦观、张先、赵孟頫等知名人物也曾在此驻足。

仙游寺有何来历及特色

西安仙游寺

据历史传说，秦穆公之女弄玉与萧史的爱情故事发生在仙游寺。弄玉自幼擅长吹箫，通晓音律，她与才华出众的萧史志趣相投，结为夫妻，住在仙游寺边的玉女洞。悠扬动听、超凡脱俗的箫声引来了祥龙瑞凤，他们最后双双结伴成仙而去。这就是"仙游寺"得名的由来，也是"乘龙快婿"典故的由来。

仙游寺位于陕西省周至县城南17公里的黑水峪口。该寺始建于隋文帝开皇十八年（598年），当时称"仙游宫"。隋仁寿元年（601年），隋文帝为了安置佛舍利，改称"仙游寺"。仙游寺从隋朝建宫到现在，已有1400多年的历史。仙游寺留下了历代许多文人墨客的逸闻遗迹。其中，最著名的有东汉末年的经学大师马融和唐代诗人王勃、岑参、李商隐、朱庆余等。

仙游寺的正殿前后有古塔4座，最大的为法王塔，隋代建筑，砖砌方形，形如锥立，高约27米，分为7层，底层四面有破坏，相传为后人盗凿唐代"画圣"吴道子画时遗留的痕迹。现在，为了修建黑河水库，已将仙游寺搬迁到旁边的山上。法王塔也照原样用原来的砖复建。

黑水北岸为中兴寺，通称"北寺"，其正殿东边的房间是宋代文学家苏东坡的读书处。寺东有"玉女洞"，传为秦穆公的女儿弄玉吹箫引凤处。苏东坡曾题诗云："洞里吹箫子，终年守独幽。石泉为晓镜，山月当帘

苏东坡

钩。"玉女洞内有飞泉,名"玉女泉",泉水甘洌。苏东坡在凤翔为官时,常差人远来取水,他把竹书签一剖为二,一存寺内,一则私藏,用作存查,戏谓"调水符"。玉女泉之东的芒谷,有一石洞残迹,相传是汉代马融读书处,当地人称"马融石室"。马融是东汉时期著名的经学家、文学家,早年求婚不成,便来此地发奋苦读,终成大器。

南北两寺之间有潭,名"黑水潭",也称"仙游潭",又叫"五龙潭"。该潭宽约两丈有余,水色黝黑,深不可测。唐代著名的边塞诗人岑参有"石潭积黛色,每岁投金龙"的诗句。深潭上石壁峭绝,形似"龙潭虎穴"。苏东坡和章惇曾同游于此,章惇冒着危险用漆写下了"苏轼章惇来"五字,故此壁又称"苏章石壁"。

仙游寺周围峰峦环峙,清溪如带,可谓"空山满青光,水树相玲珑"。白居易做周至县尉时,常约友人到此酣饮游览,纵论国事。每每谈起天宝遗事,感慨万端,不朽的长篇叙事诗《长恨歌》就是在这里写成的。

父女共同建造的"泾阳崇文塔"知多少

泾阳崇文塔位于陕西省泾阳县崇文乡太平村,俗称"铁佛寺塔"。泾阳崇文塔根据八卦悬顶的古建筑原理设计,从塔下至塔顶全部用青砖修建。泾阳崇文塔为楼阁式砖塔,八角形,高87.2米,为我国最高砖塔之一。

该塔高十三层,逐层收分;每层各有四窗,每层外面有四个佛龛,交叉而上。佛龛内置明代石刻佛像或坐或立,形态各异,极为生动。第二层内铸有金属站立佛像一尊。二层南向塔门刻有"崇文宝塔"四个字,由塔内可曲折攀登,直至塔顶。塔基为须弥座,底层每边长9米;塔身底层为重檐,南面辟券门,其余各面设佛龛。二层至顶层每层均辟四券门、四佛龛,门龛相间、叠层相错,每龛内置佛像一尊。层间叠涩出檐,仿木构椽头、斗拱等。

此塔正式施工于明万历二十一年(1593年),竣工于明万历三十三年(1605年),由李世达(号渐庵)和他的女儿共同主持完成此工程。原计划,每年修一层,每层刻捐资人姓名。修至九层时,李世达去世,其女继承父业,仍坚持每年一层,最终在万历三十

泾阳崇文塔

年正式完工。费十三年之久,修十三层之塔,真乃有始有终,故常为后人赞颂。以后各代,寺宇屡有修葺,直到清同治元年(1862年),因花门之变,寺院被焚烧,只有十三层塔及五间大门楼幸存。后有一李姓曾居于大门楼上,其家道转富后,又重修过寺庙。十三层崇文塔距今已有400多年,而塔身、地基仍保持原状,无任何明显变化,可见其坚固之极。

崇文塔就其形式看,有其显著特征,就是将唐代的方塔改为多角形的八角式,并且所有门洞均系券拱式样,其层次高度和挺拔雄伟均超过了西安市慈恩寺的大雁塔。大雁塔高64米,法门寺塔高46米,泾阳县崇文塔高81.7米。据说,崇文塔是中国最高的古代砖塔。

为何说大佛寺是佛教石雕艺术的宝库

大佛寺石窟位于陕西省彬县城西10公里处,建于唐太宗贞观年间,距今已有1300多年。全寺共130孔洞窟,其中有佛龛446处、大小造像1980尊、历代题刻170多幅。石窟分为五个部分,即大佛窟、千佛洞、罗汉洞、丈八佛窟和修行窟。大佛寺以其众多的佛像雕刻和完美的艺术造型而名扬天下,被称为"佛教石雕艺术的宝库"。

大佛窟是大佛寺中规模最大的洞窟,雄居石窟群的中心。大佛窟内有佛像1001尊,佛龛70余处。窟内的主尊大佛自古被称为"关中第一奇观",是佛教始祖的塑像。石雕高20米,头高5.2米,手高4.5米,手指高2米,显得大气磅礴。大佛两边分别站了两尊菩萨,高17.6米。左侧的是观世音菩萨,右边的是大势至菩萨。两座菩萨像雕刻精美,是非凡的艺术创造。

千佛洞是一所平面近似于正方形的大型中心柱窟,有造像696尊。佛像种类繁多,有单尊佛像、双尊佛像、一佛二菩萨、一佛二弟子二菩萨像、单尊的菩萨像和佛装的地藏菩萨像等。

罗汉洞位于大佛洞西侧,里面共有4个面北排列的小石窟,各窟的形状、深度和高度都不一致。第3窟内,在壁上雕刻有浮雕佛经故事60余幅,并留有唐宋以来游人的铭刻。其余3个窟内,各有立体雕佛像及菩萨像数尊,造型生动,雕工精致。

丈八佛窟窟内有依山雕刻的

彬县大佛寺

一佛二菩萨站立像。主佛高 8.2 米，面部丰圆，右手施无畏印，左臂弯曲，身披通肩式袈裟。两边的胁侍菩萨身高 6 米，头戴花冠，上身袒露，下身着裙，饰有项圈璎珞，身呈婀娜多姿，既显丰腴，又具窈窕之态。

修行窟位于千佛洞的东边，共有大小洞窟 98 所，层层叠叠，十分密集，窟内均无造像，也无题刻文字。大多数洞窟呈方形，也有个别是圆形或椭圆形的。有的洞窟里是一窟两室，有的是一窟四室。最小的窟有两米见方，最大的长宽在 10 米左右。

律宗的祖庭在哪，其创始人是谁

净业寺是律宗的祖庭，位于西安市终南山沣峪口内 3 公里处。净业寺是唐朝时的樊川八大名寺之一。该寺为隋代所建，由于地处偏僻，历代战乱较少殃及。现存建筑物有正殿 5 间、东西禅堂、斋堂、伽蓝殿等，已非隋代原物。寺依山临洞，环境幽静，风景秀丽。院内古木掩翳，阶下有一株名贵的"金丝吊蝴蝶树"，每到秋季结英时，宛如无数翠绿色的蝴蝶系着金丝飘风而舞，给寺院平添了几分雅趣。

西安净业寺

净业寺的创始人为唐初高僧道宣。道宣 15 岁出家，师从多位高僧，佛学知识非常渊博，尤精于律论。他在中国佛教史上有着举足轻重的地位，是一位佛教史传学家，也是一个僧侣主义者。作为佛教史传学家，他撰写了几部有相当历史价值的佛教史传著作：《广弘明集》（30 卷）、《续高僧传》（30 卷）、《集古今佛道论衡》（4 卷）、《大唐内典录》（10 卷）。在他的前三部书里，收集了相当丰富的历史资料。这些资料不仅对研究中国佛教史至关重要，而且对研究我国初唐以前中古时期的思想、文化史来说，也有相当的参考价值。

道宣在这里创立戒坛，教授戒义，弟子达千余人，使此寺在唐代成为兴旺异常的名寺。在其他律宗派别相继衰败的情况下，独净业寺的南山律宗一脉相传。著名的鉴真和尚就是道宣的再传弟子。

玄奘法师的圆寂之地——玉华寺知多少

玉华寺原名仁智宫,位于陕西省铜川市五华乡玉华村北2公里的玉华山。该寺修建于唐高祖武德七年(624年)。贞观年间改名为玉华宫,成为唐太宗李世民的行宫。据资料记载,唐代玉华宫由9座巍峨的宫殿组成,正殿称作玉华殿。李世民曾在玉华殿召见过三藏法师玄奘。李世民御制的《大唐三藏圣教序》以及皇太子李治制的《述三藏圣记》都是在此完成的。永徽二年(651年),为了让高僧玄奘有一个更加清静的道场,唐高宗李治将玉华宫改名为玉华寺,敕令玄奘在此翻译佛经。

高宗麟德元年(664年),玄奘圆寂,享年62岁。据史料记载,玄奘遗骨从玉华寺归葬长安东郊沙河东岸白鹿原的路途上,仕女送葬者达数万人之多。天宝之乱后,玉华寺变得萧条了。诗人杜甫触景生情,写道:"溪回松风长,苍鼠窜古瓦。不知何王殿,遗构绝壁下。""当时侍金舆,故物独石马。"到了宋代,连那匹石马也不知去向了。

铜川玉华寺

玉华寺的石室中有佛像一尊,侧面刻着"大唐龙朔二年三藏法师玄奘敬造释伽佛像工供养"20字,是研究玄奘法师的珍贵史料。玉华寺遗址内存留有关宫、寺的碑石文物,为数比其他唐宫遗址都要多。近几年,在玉华寺遗址内,又发现了古代瓷窑遗址和冶铁遗址,对研究我国陶瓷史和本地冶铁情况来说,提供了新的参考资料。

西安唯一的喇嘛教寺院在哪里

广仁寺创建于清康熙四十四年(1705年),至今已有300多年的历史。其位于西安的西北角,是西安地区唯一的一座藏传佛教寺院。广仁寺由康熙皇帝敕命兴建,并且亲书"慈云西荫"殿额赐寺。广仁寺建成后,由于西藏、蒙古、青海、甘肃等地区的活佛、喇嘛路过陕西时,均住寺瞻礼,因此该寺又称"喇嘛寺"。广仁寺在历史上起着凝聚、促进西北边陲多民族团结的作用。

广仁寺藏经丰富。刊刻于明正统五年（1440年）、续刻于清康熙四十五年（1706年）的《大藏经》就收藏在广仁寺。这部藏经为纸质光洁、书体严整，卷首刻有精美的线刻佛画。每十卷为一函，共677函，6770卷。每函又按千字文标明序列，用黄色包袱包裹，十分整齐。广仁寺内还珍藏着一部北京版的藏文《大藏经》，为康熙三十九年康熙皇帝所赐。此本经书共107包，为甘珠尔类（佛部），收入律、经、密咒三部分。有目录（汉、藏、满、蒙四种文字并列）、密部、大般若、二万五千颂、万八千颂、诸般若、宝释部、华严部、诸品经、律部和八千颂等内容。该版藏经是清王室宫本，刻造、装帧颇为精良，版型较一般藏文经大。每笑扉画均为手工绘制，笔触细腻，大多出自藏、蒙古族名僧画家手笔，极为珍贵。

西安广仁寺

广仁寺的建筑布局有何独特之处

广仁寺的建筑布局非常独特，其整体形似一条卧龙，为寺院建筑所少见，在全国也是极为少见的。一般来说，佛教寺院单体建筑的高度都是按照自山门到后殿的顺序逐渐增高，形成前低后高的壮观气势，而广仁寺则是单体建筑自前向后逐渐降低，具体布局由南向北依次为：照壁、盘龙铁旗杆、御碑亭、山门、牌坊、钟鼓楼、大殿、二殿、藏经殿、斋堂、寮房（即喇嘛挂单、居住之处）。

广仁寺布局错落有致，以玲珑精巧见长，是一座具有汉族地区寺院建筑特色的喇嘛教寺庙。但寺内供奉的佛像、佛教经典、僧众修持都依承藏传佛教。全寺规模虽不大，布局却很严谨，中轴线分明，左右配房对称。该寺占地面积3600平方米，有殿堂和房舍50余间。全寺有院落三重。第一进院落中有钟楼、鼓楼，主殿为天王殿；第二进院落的主殿为文殊殿，又叫宗喀巴大师殿；第三进院落的主殿叫大佛殿，又叫弥勒殿。这三重院落的两旁是

西安广仁寺佛像

二层楼房,是专门用来接待四方信徒的处所。

天王殿面宽三间,单檐歇山顶,无斗拱。顶脊中央有镀金铜法轮和宝羊一对,与中殿、后殿殿脊上各自的大镀金铜宝刹前后照应。天王殿内设有四大天王塑像,单檐歇山顶,四出廊。前置卷棚亭,由三十六根明柱支撑。

广仁寺整个建筑群占地百余亩,从空中俯视,像一条非常形象的卧龙:御碑亭是仰起的龙头,两侧的水井是龙的眼睛,两侧配殿是龙爪,斋堂及寮房转向东,就像龙的尾部摆向一侧。如此独特的寺院布局,在全国也是极为少见的。

八仙庵供奉哪路神仙

八仙庵,又名万寿八仙宫,位于陕西省西安市的东郊。北宋时期,八仙庵在唐兴庆宫局部遗址上初步建成。据说,当时有一位姓郑的书生,自称在此遇见了八仙,因而为八仙在这里建了庙庵,享受人间烟火。元代,安西王奉敕扩建了庙庵。明、清两代,又屡屡增修整饬,使八仙庵的规模愈加宏大。1900 年,慈禧太后避难西安时期,曾颁发 1000 两白银,命八仙宫道长李宗阳修建牌坊,并赐名"敕建万寿八仙宫","八仙宫"之名由此而来。

今日八仙庵占地面积 733 万平方米,庵前有砖砌大牌坊两座,对面照壁上刻有"万古长春"四个大字。从山门到后殿共有三进,各不相同。

第一进为面阔 5 间的灵官殿,供奉道教护法神王灵官,两边配有青龙、白虎二神。道教认为灵官是天上的纠察之神,道观在山门塑其像,意在扶正祛邪,保山门内外清净,信士平安。

西安八仙庵

第二进分前后两殿,后殿面阔 5 间,供奉八仙的泥塑彩像。八仙是道教中重要的神仙,即铁拐李、汉钟离、张果老、何仙姑、蓝采和、吕洞宾、韩湘子、曹国舅。民间广泛流传"八仙过海"、"八仙庆寿"等故事。殿门正面悬有"宝箓仙传"四字匾额,为清末光绪皇帝避难西安时所写。

第三进大殿共 5 间,名曰"斗姥殿",殿门之上悬有慈禧太后所题"洞天云籙"匾额,殿内供奉斗姥元君和十二星君像。据说,如果能够在庚申、甲子日来此殿膜拜,便可消灾解厄、增福延年。

东西两面有跨院,东跨院为吕祖殿、药王殿和送子娘娘殿。"吕祖"即吕洞宾,号纯阳子,传说他在唐代两次考进士都没有考中,最后随汉钟离学习道法,汉钟离教他"延命之术"。药王殿也称"太白殿",供奉药王即唐代名医孙思邈,道教尊奉他为"神仙药王"。西跨院是监院,为道士居所。

八仙庵自建立以来,吸引了不少善男信女,香火特别旺盛。每年农历四月十四至十六这三天是八仙庵的传统庙会,更是香客如织,热闹非常。

楼观台因何得名,与老子有何渊源

楼观台位于西安市周至县东南方向的终南山北麓,距今已有3000余年。这里是道教发祥地,有我国最古老的道教祖庭——老子说经台。

楼观台最初得名于西周时期。相传西周大夫函谷关令尹喜在终南山下结草为楼,夜观天象,称故宅为"草楼观"。有一天,尹喜看到紫气东来,预感到将有真人从此经过,于是守候在此。后来,老子西游入秦,尹喜便迎请老子于草楼观。老子在草楼观写下了五千言的《道德经》,并在草楼观楼南高岗筑台授经,故又称"说经台"。再后来,人们把草楼观和说经台合称为"楼观台"。

西安周至楼观台

楼观台风景优美,依山带水,茂林修竹,绿荫蔽天。《陕西志》记载:"关中河山百二,以终南为胜;终南千峰耸翠,以楼观为最名。"相传,周穆王曾在此游历,建造宫室,名曰"楼观台"。秦始皇在楼南建宫,亲自前来拜神求仙。汉武帝在楼北也曾建造宫殿。晋惠帝元康年间,在这里植树30万余株,移来居民300余户。南北朝时,北方道士多集中于此,形成了势力庞大的"楼观派"。隋文帝初年,又对这里进行了大规模的修葺。唐高宗李渊以老子为远祖,改楼观为"宗圣宫";唐玄宗又以夜梦老子为名,改宗圣宫为"宗圣观",楼观台迎来了最辉煌灿烂的鼎盛时期。从此,楼观台一直被奉为道家圣地,亦称"仙都",也被称作"天下第一福地"。

说经台西1公里处有一口清澈的天然井泉,人称"化女泉"。传说,有一天老子拄着拐杖来到这里,他把拐杖插在地上,用七香草化作一个美女,借以考验弟子徐甲学道是否心诚。后来,拔出拐杖的地方就有了一股清泉,至今泉水淙淙,清冽甘甜。

化女泉以西 3 公里处就是老子墓了,墓冢呈圆形,高 4 米。目前竖有清代毕沅书"老子墓"碑石一通,但到底这里是不是老子的真墓,或者只是个墓冢,至今还是一个历史之谜。

全真道的祖庭在哪里

重阳宫是全真教的祖庭,又称"重阳万寿宫"、"祖庵",位于陕西省西安市西南 40 公里处。重阳宫享有"天下祖庭"、"全真圣地"的美称。

西安户县重阳宫

重阳宫是我国道教的三大祖庭之首,是全真道祖师王重阳早年修道和葬骨之地。当时,这里是全国 72 路道教支派的总集中点,其范围东到东甘河,西达西甘河,南抵终南山,北近渭河,殿堂建筑共计约 5000 多间,有衣冠道士近万人,并拥有大量土地。此外,由于全真教在元代的显赫地位,元政府还特地在这里配备了 3500 余名士兵把守山门,称为"护道兵"。可以说,我国历史上得到政府如此"厚爱"的宗教场所是极为罕见的,足见当年祖庵的繁盛。

金世宗大定七年(1167 年),王重阳自焚其居,东行至山东,得丘处机、刘处玄、谭长真、马钰等诸弟子,创立了全真道教。王重阳死后,他的弟子护送其遗骨葬于旧居。其后,马钰袭掌全真教,于其地建立道观,手书"祖庭"二字为额。元世祖时,重阳宫奉敕更名为"敕赐大重阳万寿宫"。明代以后,重阳宫开始衰落,规模逐渐缩小。现存的灵官殿、七真殿均为清同治十三年(1874 年)重建,建制和规模远非元代可比。作为元代盛极一时的大重阳万寿宫所存除碑石、石棺之外的实物,仅有闲置在院中的几块硕大的筑基石和一件残存的屋脊。

白云观因何得名,有何特色

白云观,又名白云山庙,位于陕西省佳县城南的白云山上。此观创建于明万历三十三年(1605年),清雍正二年(1724年)重修并扩建,是陕西省著名的道教圣地,也是山西、河南、宁夏、甘肃等各地香客的"圣地"。

白云观古建筑群依山势高低而建,蜿蜒起伏,气势宏伟,建筑面积8.3万多平方米,是明清时期西北最大的建筑群。白云观濒临黄河,因山借势,由楼、阁、殿、祠、庙、洞等组成,形制各异,各具特色,而又浑然一体,为陕北地区最壮观的古建筑群。

陕北佳县白云观

白云观以真武祖师殿为中心,殿、亭、阁、楼参差错落,星罗棋布。观内底层建筑为五龙宫,有正殿、两廊、观音楼等。宫北为四道天门,青龙、白虎、朱雀、玄武四神祠分列其上。真武殿是白云观的主要建筑,屋宇崇高,辉煌雄伟。殿前有钟鼓楼。钟楼的钟声,隔着黄河的陕西境内亦可清晰听到,因而有佳县八景之一的"白云晨钟"之誉。另外,值得一提的是,白云观建筑群的细节设计别具一格,其出檐、挑脚、屋脊、兽头等,都极具装饰性,而且古雅灵奇,与众不同。

白云观内保存有叙述道、佛教经变故事和山水人物的彩色壁画1590余幅。壁画内容丰富,绚丽多彩。

化觉巷清真寺有何特色

化觉巷大清真寺位于西安鼓楼西北的化觉巷内,又称化觉巷清真大寺。该寺院始建于唐天宝元年(742年),历经宋、元、明、清各代的维修保护,形成目前的格局。全寺总面积1.3万平方米,建筑面积约6000平方米。寺内主要建筑有石牌坊、省心阁、南北亭、碑楼、月台、大殿等,在不宽敞的空间里,亭、台、楼、殿巧妙布局,整饬有致,显得小巧玲珑。

化觉巷清真寺为牌坊琉璃瓦顶,异角飞檐,精镂细雕。东西走向成正方形,共分四进院。纵观整座清真寺,构图完美,布局规整,左右映带,中心突出,极富庭园趣味,该寺是一座雄浑壮美又别具韵味的古典建筑群落,是中国清真寺古典建筑的杰出代表。寺内不仅书法墨宝荟萃,而且还有许多珍贵的树木花草。化觉巷清真寺的独特之处,在于将纯粹的中国古典建筑样式和布局结构与伊斯兰教文化完美地结合在一起。这实际上也是一种文化的融合与交流。

西安化觉巷大清真寺

西安民间有一种有趣的说法称,化觉巷清真寺的全部建筑构成了一只凤凰,由凤头、凤翅、凤身、凤爪、凤尾几部分组成。

化觉巷清真寺目前尚保存着20余通明清各代用阿文或汉文镌刻的石碑。除了唐天宝元年(742年)的《创建清真寺碑》外,还有明景泰六年(1455年)的《长安礼拜寺无相碑》、明嘉靖元年(1522年)的《重修清真寺碑》、明万历三十四年(1606年)的《重修清真寺碑记》等。这些碑刻既是研究寺院历史沿革,也是研究中国伊斯兰教发展历史的珍贵资料,史料价值很高。此外,第二进院落的石牌坊两侧各立一座冲天雕龙碑,碑阴分别刻有宋代大书法家米芾"道法参天地"和明代书法家董其昌"敕赐礼拜寺"手书,是我国书法艺术中斗方大字的珍品。

中国最早的武侯祠在哪里

武侯祠位于陕西省勉县西4公里处川陕公路之南,隔江与定军山武侯墓遥相对峙。

公元263年,诸葛亮死后29年,蜀汉后主刘禅下诏为诸葛亮立祠,这就是最早出现的武侯祠,也是唯一的"官祠",故被称为"天下第一武侯祠"。此后,在诸葛亮一生留下足迹的地方,纷纷建立武侯祠。成都有8座、云南43座、贵州18座,因岁月沧桑,现已相继倾圮。

武侯祠祠前是一座牌坊,高10米,八角起翘,牌坊中宽6米,东西两侧各宽3米。该祠四柱落地,上盖灰瓦。坊的一面用隶书写着"汉丞相诸葛武乡忠武

汉中勉县武侯祠

侯祠"十一个大字,另一面写着"天下第一流"五个大字。

祠内悬满了匾额和对联等。"高山流水"、"醇儒气象"、"代仰清高"、"大汉一人"、"大器无方"、"天下奇才"、"伯仲伊吕"等是主要的匾额。对联有:"扶汉室坚惟谨慎,乃能担当事业;伏龙誉早必深潜,而后腾踔云霄。"

武侯祠大殿内,有诸葛亮泥塑坐像一尊,两侧塑有关兴、张苞站像。在坐像的前额殿中,悬有清嘉庆皇帝于嘉庆八年(1803年)亲笔御书的"忠贯云霄"匾额。

老陕西的陵墓

 中国最大的古墓葬是哪个

中国最大的古墓葬是凤翔秦景公一号大墓。其位于宝鸡凤翔县,地处关中平原西部,距今已有2500多年的历史。古墓呈长方形,从上往下看,好似一座嵌在地下的倒"金字塔"。其从底到顶有三层台阶。顶部长59.4米,宽38.8米;底部长40米,宽20米。它比安阳的商王墓还要大10倍,是中国迄今为止发现的最大古墓葬。除此之外,它还占据中国考古史上的四个"之最":西周以来殉人最多的墓葬;出土的石磬是中国发现最早刻有铭文的石磬;椁室的柏木"黄肠题凑"椁具是迄今发掘出周秦时代最高等级的葬具;椁室两壁外侧的"木碑"是中国墓葬史上最早的实物例证。以上的发现也引起了中国和全世界专家、学者的

凤翔秦景公一号大墓

惊叹,来参观的人也是络绎不绝。

凤翔秦景公一号大墓经过整修、复原,现已建成秦公一号大墓遗址博物馆。其布局分为大墓遗址区、椁室展览区、宗庙祭祀区等;展出内容主要包括大墓墓圹、陪葬品、陪葬殉人、椁室等场景等。除此还有相关影片、模型及图文等资料供游客观赏。另外,秦景公一号大墓也是我国第一个可供进入椁室参观的景点。

中华民族的始祖葬在何处

黄帝陵是中华民族的始祖轩辕黄帝的衣冠冢,被称为"天下第一陵"。据《史记》载:"黄帝崩,葬桥山。"该陵今位于陕西省延安市黄陵县的桥山顶上,以前称"桥陵"。

陕西黄帝陵

桥山为水环绕,山势拱起如桥,故得名。此山奇特异常,仿佛一条巨龙腾空而起,盘空而游。南面的印台山,似卧虎伏身;东面的凤凰山,恰似展翅长鸣待飞的凤凰;西面的玉仙山,好像一只回身翘望的万年神龟。龙、虎、龟、凤云集一处,堪称"华夏地貌之一绝"。

桥山有8万余株古柏,大部分为人工栽植。无论株距还是行距,均有序排列,整齐美观,错落有致。这里许多柏树的树龄都在1000年以上,最有名的一棵古柏就是黄帝亲手种植的。此柏生长于今轩辕黄帝庙内,高19米,直径11米,距今约5000年,被称为"古今第一柏"。

黄帝陵在桥山山顶的正中位置,坐北面南,高3.6米,周长48米,面积约200平方米。陵冢为土冢,扁球状,直径为16米。土冢下部是方形墓台。方台与圆冢相结合,上圆下方,寓意"天圆地方"、"天地相合"。陵前有明嘉靖十五年(1536年)碑刻"桥山龙驭",意思是黄帝"驭龙升天"之处。此外,还有一座祭亭,为歇山顶,飞檐起翘,气宇轩昂。陵园区周围筑有红墙,东南侧面为棂星门,两侧有仿制的汉代石阙。陵园围墙以外是土筑高台,即"汉武仙台"。汉武仙台是汉武帝当年祭祀黄帝所筑,台高20余米,现已用块石砌筑并建有登台石阶、云板和护栏等。

1942年,为了与陕西蒲城唐睿宗李旦的桥陵相区别,国民政府陕西省第三行政督察区专员公署改"桥陵"为"黄帝陵"。当时,蒋介石亲自用楷书题写了"黄帝陵"三字,被刻于碑石存于陵园内。1958年,郭沫若亦亲题"黄帝陵"三字,刻于陵园内祭亭前的石碑上。这样一来,如果加上清代陕西巡抚毕沅题刻的"古轩辕黄帝桥陵"一文,三次刻碑同用一石,甚为有趣。

"神医"扁鹊墓位于何处

关于扁鹊墓,历来有争议,可以说是历史之谜。目前已知的扁鹊墓至少有5座,分别是河南省汤阳县伏道岗附近的扁鹊墓、山东济南西郊的扁鹊墓、山西省永济县清华镇的扁鹊墓、河北任丘内丘县的扁鹊墓、陕西临潼纸李乡南陈村的扁鹊墓。史学家认为,这些墓冢根本无法判断其真假,因为有关扁鹊的身后事,当时和后来的史籍都没有记载。所谓扁鹊墓,很可能是当地的人民为了感怀其德而修建的衣冠冢。

扁鹊曾周游列国行医,传说他被害于陕西临潼,所以临潼的扁鹊墓被认为是埋葬其真身之地。临潼的扁鹊墓位于骊山东侧的纸李乡南陈村东北,距秦兵马俑发现地约8公里。1983年,当地政府在墓边修建了"扁鹊纪念馆",供后人瞻仰。

扁鹊

扁鹊名叫秦越人,是战国时期渤海郡莫州(今河北任丘)人。因为他医术精湛,医德高尚,当时的人就用黄帝时期的神医"扁鹊"来尊称他。据《史记》记载,赵国士大夫赵简子得病后,五天之内不省人事。秦越人看后,对症下药,使赵简子死里逃生。赵简子于是尊其为神医"扁鹊"。从此,秦越人因"扁鹊"这一称号而名扬天下。

秦越人曾学医于长桑君。长桑君临终时将秘方传授给了秦越人。秦越人在此基础上发明了"望、闻、问、切"和"寸口诊脉法"(即把脉看病)。他最早运用针灸给人治病,故而有"针灸祖师"之誉。他曾屡见齐桓公,发现齐桓公已得病后,一再劝其治病,然而遭到拒绝。不幸的是,没过几个月,齐桓公就"病入膏

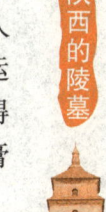

育"，不治而亡。

秦越人创造了世界上第一例心脏外科手术。据《列子·汤问》载，他曾为鲁公扈和赵齐婴做了心脏互移植手术，而且非常成功。

秦始皇陵的设计有何特点

秦始皇陵位于陕西省西安市临潼区的下和村附近，占地面积为56.25平方公里，堪称中国规模最大的陵园。初建时，它被称为"骊山园"，汉以后开始用"秦始皇陵"这个称谓。该陵园平面为南北长、东西窄的长方形，由内外两重城墙构成。地面上有寝殿（祭祀大殿）和便殿（供居住用），周围有供出行的车马、供打猎的场所，还有宫廷艺人的百戏表演。

秦始皇陵博物馆

秦始皇陵的总体布局可以说是匠心独运，在中国古代陵寝中"一枝独秀"。它的设计特点体现在以下三方面：

首先，在布局上一家独尊。过去发现的魏国国君陵园以及中山国王陵园内，都排列着其他规模相同的大墓，这种布局显示了国君、王后、夫人多中心的陵墓特点。而秦始皇陵园内只有一座高大的坟墓，充分显示了王者至上的特点。这一区别正是秦国"尊君卑臣"的传统思想在陵寝布局上的反映。

其次，封冢位置有别于其他国君陵园。其他国君陵园大多是将封冢安置在回字形陵园的中部，而秦始皇陵的封冢位于内城南半部。秦始皇陵封冢围起于陵园南半部，正是由"树草木以象山"（《史记·秦始皇本纪》）的设计思想决定的。

最后，陵室具有严密的防盗系统。据《史记》记载，秦始皇陵中设有暗弩，当盗贼进入秦陵触动机关时，就会被强弩射死。与暗弩配合的机关还有陷阱等，盗墓者就算不被射死，也会掉入陷阱中摔死。此外，秦陵地宫中有大量的水银，水银蒸发的气体中含毒，也会把盗墓者熏死。还有传说认为，秦始皇陵地宫的周边填了一层很厚的沙子，形成沙海。这沙海就是秦陵地宫的第一道防线，使盗墓者无法通过挖洞进入墓室。由此可见，秦始皇陵的防盗体系是相当严密的。

秦始皇陵的地宫构造究竟如何

秦始皇陵地宫是秦始皇的地下陵墓,用来放置秦始皇棺椁和随葬器物的地方。2003 年,专家首次采用高光谱遥感技术和地球物理探测技术对秦始皇陵地宫进行了探测,揭开了地宫之谜。根据探测结果,地宫就在封土堆下,距地面 35 米,东西长 170 米,南北宽 145 米,总体呈长方形。地宫背西面东,与整个陵园朝向一致,是由宫墙、防水大坝、水银区域和两条墓道组成的。

地宫的宫墙东西长约 168 米,南北长 141 米,南墙宽 16 米,北墙宽 22 米。宫墙都是用多层细土夯实而成,每层大约有 5 到 6 厘米厚,相当细致和坚固。地宫的顶部高出当时地面很多,向下直至现封土层以下 30 多米处。在土墙内侧,还发现了一道石质宫墙。探测表明,墓室内没有进水,整个墓室也没有坍塌。地宫

秦始皇陵地宫

历经 2000 多年仍完好无损,这与宫墙的坚固程度有密切关系。

地宫存在规模巨大的阻排水渠,长约千米。阻排水渠实质上是一堵墙,设计相当巧妙,底部由厚达 17 米的防水性强的清膏泥夯成,上部由 84 米宽的黄土夯成。秦始皇陵园地势东南高西北低,落差达 85 米,而阻排水渠正好挡住了地下水由高向低渗透,有效保护了墓室不遭水浸。

地宫以水银为江河大海,不单是为了营造恢弘的自然景观,在地宫中弥漫的汞气体还可使葬于其中的尸体和随葬品保持长久不腐烂。此外,汞是有毒物质,大量吸入可导致死亡,所以地宫中的水银还起着防盗的作用。

从商周到汉代,帝王的墓道通常为 4 条,分别贯穿东南西北 4 个方向,普通官员和百姓的墓道为一条或两条。按常理,秦始皇的墓室也应有 4 条,但目前仅仅发现了东、西两条墓道。

秦始皇陵有没有被盗过

据《史记》记载,项羽当年一把火烧了阿房宫,还派人挖了秦始皇陵。还有史料说,唐末时黄巢进入关中,进行过大规模的盗掘秦始皇墓活动。民间也流

秦陵地宫一角

传着这样一个故事：一个牧童在放羊的时候，有一只羊掉进了地宫（秦始皇陵），他为了找到这只羊，就点火烧了地宫。关于以上这些说法，历来有争议。那么，秦始皇陵到底有没有被盗过呢？

自从20世纪70年代中后期以来，考古学家采用不同的技术对秦始皇陵进行了一系列考察和研究。

一是使用探铲打孔取土芯勘查。考古工作者在秦始皇陵及其周围按一定范围和距离布眼，打了4万多个探孔，发现夯土层次清晰，没有大规模开掘与焚烧的痕迹。根据考古所得的资料表明，秦始皇陵地宫上口的外围墙以及通向地宫的墓道，至今还没有发现足以通向地宫的盗洞。而在秦始皇陵西侧的铜车马坑上面却发现了2个盗洞，但深度还不到9米，连通道侧室的铜车马都没发现，距离地宫还很遥远。

另一个方法是采用地球化学探测技术。经过对陵冢周围土中的含汞（水银）量进行测定后发现，在远离封土堆的地方，土中汞含量为零；而接近封土堆顶部，开始出现强烈的汞反映。据测定报告称，"在12 500平方米的始皇陵封土堆中，有一个范围约12 000平方米强汞异常区"，"其含量高于一般土层的280倍"。这说明史书记载的以水银为江河湖海的说法属实；同时，这样比较规整的汞反应，一般在遭到大规模破坏与焚烧后，是不会出现的，从而表明秦始皇陵地宫没有被盗过。

既然秦始皇陵地宫历经2000多年仍完好无损，所以，历史上关于它被盗的记载都是不真实的。

西汉帝陵是如何分布的，有何特点

西汉帝陵是指西汉11个皇帝的陵墓。这些陵墓分布于渭河两岸，除了霸陵（汉文帝刘恒）和杜陵（汉宣帝刘询）位于渭河以南的白鹿原北端及少陵原上，其余9座陵墓均安葬在渭河北岸的咸阳原上。咸阳原上的9座陵墓，西起兴平市豆马村，东到咸阳市正阳乡张家湾。从空中看，它们犹如"一"字长蛇阵，气势不凡。它们的排列顺序，自西向东依次是：茂陵（汉武帝刘彻）、平陵（汉昭帝刘弗陵)、延陵(汉成帝刘骜)、康陵(汉平帝刘衎)、渭陵(汉元帝刘奭)、义陵(汉哀帝刘欣)、安陵(汉惠帝刘盈)、长陵(汉高祖刘邦)、阳陵(汉景帝刘启)。

在西汉帝陵中,只有汉文帝霸陵和汉宣帝杜陵没有修在咸阳原上。就汉文帝而言,主要有两个原因。一方面,汉代帝陵埋葬有严格的昭穆制度。另一方面,

咸阳汉阳陵南阙门遗址

文帝力求节俭,所以选择以山为陵。对汉宣帝来说,因为他在当皇帝之前"周徧三辅","尤乐杜、鄠之间,率常在下杜"(《汉书·宣帝纪》),而他的父母均葬于长安城东南,所以宣帝筑陵于少陵原。

设置陵邑,是西汉帝王陵墓设计中的第一大特色。在所有的陵邑中,以长陵、阳陵、安陵、平陵和茂陵最有名气,史称"五陵邑"。典故"五陵少年"即与此有关。那时候,由于在此云集的多为高官、富户、豪门以及诸国后裔,故使这里不但成了朝廷的选官之地,而且也成了一些特权势力的滋生之地。于是,"五陵少年"被看做是斗鸡走马的代名词。

西汉陵墓的第二个特点是皇帝与皇后"同陵不同穴",即皇帝与皇后不合葬,分别起一个土丘。由于"以西为尊"的习俗,故而帝王陵在西,皇后陵在东。西汉帝陵的形制有两类。一类是因山为陵的形式(只有霸陵采用这种形式),墓葬开凿于山崖中,不另起坟丘。其余10座陵墓属于另一类形式。它们都筑有高大的覆斗形夯土坟丘,一般底部约150～170米见方,高约20～30余米,以汉武帝茂陵的坟丘最大。

西汉帝陵的最后一个特点就是陵墓周围分布着大面积的礼制建筑。以阳陵为例,寝殿是最主要的祭祀场所,每日都要按时举行祭祀活动。它一般设在园中,与陵合并成为"陵寝"。阳陵周围还有许多庙,最著名的就是德阳宫,它是每月祭祀的场所,每年要举行25次祭拜。另外,便殿是每次祭祀的场所,一年之中拜祭4次。

刘邦的陵墓叫什么名字,有何陪葬墓

刘邦,庙号为汉高祖,也称汉高帝,是西汉王朝的开创者。他的陵墓叫"长陵"。之所以取名长陵,原因有二:一是因为刘邦是开国皇帝;二是因为该地在

当时叫"长平"。长陵又名"长山",是刘邦与皇后吕雉(吕后)同茔不同穴的陵墓。该陵还有63座陪葬墓(这些陵墓有迹可循),形成了一个墓群。

长陵为覆斗形,是夯土迭筑而成的。长陵底部东西长153米、南北宽135米(周长约600米),高33米。该陵是从刘邦称帝的第二年(前202年)开始营建的,仿照西汉都城长安建造,规模较都城小。长陵内还建有寝殿、便殿,蔚为壮观。寝殿是正陵,殿内陈设汉高祖的"衣冠几仗象生之具"(《史记·高祖本纪》),完全像生前一样。

汉高祖刘邦

长陵东边不远处是皇后吕雉墓,与高祖同陵园不同穴位。陵园以东,还有高祖的功臣陪葬墓群。在西汉诸陵中,长陵陪葬人数是最多的,而且陪葬墓格局最规整,在汉代帝陵中独一无二。陪葬墓从陵园东门一直到泾河岸边,绵延15华里。据史料载,当时陪葬的有100多人,至今尚能见到的还有63个墓冢。每个墓冢占地不多,但墓冢之间前后左右的行列间距大致相当,排列得井然有序。陪葬者大都是功臣和贵戚,最著名的有萧何、曹参、周勃、周亚夫、王陵、张耳、纪信、戚夫人、田燃、田胜及平原君等人。陪葬墓的封土比帝后吕雉陵小得多,形状有覆斗形、圆锥形、山形三种。1965年,在长陵附近的杨家湾陪葬墓中,发现了汉彩绘兵马俑。

第一个"因山为陵"的帝陵知多少

霸陵,也称灞陵,因为靠近灞河而得名。霸陵是汉文帝刘恒的陵墓,也是中国历史上第一个"因山为陵"的帝陵。霸陵"因山为藏,不复起坟"(《汉书·文帝纪》),在地面上看不到封土,所以它的具体位置和内部结构有待进一步考古勘查。

汉文帝开创了"文景之治",这是中国历史上的第一个盛世局面。文帝刘恒是刘邦的第四子,其母为薄姬。文帝当政后,继承了汉初"与民休息"的方针政策,社会经济持续发展。尽管在他统治的后期,国家欣欣向荣,人民安居乐业,但他依然节俭朴素如初。因此,汉文帝得到了人们普遍的尊敬。长安民间有"天葬汉文帝"的传说。后世有许多文人墨客在游历霸陵后,发思古之幽情,留下了一些美丽的诗文。东汉末年的王粲在其诗中写道:"南登霸陵岸,回首望长安。悟彼下泉人,喟然伤心肝。"

据史料记载,霸陵是在白鹿原原头的断崖上凿洞而建的。其内部以石砌筑,有排水系统、墓门、墓道,墓室用石片垒砌而成,气势磅礴。后来,排水系统被沙石堵塞,以致墓门被水冲开,墓室结构遭到破坏。霸陵曾在西晋时遭盗掘,当时发现了大量的陪葬品。

按照西汉的陵寝制度,帝后合葬不合陵,也就是说皇后与皇帝葬在同一处,但各立陵冢。汉文帝陵在地面上没有起坟,地面上两个可见的陵冢是其母薄太后和其妻窦皇后的陵墓。薄太后的陵寝叫南陵,呈覆斗形,高29.5米,周长为560米。窦皇后的陵冢叫窦陵,位于窦陵村西北,高19米,周长564米。目前,南陵和窦陵已出土陶俑、陶罐、陶棺等多件,造型优美,具有较高的历史文化价值。

汉文帝刘恒

 ## 汉武帝的茂陵里都埋了些什么

汉武帝茂陵自建元二年(前139年)开始修建,历时53年建成。该陵形状为覆斗形,现高46.5米,墓冢底部基边长240米。它是汉代帝王陵墓中规模最大、建造时间最长、陪葬品最丰富的一座,被称为"中国的金字塔"。

茂陵位于今兴平市市东约15公里的南位乡。汉代,此地叫槐里,后来称茂乡。名士东方朔发现此处地势平坦,气象开阔,风水极好。于是,汉武帝选这里为自己的陵寝。

至于茂陵中埋藏了多少珍奇文物,目前尚无科学考古资料可查。据西汉刘歆《西京杂记》载:"汉帝送死皆珠襦玉匣,匣形如铠甲,连以金缕。梓宫内,武帝口含蝉玉,身着金缕玉匣。匣上皆镂为蛟龙鸾凤鱼麟之像,世谓为蛟龙玉匣"。相传武帝身穿的金

汉武帝茂陵

缕玉衣、玉箱、玉杖和武帝生前所读的杂经 30 余卷,被盛于金箱后埋入了茂陵。汉武帝所穿玉衣形体很大,全长 1.88 米,约有大小玉片 2498 片,串玉片的金线就有两斤多。

茂陵的陪葬墓有李夫人墓、卫青墓、霍去病墓、霍光墓、金日䃅墓。李夫人墓,又称英陵、集仙台、习仙台,位于茂陵之西。"倾国倾城"这一典故说的就是李夫人的美色。其余的四座陪葬墓,均位于茂陵之东。

从陪葬物看,茂陵是汉代帝王陵墓中最多的。史载,由于陪葬品太多,墓内无法搁置,只好放在园内。西汉末年,农民起义军曾涌入陵园,连续十几天搬取物品,尚不能减半。

茂陵虽然在历史上被盗多次,但考古界对此较为乐观。考古界认为,茂陵修筑了半个多世纪,内部机关重重,很难进去,陪葬品不可能被盗尽;此外,早期盗墓仅看重金银珠宝,一些如经书类的文物以及当时人们用的器物并不被看重,还会保留在地宫中。

关中唐十八陵是如何分布的,有何特点

关中十八唐帝陵,也称"关中十八陵"、"关中唐帝十八陵"、"唐十八陵"。唐十八陵是指埋葬在陕西关中地区的唐朝 18 位皇帝(唐朝共 21 帝,陵墓 20 座,唐高宗李治和武则合葬在乾陵)的陵墓。关中唐十八陵都在渭河之北,其中富平 5 座,蒲城 4 座,三原 3 座,乾县、礼泉、泽阳各两座。十八陵地跨 6 县,绵延 100 多公里。

在唐十八陵中,除唐高祖李渊的献陵、唐敬宗李湛的庄陵、唐武宗李炎的端陵以及唐僖宗李儇的靖陵外,其余 14 座均采用依山为陵的方式。

所谓依山为陵,就是选择一山,在山的半山腰上深挖洞穴至山底,把棺椁葬入其中。唐太宗李世民的昭陵是唐朝依山建陵的第一座陵墓。比之其余堆土为陵的陵墓,气势雄伟,甚为壮观。

选择堆土成陵的陵冢,除靖陵之外,其余均在三原县境内。堆土成陵,自从秦朝以来就有。这种陵墓的特点是"高坟大冢"。

唐代陵墓,均以底下墓室为中心。在地面四周,围一四方形

陕西唐高祖李渊献陵

的柏城,柏城南门外设二道门阙。第一道门阙处的标石是石狮(除献陵为石虎外,其余均为石狮),第二道门阙外有大量排列有序的石刻,为皇帝生前的仪仗设施,人称"山野小朝廷"。

昭陵开创了哪些帝王陵墓之最

昭陵被誉为"天下名陵",是我国帝王陵墓中面积最大、陪葬墓最多的一座,也是"关中十八陵"中规模最大的一座。该陵是李世民以及皇后长孙氏的合葬墓,位于今陕西礼泉县境内。之所以取名为"昭",有两层含义:其一是收集帝王之气;其二是展示墓主的文治武功。

昭陵陵园周长为60公里,占地面积200平方公里。昭陵陵园于贞观十年(636年)开始建造(文德皇后长孙氏首葬于此),至开元二十九年(741年)建成,历时100多年之久。该陵陵园的地上地下都有大量的文物遗存。

昭陵有四个显著的特征。

第一,墓主的知名度非常高。李世民是中国历史上享有盛誉的开明君主。他开创了盛唐气象的"贞观之治",为中国历史的第二个盛世局面,即"开元盛世"铺平了道路。他有一句名言被人们广泛使用:"以铜为镜,可以正衣冠;以人为镜,可以明得失;以史为镜,可以知兴替。"

第二,该陵是唐陵中第一个采用"依山为陵"形式的陵寝,也奠定了唐墓制度的基础,如陪葬者的条件必须是"功臣密戚",陪葬墓的排列均须登记进行划分等。

第三,该陵的陪葬墓数量和规格,都是唐陵中最多、最高的。昭陵有陪葬墓180余座,主要有长孙无忌、程咬金、魏徵、温彦博、段志玄、高士廉、房玄龄、孔颖达、李靖、尉迟敬德、长乐公主、韦贵妃等人的陵墓,此外还有少数民族将领阿史那社尔等15人的陵墓。

第四,该陵中的文物享誉中外,知名度甚高。比如,"昭陵六骏"和具有传奇色彩的、号称"天下第一行书"的《兰亭序》都在昭陵。

20世纪70年代,考古界先后对李勣、尉迟敬德、程咬金、张士贵、郑仁泰、长乐公主、韦贵妃等昭陵的40余座陪葬墓进行了

陕西唐太宗李世民昭陵

发掘。在此基础上，当地建成了昭陵博物馆。该博物馆占地面积53亩，建筑面积7000平方米，陈列面积2000平方米，绿化面积15 000平方米。

乾陵因何得名，为何被称为"柏城"

乾陵位于今陕西省乾县的梁山上。此山远望如少女仰卧，因两侧的双峰好似少女的一对乳房，故当地人又称其为"奶头山"。山前有乌水、漆水相合，东西有九嵕山、娄敬山隔水相望，地中龙气被紧紧围在中央，可谓"龙脉圣地"。

陕西乾县乾陵石刻及松柏

唐永淳二年（683年），唐高宗病逝，武则天命吏部尚书韦待阶为"山陵使"，开始营建乾陵。乾陵之名在营建初期就已确定，之所以称为"乾"，原因有二：其一，陵在长安的西北方向，而西北方位在八卦的"乾"位上；其二，《易经》中说："乾，天也……为君，为父也"。唐高宗生前的尊号为"天皇大圣皇帝"，谥号"天皇大圣大弘孝皇帝"。基于这两点，专家们认定"乾陵"是武则天亲定的名称。唐神龙二年（706年），武则天被合葬在乾陵，李贤等人的墓也被迁于此处。至此，乾陵的建造全部竣工，历时23年之久。

乾陵陵园的地面建筑是仿照唐长安城的格局而造的，以地宫、内城、外城象征宫城、皇城和外郭城。其中，外城的周长有4万米，面积约230万平方米。里面的建筑宏伟华丽，布局严谨，抑扬开合，于肃穆之中透着人间的平淡意境。

乾陵陵园被称为"柏城"，是因为山上遍植柏树。《资治通鉴》里这样写道："山陵松柏成行，以遮陵寝，故谓之柏城。"人们在陵墓周围广植柏树，是始于汉代的民间风俗。传说有一种专门"食亡者肝脑"（《周礼》）的动物叫"罔象"，而这种动物最害怕的东西就是柏树，所以人们用柏树来保护自己的坟墓免遭罔象破坏。

乾陵选址有何传说

唐高宗李治登基后不久，就派自己的舅父长孙无忌和专管天文历法的太史

长孙无忌

令李淳风为自己选择陵寝之地。有一天,长孙无忌和李淳风二人到了梁山,发现梁山是一块绝好的"龙脉圣地"。选好陵址后,他们二人回京禀报了高宗。另一位天文学家袁天罡听说此事后,极力反对。因为他曾为高祖(李渊)选陵址时到过梁山,深知此山风水的优劣之处。他对高宗说:"梁山从外面看上去像是一块风水宝地,但细看有许多不足之处:一是梁山虽东西两面环水,能围住龙气,但与太宗(李世民)龙脉隔断,作为帝王陵址,恐三代后江山有危。二是梁山北峰居高,前边两峰似女乳状,整个山形远观似平躺的少妇。陛下如果选陵于此,恐从此后为女人所控。三是梁山主峰直秀,属木格,南二峰圆利,属金格。三座山峰虽挺拔,但远看方平,为土相。金能克木,土能生金,整座山形龙气助金,地宫营主峰之下,主陛下必为金格之人所控。依臣愚见,若将陵址定于此山,陛下日后必为女人所伤!"听了袁天罡一番宏论之后,高宗犹豫不决,遂退朝不议。当天,武则天的亲信就把袁天罡反对帝陵选址为梁山这件事告知武氏,武氏听后十分高兴,因为她小时候听父亲讲,袁天罡说她将来能做女皇帝,看来是要应验了。晚上,她就给高宗吹了一阵枕边风,褒扬长孙无忌而贬低袁天罡。

第二天早朝时,高宗传出圣旨,定梁山为陵址。袁天罡一听,仰天叹曰:"代唐者,必武昭仪。"因为他怕将来受到牵连,就辞官归隐,出外云游了。陵址选好后,如何定名,群臣争论不休。有大臣建议:太宗之陵曰昭陵,有昭示帝气之意,陛下陵就定名为承陵,以承接太宗恩泽。长孙无忌奏曰:"梁山位于长安西北,在八卦中属乾位,乾为阳,为天,为帝。长安是陛下今世帝都,梁山自然为陛下万年寿域的天堂帝都,人间、天堂、天地合一,乾坤相合,主定陛下永世为帝王。依臣之见,就定名为乾陵吧!"高宗听后十分高兴,遂定名为

袁天罡(左)和李淳风(右)

乾陵。长孙无忌不知道，袁天罡所言是说梁山阴气弥漫，不能选作陵址，而现在定名为乾陵，岂不注定要有女人为帝吗？后来，袁天罡的预言果然应验了。

乾陵究竟有多难盗

据史料记载，在过去的1300多年时间里，规模较大的盗掘乾陵事件就有17次之多，而规模最大的有3次，但这些盗掘行为最终都以失败告终。乾陵能在盗墓行为猖狂的中国完好无损地存在了1300多年，被盗墓者们看做是"盗不了的墓"。

国民党军阀孙连仲

第一次大规模盗墓事件发生在唐末。 黄巢起义军进入唐都城长安后，曾调出一万士兵到梁山西侧的乾陵进行挖掘，当时把大半座山梁快要铲平了，还是没有找到墓室的入口，只留下了40米深的"黄巢沟"。

第二次大规模盗墓事件发生在五代。 当时的耀州节度使温韬，在乾陵之前已经挖掘了17座唐朝皇陵，只剩下乾陵未挖。温韬曾经三次上山挖掘乾陵，但都遭到风雨天气影响，最终未遂。

第三次大规模盗墓事件发生在民国初年。 国民党军阀孙连仲带领一个团对乾陵进行挖掘，他们先用黑色炸药炸开墓道三层竖立的石条，正当准备进入时，墓道里突然冒出了一股浓烟，盘旋而成龙卷风，顿时天昏地暗，飞沙走石，七个山西籍士兵首当其冲，立即吐血身亡，其他人吓得惊慌失措地跑了出来。据说，孙仲连的盗墓团队中生还者寥寥无几。当地人流传说因为武则天是山西人，最恨老家的人来掘她的墓，所以进入墓道的那七个山西士兵必死无疑了。

1958年，陕西省文管会的几位专家在勘查乾陵地貌时，发现了地宫的甬道和墓门，并探出甬道长63.1米，宽3.9米，用石条筑砌而成，共39层。他们还发现，石条之间，左右用铁栓拉固，上下用铁棍穿固，这样就使得石条无法被移动。同时，石条之间的缝隙还用熔化了的锡铁水灌注，使其发生汽化与石条成为一体。另外，甬道还有大量细沙涌入，使封口更加严密。乾陵构造如此之坚固，所以是很难被开掘的。据此，考古专家们认为，乾陵是唐陵中唯一没有被盗的一座。

乾陵中哪一座陪葬墓地位最高，原因何在

乾陵共有陪葬墓 17 座，其中，懿德太子墓的政治色彩最为浓厚，地位也最高。懿德太子是唐中宗李显的长子，姓李名重闰。永淳二年（683 年），他被唐高宗李治封为皇太孙。唐中宗失政后，他被武则天废为庶人。大足元年（701 年），因被告窃议宫中之事而被武则天所杀，年仅 19 岁。神龙元年（705 年），唐中宗复位，将其封为"懿德太子"。

20 世纪 70 年代初期，懿德太子墓被打开。专家们发现此墓的结构是一典型的"号墓为陵"形制。所谓"号墓为陵"，是盛唐时期皇室一种极为特殊的埋葬制度。它有两层含义：一是把陪葬墓称为陵，而不称墓；二是墓葬和随葬品实际上按帝王等级对待。"号墓为陵"表明了李氏集团战胜了武氏集团，在政治上实现了复辟。他们借用迁墓之事，为他们的家人平反昭雪，同时进一步打压武氏集团。所以，"号墓为陵"制度的出现有着强烈的政治背景，只有懿德太子墓和永泰公主墓这两座墓是按此制修建的。

懿德太子墓壁画

懿德太子墓的墓室结构非常复杂，由斜坡墓道、过道、天井、便房、前后甬道和前后墓室等 8 部分组成。每一部分都象征墓主生前所居住过的宫殿名称。天井表示庭院，他的墓内有 7 个天井，表示他的居所为七重院落；便房表示挟房、挟门、洞门之类的建筑；第一过洞表示宫城正门，第二过洞表示宫门，第三过洞表示殿门，第四过洞表示正殿；前墓室表示嫔妃起居的内殿，后墓室象征寝殿。

最早挖掘的唐墓是哪一座，其主人公有何死亡之谜

最早发掘的唐墓是永泰公主墓，于 1960 年 8 月至 1962 年 4 月被正式发掘。永泰公主，姓李名仙蕙，是唐中宗李显的第七女。大足元年（701 年），她死于洛阳，年仅 17 岁。

关于永泰公主的死因，有三种说法。

陕西乾县永泰公主墓

其一，死于杖杀。《新唐书》《旧唐书》和《资治通鉴》这三本书就有这样的记载。因为永泰公主背后议论武则天与"面首"张易之、张昌宗之事，被武则天杖杀。

其二，死于难产。永泰公主墓里面的墓志铭就这么记载的。对此，医学专家们专门将遗存的永泰公主的11块骨盆碎片进行了检验，发现永泰公主的骨盆确实狭窄。所以，墓志铭上所讲的"珠胎毁月"是有道理的。

其三，死于毒药。据《墓志铭》载："琼萼凋春，忿双童之秘药。"琼萼，即琼花，古代用"琼枝玉叶"比喻皇帝子孙。"琼萼凋春"暗指永泰公主年纪轻轻就早早死掉。据《左传·成公十年》记载，晋景公病，梦二竖为祟。齐桓公派了良医给他治病。医生对他说："疾不可为也，在肓之上，膏之下，攻之不可，达之不及，药不止焉，不可为也。"这里，"二竖"是病魔的意思。因此，《墓志铭》里所说的"双童"是"二竖"的另一种解释。由此来看来，"忿双童之秘药"，可理解为武则天念其怀有身孕，赐其服毒药而亡。

一般而言，古人写墓志有三讳：为尊者讳，为亲者讳，为长者讳。因此，在写到人的善恶时，大多都是以典故作暗语，直书者甚少。所以，永泰公主的死因，我们可以大胆推定，是被武则天赐毒药毒死的，而非死于杖杀或难产。

"武侯墓"有何独特之处

武侯墓是三国时期蜀国丞相诸葛亮的墓，位于今陕西省汉中市勉县的定军山脚之下。诸葛亮生前被封为"武乡侯"，死后被谥为"忠武侯"，因而其墓被称为"武侯墓"。武侯墓修于蜀汉建兴十二年（234年），为覆斗形，高约6米。

武侯墓有三个典型的特点。

其一，墓区内有两座墓穴，均称是真的。墓前有一个小亭，名曰"墓亭"，内竖一通石碑，上面刻着"汉诸葛忠武侯之墓"8个字。此碑立于清雍正十三年（1735年）。此外，位于半山腰的墓前也有一石碑，据说立于清嘉庆四年（1799年），墓前不辨真伪。

其二，墓后有两棵世上少有的结籽桂花树，高大繁茂，浓荫如盖，相传为"汉桂",也叫"护墓双桂"。

其三,此墓带有强烈的政治色彩。定军山是蜀国南大门汉中的门户,号称"陕南十二连山一颗珠"。诸葛亮立遗嘱葬于此地,是为了防止北方的强敌南下,即所谓"生为兴刘尊汉室,死犹护蜀葬军山"。

武侯墓由少祖山下沿的九条小山冈环抱,九条山冈犹如翻滚的巨龙,从四面八方汇聚于墓地,守卫着翠柏苍松之中的诸葛亮长眠之所,有"九龙捧圣"之称。九条山冈由青沟、罔子沟、井沟、斩地沟、田家沟、牛角沟、瓦洞沟、龙嘴沟八条小溪分割而成。墓前上岗三层,自定军山向西叠浪而来,约三里处形成眠弓形,古称"三台书案"。从少祖山下六冈向东势若游龙,跌宕起伏五六里,至墓后形成半里长的新月状,相传这是墓之正脉。新月之下,眠弓之内,豁然展开了300余亩平地,左右前后被九支小山岗环抱,好似佛手,鬼斧神工,非人力所能为之。

陕西汉中勉县武侯墓

 ## 贵妃墓为何被称为"衣冠冢"

杨贵妃墓在陕西马嵬坡是众所周知的,但据考证,此墓虽是真的杨贵妃墓,但只是个衣冠冢。这是怎么回事呢?

据《新唐书》卷七十记载:"及西幸至马嵬,陈玄礼等以天下计诛国忠。已死,军不解。帝遣力士问故,曰:'祸本尚在!'帝不得已,与妃诀。引而去,缢路祠下。裹尸以紫茵,瘗道侧。年三十八。帝至自蜀,道过其所,使祭之,且诏改葬。礼部侍郎李揆曰:'龙武将士以国忠负上速乱,为天下杀之。今葬妃,恐反仄自疑。'帝乃止。密遣中使者具棺椁它葬焉。启瘗,故香囊犹在。中人以献,帝视之,凄感流涕,命工貌妃于别殿,朝夕往,必为鲠欷。"

陕西兴平马嵬镇杨贵妃墓

《旧唐书》卷五十一记载:"及潼关失守,从幸至马嵬,禁军大将陈玄礼密启太子,诛国忠父子。既而四军不散,玄宗遣力士宣问,对曰'贼本尚在',盖指贵妃也。力士复奏,帝不获已,与妃诏,遂缢死于佛室。时年三十八。瘗于驿西道侧。上皇自蜀还,令中使祭奠,诏令改葬。礼部侍郎李揆曰:'龙武将士诛国忠,以其负国兆乱。今改葬故妃,恐将士疑惧,葬礼未可行。'乃止。上皇密令中使改葬于他所。初瘗时以紫褥裹之,肌肤已坏,而香囊仍在。内官以献,上皇视之凄惋,乃令图其形于别殿,朝夕视之。"

从《旧唐书》《新唐书》来看,玄宗从蜀回长安时,路过马嵬坡,诏改葬,因大臣反对而未实行,后秘密令内官改葬他处。改葬于何处,史书没有记载,推测在西安附近,以便祭祀。另有传说改葬于四川崇州三郎镇,但难以考证。

老陕西的饮食

 ### 三皮丝的原名"剥豹皮"何意

三皮丝是陕西的经典名菜,主料为鸡皮(或鸡腿肉)、熟猪肉皮、海蜇皮。三皮丝作为夏令时菜,风味独特,皮脆肉嫩,清爽利口,是一道佐酒佳肴。三皮丝始于唐代,原名"剥豹皮"。为什么叫"剥豹皮"呢?这里面有一个典故。

唐朝中期,京城长安出了三个作恶多端的大奸臣,他们沆瀣一气、狼狈为奸。这"三恶"是监察御史李嵩、李全交和殿中御史王旭。"三恶"欺上瞒下,强抢民女,搜刮民财,可以说坏事做尽,恶贯满盈。当时长安城里城外民怨沸腾,没有一个不对他们咬牙切齿,恨之入骨的。人们于是给他们分别起了外号:"赤黧豹"(李嵩)、"白额豹"(李全交)、"黑豹"(王旭)。对这三个大坏蛋的恶劣行径,老

三皮丝

百姓后来用实际行动表示反击,其中之一就是酒肆餐馆里出现了名为"剥豹皮"的菜肴。没过多久,这道菜在民间饮宴中迅速流行起来了。

话说长安城西有家酒店,店主姓吕。此人一向本分善良,疾恶如仇。为了伸张民意,吕老板首创了用海蜇皮(红色)、猪肉皮(白色)、和乌鸡皮(黑色)拼成的象征"三恶"的佐酒盘菜。此菜刚一上市,便传遍了京城。为了泄愤,人们都争相前往品尝这种名为"剥豹皮"的菜肴。此事轰动了整个长安城,不久,"三恶"就知道了此事。权倾朝野的御史大人不肯善罢甘休,为了报复,派人杀害了吕老板。民众知道后义愤填膺,表现出强烈不满和抗议。于是,长安城里大大小小的菜馆和小酒店,全都按照吕老板生前制作"剥豹皮"的烹饪方法,推出了相类似的菜肴,还起了一个更直接、更响亮的菜名"三皮丝"。那三个大奸臣明知这是人们对他们的反击,但又怕树敌太多,于是不了了之了。

古城西安的厨师,一代一代继承了"三皮丝"这道传统名菜,制作也变得越来越精美,从而使"三皮丝"远近闻名。

"烧尾宴"知多少

"烧尾宴"是唐代著名的宴会之一。"烧尾宴"的风习,从唐中宗景龙时期开始,到玄宗开元年间停止,仅仅流行了20余年就退出了宴会的名单。

据史料记载,唐中宗景龙年间(707—710)时,韦巨源官拜尚书令,于是在自己的家中设"烧尾宴"请唐中宗。为什么起了"烧尾"这个名字呢?人们众说纷纭,莫衷一是。一说是人的地位发生骤然变化,如同猛虎变人一般,尾巴尚在,故需将其烧掉。二说新羊初入羊群,会因受羊群干犯而不得安宁,只有用火烧掉新羊之尾,它才会安定下来。意思是说人从平民进到士大夫阶层,如同新羊出入羊群一样,一时难以适应新环境,故需为之"烧尾"。三说是鲤鱼跃龙门,必有天火把尾巴烧掉才能变成龙。其实,这三种说法都暗含升迁更新之意,故此宴取名"烧尾宴",特指朝官荣升,宴请皇帝以谢隆恩。《辩物小志》里记载,唐自中宗朝,大臣初拜官,例献食于天下,名曰"烧尾"。"烧尾",取其"神龙烧尾,直上青云之歆意"。该含义出自"鲤鱼跃龙门"的传说,可能也是"烧尾宴"最科学的一种解释。

唐代的"烧尾宴"有两种:一

烧尾宴

种是庆贺登第或荣升的,另一种是朝官晋升时设宴敬献皇帝的。这两种宴会都与地位由低到高的突变有关,体现了追名逐利的意识。"烧尾宴"设于室内,因此重食重功利而轻游乐。

中国第一花拼——辋川小样知多少

辋川,是唐朝诗佛王维在陕西蓝田县的别墅。那里山峦苍翠,泉水潺潺,景色优美。王维按诗画的意境,在此扩建了华子冈、孔城坳、辋口庄、文杏馆、斤竹岭、木兰柴、茱萸沜、宫槐陌、北垞、欹湖、临湖亭、滦家濑、金屑、南垞、白石滩、竹里馆、辛夷坞、漆园、淑园等20个景区。据这些景区,王维所绘制的辋川图更是"写尽人间山与川"。据《蓝田县志》的记载,此图"山谷郁盘,云水飞动,茂林修竹,奇石怪树,庭园馆舍,无一不精"。

那么这和盘文化中的花拼辋川小样有什么关系呢?这关系可大了。辋川小样就是根据此图拼制而成的。

据说,在唐代,有一位法号叫梵正的尼姑,她苦心孤诣地仿造前面所介绍的《辋川图》画面,以猪、鱼、鹅及黄雀的肉和一些腌、酱过的瓜、果、蔬菜等食料拼制成精美的花色拼盘。由于选料多样,荤素兼备,难度奇高。如若没有精湛的选料、切配、调味和造型技艺,即使勉强拼摆出外形来,可能也是杂乱无章、食来无味的。可见这辋川小样技艺超凡,绝对是一等一的伟构。即使我们不敢保证它一定是后无来者,但绝对能保证其前无古人的地位。这组花式拼盘"出奇思以盘饤,簇成山水,每器占《辋川图》一景",将"辋川图二十景"再现于花色冷盘之中。因为是每器占一景,所以这20个风景盘可分可合,合起来是一套"辋川风景"图,分开看是一个一个小风景。充分地将绘画艺术与烹饪技艺巧妙结合起来,是其最令人惊艳之处,实为破天荒的创举。而这个大型组装的花色拼盘菜,也因"人多爱玩",终至于"不忍食"。

既然这拼盘是《辋川图》的"小样",自然就得把别墅里的楼台亭阁与山水桥梁等融为一体,一块摆入盘中。而要如此呈现,就得掌握园林艺术的分合、高深、曲折、明暗、虚实等布局手法,倘无精妙构思,根本无法措办。凡

王维所绘《辋川图》

此种种，更加说明了在近千年之前，这位尼姑的艺术修为和烹饪技巧，已经俱臻化境，达到令人叹为观止、不可思议的地步。同时，"辋川小样"也开创了我国花拼菜肴的先例。

中国第一杂烩是什么

很多地方都有"杂烩"，多种多样，像"什锦杂烩"、"红烧杂烩"等。杂烩的质地有软有嫩有脆，味道有咸有鲜有香，因此很多人都很喜欢吃这种食物。

中国烹饪史上，最早的"杂烩"是春秋战国时期齐鲁之邦的娄护发明的，名字是"五侯鲭"。据说娄护是汉成帝时人，少年时就读过数十万字的本草、医经、方术书籍，曾做过京兆吏，"娄君卿唇舌"为时人称道，甚得名誉。据《汉书·游侠传》《太平广记》《语林》《世说》《西京杂记》等作品中记载，此人创制了被当世之人称之为"五侯鲭"的佳肴。

五侯鲭

所谓的"五侯鲭"，就是类似于现在人们常常称为杂烩的食物。关于"五侯鲭"，还有这样的一段传说。西汉时，娄护常去汉成帝母舅王谭、王根、王立、王商、王逢这五位在一日之内同时被封侯的"五侯"各家串门。《太平广记》中载："每旦，五侯家各遗饷之。君卿口厌滋味，乃试合五侯所饷之鲭而食，甚美。世所谓五侯鲭，君卿所致。"鲭，指的就是鱼和肉的杂烩。用现代汉语来说，五侯鲭就是五侯杂烩。五侯吃的无非山珍海味，其杂烩的烹饪原料定然不会是普通的猪肉及杂碎。因此，把五侯鲭改为现代餐馆菜名，称之为"什锦杂烩"应该比较确切。五侯鲭自汉成帝时，一直流传至今，还赢得了中国第一杂烩的美名。

"葫芦鸡"是如何诞生的

葫芦鸡，要用西安城南三爻村的"倭倭鸡"制作，要经过清煮、笼蒸、油炸三道工序才可做成。其成品以皮酥肉嫩、香烂味醇而著称，是西安的传统名菜，被誉为"长安第一味"。那么，这么诱人的美味佳肴是怎样诞生的呢？

相传，葫芦鸡始创于唐玄宗礼部尚书韦陟的一个官厨。据《酉阳杂俎》和

《云仙杂记》记载：韦陟出身于官僚家庭，凭借父兄的荫庇，贵为卿相，平步官场。此人锦衣玉食，穷奢极欲，用菜极为讲究。

一日，他命家厨烹制酥嫩的鸡肉。第一位厨师先将鸡清蒸，再用油炸制。待韦陟品尝后，认为肉太老，没有达到酥嫩的口味标准，大为恼火，命家人将这位厨师鞭打五十而致死。第二位厨师采取先煮，后蒸，再油炸的方法。这样酥嫩的要求倒是都达到了，但是由于鸡经过三道工序的折腾，已骨肉分离，成了碎块。于是韦陟怀疑家厨偷吃，不容家厨辩说，又命家丁将家厨活活打死了。慑于韦陟的淫威，其他家厨不得不继续为他烹饪酥嫩的鸡肉。

葫芦鸡

第三位家厨总结上两次家厨烹制的经验教训，想出了一个办法，就是在烹制前用细绳把鸡捆扎起来，然后先煮，后蒸，再油炸。这样做出来的鸡肉不但香醇酥嫩而且形似葫芦。这时，韦陟才表示满意。后来，人们根据它似葫芦的形状，便将其叫做"葫芦鸡"，一直流传至今。

西安老字号"樊记"有何传说

相传唐朝时，长安城东有位姓樊的官宦人家。有一年，陕南地区发大水，许多灾民来到了长安。为了拯救灾民，樊家开仓放粮，并曾资助一青年人葬母安业。10年后，那个青年人靠经营腊汁肉成为富户。青年人知恩图报，他借樊老爷八十大寿之机，打算报答恩人。他用百株花椒木做了一口上等棺木，然后从10头生猪身上剔下500斤精肉，烹制成上等腊汁肉放进棺内，密封后送进樊府。樊老爷因客人太多当时没有注意，所以由家人直接抬入了后院柴房，一放就是几年。后来，樊老爷被削职为民，一病离开了人世。

自从樊老爷去世后，樊家的家产就变卖一空了，生活举步维艰。这时，家人突然发现柴房内有一棺木，本打算变卖了用以度日，但樊夫人叫人打开看时，却见满满一棺木腊汁肉，香气四溢，色泽鲜嫩。她于是让家人拿一些上街去卖，一时就卖完了。这个消息不胫而走，于是登门买腊肉的人越来越多。眼看棺木中的腊汁肉即将卖完，樊夫人又开始买鲜肉，用棺木中的肉汁煮成新的腊汁肉，结果味道仍很鲜美。于是，樊家开起了肉铺，经营起腊汁肉来，名声日高。这就是

西安"樊记"腊汁肉

"樊记"来源的传说。

清光绪三十年(1904年),祖籍"烹饪之乡"陕西蓝田的樊炳仁在西安南院门卢进士巷(今卢荡乡)经营起腊汁肉。他继承了唐代的传统技法并加以改进,在许多腊汁肉铺中独树一帜,名噪古城。1926年,他用自己儿子的别名"茂春"作自己的店铺名字:义茂春。从此,"义茂春腊汁肉"的牌子挂了起来。"樊记"腊汁肉开始走州过县,名扬全国。1982年,樊家第三代传人樊少华在西安市开了新店,恢复了"义茂春"老字号。除了严格按照祖传技艺制作腊汁肉外,还增加了卤味(卤鸡、卤鸡蛋、卤豆腐干)、馄饨、酒水等。因此,慕名前来品尝者络绎不绝。1989年,"樊记"腊汁肉荣获国家商业部金鼎奖。

"樊记"腊汁肉选料精细,配料适宜,制作不同一般。它用的全是一级硬肋肉,并以丁香、草果、蔻仁、良姜、八角、花椒等为原料。汤为陈腊汁汤,不加生水,着糖色,不放酱油。所以,肥肉吃了不腻口,瘦肉无渣满含油,食后回味无穷。

水晶饼有何来历

水晶饼是陕西渭南一种很著名的点心的名字。水晶饼的特色是金面银帮,起皮掉酥,凉舌渗齿,甜润适口。

传说北宋时期,宰相寇准为官清廉,办事公正,深得民心。有一年,寇准从京都汴梁(今河南开封)回到老家渭南乡下探亲。此时正逢寇准五十大寿,乡亲们就送来了寿桃、寿面、寿匾等表示祝贺。寇准于是摆寿宴款待。酒过三巡,忽然手下人捧来个精致的桐木盒子。寇准打开一看,只见里面装着50个晶莹透亮如同水晶石一般的点心。在点心上面,还放着一张红纸,整整齐齐地写着一首诗:"公有水晶目,又有水晶心,能辨忠与奸,清白不染尘。"落款是"渭北老叟"。寇准看完之后,就品尝

渭南水晶饼

起来，觉得味道鲜美而独特。

后来，寇准的家厨也仿照原样做出了这种点心。因为这种点心的馅通明发亮，晶莹如水晶石一般，寇准据其特点给它取了一个好听的名字——"水晶饼"。当时，水晶饼在古都长安的市场上声誉很高，与燕窝、银耳、金华火腿一起名列前茅。元朝时，渭南城内永兴正商行就继承了传统配方，制作出精美的"水晶饼"，行销西安、北京等各大城镇。到了清朝末年，在传统配方的基础上，渭南同义栈的张彩凤师傅制作出的"水晶饼"更加驰名天下。现在，水晶饼仍然是渭南知名度最高的地方特产。

 ## 西安羊肉泡馍有何传说和典故

羊肉泡馍是西安土生土长的最有名气的美食。它烹制精细，料重味醇，肉烂汤浓，肥而不腻，营养丰富，肉香飘溢，暖胃耐饥，素为西安人所喜爱。外地人来到西安，想品尝的第一道美食就是它。

西安羊肉泡馍

羊肉泡馍源于古代的羊羹，即羊肉汤。在周朝至宋朝，中国一直称羊肉汤为羊羹，后来在羊肉汤里加入馍块便成了羊肉泡馍。相传宋太祖赵匡胤未投军前曾流落长安，时值寒冬，饥寒难耐，囊中只有一饼，冷硬难以下咽。街边一家卖羊肉汤的老板见状，给了他一碗热羊肉汤。赵匡胤便将饼掰碎泡在汤里吃，觉得味美无比，吃完后有了精神。后来当了皇帝，尝遍世间美味，总觉得那次的羊肉汤泡饼最好吃，便令厨房仿制。经厨师反复试制，定下一套做法，并流传下来，就是现在的羊肉泡馍。

清末八国联军侵华时，慈禧太后逃到了西安，有一次吃了一碗羊肉泡馍，称赞道："肉软不糜，滋味甜美。"从此西安羊肉泡馍声名大噪。

 ## 西安羊肉泡馍的制作和食用有何讲究

做羊肉泡馍，要先将牛羊肉和牛羊骨洗净入大锅，添足水，加食盐和装有花椒、八角、草果、桂皮、良姜、葱、大小茴香等佐料的大料包，先以大火煮数小时，再以文火炖数小时，使肉烂成汤，汤即算熬成。将白面烤馍饼掰碎成小块放入

碗内,另加葱花、白菜丝、料酒、粉丝、盐、味精等调料,以及一些熟肉片,然后舀入熬好的汤,羊肉泡馍就做成了。

西安制作羊肉泡馍的场景

羊肉泡馍的吃法有好几种,有自吃自泡的,在吃馍时,把馍掰得越小越好,为了便于使馍入味。有干泡,让汤汁完全渗入馍内,碗中不见多余的汤。有加汤不多不少,馍食完后余一口汤,喝了顺顺肠胃,称为口汤。有吃完泡馍另喝一碗汤的,称为单走儿。还有泡馍时多加汤水的,如大水漫灌,称为水围城。

羊肉泡馍不仅讲究烹调,更讲究"会吃"。没有经验的人,吃前总习惯用筷子来回搅动。这其实是一忌。"老陕西"的吃法是从一边一点一点"蚕食",这样能始终吃出鲜味。吃时,还可根据自己的口味嗜好,调入糖蒜,或香菜、辣子酱、芝麻油之类佐料。吃后饮一碗用原汁汤加粉丝烩制而成的"高汤",汤香满口,顿觉神清气爽,精神倍增。

西安老童家腊羊肉因何得名

西安老童家腊羊肉已经有100多年的历史。老童家腊羊肉色泽红润,肉质酥烂,油香不腻,鲜美可口,一直以来受到人们的欢迎。关于老童家腊羊肉,还有一段逸闻。

清光绪二十六年(1900年),八国联军进攻北京,慈禧太后携光绪帝仓皇出逃,经山西逃到了西安。有一天清晨,慈禧太后乘坐御辇出巡,途经西大街广济街口。当时的广济街口和迎祥观以东,有一段很陡的坡道。车子在上坡缓缓而行的时候,忽然闻到一股浓郁的香气,慈禧不禁暗暗称奇,喝令停车询问。打听之后,原来是一家姓童的腊牛羊肉店正在烹肉。于是,慈禧太后下车品尝了一番。吃完之后,慈禧太后大加赞赏并传谕列为贡品。

当时,太监李莲英和新任军机大臣鹿传霖也跟在慈禧身边。在听到慈禧太后的溢美之词后,李莲英见风使舵地连忙应道:"幸蒙老佛爷圣誉,足见腊肉确是民间上品,奴才方才闻味,已觉其香无比,才吩咐肉馆掌柜精选特制,日日供奉。"鹿传霖也插嘴道:"老佛爷敬天恤民,堪与日月比崇,若能赐匾永志,更可俯沐万世。"慈禧得意地回道:"滋轩之言,正合我意。只是这民间肉铺,赐匾务须注重典雅。"鹿、李等人绞尽脑汁，考虑到这条街道呈斜坡状，该店在坡东，慈禧曾于坡前止辇，以"辇止坡"为文赐匾甚好。慈禧听了十分满意，于是点头应允。接着，慈禧命令兵部尚书赵福桥的老师刑维庭手书"辇止坡"金字牌匾一块，悬挂该店门首。从此，老童家腊牛羊肉名噪一时，成为古都西安的一大特产。

西安老童家腊羊肉

西安老童家腊羊肉，在选料、制作方面有独到之处，是以带骨鲜羊肉为主料，以精盐、小茴香、花椒、八角、桂皮、草果等为辅料，经过细致的腌制后再煮而成的。

西安小吃"葫芦头"与孙思邈有何渊源

葫芦头泡馍，通常简称葫芦头，是西安特有的风味小吃。它和羊肉泡馍有相似的地方，但所用的是猪肠肉。

相传葫芦头源于唐代，名医孙思邈到长安一家猪肠店吃煎白肠时，觉得腥味大且油腻，是制作不得法所致，便传授制法和佐料配方，并留其药葫芦给店家。从此这美食饭才变得异常好吃，那家小店也因此生意日好。店家把孙思邈的药葫芦挂于门楣当炫耀的招牌，人们也因此称煎白肠为"葫芦头"。另一说，因大肠头形似歪把葫芦头，故名。

葫芦头做法主要有三道程序：处理肠肚、熬汤、泡馍。肠肚要经过授、捋、刮、翻、摘、回翻、漂、再捋、煮等十几道工序，才能达到去污、去腥、去腻的效果；熬汤是将猪骨冲洗干净，配肥母鸡下汤锅烧煮，直熬成乳白色；泡馍是由进食者掰成碎块放入碗内，然后由厨师将肠肚和鸡肉切成细丝，放于馍块上，加滚开的汤，把馍浸透，放入一些香菜末、蒜苗丝、料酒、调料水，再

孙思邈

浇入些滚汤汁,即可食用。葫芦头馍块洁白晶亮、软绵滑韧,肉嫩味美,汤浓味醇,肥而不腻,配以泡菜口味更好。

西安好吃的葫芦头店很多,最有名的是南远门春发生葫芦头泡馍,其开有几家分店。

岐山臊子面为何号称"陕西面食第一面"

臊子面是陇东、关中、山西地区的一种传统面食,以陕西岐山臊子面最为著名,号称陕西面食第一面。在关中地区,婚丧、过年过节、孩子满月、老人过寿、迎接亲朋时,都用臊子面做早餐。臊子面历史悠久,明朝时已有明确记载,清朝时已很流行。

臊子面的来源有几种说法,其中一种说法是源自唐朝时的长寿面。据南宋朱翌的《猗觉寮杂记》说:"唐人生日多俱汤饼,世所谓长命面者也。"《水浒传》第三回《鲁提辖拳打镇关西》中鲁达说:"要十斤精肉,切作臊子,不要见半点肥的在上面……再要

臊子面

十斤都是肥的,不要见些精的在上面,也要切做臊子……再要十斤寸金软骨,也要细细地剁做臊子。"郑屠说:"却不是特地来消遣我?"鲁达把两包臊子劈面打将去,却似下了一阵的肉雨。由此可见宋元时期已有臊子,也应有臊子面。明代高濂的《遵生八笺》里记有"臊子肉面法",是现存文献中最早明确记载"臊子面"之名的。《辞海》中的释义:"臊子,同燥子,肉末儿。"

臊子面的面条要用手擀细面,以筋韧光滑、软硬适度为标准。臊子,别的地方称为卤,有肉臊子和素臊子两种,以肉臊子为主。其基本做法是:将猪肉切成薄片,入热油锅中,加入生姜、食盐、调料、辣椒粉、陈醋,炒熟即可。把豆腐、黄花菜、木耳炒好,入碗中做底菜;把鸡蛋打入锅中摊成蛋皮,熟后切成棱形小片;将面条煮熟,捞入碗中,浇上汤,放臊子,再加鸡蛋小片和碎蒜苗做漂菜,即可食用。岐山臊子面鲜艳浓香;面薄、筋、光;汤煎、稀、汪;总体味道酸、辣、香,值得品尝。

金线油塔有何来历

金线油塔是古城西安的一种传统小吃,相传始于唐代,原名"油塌"。清代时,"油塌"有了改进,人们开始选用上等面粉、猪板油等为原料,并且增加了油饼层次,把饼状改为塔形,将烙制改为蒸制。这时的"油塌"层多丝细、松绵不腻。因为这种小吃的形状"提起似金线,放下像松塔",故而人们把"油塌"改为"金线油塔"。

据《清异录》记载,唐穆宗时,宰相段文昌家里有一个号称是"膳祖"的老女仆,此人擅长制作"油塔",且技艺精湛。在40多年的时间里,她曾将此技艺传授给了100多名女婢。据说,当时得其真传的只有9个女仆。而在西安的民间传说里,真正继承了段丞相家老女仆制作"油塌"技艺的,却只有一人。由此可见,这种制作技艺有多么高超,不是一般人能掌握的。后来,这种小吃渐渐传入了普通市肆。

金线油塔

清朝末年,陕西三原县县城里两家油饼铺"悦丰和"、"永丰亭"的店东彭占魁和杨丁海师傅,在继承唐代"油塌"技艺的基础上,不断创新。他们选用白、细、绵、软的上等面粉和用粮食喂养的生猪板油及网油,使油饼层次增多,并改饼状为塔状,改烙为蒸,名称也由"油塌"改为"金线油塔"。此后,这个名称沿用至今。

被誉为"西秦第一点"的"千层油酥饼"有何来历

千层油酥饼被誉为"西秦第一点",是经过制酥、和面、制饼、煎烤而成的。此饼具有色泽金黄、层次鲜明、脆而不碎、油而不腻、香酥适口的特点。

据说,千层油酥饼与高僧玄奘有关联。唐王朝初期,自唐太宗李世民起,统治者开始崇尚佛教,并且积极提倡佛教。大师玄奘从西域取经归来后,唐朝皇帝就让他在慈恩寺从事翻译佛经的活动。唐高宗李治特别尊崇佛教,当玄奘法师翻译佛经达千卷时,他命令御厨专门做成"千层烙饼"赏赐给玄奘,以表彰他

千层油酥饼

的贡献。后来，玄奘法师圆寂。就在安葬的那天，京城长安附近赶来为玄奘法师送葬的人有数万之多，他们也都带着寓意千卷佛经的各种食品来祭奠。此后，京城长安的厨师怀着对玄奘法师的崇敬情意，对"千层烙饼"又作了精心改进，取名"千层油酥饼"。该饼刚一投入饮食市场，就广受欢迎，风靡一时。千余年以来，千层油酥饼历久不衰，流传至今，一直是古都西安的风味名吃。

富平太后饼因何得名

"太后饼"是陕西富平县的传统特色小吃，外皮金黄，油润酥脆，内层绵软，咸香适口。该饼历史悠久，相传出现于西汉，距今已有2000多年之久。

汉高祖刘邦未得天下之前，曾娶薄氏为妾。刘邦当了皇帝后，薄氏被封为"姬"。薄氏的儿子就是汉文帝刘恒。刘恒当了皇帝后，薄氏自然成了皇太后。她已亡故的父亲被封为"灵文侯"，母亲便是"灵文侯夫人"。文帝的母亲薄太后平时最喜欢吃油酥面饼。她常常到民间探望生母，而且每次省母，都要带随行御厨为母亲做油酥面饼吃。后来，这一宫廷烤饼技术，便由灵文侯夫人渐渐传至民间。因为此饼源于薄太后，故取名"太后饼"。

富平太后饼

虽然2000多年过去了，太后饼也随之世代相传。民国初年，一位善做太后饼的师傅到西安开店经营，此饼传至西安，遂成为西安著名小吃。

黄桂柿子饼有何传说

黄桂柿子饼,金黄绵软,色彩绚丽,芳香扑鼻,是西安特有的风味细点之一,亦可作小吃。

黄桂柿子饼,主料是临潼特产火晶柿子,并配有上等白面粉、黄桂、玫瑰、青红丝、猪板油、桃仁、白糖等。先将放软了的火晶柿子剥皮去蒂倒在面粉里,稠糊后,再与面粉搅和均匀揉成面团(不用加水),另取少量面粉,加入上述配料,揉搓成馅。从软面团内取50克左右托在手中拍平,包入馅料,双手旋转封口成圆球

黄桂柿子饼

形,平放在注入菜籽油的锅中烙烤,待底面色变黄时,压成扁圆形,随即翻过,烙约5分钟,待火色均匀即熟。

关于黄桂柿子饼,有这样一个传说。明崇祯十七年(1644年),农民起义军领袖"闯王"李自成在西安称王,不久便进攻北京。当时,关中正逢灾荒,粮食短缺。为了支持"闯王"的义举,临潼百姓就用熟透的火晶柿子拌面粉烙成柿面饼,供义军官兵在路上吃。由于这种饼抗饥耐饿,义军们吃了后,个个精神饱满,没有多长时间就攻下了北京城。

此后,在每年柿子成熟的季节,临潼县当地人都要用"火晶柿子"制作柿面饼吃,以此来纪念李自成。以后经过几代厨师们的不断改进,黄桂柿子饼形成了现在的风格。

辣子一道菜

说起中国能吃辣的地区,人们恐怕首先想到的是四川和湖南。其实,陕西人吃辣的程度和水准不亚于四川和湖南。油泼辣子是陕西关中地区一道很重要的菜。在当地有一首民谣这样写道:"八百里秦川东风浩荡,三千万儿女齐唱秦腔。吃一碗羊肉泡喜气洋洋,没油泼辣子嘟嘟囔囔。"由此看见,当地人对油泼辣子情有独钟。

陕西人爱吃油泼辣子,有其历史渊源。也可以说,陕西人种辣椒、吃辣椒,

老陕西的趣闻传说

老刘家伊味香肉丸胡辣汤

是由地理环境因素决定的。早在唐代之前,陕西关中就是富庶之地,可以说是中国最早的"天府之国"。关中有千里沃野,土地平整,常年雨量充沛,适宜于栽培各种农作物,辣椒的种植也在其中。因陕西地处黄土高原地带,常年有西北风侵扰。因为人们要驱寒防冷,所以辣椒就成为一种极好的食品。辣椒有辛热、御寒、健胃等功能,所以吃辣椒就成为陕西人的一大嗜好。陕西的辣椒是一大名产,在中北方很有名气,称为秦椒。这就是北方人称辣椒为秦椒的原因。

20世纪90年代初期,陕西三原县有位叫姚正运的人,他突发奇想,将油泼辣椒装成瓶、装成罐去卖。经过试验后,他在耀县(今铜川市耀州区)创建了一个渭北秦椒加工厂。从此,当地祖祖辈辈、自古至今都喜爱吃的油泼辣椒,一下子从农家的锅台边,进入了琳琅满目的商品世界,被称为"陕西一绝"。油泼辣椒走出了陕西,走进了人民大会堂;走出了中国,进入了东南亚市场,还参加过在美国匹兹堡举办的食品博览会。几百年来,一直在农家饭桌上扮演小角色的油泼辣椒,如今成了陕西的一个名牌。

泡泡油糕有何来历

泡泡油糕是陕西三原县很有名气的传统小吃,至少已有1000多年的历史。在唐朝时为宫廷食品之一,现在正入"中华名小吃"之列。泡泡油糕为油炸糕点,因其色泽乳白,绵软甜香,糕面蓬松起泡,入口即消,故名。其面皮是用开水和大油烫熟的富强粉做的,馅用白糖、黄桂、玫瑰、桃仁、熟面搅拌而成。取一点馅,用面皮包好,放到花生油锅里炸,等油糕上面起一层透明的泡泡,便立即捞出,控干油即成。

泡泡油糕要现做现吃,凉了泡泡纱层就会瘪掉。吃泡不可性急,要吹吹降温,一点一点地吃,

三原泡泡油糕

若猛吃一口,极易被烫着。

传说唐中宗景龙二年(708年),西安人韦巨源官拜尚书令,在向中宗献食的烧尾宴中,有一名为"见风消"的糕点很是好吃。据考证,这种"见风消"糕点就是现在的泡泡油糕。相传安史之乱时,一位唐宫廷御厨流落三原县,以做泡泡油糕为生。这种技艺遂在三原县传开,并传承至今。

为何说甑糕是最古老的小吃之一

甑糕,又名水晶龙凤糕,用糯米、红枣为原料做成,是陕西关中地区的传统名早点。甑糕具有色泽鲜艳、红白相间、粘甜味美的特点。

甑糕被称为"最古老的小吃之一",是因为它的历史悠久,源远流长。首先,甑糕的古老表现在用来制作它的炊具上。甑糕由最古老的蒸具"甑"演变而成的甑锅蒸制而成,这也是它得名的原因。甑在原始社会后期就已经出现了,到了新石器时代又有了陶甑,商周时期发展为铜甑,以后又变为铁甑。铁甑这种炊具此后就世代沿袭,流传至今。这种炊具形似圆筒,底部有许多透气的小孔。其次,甑糕的古老体现在它是由3000多年前的西周时期王子专用的食品"糗饵粉糍"渐渐演变而成的。《周礼》中有"羞笾之食糗饵粉糍"的记载。"粉糍"是在糯米粉内加入豆沙馅(古时叫豆屑末)蒸成的饼糕。先秦的"粉糍"是在糯米粉中加入豆沙馅蒸成的

蜜枣甑糕

糕饼,并不放枣,到了唐代才发展成枣米合蒸。唐代韦巨源宴请中宗皇帝的"烧尾宴"中,就有"水晶龙凤糕"。唐宋以后,糕类食品越来越多,既有麦面的,又有米面的、豆类的、蔬果的。就糯米糕而言,也从形状、味道等方面分了数十种之多。各种糕都有自己的名称,有的以用料为名,有的以形状为名,只有甑糕以炊具为名并沿用至今。

西安贾家灌汤包为何被誉为"西北一绝"

灌汤包子是西安有名的风味小吃,包子形状像软缎灯笼罩,内有汤,馅成球,汤能浮馅,被誉为"西北一绝"。

贾家灌汤包

西安灌汤包子是改革开放后才发展起来的一个饭食品种,出名后仿制的店家很多,总计有几十家,味道和品质不一,以贾家(清真)灌汤包子最为有名。馅有猪肉的、牛肉的、羊肉的、鸡肉的、虾肉的、素的等很多种。

西安灌汤包"汤能浮馅"的制作秘密在于用的是冷冻馅。在包之前把肉馅冻在汤馅中,用面皮包好后放蒸笼上一蒸,冻汤便化开了。灌汤包讲究面皮要包得严,不能有缝,包子不粘笼屉。这样蒸熟后才能提起来像灯笼,且不漏汤。

灌汤包子的吃法是先用筷子扎一个洞,让汤流入小勺中,吹凉饮用,然后吃包子。若一口吃,会被热汤烫伤。皮薄、馅嫩、汤鲜,佐以醋、香油、辣子油、蒜水等,吃起来味美可口。西安灌汤包子在形制和吃法上和开封第一楼灌汤包子相似或相同,可能有借鉴关系。

为什么说陕西面条甲神州

俗话说,"三秦面食甲天下",陕西可以说是中国的"面食王国"。陕西面食种类多、吃法多,少说也有 50 种。经过简略统计的名称主要有:西安箸头面、岐山臊子面、乾县鸡面、大荔炉齿面、永寿礼面、合阳页面、三原疙瘩面、麟游血面、韩城大刀面、汉中梆梆面、安康窝窝面、长安荞面、猴头面、浆水面、翡翠面、卤面、烩面、炒面、削面、米儿面、凉面、扯面、犁面、龙须面、摆汤面、棍棍面、角角面、寡妇面、棋花面、涎水面、蘸水面等。

陕西面条有宽窄、粗细、薄厚、长短等规格差异。就形状来说,有长至二三米、短至一二寸、宽如皮带、窄如韭叶、粗似筷头、细似发丝、厚如牛皮、薄如纸张、圆如铁丝、棱如三角、中间空的、里面实的等;就面条加工来说,有刀切的、铡的、拉的、削的、拨的、压的等;就原料来说,除小麦而

内江寡妇面

外,还有剁荞面、荞面饸饹、豆面(绿豆、豌豆、黄豆等)、黍米面等;就与面条相配的主料来讲,有糊汤面、连锅面、麦仁面、米儿面等;就配合的辅料、作料来讲,有臊子、炸酱、油泼、酸汤、卤汁、调料水等;就对面条再加工来讲,有热拌面、凉拌面、炒面、煮面、蒸面、烩面、过水面、油炸面等,不一而足。

三秦的面食是面食中绝对的"天下第一"。陕西面条是中华面条的缩写,三秦面食文化是关中民俗文化的重要组成部分之一,在传承陕西历史文化方面有着重要意义。

为何说"金边白菜"最难炒

什么菜最难做?就是那些原料最普通的菜。据清代人薛宝辰的《素食说略》讲,清末西安厨师烹制的金边白菜味道之美和色泽之鲜,"京师厨人不及也"。据说慈禧太后当年避难西安时,美餐的90道菜中,要求必须有一道金边白菜。

金边白菜属于陕西传统名菜。但是,此菜的做法不一般,有一定难度。陕西关中地区盛产优质白菜,这就为金边白菜的烹制提供了最佳原料。金边白菜不是一般的炒工就能炒制出来的。金边白菜妙就妙在所炒白菜四周有韭菜叶般宽的金黄色镶边,而中间的白菜又保持了原有的洁白。

对于金边白菜,已故高级烹饪师靳宣敏在《秦菜三式》一文中说:"金边白菜是个火候菜:火小了白菜吐水多,影响口味;火大了容易焦煳,影响美观。掌握火候的有效办法就是翻勺。炒勺中添适量菜油后,坐旺火上划匀,把去籽切段的辣椒和姜末下锅,爆出香味,立即投入骨牌片白菜,见白菜倒楞,稍软,即大翻勺,再放回火上稍稍加热,再翻勺。如此数次,见白菜刀口略黄,烹醋,翻勺,再放酱油、盐和糖少许,再翻勺。最后经'花打四门'的技法后出炒勺装盘。"靳宣敏还强调说:"翻勺是保持菜肴风味的基本功之一。金边白菜要炒到家,就要有翻勺的功底。"由此可见,金边白菜绝不是一道简单的菜肴,需要有真功夫才能拿得出手。

西安的金边白菜以辣椒、姜米为调味料,旺火急煸,烹入醋和酱油,出锅时淋上芝麻油。菜片段刀茬处呈金黄色,酸辣脆嫩,十

金边白菜

分爽口。

大白菜现在看来很普通,古时却是稀有原料,它的名字叫"菘",说是具有松树隆冬不凋的品质。苏轼认为它可与羊羔、乳猪、熊掌相提并论;范成大说它的味道比蜜藕还要美;清人王士雄说它是"疏中美品"、"荤素咸宜",可解酒、利胃。

商芝肉有何典故

商芝肉历史悠久,闻名遐迩。生活在秦岭山区的商洛人,每次款待亲朋好友时,所有的山珍美味中必有商芝肉。现在,擅长制作商芝肉的大师已经应召进京,将商芝肉奉献于国宴之上。商芝肉之所以驰名天下,主要归功于其主料商芝草,它盛产于商洛的秦岭山麓。商芝草,是一种蕨类草本植物,当地人常叫它"紫芝"、"全芽子"。商芝草嫩茎为紫红色,叶芽蜷曲如鸡爪。每年春季,它就会抽出约七八寸长的嫩茎,又肥又嫩,这嫩茎就是商芝肉的原料。商洛山区人民往往趁商芝草鲜嫩时将其采下,直接晾干,或用开水烫一下晾干,长年储存,以作随时食用。

商芝肉

关于商芝肉名字的来历,有一段美丽的传说。秦末汉初之际,天下战乱不息,有周、吴、崔、唐四位贤士,在商洛山中商镇之南的商山隐居,以避秦乱。后来,汉王平定天下,邀请四位贤士出山,以效命新朝。然而,他们四人拒绝了汉王的入仕之请,老死山中。此后,商洛人尊其为"商山四皓"。据说,四皓公在商山中断炊绝粮之时,常以一种紫芝草为食,取名为"商芝",并写下了著名的《采芝歌》。在四皓公的影响下,商山当地人便发明了"商芝肉"。他们把猪肋条肉红烧好后切片装盘,将商芝用开水泡开,漂洗干净,取其顶端尖上7～10厘米的一段,切成寸丝,铺放在肉的上面。然后再撒上葱姜末、五香粉等佐料,用蒸笼蒸半小时左右。这样,一盘香味扑鼻的"商芝肉"就做好了。

八宝饭有何典故

八宝饭是陕西的一道著名甜食,选料极为考究,以糯米为主料,配以红枣、莲子、百合、薏米、白果、桂圆肉、青红丝等蔬果,也可以因时因地而异,配以胡桃仁、山楂糕、葡萄干、花生仁、蕨麻、樱桃等。八宝甜饭,以色、香、味、形俱佳而著称,又以点燃烧酒熔化红糖的特殊制作方法而引人入胜。

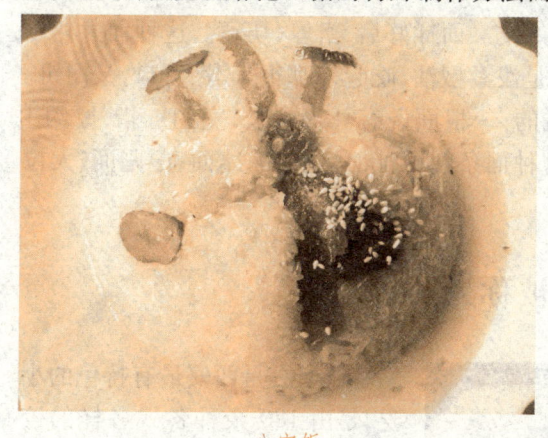

八宝饭已流传了千年之久,关于其来历,有两种说法。

民间认为八宝饭来源于古代的"八宝图"。八宝图是人们为了祈求吉祥、平安等制作的图画,上面画着八种民间传说中的祥瑞之物。"八宝"是指和合、玉鱼、鼓板、磬、龙门、灵芝、松、鹤。

另一种观点认为,八宝饭源于武王伐纣后举行的庆功宴会。周武王率诸侯东征,在牧野之战中打败昏庸无道的纣王,建立了西周。在武王伐纣的过程中,有8个人为建立天下的大业做了突出贡献。这8个人是伯达、伯适、仲突、仲忽、叔夜、叔夏、季随、季骗。由于他们功勋赫赫,所以深为武王和人民称誉。在武王伐纣的庆功宴会上,天下欢腾,将士雀跃,厨师应景而作"八宝饭"庆贺。"八宝"象征了八位有功之臣。

在上述两个说法中,人们普遍认为第一种观点较为可信。

"关中十大怪"之一的"面条像腰带"指的是什么

关中地区盛产小麦,使得面食成了关中人的主要食物,而面条则是关中人最主要的面食。关中人天天吃面条,称面条饭为"饭",称米食为"米饭"。其中的意思只有面条才是主要的饭,其他的饭都是配饭。他们做出的面条有几十种,如棍棍面、片片面、晾面、汤面、酸汤面、热碗面等。关中农村最喜欢吃一种手擀的宽面条,有两指宽,短的有一尺,长的有三尺,如腰带一般,怪模怪样的,被列为

陕西剪纸:面条像腰带

"关中十大怪"之一。

关中农村有句俗语"打到的婆娘,揉到的面"。"打到的婆娘"好像是说婆娘是打战或打斗抢到的,颇费了一番工夫。"揉到的面"是说揉面像抢婆娘一样,也要费工夫。面揉得越狠就越好吃。面揉好后,擀厚、切宽。这种面煮熟以后,捞在碗里,无论是浇肉臊子,还是泼秦椒油,吃起来都很光滑、可口,又耐饥。有的面不是擀面切成的,而是扯成的,一根面条有一米来长,宽约二指,厚约1厘米,故一碗只能盛一根面条。这种面条叫做扯面,也叫冰冰面、彪彪面、大拉面等。

为何"西安饺子宴"被称为"神州一绝"

西安饺子

饺子宴是西安最有特色的小吃,是由180余种各式各样的饺子组成的宴席,故称之为"饺子宴"。有百花宴、牡丹宴、龙凤宴、宫廷宴、八珍宴5个高、中、低档次。其饺子馅有猪牛羊肉、蔬菜、鸡鸭鱼肉、蛋类、海味、山珍、干菜、果品等,既好吃又营养;有生皮生馅煮熟的,有用熟馅包饺的;熟馅有烹、炒、煸、爆、炸、溜、蒸、煎、烤、炸等多种做法;口味有咸鲜、酸、甜、麻、辣、鱼香、怪味等多种。饺子外形有月牙、角儿、走兽、花、草、鱼、虫等多种样式,造型逼真,玲珑剔透。颜色有白的、绿的、红的、黄的、棕色的、橙色的、多色的、不加色的等,有很多种。有热的,有凉的。每道饺子还有雅名和故事。各种饺子摆一席,令人眼花缭乱,连连称赞。有"一席饺子宴,吃尽天下鲜"之说。

西安饺子是20世纪80年代改革开放后才发展起来的,由解放路饺子馆首创。饺子宴问世为西安争了不少光。1987年以来,解放路饺子馆和德发长饺子馆把西安饺子宴介绍到了北京、广州、杭州、哈尔滨、西宁、郑州、香港等几十个城市,并受邀到日本、菲律宾等国表演,受到高度的称赞。1989年,西安饺子宴获商业部饮食行业最高荣誉金鼎奖。饺子宴常常用来招待到西安的名士和外国元首及高官,为西安增色不少。

为何说"陕西凉皮"惹人馋

陕西凉皮

凉皮是陕西的一种地方小吃,历史悠久,在秦汉时就有了。它分为大米面皮和小麦面皮两类,以大米面皮最多,故又称米皮,一般所说的凉皮就指的是大米凉面皮。吃时将凉米皮切成细条,加入青菜、黄瓜丝、小豆芽等,再加入盐、醋、味精、芝麻酱、蒜汁、辣椒油、香油即可。也有不用味精,而是用草果、茴香、丁香等熬成调料的。凉皮是很好的消暑食品,最宜夏天吃,有酸、辣、香、凉、筋、滑几大特色。故在炎炎夏日,陕西凉皮十分惹人馋。

有名的有汉中凉米皮、西安凉皮、户县米面凉皮、秦镇凉皮,还有扶风的烙面皮,汉中的黑米凉皮、槟豆凉皮、魔芋凉皮,以及关中一带的面筋凉皮、陕北的绿豆凉皮、岐山擀面皮等。凉皮和热面皮的不同在于热面皮是现蒸现吃,是热时吃,而凉皮主要是凉拌吃,主要用于消暑。

"贵妃鸡翅"与杨贵妃有何渊源

贵妃鸡翅是陕西的一道传统名菜。贵妃鸡翅用鸡翅膀制成,具有色泽金红、口感筋柔、软滑爽嫩、浓醇宜人、回味悠长的特点。相传,唐玄宗的贵妃杨玉环除了嗜好荔枝外,还喜欢吃鸡翅。因此,人们把这种小吃叫做"贵妃鸡翅"。

杨玉环是中国古代"四大美女"之一,她丰满性感,体现了唐朝推崇的雍容之美。杨玉环本是唐玄宗之子寿王李瑁的妃子,因为容貌美、晓音律、善舞蹈、迎人

贵妃鸡翅

意为唐玄宗看中。于是,玄宗授意她出家做女道士,并为寿王另娶妃子。不久,玄宗将杨玉环召入宫中,异常宠幸,正如白居易《长恨歌》中所说,"后宫佳丽三千人,三千宠爱在一身"。公元745年,杨玉环被封为贵妃。但是,杨贵妃曾一度失宠。于是,她整日耽于酒食。"贵妃醉酒"的典故即源于此。在饮食上,杨玉环极为讲究,酷爱美食。在她失宠后,御厨们按其旨意,反复研究琢磨,专门选用鲜嫩的鸡翅膀,配以多种调味品,采用先炸后蒸的方法烹制而成一种小吃。这种小吃后来被命名为"贵妃鸡翅"。

陕西吃面有哪些讲究

陕西人吃面条很有讲究,特别是在关中地区,人们基本上吃出了一种文化,形成了一种风俗。以下面这几种面条为例,我们便可以体会到陕西人吃面条的讲究。

陕西面条

第一,**团面**。每当家里有人如丈夫或儿子出远门时,全家人会一起吃这种面,表示给外出的人祝福,以求平安。做法:将煮好的长面条,盛入碗内,再加入调料、蔬菜之类,香气四溢,热气腾腾。

第二,**寿面**。一般来说,这种面只在家中有老辈人过生日时才吃,表示健康长寿。做法:面条要做得细长,煮好盛入碗中,撒上香菜叶,加入调好的鲜汤进食。

第三,**红面**。这种面一般都在每年最后一天才吃,表示吉祥如意,在新的一年日子会越过越红火兴旺。做法:把面擀好切成粗细均匀的长面,煮熟盛进碗里后,调入葱花、蛋黄、红辣子油,其味香,面呈红色。

第四,**蛋面**。一般而言,这种面是丈母娘为新婚的女婿煮的,表示喜欢女婿。做法:把面条煮熟后,再往锅里打若干个鸡蛋,调好一起捞出来吃。

第五,**粥面**。这种面俗称"腊八粥",一般是每年腊八节的时候才吃,表示旧的一年已经过去,新的一年一定会丰衣足食。做法:首先把绿豆、黄豆、萝卜、花生、杂豆煮成八分熟,再把面擀好切细;放入锅里一起煮,熟后加入作料。

第六,**冷面**。一般在清明节前后吃,俗称"寒食"。这种面表示不动烟火,是用来纪念不求荣华富贵的晋国著名人物介子推的。但在炎热的夏季,人们也普遍地吃这种面食。做法：将面擀好切细，煮熟后放在冷水中冷却，然后捞出控干，盛入碗里加调料进食。

"蓝田"为何成为"厨师中国之乡"

2004年8月29日，中国烹饪协会正式授予陕西省蓝田县为"中国厨师之乡"，这是继河南省长垣县之后第二个获此称号的地方。蓝田之所以成为"中国厨师之乡"，有着多方面的原因。

蓝田凉皮

首先，蓝田的烹饪原料种类丰富，除海产品外，其他产品基本上都有。蓝田地处亚热带，自然地理环境得天独厚，有山地、丘陵、平原、高原、川地、湖、河等地貌齐全的优势。因此，蓝田适合大多数农作物的生长和动物的生存繁衍。

其次，蓝田的烹饪文化历史悠久。从西周到秦汉，蓝田作为畿内之地，在烹饪文化上不断发展。从蓝田猿人到传说中的伏羲之母华胥氏，都曾在这片土地上生活过。春秋战国以后，蓝田作为关中通往东南和南方的要道，为烹饪文化的交流、积淀提供了更加优越的地理条件。

再次，蓝田饮食名品众多。本地名菜不下数十种，如传统的"八大碗"、"九大碗"等。小吃种类也有很多，最著名的有葱花大饼、神仙粉、蓝田泡油糕、蓝田凉皮等。

最后，蓝田有庞大的厨师队伍。历史上，蓝田名厨辈出，明、清宫廷中都有蓝田籍御厨。现在，分布在全国各地的蓝田籍厨师多达五六千人以上。从国宾馆、驻外使馆到各大城市的宾馆、餐馆等，都有不同层次的蓝田籍厨师。他们中的很多人已成为国家级烹饪大师、评委和特级厨师等。

浆水面的名字有何来历

浆水面是陕西著名的风味小吃，它吃起来酸辣可口，闻起来清香扑鼻，令人爱不释口，欲罢不能。听说它的名字可是大有来头，颇具戏剧性。

浆水面

相传,楚汉相争之际,陕西有个开面馆的年轻人叫韩二,因为面的味道一般,所以生意一直都不见红火。这天晚上,韩二将第二天做臊子用的小白菜炒好放在一个小竹篮里,接着又把小竹篮随手放在一个盛有面汤的大汤盆上后,便像往常一样关门睡觉了。第二天韩二得知丈母娘生病了,就和妻子连忙赶到乡下请郎中来看病。一直等到老人家病愈,夫妻俩才赶回城里,只是这已是五天后的事了。一回到店里,勤快的夫妻俩就开店营业了。这时,走进两个平民打扮的人,要两碗面。韩二下好面条,找不到白菜臊子了。找来找去,发现在剩面汤里。这可把夫妻俩急坏了,无奈之下,韩二只好跟两位客人道歉。其中一个人走到那汤盆面前一看,只见那面汤中的小白菜青中带黄,黏黏地像稠酒一样,闻起来又酸酸的,开胃得很。于是,就让韩二浇上面汤里的白菜臊子,再淋上一勺辣椒油,就吃起来了。韩二着急地问道:"客官觉得味道如何?"没想到这人竖起大拇指,直说好吃!这会同行的那一个人也按捺不住了,连忙叫韩二端上一碗面,也大口吃起来。这两个客人吃了又续,续了又吃,一共吃了十大碗。吃饱后,其中一位对韩二说:"你们家这面这么美味,该取个什么名字呢?"韩二笑道:"小的没什么文化,取不出什么好名字,还请两位客官替它取个名吧!"这其中一位年长的客人捋了捋胡子沉思片刻说:"我看它稠似水浆,不如就叫浆水面吧!"浆水面就这样歪打正着地产生了。韩二的小面店也靠着这美味的浆水面名声远扬,生意自然也是越做越好。后来,韩二才知道,当日来店的两位客人,一位是汉王刘邦、一位是丞相萧何,他们当时正在汉中私访民情。

打那以后,这浆水面的佳话也就在陕西大地世代流传下来了。

老陕西的娱乐

 唐玄宗为何被奉为"梨园领袖"

我们常称戏班为"梨园",戏曲演员为"梨园弟子"。那么"梨园"是怎么由来的呢?在古代,戏子是很低下的职业,堂堂皇帝唐玄宗为何会被奉为"梨园领袖"呢?

梨园,是唐代设置的一个机构,主要用于训练乐工。据《旧唐书·玄宗本纪》记载,唐玄宗在闲暇的时候,命人在禁苑的梨园教太常乐工子弟练习丝竹之戏。《新唐书·礼乐志》中说,唐玄宗懂音律,爱法曲,命人选三百人,在梨园学习戏曲。有人唱错了,唐玄宗就会帮他改正。这些人就被称为"皇帝梨园弟子"。后来,梨园就成了一个音乐机构。

唐玄宗与杨贵妃

梨园究竟在长安的什么地方呢？一般认为它是长安的一个地名,位于长安的某处。对于具体地点,有很多分歧。一是,梨园就是长安县西南香积寺附近今黄良乡立园村,此村早时称为梨园村。二是,梨园在今西安城东南隅曲江池附近汉武帝所造宜苑旧址旁的春临村一带。三是,梨园位于今西安城东北唐大明宫东侧附近三华里的午门村。四是,梨园在今西安临潼县骊山绣岭下。清人汪汲《事物原会》中记载:"今西安府临潼县骊山绣岭下,即梨园地也。"陈寅恪在《元白诗笺证稿》中说唐代的梨园有两处:一个在光华门北面,一个在蓬莱宫的旁边。《辞海》说"宫内梨园"分为男女两部,统称"皇帝梨园弟子"。对于梨园的性质,李尤白指出,梨园就相当于现在的综合性艺术学校,而校长就是唐玄宗。在唐玄宗李隆基的领导下,有一部分人相当于现在的创作人员,另一部分人就相当于导演和教师。

可以这么说,唐玄宗设立了梨园,创建了中国历史上第一座"综合性艺术学校"。作为"校长"的唐玄宗被奉为"梨园领袖"是理所当然的事情了。

为何说秦腔是百戏之祖

秦腔,是我国现存最古老的地方剧种。同时也是中国戏曲四大声腔中最古老、最丰富、最庞大的声腔体系,遍及我国西北的陕西、甘肃、青海以及东北等很多地方,流行甚广,堪称百戏之祖。

秦腔演出照

秦腔是在古时陕、甘、宁一带民间歌舞的基础上逐渐发展形成的。《诗经》里"国风"中的不少篇章,可能就是最早的秦腔。秦汉时,长安城中的关西大汉击节而起,慷慨悲歌,声震寰宇,吼的就是秦腔。相传,到了唐代,玄宗李隆基专门设立了培养演唱子弟的梨园,既演唱宫廷乐曲,又演唱民间歌曲。梨园的乐师李龟年就是陕西民间艺人,他所作的《秦王破阵乐》被称为秦王腔,简称"秦腔"。《秦王破阵乐》大概就是最早的秦腔乐曲。其后,至明清时期,秦腔从内容到形式日臻完美,发展日趋成熟。明末清初盛行于南北各地,对许多剧种产生了很大影响。清乾隆时,秦腔名角魏长生自蜀入京,以动人的腔调,通俗的词句,精湛的演技轰动京城。如今,京剧中的西皮流水唱段就来自于秦腔。

后来，秦腔流行于各地，在不同的地区发展演变。入川成为梆子，在山西为晋剧，在河南为豫剧，在河北为河北梆子。因此，其可以算是京剧、豫剧、晋剧、河北梆子这些剧目的鼻祖。据说，秦腔所演的剧目数以万计。但因时代久远，很多已经失传。据统计，现今仅存3000多个，内容多取材于"列国"、"三国"、"杨家将"、"说岳"等英雄传奇或悲剧故事，也有神话、民间故事和各种公案戏。

说秦腔是百戏之祖，果真是名不虚传。

秦腔有何突出特点

秦腔起源于西周，其发祥地的核心位于今天宝鸡市的凤翔和岐山，是我国现存最古老的剧种。秦腔俗名"乱弹"，不仅是陕西的地方戏，也是流行于甘肃、宁夏、青海、山西、河南、内蒙古等地区的剧种。

秦腔是我国的"百戏之祖"。秦腔在其漫长的发展过程中，逐渐流传开来，在不同的地区形成了不同的变种。著名的京剧艺术家欧阳予倩曾说："秦腔可分为东西两路，西路入川为梆子；东路在山西为晋剧，在河南为豫剧，在河北为河北梆子。"京剧大师梅兰芳曾说："秦腔跟京剧有密切的关系……秦腔的历史，比京剧要远得多。"可见，秦腔这一戏剧形式是京剧、豫剧、晋剧、川剧、河北梆子等剧的源头，为"百戏之祖"。

秦腔脸谱

秦腔自成体系，它的音乐、脸谱、唱腔、唱词、角色、表演形式都有其特点。

秦腔的音乐特点为"大锣大鼓，宫商杂糅，冠冕堂皇之中，兼具中正和平之美"。其乐器有锣、鼓、梆子、笛子、唢呐等，音调高亢激越，节奏强烈鲜明。其音乐属于板腔体，便于抒情和叙事。

秦腔唱腔的突出特点是高亢激越，要求用真嗓音演唱，一般不用假音，使得秦腔保留了原始、粗犷、豪放的特点。秦腔的唱腔还有花音和苦音之分。花音着重表现欢快喜悦，苦音着重表现凄楚悲哀。其中苦音最能够体现出秦腔深沉哀婉、慷慨激昂的特点。唱腔中还有"彩腔"，其音高八度，用假嗓唱出，多用在人物感情激荡、剧情发展起伏跌宕之处。其结尾拖腔必须压"安"韵，使秦腔饱满酣畅，极富表现力。陕西地区有歌谣云："民风淳朴性彪悍，秦腔花脸吼起来。台下观众心欢畅，不怕戏台棚要翻。""唱戏吼起来"成为陕西十大怪之一，也是

秦腔最突出的特点。

秦腔唱词受我国诗词文学的影响很大,其唱句多为七字句和十字句,唱段必须是偶句,整出戏词就像是一首七言无韵诗。其奇数句末字为仄声,偶数句末字为平声。

秦腔最大的特点在于其表演的夸张性。秦腔拥有吹火、变脸、顶灯、打碗、鞭扫灯花、踩跷、牙技、尸吊八大传统绝技。这些绝技表演都十分的夸张,如尸吊是模拟上吊的情景,观众可看到活人被吊死的情景,场面十分的夸张。如今这一绝技已不再使用。

 什么是"眉户戏"

"眉户戏",又名"曲子戏"、"迷胡戏"或"弦子戏",流传于陕西、山西、甘肃、宁夏的一些地区,盛行于关中地区。眉户戏是陕西省的主要戏曲剧种之一,属秦腔派戏。

眉户戏

那么眉户戏的名字是怎么来的呢?一说源出眉县、户(鄠)县,因地名而得;一说源出华阴、华县,因曲调悦耳动听,谓之迷人的戏,简称迷戏。陕西方言中"眉"和"迷"谐音,"户"和"戏"谐音,故被写作"眉户"。清朝末年,眉户腔被搬上舞台。虽然不断借鉴吸收大型剧种营养,但仍保持农村群众自娱自乐的形式。抗战时,新文艺工作者在眉户戏的整理和发掘中,探求"民族的形式、科学的内容、大众的方向",从而使眉户音乐得到了进一步的发展和丰富。

眉户戏保留了地摊子演唱的曲艺形式。其唱本多系折子戏,如《女寡妇验田》《古城会》《皇姑出家》等。这种节目常常是一唱到底,少有说白。该戏还存有舞台演出的形式,剧目有像《反大同》《火焰驹》的大型本戏,也有像《张良卖布》《两亲家打架》《杜十娘》的折子戏。其特点是有白、有唱、有表演,曲牌选用自由。

此外,眉户戏的唱腔与秦腔不同。它委婉细腻,唱调深沉、凄楚、悲痛。演员们的服饰简朴,表演动作真实、生活化,性格活泼。整体风格与当代人的审美观十分吻合。

"碗碗腔"的名字因何而来

"碗碗腔"又名"灯碗腔"或"阮儿腔",是陕西省的地方戏曲剧种。碗碗腔在形成过程中吸收老腔的艺术成分较多,因此,为与老腔相区别,关中东府人又将其称为"时腔"。

碗碗腔的特点是细腻,优雅,耐人听闻。在表演时,不但有独特、悠扬、清丽的音乐,而且还有抒情、优美、感人的唱腔。这种戏曲剧种的角色行当包括生、旦、净、丑。在演唱时,他们真假嗓结合,吐字多用真声,拖腔多用假声,等等。各种各样的表演技巧相结合,让人观看之后,瞠目结舌。

对于皮影碗碗腔的产生这一问题,已无文献可考证。不过,据调查,在清乾隆年间(1736—1795年),有位名叫李芳桂的渭南人曾作有剧本"十大本",根据其唱词结构来分析,可以断定当时碗碗腔的主要唱腔已经形成。据《重修华县志稿》载,在同州一带,"清末演唱者二三十家"。而后,各地又形成了洋县碗碗腔、陕北碗碗腔、西府碗碗腔等不同分支。此时的碗碗腔已经相当的流行。

碗碗腔

碗碗腔所使用的乐器与其他剧种有所不同,主要是以碗碗、月琴为主。同时,配有二弦、胡琴、边鼓、梆子、马锣和唢呐,等等。在表演时,乐曲的轻重缓急要由敲击碗碗而确定,所以就以"碗碗腔"来命名了。至于"灯碗腔",是因为击节乐器小铜碗和演皮影需用灯盏照亮子,而"阮儿腔"的名字是因主奏乐器阮咸。当然,无论是叫什么名字,这种民间优美的古老艺术形式都是值得我们去观赏、称道的。

流行于陕南的汉剧有什么特点

汉剧,古代称之为汉调二黄,俗称山二黄、陕二黄、汉二黄、土二黄、二黄,是陕西省仅次于秦腔的第二大剧种,素有"京剧之母"的美称。经历数百年的发展,数十代艺人的苦心创造和演绎,积累了1200多个丰富多彩的剧目,形成了独特的表演风格。民间素有"唐三千,宋八百,演不完的三列国"之说。汉剧的唱腔甜美,语调柔婉,音调幽雅,语言风趣,表演细腻,风格雅致,长于演文戏。故汉中群众有"紧凑直爽看桄桄,幽雅文静听二黄"。其表演中融会了大量的西皮、二黄声腔遗产和丝弦、唢呐曲牌。曲子当中蕴含着沁人心脾的山歌乡音,极富陕南的地方特色和西北牧歌风味。其中,《大破天门阵》很是著名。

汉剧服饰

汉剧,是以西皮、二黄为主调。西皮出自陇东腔,二黄由来,尚有争论,但起源于"梨园法曲"的可能性大。据秦腔著名剧作家范紫东所著《乐学通论——法曲之源流》称:梨园法曲分两派,其中一派以黄幡绰为首,其次是康昆仑,从者甚众。幡绰雅善诙谐,其腔调平和,婉转有致,并常与康昆仑相唱。演唱黄冠体中的《长生曲》和《望瀛曲》,所谓"仙乐"也。幡绰姓黄,又擅长黄冠体调,故世人又称"二黄"腔。梨园是二黄的策源地,天宝年间为二黄的发祥时间,黄幡绰、康昆仑是二黄的创始人,而唐玄宗乃开山之祖。因此,历代汉剧艺人,均供祀老郎(唐玄宗),每年三月十八举行纪念活动。

据说,汉剧也经历过时代的折腾,即传统艺术的流失和断代,曾一度面临存活危机。许多有识之士,十分珍惜这一艺术瑰宝般的文化遗产,殚精竭虑,鼎力保护。这才使得古老的汉剧逐步走出困境,重获新生。

"社火"是什么民间艺术

"社火"亦称"射虎",是我国西北地区古老的民间艺术形式,是一种庆祝春节的传统庆典狂欢活动。在陕西,这种活动当然是必不可少的了。

在陕西,社火是芯子、高跷、竹马、旱船、狮子、龙灯等的通称,和秦腔紧密地结合在一起,来源于古老的黄土地,有着悠久的历史和独特魅力。

每年的春节,各乡各村的群众都会自发组织起来,一起抬芯子、跑竹马、踩高跷、耍狮子,走村串户,十分热闹。这种喜气洋洋的活动,关中称"耍社火",陕北叫"闹秧歌"、"闹红火",而陕南则称之为"闹玩意儿"、"耍故事"。

据说,"社火"的来历源远流长。南宋范成大《上元纪吴中节物俳谐体三十二韵》中载"社火,在节日扮演的各种杂戏";又载:"民间鼓乐谓之社火,不可悉记,大抵以滑稽取笑。"早在原始社会,人类以战胜野兽为生,每每猎取野兽之后,就扮兽庆贺,以此教育后代,树立智、勇、谋等各种本领。这是最早的扮兽戏和"村傩"活动。中国自古为农业大国,陕西地处中部地带,农、牧、副、渔等各业尤盛。当地人民希冀风调雨顺,盼求五谷丰登,所以,祈福求佑的祀社风俗便应运而生了。在这五花八门的祀社活动中,社火是必不可少的项目。每逢迎神报赛、庆贺集会,必然举行游艺活动。锣鼓、火把助威;狮子、龙灯游行;人群相随。显然是"人威"助长了"神威",但"社火"的风俗就这样形成了。"社火"与民间的"香火"还愿风俗(即庙会风俗)如同孪生姊妹,正如民间所言:"社火娱神,香火娱人。"真是意味深长啊!

陕西陇县社火

据史载,西汉、隋、唐及宋明时代,陕西社火活动开始以"灯节"、"龙舞"、"狮舞"为主要形式,发展到历史上的兴盛时期。那时,每逢皇帝登基或年节,京城长安以及边陲重镇,都要张灯结彩,官府民间均要进行社火盛会。到了南宋和明初,由于战事连绵,社火活动略逊于前代,但民间各种分散的戏剧、杂曲、说书、小说却兴盛一时。如今,陕西各地流传下来的众多社火脸谱、曲调、词目以及扮演模式等,多属明清两代传袭后世。特别是社火中一些有特技的狮子、龙舞、龙灯、竹马、芯子等,有着强大的艺术生命力,没有随着时代的变化而被磨灭,代代沿袭相传。

陕西木偶戏起源于何时

"木偶戏"又称"傀儡戏",是人们操纵木刻的人像来表演剧情的一种艺术。其主要特点是以木偶做戏,无论人间天上,飞禽走兽,花鸟鱼虫,凡剧情需要,都可入戏,极具夸张和浪漫的艺术色彩。那么,如此具有特色的民间艺术是起源于何时呢?

传说,木偶起源于周代。当年,周穆王到昆仑山打猎。返回时,路上碰到一位名叫偃师的工匠,用自己制作的木偶表演歌舞。周幽王觉得很奇特,颇为赏识。而木偶真正作为戏剧性的表演,大约是汉代后期的事了。据《通典》记载:

老陕西的趣闻传说

陕西木偶戏

"窟礧子作偶人以戏,善歌舞,本丧家乐也。汉末始用之于嘉会。"到唐代时,木偶戏已经相当普及和盛行,并且由民间走进了宫廷。两宋时期,木偶不但制作得更加完美、精致,而且种类也开始繁多起来。如杖头傀儡、悬丝傀儡、水傀儡,等等。清朝以后,木偶戏开始遍布全国。

全国各地的木偶戏中,属西安最为著名。但是随着时间的推移,也有很多的木偶戏品种已经失传或淘汰,让人很是惋惜。

 关中的皮影戏知多少

在陕西的关中,民间流传着一种戏,其表演者不是真人,却要比真人演得还要生动、富有情趣。在台上,他们活灵活现,既漂亮又美观,只看那外形,就足够吸引眼球了。当然,他们的表演还是离不开人的。在表演前,人们要费很大的力气把它们做出来。表演的时候,人们还得操纵它,才能产生肢体的动作。这是什么艺术呢?

这就是皮影,演的戏被称作皮影戏。在陕西,皮影又叫"影戏"或"影子戏",俗名"羊皮戏"或"人头戏",几乎遍布当地。皮影戏最早诞生于2000多年前的西汉,兴起于北宋,发祥于陕西。陕西关中皮影在全国最负盛名,除了表演时豪迈、厚劲、高亢的唱腔外,皮影的制作也相当精美,引人入胜。关中皮影刻绘时,善于动用洗练的轮廓造型,夸张的纹样装饰,以其疏密相间、虚实有致的手法和精致缜密的雕镂功夫,来表达剧中人物的相貌、身份、衣着和性格,达到形神兼备的功效,颇为动人。精美的制作,在唱腔的衬托下,更显美轮美奂。

中国皮影从诞生走到今天,已有2000多年的历史,经历代相传,成为具有民族特色、饱含乡土气息

关中皮影戏

的艺术真品。因为它符合百姓的审美情趣,所以深受大众的喜爱。

陕西如今已被公认为是中国皮影的发源地。皮影得益于关中地区深厚文化底蕴的滋养,风格独特,名冠全国,作为原生态的乡土艺术珍品,深受艺术爱好者和收藏者青睐。

《海阳竹枝词》中有首描写皮影戏演出的诗:"张灯作戏调翻新,顾囊徘徊知逼真。环佩姗姗连步稳,帐前活见李夫人。"这首诗只是对皮影戏初级阶段的描写。而在唐代最为鼎盛,当时的皮影造型优美,表演技术娴熟,可以说是当时的一绝。

中国的"锣鼓之乡"在哪里

锣鼓在戏剧表演中占有十分重要的地位,是戏剧节奏的支柱,在中国文化史和音乐史上占有重要的地位。中国很多地方都出产有颇具当地特色的各色锣鼓,然而,只有陕西锣鼓是其他任何地方都不能企及的,有中国的"锣鼓之乡"的美誉。

锣鼓所表达出的气势是恢弘的,是酣畅淋漓的。也许,只有西北这片广袤的土地才能够承载起如此磅礴的乐器。陕西作为西北地区中华文明的重要发源地,自然就承载起"中国锣鼓之乡"的美称了。

陕西锣鼓具有节奏明快、粗犷雄劲、激昂高越、形式多变、气势宏大的独特风格,既能在野外表演,又适合于舞台演出。其表演气氛热烈,动作花哨,振奋人心,一派阳刚之美,深受群众喜爱。

陕西锣鼓

陕西的锣鼓表演种类很多,从有"中国第一鼓"之称的安塞腰鼓,到威风锣鼓、洛川蹩鼓、宜川胸鼓、华阴素鼓、八仙鼓、五圆鼓、上阳化鼓乐等,或威武雄壮,或轻快优美,体现出大西北特有的风情。

陕西可以说是一个锣鼓的海洋。从工程开工、竣工、开业、喜庆,到逢年过节都是锣鼓震天。锣鼓已成为陕西人民一种娱乐和社交的工具。

安塞腰鼓为何被称为"中国第一鼓"

安塞腰鼓是一种民间舞蹈形式,在陕西各地广泛流传,影响颇大。安塞腰

鼓的表演可由几人或上千人一同表演,有着粗犷豪放、剽悍威武、刚劲激昂、气势磅礴、浑厚雄壮、威猛刚烈、铿锵有力、舞姿优美、潇洒大方、流畅飘逸、快收猛放、有张有弛、群而不乱、变化多端等特点,其精湛的表现力着实令人陶醉。安塞腰鼓融舞蹈、武术、体操、打击乐、吹奏乐、民歌为一体。集中表现了陕北人夺取胜利和丰收后的喜悦心情,融合了黄土高原人憨厚、实在、乐观开朗的性格。同时,它是中华民族精神风貌的再现,是黄河流域文化的组成部分。因而,它不仅深受广大群众的喜爱,而且名扬海外,堪称"中国一绝"和"中国第一鼓"。

安塞腰鼓

安塞腰鼓是"延安五鼓"之一。考古人员曾从延安梁村乡王庄村古墓中发掘出两块腰鼓画像砖,人物造型和装束同现今腰鼓舞姿十分吻合。经专家鉴定,是宋代墓葬。据此可以断定腰鼓舞在延安至少有千年以上的历史。陕西的安塞县素有"腰鼓之乡"的美称。安塞腰鼓还分为两大流派,西河口派与真武洞派(又称西川派和北川派)。西河口腰鼓被称为文腰鼓,真武洞腰鼓被称为武腰鼓。文腰鼓潇洒、秀气、轻松、优美。武腰鼓则勇猛、粗犷、豪放、激烈。据传,秦汉时期,驻守安塞的士卒,每人除备刀枪外,还有一个腰鼓。腰鼓起着报警、传递军情、助战等作用。战斗胜利后,士兵心情振奋,就来击鼓以示庆祝。后来战争停息,腰鼓便从军事用途逐渐发展成为当地民众祈求神灵、祝愿丰收、欢度春节时的一种民俗舞蹈了,从而使腰鼓具有更大的群众性。但在击鼓的风格和表演上,仍保留着某些古代将士的勃勃英姿。安塞腰鼓表演时,主要的伴奏乐器有大鼓、镲、锣和唢呐等,为其表演更添气氛。群众称赞安塞腰鼓说:"式子慷慨码子硬,鼓手有股能劲,挥手有股狠劲,踢腿有股蛮劲,转身有股猛劲,跳跃有股虎劲,看了叫人带劲,听了给人鼓劲。"

独具魅力的安塞腰鼓像掀起在黄土地上的狂飙,展示出西北黄土高原农民朴素而豪放的性格,张扬出独特的艺术个性。"中国第一鼓"的美誉确是名副其实。

宜川胸鼓有何别样风采

在陕西,每年的春节或闹社火时,人们还会表演一种特别的艺术——宜川胸鼓。腰鼓,是绑在腰上进行击打表演的。那么,什么是胸鼓呢?宜川胸鼓又有什么特点呢?

胸鼓,也就是将鼓挂在胸前击打。所用的鼓,似常见的腰鼓。击鼓的双锤一软一硬。舞者右手握软皮槌,左手捏硬木槌,动作潇洒、节奏欢快,舞蹈中不时踢腿、跪膝、弯腰、转身,一会儿成"弓步",一会儿站"马步",不论是跳、转、走、跑,均在双槌不停地交替击鼓中进行。技艺高超者,还可头

宜川胸鼓

顶鼓、肩扛鼓、身背鼓、腿挂鼓、腰绷鼓,一人身上挂着六七个大小不同的鼓,边舞边击,激烈、紧张,显示出了胸鼓艺人高超、娴熟的技艺,使得观众目不暇接。

据说,宜川胸鼓是由山西晋南传入的。清末民初,当地有几家晋南商人开的大字号店铺,每逢春节和正月十五,大字号的掌柜常常组织铺子里的店员们表演胸鼓。既为本字号进行宣传,也为在节日里能够开门大吉,财源滚滚来。同时又丰富了店员们的春节文化生活,增加与当地群众更多的联系。此外,在二月二龙抬头时,也参加社火大队表演。社火队前有披红挂彩的数十匹骡马开道,紧跟其后的是两架锣鼓大车,胸鼓组成数十人的舞队跟在车后,边舞边击鼓前进,声势浩大,显得格外红火、壮观。自那以后,这种热闹红火的民间艺术边塞胸鼓逐渐地被当地居民接受、传承,一直沿袭到今天。

哪种锣鼓被誉为"威风锣鼓"

牛拉鼓被誉为"威风锣鼓"。它是一种比较大的鼓,需要用牛车拉运,鼓手站在车上敲击,配合其他鼓乐器进行表演。牛拉鼓在表演时,场面壮观,气氛热烈,充分地反映出三秦人民威武、豪放、质朴的性格。鼓手在表演时,身着白色中式对襟布衫,外套一件滚有白边的黑背心,黑裤、黑鞋,系深蓝色腰带,头包白毛巾,从左肩斜挎一条红绸带。这装扮就充满着民族气息。

据说,人们在旬邑县子午岭山区秦直道兵站遗址中,发现了一座明代万历年间建造的大王庙。大殿墙壁上存有一幅反映古代群众击鼓敲铙欢迎军旅征战凯旋的大型壁画,生动地反映了当时群众已在使用敲锣击鼓来表现人们喜悦欢快的兴奋心情。清代的路德在描写咸阳社火的词中写道:"平地雷声牛虎斗,万人海洋鱼龙突,听鼓铙,打出太平歌,歌佳节。"新中国成立前,当地群众每年都会自发成立"同乐会",由会长出面挨家挨户筹集资金,组织社火活动。同乐

会以组织牛拉鼓为主,此外,还组织彩旗队、狮子、旱船、竹马、高跷、梆绞舞、芯子等民间舞蹈,形成一个浩浩荡荡的社火队伍。

牛拉鼓

牛拉鼓在表演时,有着不一样的风格,可以说是"刚而不蛮,逸而不浮,稳而不沉,狂而不乱,刚中有柔,柔中有刚"。可以简单地概括为五个字——"刚"、"柔"、"逸"、"稳"、"狂"。"刚"是指舞者动作干净利落,刚劲有力;"柔"是指舞者表演时,时而放缓节奏,有张有弛;"稳"是舞者动作的练达稳健。每个动作变化既细腻又丰满,有强烈的节奏感。"逸"是指动作英俊潇洒。舞者在动作的起伏转折中,运用腰、臂、手、腕、头、眼神,在千变万化的姿态中,形成了和谐自然的表演和威武飘逸的形象美。"狂"是指动作粗犷奔放。舞至高潮时,在挥槌的同一节奏里,百余副大铙高举过头,按节奏翻铙,大有排山倒海之势。这些独具特色的表演风格应该就是牛拉鼓之所以被誉为"威风锣鼓"的重要原因吧。

陕北的秧歌知多少

陕北秧歌流传于陕北高原,是一种民间广场集体歌舞艺术,具有广泛群众性。其历史悠久,内容丰富,形式多种多样,多姿多彩。陕北秧歌主要的表演形式是"扭",所以也叫"扭秧歌"。表演时,锣鼓乐器伴奏响起,人们就开始以腰部为中心点,头和上体随双臂大幅度扭动,脚下以"十字步"作前进、后退、左腾、右跃的动作。表演者整个身体上下协调,步调整齐,彩绸飞舞,彩扇翻腾,有时伴随着即兴的演唱,表演很是红火热闹、活泼有趣。

秧歌的由来是一个未解之谜,有很多说法。相传,陕北秧歌舞北宋时就有了,原名为阳歌。而清李调元《粤东笔记》云:"农者,每春时,妇子以数十计,往田中插秧,一老挝大鼓,鼓声一通,群竞作,弥日不绝,是日秧歌。"因此又有人指出,秧歌传自南方,是陕北的一种外来文化。作家曹谷溪在《再谈陕北秧歌》中说:"陕北人闹秧歌,就是图个红火。每年正月初二三开始,几乎要闹腾一个整个正月。一直到二月初二才压了锣鼓五音。"

据《周礼·春官》记:"司巫掌群巫之政令。若国大旱,则率巫而舞雩。"雩(yú)是求雨之祭,是大巫率小巫们举行舞蹈方式的祭天仪式。有人认为这应该是秧歌的源头之一。至今,在陕北安塞沿河湾,每逢正月十五晚上,人们都会扭转消灾免难的九曲秧歌。之后,大家还跟着伞头儿成群跪在地上,对天告求,祈求当年能够风调雨顺。在靠天吃饭的陕北,广大农民未雨绸缪,从周代继承下来的这种对天的礼数,从未失传。那么,陕北秧歌的"沿门子"或者说是"排门子"、"转院"的传统,又是从何而来呢?

还有很多人认为,古代的傩仪是秧歌的源头。傩,是古时驱除疫鬼的一种仪式。《周礼》给我们留下了一段当时沿门驱邪驱病的记载:"方相氏掌蒙熊皮,黄金四目,玄衣朱裳,执戈扬盾,帅百隶而时傩,以索室驱疫。"说方相氏领导100多人进行傩事活动,挨门挨户驱除疫鬼。屋里有疫鬼,就会有邪门儿的事情发生,导致大小人口患病甚至死亡。沿门驱疫的目的就是逐户驱邪驱病,彻底消除疫病隐患,保证部落人口平安繁衍。

同类的记载不止此一处。有说甲骨文里已有记载室内"驱鬼疫之祭"的文字,并记有驱鬼逐疫的傩祭舞蹈。还有传言说5000多年前颛顼氏的儿子成了鬼,那个年代就索室驱疫了。这就把沿门子的出现时间又提早了2000多年。虽似附会,但也反映了古代社会的生活真实。陕北秧歌"沿门子"的形式渐渐地已经没了傩面具,也不用再进屋,只要到门前歌舞一番,就算驱了病灾。但表演的目的,跟3000多年前还是一样的。

陕北秧歌

陕北秧歌主要有"大秧歌"和"踢场子"两大类别。大秧歌的队形变化丰富,而且名字都很有趣,有"龙摆尾"、"卷白菜"、"十字梅花"、"二龙吐水"、"十二莲灯"等数百种排列法。"踢场子"是表现男女爱情生活的双人舞,参加人数为偶数,成双成对。男待彩扇,女舞彩绸,有较高难度的舞蹈动作,需展示"软腰"、"二起脚"、"脚不落地"、"龙爪穿云"、"金鸡独立"、"金钩倒挂"等高难度的技巧,既刚健又柔美,既洒脱又细腻,让人看得津津有味。

陕北的唢呐表演知多少

在陕北一带,如果遇到婚丧嫁娶、开张庆典、乔迁新居、闹秧歌、合龙口、闹满月、过周年、办庙会等各项民间活动的时候,有一种声音能够立即给你一个信

号，那就是唢呐声。吹唢呐在陕北是十分常见的一种民间艺术。在陕北主要流行的是绥米唢呐。

陕北唢呐

据考证，唢呐其实是一种外来乐器，在金元时期由波斯、阿拉伯一带传入我国，最先是作宫廷器乐演奏之用。到了明代，戚继光将其用于军中作为军乐。以后，逐渐地传入民间。经过民间艺人的长期改造和发展，形成了"喇叭"和"大吹"两个流派。所谓"喇叭"即今日的高音唢呐。"大吹"即今日的中音唢呐，民间俗称"大唢呐"，也就是陕北绥米唢呐。之所以叫绥米唢呐，是因为它主要流传在位于陕西北部相依相连的绥德县与米脂县。

若从明代算起，绥米唢呐迄今已有五六百年的历史，在音乐史上留下了不平常的足迹。这种唢呐的声音激扬高亢，数百年来回荡在陕北的山山峁峁，沟沟岔岔，融入到陕北人的生产、生活与生命之中，成为陕北人文化需求、文化生命的一种独特符号。不知经过了多少代唢呐手和唢呐乐户吹奏、创作的传承，终于完成了唢呐乐器到音乐的引进、发展、完善和兴盛的漫长过程，成为一种具有独特韵味的民间艺术。

绥米唢呐的曲牌种类繁多、曲目丰富、风格各异。如《下江南》《哭长城》《南瓜蔓》《刮地风》《狮子令》《水龙吟》《柳青娘》，等等。各种曲调有着极强的感染力，让人流连忘返。

如今，唢呐已成为平民百姓情感宣泄的最好载体。一曲曲唢呐声是陕北人对宇宙的认识，对人生的感悟，是陕北人精神的凝聚与升华，是平民百姓或喜或怒或乐或悲或忧的深刻表白。

 ## 陕西民歌——信天游有何特色

陕北民歌，俗称"山曲儿"或"酸曲儿"，种类很多，包含信天游、小调、劳动号子等。其中以信天游流传最为广泛。信天游又称"顺天游"、"爬山调"，是陕北地区普遍流行的一种民歌行式。

信天游歌词的基本格式为上下句结构的两句体。一般上句起兴，下句点题，抒情和叙事相结合，短小精练，言简意赅。歌词大多是即兴编唱，采用比兴手法,触景生情或借景抒情是其突出特点。信天游歌词具有很强的灵活性。人们在田间地头、翻山越岭之时,就眼前之景、心中所想编写出歌词,然后放声高歌几句,以此来抒发自身情怀,解除疲劳。歌词以七言为主,多用叠字、重字、重词,如"红格彤彤"、"巧格伶伶的手"等,增强了信天游的表现力。这些口语化的词句,语出惊人,形象生动,具有极强的艺术感染力。

唱信天游的陕北老汉

信天游的曲调基本上是单乐段,但其调式和节奏安排多样化。其节奏分为两种基本形态,一种节奏自由,用高音腔演唱,其音域宽广,旋律起伏大,情感高亢奔放;另一种节奏规整,多用平腔演唱,其结构十分严谨,旋律比较平稳,情感细腻柔和。

信天游是陕北劳动人民创造出来的,其作品多反映身边的凡人凡事,十分贴近日常生活。小媳妇想娘家、大姑娘盼出嫁、出门人思念家乡、夫妻吵嘴逗趣等日常生活事件,陕北人都能用歌声来叙事抒情,四处传唱。

信天游中以描写抒发爱情的内容居多,这使信天游成为"爱的漫游"。信天游对爱情的描写脍炙人口,最具有感染力,像《走西口》《兰花花》等代表作,已经在全国范围内广为流传。

陕西道情有何艺术特色

道情是我国曲艺的一个类别,因由古时道士念经唱词的形式发展而来,故而得名。唐代时道情产生,至清代,道情与各地不同的民间音乐相结合,形成了各个地区同源异流的多种形式。如今分为陕西道情、江西道情、湖北渔鼓、四川竹琴等种类。

陕西道情作为陕西地方戏曲剧种之一,具有1000多种传统剧目。其内容大多是劝人看破红尘,宣扬出世思想,这一部分被称为"正札戏"。还有一些取自民间生活和历史故事、神话传说等,被称为"乱札戏"。陕西道情中大本戏比较多,有些剧目,如《粉妆楼》等,可以连续演出十天半个月。

陕西道情有四路道情,即陕北、关中、商洛、陕南四大流派。不同的流派有不同的演出形式,陕北和关中道情多坐班演出和广场演出;商洛和陕南道情更

老陕西的趣闻传说

陕西道情

多的是借用皮影这种民族艺术形式来演出。运用皮影唱道情称为"道情皮影戏",这是陕西道情中所独有的形式。商洛和陕南道情在发展中将用牛皮雕成的皮影运用到道情的表演中,形成了这一表演形式。

陕西道情使用多种传统乐器,古时有"八人共掌九种乐"的说法。文戏时使用四弦、胡琴、竹笛、渔鼓,武戏时使用简板、三才板、星儿、云锣等。在长期的演化发展中,陕西道情的伴奏形成了"文戏武打,武戏文打,长戏短打,短戏长打"的规律,增强了演出效果。

唱跳段是陕西道情的一个重要特点。道情戏主要是为宣扬安贫乐道,因此,在演出中,道情艺人常常将一些不吉利的,含有悲伤离别的唱段去掉。后来慢慢地,这些唱段就没人再去学习,陕西道情便形成了唱跳段这一特色。

在唱法上,陕北道情有"一板一眼"和"无板无眼"两种。关中道情有清江引、节节高等"九腔十八调"。"说唱体"是商洛道情的主要形式。陕南道情则有欢音和软音两种唱法。

陕西道情还有帮腔的特点。一般表演者在前台演唱,后台都会有人帮腔,每两句唱词帮腔一次,并且有长短之分。帮腔能够起到使唱腔变得委婉,增强剧中人物的思想感情,烘托气氛等积极作用。

 ## 陕北说书知多少

陕北说书是一种为民间大众所喜闻乐见的说唱艺术,是流传于陕西省延安、榆林地区的一种鼓书。

陕北说书历史悠久,它起源于3000多年前的西周时期。秦汉时,宫廷内就已经有了管理说书的"稗官",这是由皇帝专门设立用来搜集民间"街谈巷语"的官职。1957年,出土于四川成都市郊汉墓中的汉代说书俑,证明了在汉代就有说书和说书艺人的存在。明清时期,说书更为普遍,艺术水平也更高。在《榆林府志》中有一段对乾隆年间的民间说书艺人的描写,其"靡靡可听"、"颇有风情",说明了陕北说书艺术在200多年前就已经达到较高的艺术水平。

陕北说书最初是盲人运用陕北的民歌小调演唱一些故事、传说,后来陆续吸收了眉户、秦腔以及道情、信天游的曲调,逐渐发展成了具有地域色彩的陕北说书。陕北说书长期在农村演出,场地多在田间地头,其唱词通俗易懂,具有浓厚的生活气息。

陕北说书的表演形式最初是由一人自弹自唱,后来发展成为两人对唱、多人走唱的新形式。早先的陕北说书是艺人手持琵琶或三弦自弹自唱,说唱相间,有"琵琶书"和"三弦书"两种。20世纪三四十年代,民间说书艺人韩起祥等人对传统的陕北说书进行了改造,使陕北说书成为一种一人可以同时操用大三弦(或琵琶)、梆子、耍板、麻喳喳、小锣(或钹)五种乐器进行伴奏的曲艺说书形式。

陕北说书中的开场白和特定唱词比较固定,不可随意更改。除此之外,其他的都可以任意发挥。在一段精彩的说书中,往往引用陕北民歌、陕北道情、秦腔等艺术形式的唱词和曲调,融多种唱腔于一炉,形成陕北说书别具一格的艺术形式。

陕北说书的传统节目有《花柳记》《摇钱树》《观灯记》《雕翎扇》等长篇,《张七姐下凡》等短段。20世纪40年代,随着中国革命在陕西的发展,韩起祥等人编演了一些有关革命斗争的新节目。其中以韩起祥的《我给毛主席说书》《刘巧团圆》《翻身记》流传最广。

陕北说书

20世纪80年代,韩起祥开始着手培养了一些明目的年轻姑娘演唱陕北说书,并在1986年的全国曲艺大赛中获得成功,扩大了陕北说书的影响。

商洛花鼓戏有何特色

商洛花鼓在民间俗称花鼓子、地蹦子,是我国特有的一种艺术表现形式,因在陕西省商洛地区广泛流行,故称"商洛花鼓"。据花鼓艺人介绍,花鼓戏起源于湖北一带,是在清光绪年间传入关中地区的。当时湖北郧阳遭受水灾,百姓流离失所,很多灾民涌入关中,带来了当地流行的花鼓戏。花鼓戏与当地的山歌、小调、秧歌融合,逐渐形成了具有浓郁地方色彩的商洛花鼓。

商洛花鼓最突出的特点是"跳"和"舞"。商洛花鼓也称作"跳花鼓"、"舞花

老陕西的趣闻传说

商洛花鼓

鼓",是一种在"跳"和"舞"中说唱的民间艺术。花鼓跳法多样,姿态优美,有蹦跳、闪跳、弹跳、扭跳、踏跳;有兔子跳、麻雀跳、侧身跳、单腿跳、双蹬跳;有三角跳、十字跳、之字跳、拐线跳、双八字跳。花鼓戏的"跳"和"舞"表演十分自由,没有固定的模式,演员在表演时可以自由发挥。

商洛花鼓戏的音乐结构很有特色。其音乐不是完整的一首曲子,而是将一支支花鼓小调连接在一起,用一首或多首曲调来表现戏剧内容,构成具体的花鼓戏唱腔。花鼓戏的音乐形式按照内容可分为大筒子、八岔子和花鼓子三种。大筒子是花鼓中的大中型戏,接近于戏曲形式,是较高级的一种花鼓戏。大筒子因用筒子胡琴伴奏而得名,其内容多表现历史故事、民间故事和神话故事,代表性剧目有《蓝桥担水》《刘海戏金蟾》《万寿图》《山伯访友》《四姐下凡》等。八岔子,也称八岔戏,因用八岔调演出而得名。八岔戏分为阳八岔和阴八岔两种,前者有一人开唱、众人帮腔的特点;后者曲调开朗、豪爽而又善于抒情。八岔戏内容多公子、小姐的艳情故事,代表作品有《坐西楼》《送香茶》等。花鼓子,也称小调戏,主要用民歌小调演出,多反映当地人们的劳动与爱情生活,较多地保持了一般民歌的原貌。花鼓子曲调多,旋律节奏、调式变化较丰富。代表作品有《打铁》《打草鞋》《哥接妹》《瞎子摸妻》等。

商洛花鼓因传播地域不同,分为商丹路和镇柞路两种。前者多用关中语系和当地土语,曲调优美、柔和、婉转、流畅。后者一般采用当地音(鄂西北语系,也称下河语),曲调欢快、高亢。

 ## 什么戏让陕西人"百看千看不厌"

合阳提线木偶戏是流行于陕西合阳民间的一种木偶戏,是合阳独有的古老地方剧种。民间俗称很多,有"线戏"、"线猴"、"线胡"、"小戏"、"线胡戏"等。

合阳提线木偶戏历史悠久,有"起于汉而兴于唐,盛于明清"的说法。据史料记载,汉高祖被冒顿围困于平城,情况危急。谋士陈平得知冒顿的妻子善妒,命工匠造了木偶人,晚上舞于城楼。冒顿妻子得知后,怕冒顿攻下平城纳"女子"为妾,所以放走了刘邦。民间线戏艺人雷清云曾说过,合阳线戏代代相传,相传曾为汉王立过大功。

合阳提线木偶戏的木偶身高80到90厘米，重3.5～5公斤，其形象酷似唐俑和"来报子"。早期的木偶偶身呈扁平状，手和脚用袖袍代替。提线是合阳线戏的主要表演方法，偶人系线根据角色的不同，分别为5～12根不等，最多可达20余根。早期舞台15尺见方，地方不大，与此相适应，系线只有"低线"，长约1米。后来随着舞台的更新，艺人们开

合阳提线木偶

始在高空操作，"高线"出现。线戏艺人通过操作这些细线，巧妙地运用提、拉、勾、挑、扭等各种方法，赋予木偶以艺术生命，使其动作栩栩如生、活灵活现。

合阳提线木偶戏经过一代代艺人的摸索实践，逐渐形成了提、拨、勾、挑、扭、抢、闪、摇八种技法。偶人不仅能够做出简单的日常动作，还能做出卸帽子、脱衣服、端椅子、写奏章、闪扁担等高难度动作。

合阳提线木偶戏的剧目十分丰富，大约有500多个，大致可分为爱情戏、历史戏、公案戏三类。代表作"三箱二楼双钗"最受欢迎。其"三箱"指《百宝箱》《西厢记》《囊哉装箱》，"二楼"是《谪仙楼》和《鸳鸯楼》，"双钗"是《金碗钗》和《双凤钗》。

合阳提线木偶戏具有浓郁的地方色彩，其唱腔激越，有三秦大地的慷慨悲壮之风。合阳提线木偶戏的表演美轮美奂、惟妙惟肖，往往使戏迷们看得如痴如醉，演完还不肯离去。

陕北的霸王鞭知多少

霸王鞭，是流行于陕北榆林、绥德、佳县、吴旗一带的一种花棍舞蹈。

关于其起源，众说纷纭，没有十分确切的说法。有人说霸王鞭原是姜子牙的"护神鞭"，流传到民间就成了家喻户晓的霸王鞭，能够驱邪避灾。有人说霸王鞭是从西楚霸王项羽手里拿的"钢鞭"演化来的。也有人说霸王鞭是由过去穷人讨饭时手里拿的打狗棒演变成的。另外，民间还盛传着霸王鞭与李自成的一段关系。当年，李自成率军起义后，废掉苛捐杂税，当地百姓为了歌颂他的这种做法，就发明了这种歌舞来歌颂他。

陕西的霸王鞭以榆林的最为出名。霸王鞭长约1.3米、直径约7厘米,鞭棍上涂有各种颜色花节,花鞭上凿有很多空槽,上面装着数枚铜钱,形状很像项羽的钢鞭,所以称为"霸王鞭"。表演时,手脚击鞭,鞭打浑身,全身上下喳喳作响,所以有些地方叫它"浑身响"。经过不断改良发展,霸王鞭表演按击打部位分为高手鞭、低手鞭和混合鞭三种,其中前两种是以击胸部上下为区别,混合鞭是由高、低鞭组合而成。现在的霸王鞭因演出场地的不同表现出不同的表演形式,有行进鞭、场子鞭和舞台鞭等。

陕北霸王鞭

霸王鞭多为一人单打,或二人对打。早先的霸王鞭还包含有说唱的形式,舞者击打一段后,会接着唱上一段小曲,或说上一段快板,其说唱内容多与舞蹈表演有关。在发展过程中,因击鞭时动作激烈,跳完后比较累,渐渐地演员不再说唱,就形成了现在不说不唱以击鞭为主的表演形式。

新中国成立后,榆林地区的霸王鞭发展为四人、八人甚至十多人的男女集体表演形式。原来女的一般手拿彩扇,扮作传统戏曲中的小姐进行伴舞。现在的多人表演中,男女都穿秧歌服,有的地方表演时还有秧歌队的唢呐和锣鼓伴奏,场面十分热闹壮观。

霸王鞭的动作矫健,节奏流畅,气氛欢快。常见动作有"十字步击鞭"、"蹲步击鞭"、"躺地击鞭"等10多种。其中躺地击鞭最能展现表演者的高超技艺,舞者躺在地上翻滚击鞭,鞭杆绕身飞舞,铜钱纷纷作响,让观众眼花缭乱,目不暇接。

端阳的龙舟节是如何举行的

安康市位于陕西省的最南部,这里的气候、风俗与关中地区和陕北地区都有所不同。安康,历来有秦头楚尾之称,在这里,既能看到江南水乡的秀丽,也能欣赏到秦岭巴山的雄伟。一年一度的端阳龙舟节是安康最值得期待的盛事,每年都吸引着全国各地的游客。

端午节,是为纪念春秋战国时期投汨罗江而死的爱国诗人屈原而产生的。在这个节日里,包粽子、赛龙舟是十分常见的事情。但像安康这样把端午节庆

屈原

祝得如此隆重的，北方地区没有第二个。

安康因湖广移民较多，气候又偏向南方，所以有着浓郁的南国风情。端午节因移民的影响也变得比北方地区隆重一些。在端午节到来的前几天，安康市的大街小巷已经开始有各种各样与端午节有关的东西出售，像各色各样的香包、花裹肚、雄黄、香面、变蛋等都随处可见。这些东西散发出的奇特香味会弥漫整片街区，提醒着每一个人端午节的到来。节日的那天早上，家家户户都会早起，到河边水塘、坡边沟岔拔水菖蒲，采艾草、车前草和茵陈等。相传是因为这天的草都能入药，并且这些草大都是具有辟邪功能的，所以人们纷纷采来放在家中，祈求一年无病无灾。

安康近年来举办的龙舟节使得这里的游客不断增多，龙舟赛成为了这一节日中最能吸引眼球的活动。安康的龙舟十分轻巧灵便，前边装饰着昂起的龙头，后端安着龙尾，船的两边装饰有鳞纹，具有独特的韵味。在龙舟赛当天，人们从四面八方赶来，汉江两岸，观者如潮。每个参赛的单位都敲锣打鼓，汇集江岸，场面十分壮观。随着指挥人员的一声令下，上百只龙舟如离弦之箭，纷纷破浪向前。比赛过程中，锣鼓声、呐喊声、号子声、助威声响彻长空。

安康龙舟节

安康的龙舟赛中，有抢鸭子的习俗。这是由多个龙舟去抢放飞在水里的鸭子，最先抢到者就是赢家。这里的鸭子都被拔光了羽毛，并且涂上了盐。因为被盐蛰痛，所以鸭子一放下水，就会迅速地潜入水中，十分的难抓。龙舟上的选手们只能争先恐后地跳入水中，才能将鸭子抓住，赢得胜利。比赛结束时，岸上观众会用一阵阵热闹的鞭炮声来祝贺胜利者。

洛川蹩鼓有何艺术特色

洛川蹩鼓广泛流行于陕西省洛川县的黄章、永乡、旧县等乡村，是延安著名

老陕西的趣闻传说

洛川蹩鼓

的"三鼓"之一。洛川蹩鼓的表演动作主要以蹦跳为特征,而"蹩"在洛川的土语中是蹦跳的意思,故而得名。

洛川蹩鼓是一种反映古代战斗生活的一种民间舞蹈。春秋战国时期,洛川一带一直是秦、晋、魏三国的争夺之地,战乱不断。相传蹩鼓就是由军阵演变而来的,后来人们将这一表演形式与民间的祭祀祈雨联结在一起而流传至今。

洛川蹩鼓的表演者都是男性,表演时皆按传统戏曲中的武将打扮。头包红色英雄巾、背插四面靠旗、腰系战裙、腿扎裹带,或挎鼓,或持锣、钹。一个表演队伍一般由八名鼓手、六名钹手、四名锣手组成,每个队伍有两个伞头率领。伞头一般头戴瓜皮帽、身穿蓝布长袍、左手执蓝布伞,他们一般由经验丰富的老鼓手担任。表演时鼓手一面击打腰前横跨的大鼓,一面蹦跳,其余的众人配合鼓手的表演。表演一开始,只见鼓手们东蹦西跳,左冲右扑,像极了古战场上冲杀的士兵,给人一种古战场重现眼前的感觉。在蹩鼓队的后面,有时也会跟随由男女青年组成的秧歌队,俗称"装身子",来烘托蹩鼓表演的情绪和气氛。

蹩鼓表演步法独特,其基本动作有单跳、双跳、搓步、拧摆等。"双跳"是指双脚同时起跳下落,要求下落时上身要后仰,其动作粗犷有力;"单跳"稳健潇洒、大起大落,身姿灵活自如;"搓步"刚健;"拧摆"柔美。蹩鼓表演的场面图主要有"白马分鬃"、"蝎子拧尾"、"单骑扑阵"、"四壁合围"等。表演者在舞、蹦、跳中做出各种动作,在锣鼓齐鸣中左冲右扑,拼杀搏斗,如临战阵,动作粗犷,剽悍豪放,富于力感。

蹩鼓演出多在春节、庙会等重大节日,是为庆祝一年的丰收和欢度佳节。喧天的蹩鼓演出结束后,伞头会唱上一段拜年秧歌,然后再演唱长曲子《十二英雄》《十绣》等民间曲调,俗称"唱秧歌"。唱秧歌高潮时,伞头领唱,群众齐声合唱,场面十分壮观。

老陕西的购物

 ## 唐三彩只有三种颜色吗

用陶俑陪葬是秦汉至唐宗时期王室富家的习俗,这比用人和动物殉葬要文明。唐三彩类陶器始于南北朝或更早的秦汉时期,盛于唐代。唐代繁华富庶,达官贵人盛行厚葬,三彩俑是很流行的陪葬物。唐三彩的人物造型有妇女、文官、武将、胡俑、天王等,动物多是骆、马,还有日常用器和房屋等。色彩自然协调,花纹流畅,线条粗犷有力,色釉浓淡变化,互相浸润,斑驳淋漓,显得富丽堂皇。唐三彩是后人对唐朝的这类彩绘陶器的统称。

唐三彩是一种低温铅釉陶器,以铜、铁、钴、锰、锑等几种金属氧化物为着色剂,经过焙烧,能形成浅黄、赭黄、浅绿、深绿、天蓝、褐红、茄紫等多种色彩,但多以黄、赭、绿三色为主,故后人称之为唐三彩。

唐三彩马

唐三彩是怎样做成的，有何特点

用陶俑陪葬是秦汉至唐宗时期王室富家的习俗，这比用人和动物殉葬要文明。唐三彩类陶器始于南北朝或更早的秦汉时期，盛于唐代。唐代繁华富庶，达官贵人盛行厚葬，三彩俑是很流行的陪葬物。唐三彩胎质松脆，防水性能差，远不如瓷器实用。唐三彩的人物造型有妇女、文官、武将、胡俑、天王等，动物多是骆、马，还有日常用器和房屋等。

陕西乾县永泰公主墓出土的唐三彩

唐时的三彩俑主要产于长安和洛阳。在长安的窑场称西窑，洛阳的称东窑。其中，西安出土的唐三彩无论是规格、种类，还是数量，均堪称中国之最。就目前发现的唐三彩窑址看，以陕西铜川的黄堡镇和河南巩义市的小黄冶村最具代表性。它们都是"唐三彩的故乡"。

唐三彩的制作工艺很复杂，采用的是二次烧成法。首先要将矿土挑选、舂捣、淘洗、沉淀，装入模具做成俑胎，晾干，入窑烧制。在窑内经过1000℃~1100℃的素烧，将焙烧过的胎体冷却后，得到的是白色的素胎。再施以配制好的各种釉料，入窑釉烧，窑内温度为850℃~950℃。釉料是以几种金属氧化物为呈色剂，经煅烧后呈现出各种色彩。现代的唐三彩工艺品在釉烧出来以后，有的人物还需要经过画眉、点唇、画头发等过程，才能最终完成这一件唐三彩的艺术品生产。

现在市场上大批出售的是仿制唐三彩，多作为工艺品。唐三彩马是最受欢迎的三彩产品了。正宗的唐三彩马俑的马尾都是扎起来的，因为唐时盛行打马球，打马球时要把马尾扎起，以免缠打球杆。而不正宗仿品的马尾有的被塑成长尾，就失去了原味。

秦兵马俑复制品为何深受中外游客喜爱

秦始皇陵兵马俑被誉为"世界第八大奇迹"，是人类考古史上最伟大的发现之一。1987年，秦始皇陵及兵马俑坑被联合国教科文组织批准列入《世界遗产名录》。

秦兵马俑出土的所有陶人和陶马，形状与真人、真马大小相仿，刻画细腻精致，真实生动。以俑头为例，通过对肌肉纹理与眼、眉、鼻、口的细致塑造，把众多陶俑的不同面貌、表情和性格展现得淋漓尽致。就陶马而言，刻画也是栩栩如生，或昂头竖耳，或目瞪口张，呈现出的是嘶鸣、飞奔的姿势。总之，秦兵马俑不仅是艺术珍宝，而且是当代最伟大的历史遗迹之一。

秦始皇陵兵马俑

自从秦兵马俑被发掘和展出以来，吸引了数千万中外游客来这里观光旅游。秦兵马俑复制品也越来越成为游人喜爱的纪念品，同时日渐成为一些涉外企业和高雅华贵的公共场所的一种装饰品。中外游客来西安都喜欢购买秦兵马俑纪念品，许多国际旅游博览会和国内旅游交易会也将秦兵马俑复制品作为重要展品。

秦兵马俑之所以能够如此风靡，原因有二。

其一，复制品的造型忠于原物，无论是陶俑、陶马的姿态，还是发型、衣着、表情等细节，都完全仿照原件而制作。为了提高复制品的艺术品位，各种复制品均由文物、艺术部门的权威人士进行鉴定和修正，这样就能够保证它们准确传达原件的艺术精神。

其二，为了满足消费者的不同需要，兵马俑复制品的规格大小齐全。既有适合于艺术馆、历史博物馆、工艺美术馆和大型饭店陈列的与原俑规格相同的大型俑，也有供家庭、会客场所摆设装饰的1∶2、1∶4和1∶8等规格的陶俑，还有便于携带的、适于赠送亲友的袖珍俑等。这些不同规格的陶俑，使秦俑走出了陕西，走向了世界。此外，兵马俑的品种多样，既有将军俑，也有士兵俑；既有站姿俑，也有跪姿俑；既有人物俑，也有马俑。而且，随着秦兵马俑发掘清理、整复工作进展的向前推移，将会有更多的新品种面世。

 陕西可以吃的工艺品——"花馍"知多少

在陕西，无论是逢年过节、求神祭祖、婚丧嫁娶、生儿育女，还是亲朋往来，总少不了一种可以吃的工艺品。

这种工艺品名为"花馍"，又称礼馍和面花，说白了就是花样馒头，是陕西地

陕西咸阳花馍

区一种独特的主食。花馍是陕西面塑艺术的代表之一,是"秦艺六绝之一",主要盛行于陕西关中和陕北地区。花馍的制作一般都有约定俗成的模板,但也可以在现有基础上不断创新,做出新花样。它的花饰以花鸟虫鱼、水果蔬菜、龙虎蝴蝶等万物生灵为主。其制作工具都是些日常的物件,像剪刀、木梳等。从和面到蒸馍的火候,每一道工序都有严格的讲究,只有那些技艺纯熟的人才能蒸出形状好、不变形的花馍。心灵手巧的陕西人还在这些花馍中注入了丰富而深厚的文化内涵。在男女青年初订秦晋之好时,男方送给女方一对"鱼儿莲花馄饨",寓意希望女方像鱼儿般灵巧,心灵像莲花般纯洁;女方则送给男方"老虎馄饨",寓意希望男方如老虎般坚毅勇敢,保护自己;新婚夫妇生子满月时,亲友多送"圈圈子"花馍,寓意要套住小孩子的生命,让他可以健康成长,相当于民间盛行的长命锁;待到孩子满百日、周岁时,又要送"猫馍",送"虎馍",让猫、虎护卫着孩子,使病毒邪魔不得近身;春节时则多做枣花馒头,寓意幸福与多寿等。

中国文化博大精深,普通的吃食馒头在勤劳善良的陕西人手里也能摇身变为精致的工艺品,更赋予了它深层次的寓意。

西凤酒有何历史传说

西凤酒原名"秦酒",源于民间传说中产凤凰的地方——陕西省凤翔县。西凤酒始于殷商,盛于唐宋,距今已有 2600 多年的历史,自古就享有"开坛香十里,隔壁醉三家"的美誉,有许多有趣的历史典故。

"**周公庆捷**":据凤翔的官方鼎铭文载,周成王时期,周公旦率军东征,先后平定了管叔、蔡叔、霍叔的反周叛乱。凯旋之后,他们便在凤翔的邻县岐山县以秦酒祭祀祖先,庆功祝捷。

"**秦穆公赐酒解毒**":春秋时期,凤翔县附近 300 余"野人"杀吃了秦穆公的几匹良马。秦穆公不仅没有治他们的罪,反而将军中的秦酒赐予他们饮用,以防他们吃了马肉不饮酒而伤身体。后来,秦晋韩原之战爆发,秦穆公被晋惠公率军围攻在龙门山下不得突围。在穷途末路之际,突然间一群人杀入重围,打败晋军,救出了秦穆公。这一群人就是当年杀吃良马的"野人"。他们奋力拼杀就是为了报答秦穆公昔日"盗马不罪,更虑伤身,反赐美酒"之恩。

"苏轼咏酒":北宋时期的大文豪苏轼任职凤翔时,十分酷爱西凤酒,经常广邀友人在凤翔东湖喜雨亭畅饮。至今,民间仍流传着"东湖柳、西凤酒"的佳话。苏轼不仅会品,还会酿造西凤酒,并在当地实施了一套振兴凤翔酒业的措施,使得西凤酒得以传承与发扬,凤翔也因此成为闻名全国的酒乡。

西凤酒芳香醇厚,甘润清爽,诸味协调,尾劲悠长,现已成为我国四大名酒之一,盛名益彰,驰名中外。

西凤酒

"贵妃醉酒"喝的是什么酒

据说,中国四大美人之一的杨贵妃唯独钟爱一种酒,还曾饮此酒大醉,留下了"贵妃醉酒"这段脍炙人口的历史佳话。那么,令贵妃爱不释口、美态尽显的究竟是何种酒呢?

此酒乃中国古老的传统佳酿,古称"醪醴"、"玉浆",是陕西的八大名贵特产之一。因其配有芳香的中药黄桂,后得名"黄桂稠酒"。还因其产于西安,故又称为"西安稠酒"。其历史十分悠久,甚至可追溯到商周时期。该酒盛行于唐朝,像杜甫"李白斗酒诗百篇,长安市上酒家眠,天子呼来不上船,自称臣是酒中仙"中的"斗酒"指的即是稠酒。黄桂稠酒在古时已是喜庆宴席之佳酎,尤为文人雅士所钟爱。黄桂稠酒,不似酒,胜似酒。其状如玉液,汁稠醇香,绵甜适口,回味悠长,酒精含量仅有15%左右,因此老弱妇幼和不善饮酒者,均能饮用。饮用此酒还

黄桂稠酒

有益于身体健康,具有健胃、活血、止渴、润肺之功能。不过令人遗憾的是,由于稠酒放置时间一长会出现发酵和沉淀等现象,因而一般要趁新鲜时饮用,因此外乡人常感叹"稠酒好喝,可惜带不出潼关"。这其实从某个方面也说明了黄桂稠酒的珍贵性。

如今,黄桂稠酒早已名扬天下,深受海内外人士的喜爱,多次被党和国家领导人用来宴请国内外宾客。

"椒中之王"家在陕西吗

川湘大地自古以来是辣椒生长的宝地;川湘儿女也历来以喜辣而闻名于外。辣椒在那里可谓占尽了"天时、地利、人和"。不过令人诧异的是,传说中的"椒中之王"却选择把家安在了陕西。这是为什么呢?

其实,除了川湘儿女嗜爱辣椒之外,陕西省关中、陕南地区的人也十分偏爱辣椒,所以"椒中之王"的产生绝非偶然。水肥土沃的关中八百里秦川的土地为生长优质辣椒提供了得天独厚的自然条件,始于秦朝的种植经验为其创造了优越的后天条件,因此,素有"椒中之王"之美誉的秦椒就毫无疑问地选择了这片土地。秦椒,乃辣椒中的佳品,具有色泽鲜艳、辣味浓郁、体形纤长、肉厚油多、表面皱纹均匀等特点。其分为青、干两种,其中以干椒名气更大,将其研面泼油后,即可做成佐食佳品。若制成辣子酱,醇香可口,是很好的开胃品。此外,秦椒还含维生素C和多种营养成分,经常食用,可以健胃,增加食欲。

秦椒

如今,"椒中之王"以它的霸气辣劲打开了国际市场的大门,远销至新马泰等东南亚国家,成为陕西省一项大宗的出口商品,深受国内外朋友的喜爱。

"临潼石榴"有何来历

说到山水,不得不提桂林;说到石榴,就不得不提临潼石榴了。临潼石榴集全国石榴之优,以色泽明艳、汁多味美、品质优良等特点而著称,素有"冰糖榴"之美称,名居全国五大名榴之冠,乃果中珍品。那么,这样的果中尤物有什么来历呢?

相传女娲炼石补天之时,不慎将一块红色的宝石遗落在了骊山脚下。有一年,安石国的王子前去山林狩猎,看到一只快要冻死的金翅鸟,心生悲悯,将其带回宫中,悉心给它喂食疗伤。金翅鸟痊愈后,为了报答王子的救命之恩,便不辞艰辛,飞到万里之外的骊山脚下将那块红宝石衔到安石国的御花园里。令人惊讶的是,不久之后园内就长出一棵花红叶茂的奇树。安石国王给它赐名"安石榴"。后来安石国久旱未雨,赤地千里,庄稼枯黄,御花园的安石榴树也奄奄一息。此时,正值张骞出使西域经过安石国,他将汉朝兴修水利的经验告诉他们,既救活了庄稼,解决了老百姓的燃眉之急,又使"安石榴"树得以幸存。为了感谢张骞,安石国王送了许多金银珠宝作为答谢,但张骞都婉言谢绝了,只要了一些石榴种子,作为纪念品带回了中国。在回国的路上,张骞碰到了一个即将奄奄一息的姑娘,苦于没有药物相救,情急之际便将安石国王赠予他的石榴喂给姑娘。吃了这石榴后,姑娘便苏醒了,说道:"小女子本是汉室人,因飓风被吹卷到此,还望搭乘顺车回家。"帮人帮到底,张骞爽快地答应了。可是当马车驶到长安时,姑娘却离奇地消失了,只见一株枝繁叶茂、花红似火的石榴树长在路旁。张骞将所见所闻奏知汉武帝。汉武帝一见那树,甚是欢喜,便命人将石榴树移到骊山温泉宫里栽培。石榴从此便在临潼安了家,成为今日的临潼石榴。

临潼石榴

穿越美丽神奇的传说,临潼石榴现已成为陕西一大特产,享誉九州,驰名海外。

 "火晶柿子"有何美妙传说

火晶柿子是临潼特有的柿树品种。柿如其名,其果实色红似火,果面光泽似水晶。据说,很久以前,临潼骊山是一片荒芜之地,并无柿子树,山上只有零散的几棵软枣野果树。后来,这几棵野果树竟变成了火红的水晶柿子树。这到底是怎么回事呢?

相传,临潼骊山山坡上有个任村,村里住着一个老汉,他一共有四个儿子,前三个儿子都死了,只留下小儿子,叫四子。四子16岁时娘又死了,只留下爷俩相依为命。令人欣慰的是,四子既善良孝顺又勤快老实。四子家门口有棵大树,树上有一个火鸟窝。有一天,四子干完农活回家,正看到两个调皮的小孩拿

老陕西的趣闻传说

临潼火晶柿子

着弓箭要射火鸟,刚要上前阻止,火鸟就被箭射落在地上。四子心痛不已,赶紧把中箭的火鸟抱回家,为它包扎好伤口。经过父子俩几个月的悉心照料,火鸟的伤口终于痊愈,能飞了。于是四子又把火鸟送回了窝里。日子就这样平静地过了几天。突然一天,火鸟神奇地和四子说话,感谢其救命之恩,还从窝里撷出一根无根的果树树枝送给他。这晚,四子做了一个梦,梦中一位身穿火红衣裙的漂亮姑娘,送给他一对红灯笼。正当他高兴地要把灯笼拿给父亲看时,突然被一阵火鸟的叫声所惊醒。醒后四子又像平时一样去地里干农活,回家后的一幕把他惊呆了。昨晚梦中的红衣女孩正在给父亲盛饭。父亲告诉他,这位姑娘名叫火晶,是个孤儿,一路行讨至此。父亲见她无依无靠,便决定收留她。四子心里自然甚是欢喜。其实,这个火晶姑娘就是火鸟变的,是前来报恩的。后来,在四子和火晶的共同努力下,无根果枝和软枣野树很快就嫁接成功了。三年后,树上长满了又红又大的果子。四子和火晶将果子摘下来给任老汉尝鲜,可是老汉一直舍不得吃,一直等到四子和火晶成亲的那天,才拿出来给乡亲们品尝。大家尝了之后,不禁啧啧称赞。为了纪念火晶和四子,当地人把这果子取名为"火晶四子"。时间一长,人们就取其谐音,称"火晶柿子"。后来,临潼的家家户户在骊山种满了火晶柿子树,原来的秃山被一片火红的海洋掩盖了。

如今,临潼的火晶柿子已经成为当地的一大特色。

陕北红枣知多少

都说山东的枣又大又甜又出名,不过陕北红枣也丝毫不逊色。

在陕北,红枣因为产量高,因此被做成许多日常的风味食品,像枣糕、枣糕角、枣馅黄馍、枣馃馅、枣豆沙包子、枣炒面、枣焖饭等。"枣糕"是在铁锅内的蒸笼布上,分层撒糕米粉与红枣蒸成的糕,糕香枣甜集于一身,金黄软糯甜美。"枣糕角"是以糕团擀皮包枣馅,然后入锅油炸,香甜美味。"枣馅黄馍"则是用黄米粉发面,包入红枣豆沙馅蒸成。"枣馃馅"是先用油酥层面包入枣泥馅,然后放在一种上下有文火的平底铁锅土炉中烤熟,最后在中心点红印,皮酥馅甜。

它不仅是食用、馈赠佳品，还有一特殊用途，即男女青年订婚时，男家必须送女方12个枣馃馅，女家再将馃馅分赠亲戚。因此，枣馃馅被视为喜庆礼物。"枣豆沙包子"是用发面包枣泥豆沙馅，扭褶入锅蒸熟而成，是陕北常见的家庭美食。"枣炒面"是用软糜子炒热，加进煮熟的枣泥，晒干磨成粉，吃时用开水拧成团，像糕一样，又有炒香和枣甜。"枣焖饭"是腊八节食品，用软米和红枣以文火焖煮。腊月初八早上每家每户

陕北红枣

都要吃焖饭，还要送邻居一碗，在果树枝头抹一点，给猫鸡猪狗喂一点，希望来年可以邻里和睦，五谷丰登，枝繁果甜，槽头兴旺。恰好这天又是佛祖得道日，也有纪念佛祖、广布善道之意。

原来普通的红枣也能变出这么多的美味，有机会的游客，可来陕品尝。

陕西猕猴桃酒有何来历

"借问酒家何处有？猕猴桃酒陕西优。"陕西的猕猴桃酒可谓是同类产品的佼佼者，它不仅品质优良，而且酿造历史悠久，有着许多美丽的传说。

陕西猕猴桃酒

从前，陕西有一个乐善好施的富商，名叫任德才，有一次外出经商时，偶遇惨遭狗熊咬伤的任守贤，便将他送到附近一个名医那里诊治。痊愈之后，他见任守贤为人老实又孤苦无依，加上自己接连遭遇丧妻丧子之痛，任德才便认了他做义子。若干年后，任德才带着任守贤乘船前去寻找昔日那有救命之恩的名医。因为任守贤要留在船上照看钱物，任德才便只身前往。只可惜这么多年过去了，一切都已物是人非，昔日名医早已不见踪影。失落的任德才只能悻悻而归。回来时，他见到街上围了一群人，便好奇地挤进人群观看。原来大家是在看耍猴戏。不料大家正看得起劲时，猴子竟意外地从高竿上摔了下来，鲜血直流。训练猴子的黑汉不仅不为其包扎，还对其又打又抽

任德才实在看不下去了，便上前给猴子包扎好伤口，最后又为两只猴子赎了身，把它们带到山边放生。没想到这猴子好像通人性，给任德才磕头作揖后才肯离去。眼看着两只猴子跑到了半山腰，突然一只凶猛的黑熊冲出来向它们扑去。正在任德才万分焦虑之际，只听"砰"的一声，狗熊倒地了，两只猴子又得以脱险。其实这枪正是任守贤开的。回到村里之后，因为触景生情，频做噩梦，任德才便一病不起，遍寻名医也不见好转。就在他万念俱灰准备跳崖了此残生的时候，突然间一股神奇的力量把他拉了上来。醒来之后他发现自己躺在一个富丽堂皇的宫殿里，旁边有一对母女正在侍候他。原来这里乃桃岭仙洞。这对母女正是当时自己和义子所救的两个仙猴，现在是来报恩的。为了治恩人的病，母女俩经常拿一种长得毛茸茸的仙桃给任德才吃。据说这果子能治百病。母女俩还变着花样，用仙桃酿酒、做酱、做菜。就这样，任德才的身体日益好转，不久之后就痊愈了。话说任守贤，自从义父失踪后，便号召乡亲们一起寻找。后来经诸葛亮庙签文的提示，终于和乡亲们找到了桃源仙岭。母女俩设宴款待大家，还教会了他们用仙桃酿酒、做酱的方法，并让他们带桃树苗回去种植。

从此以后，此桃便在陕西广泛种植，用仙桃酿酒的技术也渐渐在陕西传开。又因民间有吃桃醉过猕猴的传说，故将此仙桃取名为"猕猴桃"，用它酿造的酒自然就叫"猕猴桃酒"了。

秦腔脸谱与京剧脸谱有何不同

与京剧脸谱相比，秦腔脸谱作为秦腔戏曲艺术的有机组成部分，其绘制风格古典独特，一直保持自身的一套完整体系。

总的来说，秦腔脸谱相对比较复杂和古老。如秦腔脸谱眉眼的花纹比较细碎，而且笔法粗犷、厚重，脸谱线条较为烦琐，象征性很强，色彩多；而现行的京剧脸谱则相对简约整齐，庄重大方一些，线条简洁美观，比较容易掌握。此外，秦腔脸谱的歪脸要勾得好，勾得多；而京剧脸谱发展到现在，已经把当初如《反西凉》的许褚、《定军山》的夏侯渊、《白水滩》的青面虎等勾歪脸的角色都换成正脸了，在歪脸的应用上远不如秦腔脸谱古典。同时，在脸谱颜色的含义上，两者也

秦腔脸谱

有很大的区别,像秦腔脸谱的粉色、白色都代表奸诈,而京剧脸谱的粉色则表示衰老。最后,两者在脸谱造型上也有区别,如秦腔脸谱的单雄信、马武勾的是碎脸,而京剧脸谱则用十字门脸,秦腔脸谱的李克用勾的是阴阳脸,而京剧脸谱则勾老脸。

也许秦腔脸谱远不如京剧脸谱有那么大的影响力,但是作为一件汇聚了陕西人民智慧和古老戏剧历史的、珍贵而又古老的工艺品,它已经成为研究秦腔艺术和当地民俗风情的宝贵资料。

张骞发达与洋县黑米有关吗

洋县黑米产于陕西省汉中市洋县,外皮墨黑,内芯雪白,具有很高的食用和营养价值,被誉为"黑珍珠",至今已有2000多年的种植历史。据说,此米还曾是张骞飞黄腾达的征兆物。难道真有此事?

相传,张骞在未出仕为官之前,经常在故乡渭河水畔(今陕西城固、洋县一带)的柳林内读书,立志他日可以一展宏图,功成名就。这日,张骞看书时突觉犯困,便依柳而眠,不久就进入了梦乡。梦中他见到了文曲星,即向前询问自己的前程。文曲星告诉他:"你可是前程万里啊,他日见到黑米之日,就是发迹之时。"从此以后,张骞除了平日继续刻苦读书之外,还经常抽空到处去寻找黑米。功夫不负

张骞出使西域图

有心人,三年之后,张骞在随父耕种时终于找到了一株黑稻,剥开稻壳,发现里面全是黑的。就在那年,汉武帝为了消除匈奴对北方的威胁,便在天下广纳人才。张骞抓住这次宝贵的机会,成功出仕,并以他过人的智慧和才能深受汉武帝的重用。汉建元二年(公元前139年),张骞出使西域,开拓了著名的丝绸之路,为东西方文化的交流做出了卓越的贡献。

从那以后,张骞故乡洋县的父老乡亲们便开始精心培育种植黑米。经过2000多年的发展,洋县黑米已经成为"世界米中之王",名扬海内外了。

西安糖炒栗子炒的是哪种栗子

走进古城西安,随处可见卖糖炒栗子的小摊小贩。那一颗颗棕红油亮的大栗子在锅里上下翻滚,看了让人垂涎欲滴。如此色香味俱佳的栗子有何来历呢?

镇安大板栗

这种栗子其实就是陕西的著名特产——镇安大板栗,因主要产于陕西秦岭地区的镇安县而得名。镇安大板栗品种优良,以颗粒肥大、栗仁丰满、色泽鲜艳、玲珑美观、涩皮易剥、香甜味美、营养丰富、药用价值好等著称于世,被誉为"中国甘栗"和"东方珍珠"。关于其来历,民间还流传着一个有趣的故事。

相传,很久以前在陕西有一户穷苦人家,因为没有安身之所,便寄住在大地主的破房子里。那年,天下大旱,庄稼颗粒无收,家里好几天都没有米下锅了,孩子们饿得啼哭不止。正当父母急得手足无措时,孩子们突然不哭闹了。细心的母亲发现孩子们一饿了就去抠墙土吃。一尝才知,那墙土竟是用栗子粉做的。原来当年地主为了备荒,把栗子蒸熟磨面,脱成砖坯,晒干砌墙。"以栗冲饥"的佳话很快就在民间传开了。栗子也成为旧社会拯救劳苦人民的英雄,引起了无数文人才子为其挥毫泼墨。像王羲之、杜甫、范成大、陆游等就都写过赞美栗子的诗文。

如今,镇安大板栗已经成为国内市场上炙手可热的商品,成为当地农民脱贫致富的重要特产。

 拓片是如何"炼"成的

到西安旅游,不能错过名碑荟萃的西安碑林。在这里,要想永远领略历经沧桑的艺术宝库魅力,可以用"拓片"技术达到目的。

所谓拓片,就是用墨把石碑或其他物品上面的文字、图案等印在一种特殊的宣纸上的物品。要"炼"成一张完整拓片需要五个步骤:第一步,将泡好的宣纸放在两块平整的木板之间,木板的一端稍垫高,人站在木板上,将宣纸的水分挤压出来,然后用鬃刷将宣纸贴在待拓的石碑上,不过不要太用力,刷平整即可;第二步,用砸刷按顺序将宣纸逐渐砸实,要注意均匀用力,直至让宣纸完全地贴在石碑上,然后进行晾晒;第三步,待宣纸干至八九成时,先用毛笔在拓板上蘸墨,再用细毛毡卷成的擦子将墨汁揉匀;第四步,在宣纸上擦适量的墨,切勿浸透纸背,用脱脂棉制成的扑子反复捶打,让墨均匀地布满在宣纸上;第五步,轻轻揭下宣纸,进一步晾干。经过五道工序,一张拓片就这样"炼"成了。

西安碑林拓片

由于历史原因和文物保护所需,如今,西安碑林可供拓片的碑刻已经不多。市场上卖的,其欣赏价值和艺术价值相对较低,不过,如果仅为自己欣赏,也算是不错的选择。

凤翔彩绘泥塑是怎样从"泥货"蜕变出来的

从当地人口中的"泥货"到"中国民间艺术一绝",再到国家级非物质文化遗产,凤翔彩绘泥塑通过600多年的发展完成了属于它的蜕变。这是怎样一个"化泥成绝"的过程呢?

相传明朝建立之初,为了加强西北地区的防御,朱元璋便安排御林军第六营的士兵在凤翔一带驻守。后来天下逐渐稳固,兵屯制取消,屯扎的士兵也就在当地安家落户。从那以后,这个村就取名为六营村。话说这些士兵大多来自江西,而且都精通陶瓷手艺。凑巧的是他们在村子的东沟发现了一种类似陶土的板土,黏性极强,加水晾干后,硬而不易干裂。于是,平时闲暇之日,他们便就地取材,和土为泥,按照家乡制陶的手艺,捏造出造型各异的泥塑来玩,并且还汲取了古代剪纸和刺绣当中的纹饰,以造型夸张的彩绘形象示人。逢年过节时,这些泥塑

凤翔彩绘泥塑

还被作为礼品送给亲朋好友和小孩子。后来经过改进的泥塑还被拿到庙会上出售。人们买回家中,用以祈子祈福、辟邪镇宅。这样,融会了江西传统陶瓷技艺和当地3000多年文化积淀的彩绘泥塑,经过几百年的发展演变,最终形成了凤翔独具特色的民间艺术。

随着时间的推移,凤翔的泥塑彩绘技艺愈加成熟,成为我国民间美术当中极具特色的精品,深受人们喜爱。

秦始皇玉玺用的是什么玉

在封建统治王朝,玉玺一直是君王权力的象征。如此神圣之物自然不容小觑。那么,秦始皇究竟选了哪种美玉来彰显他的无上权力呢?

蓝田玉:连连有余

该玉就是素有"中华四大名玉"之美誉的蓝田玉。蓝田玉有着悠久的历史,早在旧石器时代就已被开发利用,自古以来就被皇室贵族视为珍宝,被无数文人墨客赋诗赞誉。唐代诗人李商隐就曾写下"沧海月明珠有泪,蓝田日暖玉生烟"这样的名句。诗句中他不仅毫不吝啬对蓝田玉的溢美之词,还无意中引出了一段动人的传说。

话说蓝田在得名之前只是一个名不见经传的小山庄。庄里有一个名叫杨伯雍的穷书生。他不仅勤奋好学,还有着一副乐于助人的热心肠。为了给长途跋涉的旅客提供方便,他便在路边搭了个凉亭,免费给路人提供茶水。这一干下来就是三年,眼看这终身大事也渐渐给耽搁了。这天,一个身背碎石的老汉因劳累过度倒在了路旁,杨伯雍见状急忙把老人扶了起来,给他端茶喂饭,悉心地照料着。过了几个时辰,身体好转的老人便起身告辞。临走时,他留给杨伯雍一堆碎石作为感谢,并告诉杨说:"你可别小看这些碎石,回去把它们种在地里,会有意想不到的收获。"还没等杨伯雍回过神来,老人已经消失不见。回去之后,杨伯雍按照老人说的将碎石种于地下。不久之后竟奇迹般地生出一斗玉石。这让杨伯雍惊喜不已。有了这些玉石,杨伯雍很快就娶了一位善良贤惠的妻子。不过富贵后的杨伯雍

蓝田玉:手镯

丝毫没有忘记父老乡亲们。这年村里惨遭大旱,粮食减产,眼看大家都要忍饥挨饿了,杨伯雍和妻子商量后,便把自家的玉石分发给乡亲们换粮,以度灾年。很快穷山庄产玉的消息传开了。官匪两家狼狈为奸,把杨伯雍地里的玉石洗劫一空。一夜之间,村子陷入了困境之中。原来,当日被救老人乃天上的太白金星。他得知杨伯雍家里被官匪洗劫之事后,便托梦给杨伯雍道:"晴天日出入南山,轻烟飘处藏玉颜。"据说,从这以后,只有知情人才能在深山密林中觅得蓝色宝石,官匪们抢来的只是还未长成玉的蓝色石。

如今通过陕西源远流长的玉雕工艺,蓝田玉被雕琢成各种造型优美、晶莹剔透的工艺品,依旧如玉玺般散发出独一无二的魅力。

三原蓼花糖为何名贵

三原蓼花糖是陕西三原县传统风物美食。它虽然只是普通的糖,却异常名贵。这是为什么呢?

三原蓼花糖

据说以前陕西是一个连糖都没有的地方,只有一种吃了会黏牙的灶糖。直至400多年前,才有了三原蓼花糖的诞生。俗话说"物以稀为贵",三原蓼花糖产生在那样的背景下自然十分珍贵。话说有一次慈禧太后和光绪帝一行人来到西安考察游玩。当地官员自然不敢怠慢,拿出当地颇为珍贵的蓼花糖献给慈禧太后。慈禧太后品尝后,对其大加赞赏。她见糖的形状像极了草原上见过的蓼花,便饶有兴致地说出口来。于是,当地人们就取"僚"的谐音,改称为蓼花糖。

蓼花糖是以糯米为主料,配以芝麻仁、白砂糖、黄豆和饴糖等为佐料,经过20多道工序精心制作而成。其脆黄的表皮上均匀地沾满芝麻和砂糖,里面的糖心则是雪白的蜂窝状,吃起来别有一番风味。

由上可见,从蓼花糖的产生背景,再到它的历史典故,最后到它的制作工序,无一不体现了其名贵的原因。

陕西扎染有何由来

扎染是陕西一种古老的民间工艺,距今已有2000多年的历史,享有"东方明珠"的美誉。

扎染唐官仕女装

据史料记载,扎染源于秦汉两代时期。东晋南北朝时,扎染技艺便被广泛地用于妇女衣着。到了唐朝,扎染在古都长安风靡一时。许多皇亲贵族、妃嫔女眷都争相购买,还出现了鹿胎缬、青碧缬、蜀缬等花纹,以及梅花、水仙、蝴蝶、鱼等多种纹样。扎染技术日趋成熟,达到了相当高的水平。后来还随着"丝绸之路"一度远销至西亚地区。来到宋代,扎染又有了进一步的发展,相继出现了"鹿胎"、"玛瑙"等较为复杂的纹样,并逐渐在民间流传。五代以及元明时期的染缬方法更是多达九种。扎染成为当时一个重要的流行元素。可惜到了清末民初时,扎染逐渐被外国机制印花所取代,几乎濒临灭绝。到新中国成立时,才开始恢复生产。20世纪80年代,陕西的扎染技术在取其民间传统扎染工艺精华的基础上,进一步吸收国外先进经验,创造了多种缝、叠、扎、捆的方法,并利用多种染料和染色手法,使扎染这一古老的民间工艺,焕发出新的生命力。

柳编工艺有哪几种技法

柳编是西安的著名特产之一,也是我国民间广泛流传的一种传统手工艺品。

柳编工艺主要有五种编织技法:平编、纹编、勒编、砌编、缠边。

"**平编**"是编平面箔类的主要工种。它的特点是经纬交错,互相穿插掩映,可以挑一压一、挑一压二,也可以挑二压一、挑二压二,以编织成不同的交叉纹样。平编现主要用于高粱皮编织、竹篾编织和蒲草编织。柳条编织相对用得比较少。

"**纹编**"编压的特点和平编一样,都是以经纬交错为主,但是在经编方面还是有所区别。平编的经纬相同,而且是往前同时编织;而纹编则是先将经桩编

西安柳编

排好（经桩可以选用条、绳、铁丝等），然后用纬编（柳、槐、篾）上下交叉穿行于经桩上下，循环绕行，直至经条表面全部被纬编所掩盖。因为纹编常用于蒲草、细柳、桑条编织，故选用编纬的条子都比较柔软，有韧性。

"勒编"属于传统的柳条编结工种。这种技法是以麻绳为经，以柳条作纬，麻绳相互交错穿过柳条间，每穿一次就绕扣勒紧，民间常见的簸箕、笆斗、箩筐、柳条包等的主体部分都是采用此技法编结。

"砌编"是一种常见的传统手工编织的工种之一，该技法多用于圆形器物的编制，首先将编织物合聚成把束，然后将这些把束用较为结实的篾片穿起来。民间多用于制作饭篓、字纸篓等。

"缠边"是条编不可或缺的辅助工种。此法一般是以坚硬的材料为芯，在芯的外面则用柔软的条子按照指定的方向缠绕，使之固定之余还能起到装饰的作用。这种编织技法一般见于柳编制品、屏风等的包边和衔接部。

巧妙多变的编织技法，构筑了一件件精致的民间工艺品，倾注了世代劳动人民的心血，凝聚了中华民族优秀的传统文化。

甘泉县的"名片"是什么

甘泉县本是陕西省延安市一个名不见经传的小县城，但是因为一张"名片"，逐渐走进了人们的视线。这张神奇的"名片"是什么呢？

这张"名片"就是享誉海内外的甘泉"豆腐干"。相传，隋炀帝杨广北巡游玩来到此地，见这里的水晶莹清澈，清香四溢，遂饮数口，甚觉清甜无比，宛若天上的玉液琼浆。甘泉豆腐干就是利用这美水资源以及当地出产的优质品种"双青豆"作为原料，采用传统的工艺

甘泉"豆腐干"

加工制作而成。旧时制作此美味时,都是先将豆腐做好,然后将一部分压成豆腐干。接下来,将豆腐干切成一寸大小的方块,以大茴、小茴、丁香、花椒、盐巴等作为调料,入锅用文火煮味。待入味后,先在热炕上将豆腐干的大部分水分蒸掉,再用干线把它们串起来,最后挂到屋檐上晾干即成。如今最有名气的"八千里"牌豆腐干就是在继承原来制作工艺的基础上,开发研制出了20多种不同系列的豆腐干产品,畅销市场,深受消费者的喜爱。

商洛为何被誉为"核桃之乡"

"商洛核桃甲天下",这里是我国产核桃最多的地方,被称为"核桃之乡"。目前,商洛市核桃种植面积达140万亩,年产量为2万吨。如果以地区作比较的话,商洛的核桃产量居全国第一,因而商洛是全国最大的核桃生产基地。

商洛核桃

商洛地区气候温和,四季分明,冬无严寒,夏无酷热,光照充足,雨量适中,土地肥沃。此地有亚热带和暖温带气候相兼并存,南北方植物可同生共济。这里的气候、雨水、土壤最适宜于核桃的生长,自然条件可谓得天独厚。再加上该地的山民勤劳淳朴,靠山养山,植树为乐,视核桃为宝,故而此地核桃分布十分广泛。无论深山、峡谷,还是丘陵、平川,核桃无所不在。正如当地的一首民谣里唱到:"核桃坡,核桃沟,核桃砭,核桃路,漫山遍野核桃树。"

商洛核桃富含蛋白质、维生素、矿物质等,对人体有较高的保健作用。商洛核桃仁有口感油香味浓、色泽白黄如玉、营养价值高的特色,因而得到了欧美市场的青睐,使得商洛的核桃仁出口量占全国核桃仁出口量的三分之一。

该地的核桃品种优良,如洛南的薄皮核桃、山阳的鸡蛋皮核桃、镇安的大绵核桃、商州的马牙核桃等,都具有个大形整、皮薄光亮、仁肥易取、出仁率高、味甜而香、含脂肪在70%以上等优点。商洛核桃虽然历史悠久,但直到新中国成立后,才得到了真正的发展。

核桃的药用价值很高,在中医里得到了广泛应用。传统医学认为核桃性温、味甘、无毒,有健胃、补血、润肺、养神等功效。现代医学研究表明,核桃中的磷脂对脑神经有良好的保健作用。核桃油含有不饱和脂肪酸,有防治动脉硬化的功效。核桃仁中含有锌、锰、铬等人体不可缺少的微量元素,在人体衰老过程中,这些微量元素有促进葡萄糖利用、胆固醇代谢和保护心血管的功能。另外,核桃仁的镇咳平喘作用也是十分明显的。

米脂小米有何美誉

米脂小米,因其优良的品质而享誉全国,被赞誉为我国"四大著名小米"之一(山东"龙山小米"、山西"沁州黄小米"、山东"金乡金谷米"、陕西"米脂小米"),曾是上缴封建朝廷的贡品。

米脂县位于陕西省榆林市东部,无定河之滨,土质较肥沃,属中温带。这里的气候和土壤均适宜于旱作农业,因为盛产优质小米,久负盛名,并因此而得县名。据《米脂县志》记载:"沃壤宜粟,米汁如脂,故名米脂。"

米脂小米历史悠久,在该县武隋渠、麻土坪新石器时代的"龙山文化"遗址中,曾发现了"碳化粟

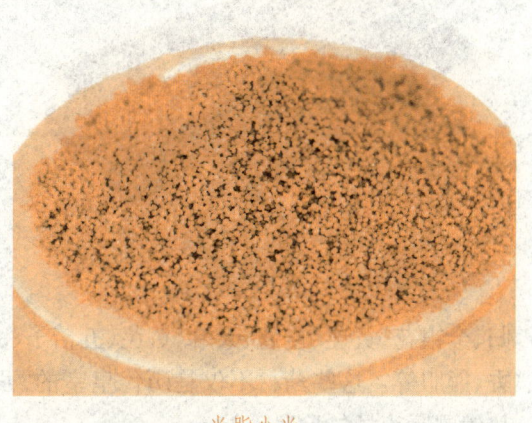
米脂小米

粒"以及贮藏粮食的窖穴,这说明了此地谷子的种植,至少已有4000~5000年的历史。米脂小米之所以著名,正是得益于丰厚的黄土和先民们的长期生产实践。

米脂小米是位于陕北高原米脂县的一种特产,也被人们普遍称为"延安小米"。此米不仅色泽金黄,颗粒浑圆、晶莹,质黏味香,而且米质优良,可长久保存。如果焖成干饭,香甜松软,让人回味无穷。如果煮成稀饭,则黏糯爽口,清香四溢,饭汤表面还会形成一层明亮的米脂油。

米脂小米营养丰富,所含蛋白质、脂肪均高于大米、面粉。它富含人体所需的8种氨基酸且比例协调。其中也蕴含大量维生素,并且纤维的含量又是几种主要粮食作物中最低的。所以,米脂小米也是产妇、幼儿及老人的滋补佳品。

为何有"秦巴杜仲"之说

杜仲是杜仲科、杜仲属,为多年生落叶乔木。它是地质史上第三纪冰川时期残留下来的古老树种,全世界只有一种,因而被称为"植物界的孤儿"、"活化石植物"。它是我国独产的古老珍贵的经济树种,被列为国家二级保护植物。

杜仲,俗称丝绵树、丝绵皮、乱银丝、阴叶榆。我国最早的医学专著《神农本草经》称之为"思仙";《名医别录》中叫做"思仲";《吴谱本草》谓之"木棉"。何以有"杜仲"之名呢?李时珍在《本草纲目》里解释说:"昔有杜仲服此得道,因以名之。思仲、思仙,皆由此义。其皮中有银丝如棉(绵),故曰木棉(绵)。"杜仲树皮为传统的名贵中药材,是重要的出口物资,被誉为"世界上最高的天然降压药物"。

秦巴杜仲

陕西省是杜仲的原产地,集中分布在秦岭以南、大巴山以北的秦巴山区。该地区是陕西省中药材种类和产量最多的地区,不仅中药材品种繁多,而且分布广泛,贮量丰富。这里共有药用动、植、矿物药材 1235 种,约占全国常用药材品种的 60% 以上。秦巴山区有 20 多种药材名扬海内外,杜仲就是其中之一,此外还有秦党、八仙党、秦归、金银花、黄连、连翘、天麻、黄芪、五倍子、太白参、太白贝母、枳壳、山茱萸、麝香、熊胆等。这些药材不仅是历代皇室的"贡品"和药商青睐的当家品种,也是热销国际市场的珍品。

秦巴杜仲的产量和质量均居"全国四大名杜仲"(其余三种是四川、贵州、湖南杜仲)之首,为陕西一大特产药材,在国内外市场上享有盛名,已被载入《秦巴山区土特名产》一书。秦巴山区的秦党、秦巴杜仲、秦巴蛹虫草、秦艽、秦皮等,都是因为品质优良,药效成分含量高,所以被人们约定俗成地在药名前冠以"秦"字或"秦巴"二字,以示珍贵和地道。

目前,国内上市的杜仲系列产品有:杜仲酒、杜仲烟、杜仲茶、杜仲晶、杜仲可乐、杜仲筷子、杜仲牙膏、杜仲饮食菌等。"杜仲热"方兴未艾,新产品的开发也是日新月异。

汉中天麻知多少

天麻,俗名"赤箭",又叫"定风草"。这是一种名贵中药材,古人说是神药。俗语云:"天麻天麻,天生之麻。神仙播种,凡人采挖。"它含有香英兰醇、维生素 A、多种生物碱、天麻甙和钙、镁等成分,在药坛中享有极为重要的地位。其味甘,性微温,无毒,益气养肝,主治头晕目眩、肢体麻木、息风定惊、肝风内动、神

汉中天麻

经衰弱等。从药效来看,它属于平肝息风类药。天麻还能治疗高血压、偏正头痛、失眠疲倦、风湿瘫痪、半身不遂等疾病,可提高智力,增强记忆,久服益气力,轻身增寿。因此,天麻在内外市场上享有很高的声誉,为价格昂贵的畅销药材,特别是在国际市场上,中国天麻比人参更受青睐。

汉中天麻,又称陕西天麻,是陕西的一大名优特产,与四川、贵州、云南、湖北利川和吉林天麻,并称为"全国六大著名天麻"。陕西汉中、云南昭通及四川巴山丘陵地区,是我国野生天麻三大产区。

汉中天麻历史悠久。《神农本草经》和《名医别录》中,就曾记载天麻"生陈仓川谷、雍州"。"陈仓"和"雍州"即今陕西省宝鸡市的凤县、太白、眉县和汉中地区的宁强、勉县、留坝等县一带。汉中天麻个头大,表面皱纹紧密,皮细肉厚,质地坚实,断面白色,半透明,无空心,是天麻中的上品。天麻与密环菌共生,人工栽培解决了这一难题,为天麻的生产开辟了更广阔的前景。

 陕青茶有何特色

陕青茶,全称"陕西青茶",也叫"陕西绿茶"。陕青茶主产于陕西省陕南地区,以富含锌、硒等微量元素而著称于世。陕西紫阳、安康、岚皋、汉阴等12个县的茶叶产量最多,其中以紫阳宦姑毛尖、平利三里垭炒青、白河家园炒青、岚皋万安寨炒青和西乡子午仙毫最为有名。

"陕青"为陕西绿茶的总称。它的叶片柔嫩,色泽润绿,条索匀整。茶水纯净淡绿,香气袭人,入口鲜爽香醇,令人心旷神怡。它除了含有咖啡因、茶碱、可可碱、黄嘌呤等,还含有人体所需的微量元素,尤其是青茶的硒元素含量在茶叶中为第一,故称为富硒茶。此外,陕青茶还能解油腻,助消化,并有促进血液循环的功效,特别为西北兄弟民族所欢迎,是牧民生活中不可缺少的饮料。

陕青茶

陕青茶采摘后经杀青、揉捻、干燥即可获得。陕青茶的加工程序有三种：经阳光晒干称"晒青"，用火烘干称"烘青"，用火炒干称"炒青"。现在，小锅炒青、机械炒茶等各种现代制茶方式在陕青茶产区也得到了广泛应用。在茶叶内在本质上，人们也开始下工夫进行挖掘，开发出了富硒茶、无公害茶等种种新包装的茶。

据史料载，茶的饮用、栽培、制作及药用，最早开始于四川、云南和贵州，后来才传到了陕西秦岭和淮河地区。"秦人取蜀，始知茗茶事。"明代学者顾炎武的《日知录》里对此就有记述。8世纪时，唐朝学者陆羽撰写了我国第一部，同时也是世界上第一部茶叶专著《茶经》，系统地阐述了唐以前我国劳动人民种茶、制茶、煮茶及饮茶的历史。书中也记述了陕南巴山山区已成为全国7大茶区中的"山南区"的一部分，以后又逐渐扩大到汉江南北。

陕南麝香知多少

麝香，又叫寸香、射香、脐香、当门子、元寸香、麝包子等。麝香之名，明代大药物学家李时珍在《本草纲目》中这样解释道："麝之香气远射，故谓之麝。"麝香是成熟的雄麝腹下香腺囊中的分泌物。自古以来，它就是驰名中外的珍贵药材和高级天然动物香料，被誉为"诸香之冠"、"香中之王"。它是我国著名特产之一，主要产于西藏、四川、陕西、甘肃、青海及东北等地。

陕南秦巴山区，早在1000多年前，就是我国麝香的主要生产基地。早在南朝梁时的《名医别录》里，就有这样的记载："麝生益州、雍州山中。"《图经本草》也有描述："麝，今陕西……诸路山中皆有。而秦州……尤多……然极难得，价同明珠。"另据《唐书》和《宋史》记载，唐、宋时商州麝香即为朝廷贡品。

陕南麝香以包子大，油润光亮，质柔软，有油性，当门子（成颗粒状俗称"当门子"）多，香气浓烈而名扬天下。它与西藏麝香、青海麝香、四川麝香并列为我国"四大名麝香"。古代有许多著名诗人也留下了赞美陕南麝香的佳句。晚唐诗人李商隐在《商於》一诗中写道："商於朝雨霁，归路有秋光。背坞猿收果，投岩麝褪香。"诗人张祜的《寄

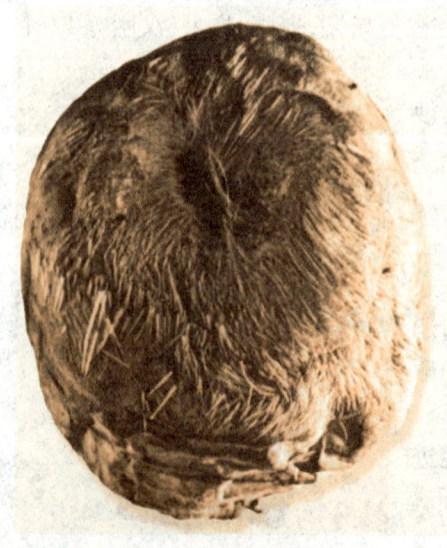

陕南麝香

题商洛王隐居》中有"随蜂收野蜜,寻麝采生香"的句子。

目前,我国已将麝列为国家二级保护动物。为了合理开发和永续利用麝资源,解决麝香的供求矛盾,自 1958 年起,我国进行了野麝驯化、活麝取香的科研项目,并已取得成功。1972 年,我国在陕西镇坪县建立了全国第一个养麝试验场。

陕西的黄河鲤鱼有何特色

黄河鲤鱼是生活在黄河水中的一种天然名贵鱼种。它的眼睛似珍珠,尾和鳍的末梢为红色,因此,它又有"红鱼"的雅称。黄河鲤鱼柔嫩味美,刺少肉多,含有多种人体所需的营养成分,是古今中外鱼中之上乘、席中之佳肴,颇受人们的青睐。鲤鱼的脂肪大部分是由不饱和脂肪酸组成的,呈液态。这种不饱和脂肪酸具有很好的降低胆固醇的作用。因此,如果能长期食用鲤鱼,不仅能增加营养、维护健康,还能防治冠心病,延年益寿,兼有滋补食疗作用。

陕西黄河鲤鱼主要产于陕西境内的黄河干流及其重要支流河段,其中,陕北的神木、府谷和关中东部的华阴、潼关等市县河段产量最为丰富。陕西黄河鲤鱼以肉嫩鲜美、营养含量高而著称于世,和宁夏黄河鲤、河南黄河鲤、山东黄河鲤、山西天桥黄河鲤并列为黄河干流的"五大名鲤"。

陕西黄河鲤鱼

陕西的黄河鲤鱼产区有两段。其一在龙门以上至府谷一段干流上。因为河面狭,水流急,多怪石、石洞、石缝,鲤鱼有安静的自然生活环境。加之两岸多陡坡沟壑,土质松散,每立方米水流中含泥沙 30～40 公斤,含有鲤鱼所需的大量营养物质,致使鱼肥肉美。同时由于地利之便免受洪水冲击,每当风和日丽季节便跃出水面,随波流弋,又可在数米深的冰下安全越冬。每当春季开河,冰块自上游涌来,躲藏于岩洞、石缝中的鱼群被冰块挤碰而出,从而形成捕捞旺季。其二在龙门以下至潼关一段。这里河道突然展宽,流速减缓,泥沙、树叶、草籽、虫类、粪便、微生物等物质大量沉积,形成水质肥沃、饵料丰富、气候适宜的良好环境,适宜鲤鱼发育生长。所以,人们在这一带捕捞的黄河鲤鱼特别多,而且肥大、鲜美,一般都在 1 公斤上下。这种大小的鲤鱼最好吃,是鲤中上品。

彬州梨有何来历及特色

彬州梨是陕西省的著名特产,因产于古彬州(今彬县)而得名。彬县位于关中北部,地处渭北高原,是古长安通往陇西、新疆等地的必经之路,也是古时商贾云集、土特产品集散之地。自古以来,彬州梨产于彬县、乾县、陇县一带,历史长期以彬州为中心而开展梨的贸易,故而得名。

彬州梨

彬州梨具有悠久的历史,最早植于2000多年以前。《诗经》中《秦风》篇里就有关于野梨生长的描述。彬县是关中梨的名产区,优良品种有老遗生梨、平梨、红汞梨等。老遗生梨以贮性好而出众,平梨以水多解渴著名,红汞梨皮面带红,外形美观,独具风采,曾是上缴朝廷的贡品。

彬州梨营养丰富,含糖量较高,富含大量蛋白质、脂肪、钙、磷、铁、果酸、苹果酸、胡萝卜素和多种维生素等营养物质。此梨除鲜食外,还可加工制成梨脯、梨酱、梨罐头、梨干、梨膏、梨汁、梨酒等。

每当暮春四月,彬县这里会形成"千树梨花千树雪"的壮丽景色,皑皑花海银装素裹,仿佛"千里冰封"的"北国风光"。深秋时,是彬州梨的收获季节。成熟的大梨黄澄澄、沉甸甸,好似金钟挂满枝头。到这里旅游观光的游客,无不为源源上市、香气袭人的彬州梨所吸引。望之生津解渴,食之脆甜可口,一股清香,沁人心脾,肉白细嫩,嚼后无渣,舌齿留香。这不由得使人想起宋代刘子翚《咏梨》中"丹腮晓露香犹薄,玉齿寒冰嚼欲无"的佳句。

老陕西的交通

 中国第一国道——秦驰道知多少

秦驰道是中国历史上的"第一国道",始于秦朝。驰道是皇帝的专用车道,皇帝下面的大臣、百姓,甚至皇亲国戚都是没有权利走的。

公元前221年,秦始皇统一中国。为了维护安定统一的政治局面,加强中央政府对全国各地的控制和联系,所以秦始皇对全国的陆路交通建设十分重视。第二年(前220年),他就下令修筑以咸阳为中心的、通往全国各地的驰道。秦驰道东穷齐燕,南极吴楚,西至临洮、羌中,北据河为

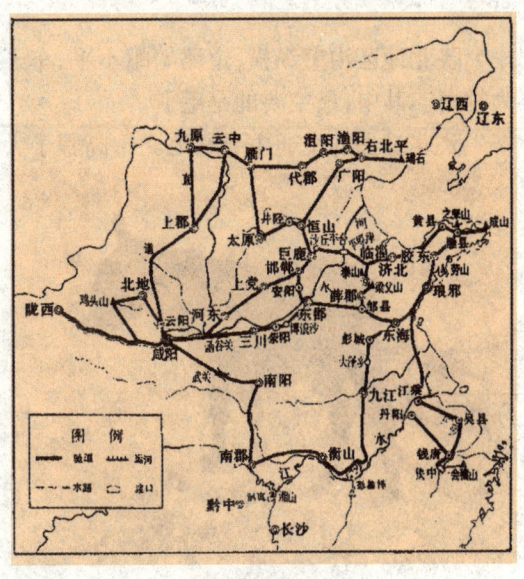

秦驰道示意图

塞,沿阴山至辽东,总里程 17 920 公里。

著名的驰道有 9 条,有出今高陵通上郡(陕北)的上郡道,过黄河通山西的临晋道,出函谷关通河南、河北、山东的东方道,出今商洛通东南的武关道,出秦岭通四川的栈道,出今陇县通宁夏、甘肃的西方道,出今淳化通九原的直道等。从《汉书·贾山传》中得知,秦驰道在平坦之处,道宽五十步(约今 69 米),隔三丈(约今 7 米)栽一棵树,道两旁用金属锥夯筑厚实,路中间为专供皇帝出巡车行的部分。可以说,这是中国历史上最早的正式的"国道"。

近来在河南南阳的山区里惊奇地发现有古代的"轨(铁)路"。经碳 14 测定,系 2200 多年前的秦朝遗存。它的原理和现代铁路无异,还是复线,只是不是用蒸汽机车牵引,而是用马力拉动。专家们都惊叹我国古代 2200 年以前竟然已经有如此先进的交通设施。这将是比兵马俑更惊人的大发现。

现在铁路不是铁铸造的,而是轧制的钢轨。秦始皇的"轨(铁)路"当然也不是铁铸造的,而用木材铺设。作轨道的木材质地坚硬,经过防腐处理,至今尚完好。不过枕木已经腐朽不堪,显然没有经过防腐处理,材质也不如轨道坚硬,但还可以看出其大致模样来。路基夯筑得非常结实,枕木就铺设在路基上。专家认为枕木的材质比较软,不仅是为了减少工程量,也不仅仅为了广泛地开辟木材来源,而是有意识地选择的。比较软的枕木可以和夯筑得非常坚硬的路基密切结合,从而使轨道平稳,车子在上面可以快速平稳地行驶。

陕北过去的交通工具是什么

陕北地区沟壑纵横,道路崎岖不平,车子很难在上行走。所以,代步工具都为牲畜。其中,最主要的是毛驴。

陕北过去的交通主要靠毛驴。高骡子大马只有富户人家才能养得起,而毛驴确很常见,再穷的人家也都有一头小毛驴。说起毛驴,当属米脂、绥德一带产的毛驴,品种优良,号称"绥米驴",个头不大,1米多高,劲头却不小,再崎岖的山路也能走。这种毛驴性情极其温顺,不踢不咬,婆姨女子都能对付得了。在陕北常常可见到这样的景象:娶媳妇迎亲的毛驴队伍中,一人骑一头驴,驴头上披红挂花,

陕北毛驴

脖子上的串铃叮当作响,伴随着唢呐声,可谓热闹无比。人们还经常看到回娘家的媳妇,稳稳地骑在驴背上,怀里搂着心爱的胖娃娃,后边跟着手执鞭子的丈夫,婆姨不时地扭过头来和自己的汉子说几句甜蜜的悄悄话。当地民谚"骑驴的婆姨赶驴的汉,婆姨怀里抱个肉圪蛋",就生动地描写了这一有趣的场景。安塞剪纸艺术家李凤莲曾以此为题材,剪成了一幅《骑驴回娘家》的风情画,更加形象地表现了这一浓郁的乡土风俗。

毛驴在陕北的用途非常广,不仅可以用来推磨拉碾,还可以驮东西。有些地方石山众多,缺水严重,每家每户都备有木架子水桶,将水桶架在驴背上,靠驴来拉水。不少的陕北人,一辈子都靠赶脚为生,一队队的毛驴,往来于银川、太原、包头、延安之间。途中常选有水草的地方休息,放驴吃草饮水,赶驴人则坐下抽烟、做饭,饭后就继续赶路。有时候,晚上没有大马店投宿,就在野外露营过夜。

陕北人与毛驴有着浓厚的感情,当地人将牲畜称为"牲灵"。《走西口》《赶牲灵》等民歌,在黄土高原广为流传、经久不衰,这就充分说明了毛驴在陕北交通运输中的重大作用。

旧时的陕西有轿子吗

一提起轿子,大家都会想到老北京的轿子。那么,旧时的陕西有轿子吗?答案是肯定的。

轿子古时候被叫做"肩舆",据说是由车子去掉轮子改造而来的。其形制为二长竿,两端各绑一截短木作为抬杠,中间为轿身,有的还有彩绘等做装饰物。轿内设有座椅,乘者坐其上,由抬轿者抬着。坐在里面平稳且舒适,比乘车舒服多了。轿子又分为官轿、平轿、花轿、素轿等。

官轿主要用于官府衙门,轿身大,以绿呢或蓝呢作轿身,非常华丽。根据官员品级可将轿子分为"四抬大轿"和"八抬大轿"。"四抬大轿",一般由四人抬轿,四人跟班替换,前边有执事开路吆喝。平轿分为两种,一种为高门富户所用,轿身稍大,以蓝布作轿身,轿夫都是私人雇用的;一种是普通的平轿,轿身小巧,轿身用青布做成。民间出外走亲访友或是游山玩水,

西安城墙边上的轿子

都可向轿行预约或临时租借。陕西各地均有轿行,雇有专门的抬轿轿夫。花轿则为结婚庆典时新娘子乘坐的轿子。比较秀气讲究,文华顶,西洋盘,周围都为用红绸扎结成的各种花卉,四角挂有玻璃连珠灯,下边坠有大红绣球,非常喜庆。轿夫也穿红扎绿,腰系红绸带,为婚礼更添喜气。素轿是送丧出殡时,供死者家属女眷乘坐的轿子,一般是向轿行或素仪店租用的。素轿四周都用白布围起来,有的还用白布扎球,通常都是由两个人抬的小轿。

从轿子的种类之多可以看出,老陕西的轿子还是很讲究的。

"老君犁沟"有何传说

"犁险于幢,幢险而犁突",描写的是一条夹在悬崖峭壁之间的沟状险道,即目前进出老君山的唯一通道——"老君犁沟"。那么,它背后有着怎样的传说?

老君犁沟

传说,华山脚下有一家大财主,其名不详,但由于他的刻薄,家里的长工和佃户们都骂他是坑人的"活阎王"。

有一年大旱,田里的禾苗都枯死了,活阎王知道佃户们交不起租金,就耍花招说要在华山上修路,到处募捐钱财。别说募捐还骗来了不少的银钱,活阎王看了非常高兴。他把大部分的银钱留给了自己,只拿出一小部分来修路,并强迫交不起租金的佃户和长工们去华山北峰下边那段石坡上修路。

佃户和长工们来到北峰下,着实被眼前的景象吓着了:那石坡光秃秃的就像刀削斧劈过似的。连脚站稳都够呛,更别说在上边修路了。可是,不修的话活阎王是不会同意的。只能硬着头皮地开呀、凿呀,没日没夜地忙活着。由于坡陡石硬,有的打伤了手,有的闪了腰,还有的差点命丧悬崖。时间一久,怨气凝聚得像雾团一样,直冲云霄。

一天,太上老君正好骑着青牛路过华山,被那股怨气挡住了去路。下去一探才知道,是修路人的怨气。老君不忍看到人们那么辛苦,便决定出手帮助他们。他将如意柄一吹变成了一把铁犁,接着,向空中吐了一口气,顿时,华山云雾弥漫,地动山摇,吓得那些修路的佃户与长工们急忙躲起来了。老君便驾着青牛,拉着铁犁,朝着石坡开始犁。

这时，有个道士正在北峰的石洞中修炼。听到外边阵阵的吆牛声，便坐不住了，急忙走出山洞想探个究竟。只见，云雾中，一位白发苍苍的老道士，一手扶犁，一手执鞭，吆着青牛顺着石坡犁。道士见此情况，不自觉得地站在那里观看。老君一直犁到"群仙观"上边才停止，然后，把犁挂在北峰后沟的石崖上，道士本想拜见一下这位老道士，但老道在云雾中，没办法与之对话。等云雾散开后，道士跑近一看，一条"犁沟"出现在面前。他这才醒悟过来了，刚刚那位驾着青牛的老道士，不就是太上老君吗？听到外边没声音了，修路的佃户和长工们也都出来了，看到"犁沟"，都无比的欣喜，跪在地上，朝天磕头，感谢前来搭救他们的神仙。

太上老君

后来，才从道士的口中得知，是太上老君帮助他们开的。于是，在聚仙台上开了一个石洞，起名叫"犹龙洞"，取孔子赞叹老子"岂犹龙乎"之意，将老君供奉起来，逢年过节时到洞里祭祀老君。从那时开始，石坡上的犁沟，便被称为"老君犁沟"了。

原来"老君犁沟"是这样来的，这还得感谢太上老君的慈悲心肠，为修路的人们解决了难题。

秦直道演绎了怎样的故事

秦直道，一条非比寻常的古道，同时也演绎着形形色色的故事，有的轰轰烈烈，有的哀婉凄楚，有的惊心动魄，有的耐人寻味……2000余年以来，记载的有关秦直道的历史名人和事迹不胜枚举。

中国历史上的第一位皇帝——秦始皇，正是秦直道的创始人。尽管秦始皇在世时未能实现从直道北巡九原的理想，但他在南巡中去世，其遗体是通过秦直道运回咸阳的。

秦直道

一代名将蒙恬，是该条古道的监修者，他曾多次行于其上。那个时候，甘泉山到子午岭一带，丛林茂密，郁郁葱葱，鄂尔多斯高原更是湖沼遍布、飞禽猛兽频繁出没的地方。蒙恬用了一年多的时间进行考察，这才确定了这样一条直至阴山脚下的近路。在秦直道一期工程完工时，蒙恬进行了全程的考察。正当他要谋划二期工程的时候，遭赵高迫害，在阳周狱中吞药自杀。

西汉时，秦直道在军事上已经发挥了很大的作用。如果没有秦直道，汉王朝的大军不会像飞将军一样突然出现在匈奴面前，让他们措手不及，也就不会有"但使龙城飞将在，不叫胡马度阴山"的千古绝唱了。

走过秦直道的蔡文姬

汉武帝刘彻曾多次沿直道北击匈奴，巡视朔方。据《史记·孝武本纪》记载，武帝在一则巡边诏令中说："朕将巡边陲，择兵振旅，躬秉武节，置十二部将军，亲率师焉。行自云阳，北历上郡、西河、五原，出长城，北登单于台，至朔方，临北河。勒兵十八万骑，旌旗径千余里，威振匈奴……"

王昭君在汉元帝时入宫，生得貌美如花。竟宁元年，呼韩邪单于请求与汉朝和亲，昭君自愿远嫁匈奴，和亲队伍从长安出发，途经直道，然后一直北行。现在直道沿线的内蒙古境内还有昭君墓，并且沿途还有许多关于王昭君的美丽传说。

东汉末年，蔡文姬在战乱中被南匈奴俘获，嫁匈奴右贤王为阏氏，走的就是秦直道。后来，蔡文姬由于思念家乡，想要归汉，但受到单于的阻碍。于是，曹操亲率50万大军沿秦直道直逼匈奴边界，单于迫于压力，只得同意蔡文姬归汉。蔡文姬回到家乡后，曹操多次派人请她襄助，终于，被其思慕贤才的精神所感动，毅然离开家人沿秦直道回到中原，参与编纂《续汉书》。

唐朝，李世民远征突厥时多次走秦直道。清朝末年，捻军一部曾沿秦直道同清军作战。现代，发生在秦直道上的战役当属直罗镇战役了，它也是红军长征到达陕北的第一仗。

由上可见，秦直道还真是演绎了不少的历史故事！

从秦陵铜车马可以看出古代的何种等级制度

秦始皇陵铜车马是在秦兵马俑发现六年之后的1980年发现的。最早发现这一国宝的是考古工作者杨绪德。当时,他正在离秦陵封土20米左右的地方钻探,凭着多年的考古经验,杨先生推断地下有"宝",猜着想着,突然发现从7米深钻探带出的泥土中有一个手指大的"金泡"。当他将"金泡"交给现场指挥程学华时,程学华激动得手微微发颤。他预感人们上下求索、苦苦寻找的铜车马找到了。

出土的秦陵铜车马,共有两乘。经复原后,其大小约为秦时真车、真马的一半。铜车马全部用青铜制成,车马上配有大量的金银饰件。铜车马一经亮相就轰动了世界。当年,秦始皇正是使用这种车马行驶在各种专用道路上,既有直道,又有驰道和甬道。一号铜车马为双轮、单辕结构,前驾四马。通长2.25米,车高1.52米,车辕长1.834米,舆广0.74米,进深0.485米。呈横长方形,有圆形车盖,前面与两侧有车栏,后面留门以备上下。车舆右侧置一面盾牌,车舆装备有铜弩、铜镞、铜盾等。车上立一圆盖伞,伞下站立一名铜御官俑。其名叫"立车",又叫"戎车"、"高车",乘车时立于车上。在皇帝的车队中用以开导、警戒和征伐,相当于如今的贵宾车队中的开道车。二号铜车马是四马鞍车(即坐乘的车),显得更为豪华,车通长3.17米,高1.062米,舆广0.78米,为凸字形,分前、后二室,其间以车相隔,车舆上有穹隆形的椭圆形篷盖,车厢分前后两部分,左、右、前三面各有一窗,后有门,门窗可灵活启闭,前室为驭手所居,内跽坐一御官俑,后室为主人所居。古称"安车",又叫"辒辌车"。

秦始皇统一中国后,自以为功超三皇,德高五帝,他出巡的车辆制作之精美、装饰之华丽和车队规模之大,超过了夏商周以来的所有君主。他还建立起一套严格的銮驾制度,即所谓天子出巡时的车队次序,规定大驾属车81乘,法驾半之。秦陵出土的两乘铜车马属于法驾的一部分。

皇帝出行,主乘是金根车,副车为五时车。五时副车,各以五色安车、五色立车配成五组,各组各代表一个时节或方位。一安一立为一组,均由驷马挽驾。东、西、南、北、中为五方;春、夏、仲夏、秋、冬为五时;青、红、黄、白、黑为五色。五方和五色的搭配是:东方是青色,西方是白色,南方是红色,北方是黑色。中央是黄色。

在秦始皇陵西墓道旁出土的两乘一组铜车马,恰好一安一立,均为驷马驾车。马的通身彩绘底色也为白色,所以,有学者认为,这两乘车是秦始皇出巡车队中象征西方的副车。

秦始皇陵彩绘铜车马

秦始皇出巡时乘坐什么车

自古以来,皇帝出巡乘坐的是龙辇。那么,秦始皇也是乘坐龙辇出巡的吗?不是,秦始皇乘坐的车叫做金根车。

秦始皇

金根车,不仅是秦始皇出巡时乘坐的,而且是始皇首创的。《中华古今注》云:"金根车,秦制也。秦并天下,因三代之舆服,谓殷得瑞山车,一曰金根,故因作金根之车,秦乃增饰而乘御焉。"为什么把皇帝乘坐的车称为金根车呢?是因为根是万物之源,可以载养万物,只有皇帝才配乘坐这样的车,再用金装饰,就更加富贵华丽了。金根车与其他车不同的地方在于其前驾为6匹马,《史记·秦始皇本纪》中有"乘六马"的记载,《后汉书·舆服志》中也有"天子所御驾六,余皆驾四"的记载。由于汉承秦制,所以,这些记载都充分证明了秦始皇所乘之车驾有6匹马。

说到金根车的形制,至今还没有发现实物资料。在秦都咸阳城遗址上发现的壁画,也都是四马驾车,而未发现六马驾车的,秦始皇陵铜车马也是四马驾车,那么秦始皇陵中有可能出现金根车吗?据说是有的,不过这都有待于验证。

金牛道有何来历

从陕西进入四川的道路有金牛道、褒斜道、子午道、傥骆道等。其中,以金牛道最为有名。金牛道地形险要,多险关危道,又无道绕行,使人望而生畏。

金牛道在大禹时期就存在,当时还不叫金牛道,在《禹贡》里记载,夏代时藏北和新疆南边的和夷经白龙江从此道入汉水、渭水。战国时此道不为秦国所知。由于这条路很隐秘,少有人知。秦人是从甘肃迁居关中平原的,非本地土著,故不知此路。据《华阳国志》《蜀王本纪》《水经注》《史记》等书记载,战国中后期,秦惠王到褒谷狩猎,正巧遇到蜀王一行也到此狩猎。秦惠王正欲伐蜀,但苦于崇山阻隔,无路可通,于是用一诡计,请人凿刻了五个巨大的石牛,以赠送蜀王。秦王派人在石牛尾下放置黄金,每头牛还像模像样地安排了专门的饲养人员。蜀人一见之下,以为是天上神牛,能屙黄金。蜀王大喜,便派国中五个大力士,将石牛拖回成都。这条拖送石牛的道路,就是古金牛道,亦称剑门蜀道。从此该道为秦人所知。

传说秦惠王知蜀王好色,于是又许嫁五位美女于蜀。蜀王再遣五丁迎之。返还到梓潼地界时,见一大蛇钻入石穴。其中一人掣住蛇尾,奋力拔之不出,于是五人齐力相拔,以致山崩地裂,五丁及那五位美女同时被压入山下,化为五座山。秦惠文王十三年(前325年),张仪、司马错经此道吞并巴蜀。

金牛道在古代经历代开山凿路,架设栈道,才得以通商旅。从民国以来沿这条古道修了川陕公路和宝成铁路,川陕险道已变通途了。

金牛道

关中民间主要的出行工具是什么

关中与陕北地区不同,地势平坦,便于行车。民间常见的交通工具主要有马拉大车、京洞轿车、狗脊梁车、地轱辘推车和架子车。

马拉大车: 除少数铁构件,都用硬木制成,主要用于拉运货物。车上无固定车篷,在婚丧嫁娶或者走访亲戚的时候,民间巧妙地将芦席做成车篷。这种车除了可以用马拉,还可以用三头牛拉,农忙时节,常用来装运庄稼。关中的农村往往根据生产队养牛的数量来衡量其贫富程度,村里嫁姑娘也要看那个生产队养牛是否多,越多就越风光。

京洞轿车: 俗称"京套",是仕宦或者大户人家外出的代步工具。轿车构造精巧,装饰典雅。车底与马拉大车的造型相似。车厢两侧为透明的纱窗,车内可以清楚地看到外边的事物,但外边看不到里边。

狗脊梁车: 又称"鸡公车",为什么叫这么个名字呢?是因为这种车的车面有一突出的空腔脊梁,酷似狗的脊梁。由于它只有一轮着地,故可以在狭窄的小道

西安城墙下的架子车模型

上行走。这种车虽然看起来简单,但要掌握它是需要窍门的,会推的人可以随着车子摆动而动,轻松地驾驭它,不会推的则费力又东倒西歪的。

地轱辘推车: 是个全能的车子,既可以运物又可以载人。这种车前低后高,前窄后宽,造价不高,因此很受穷人们的欢迎。在旧时的渭北原上常常可以见到这样的景象:回娘家的媳妇坐在车的后架上,怀里还抱着个胖娃娃,包袱捆在车的前面,丈夫则在后边努力地推着车子,车身不时地发出咯吱咯吱的响声,就像为这无限的原野演奏着一支低沉的催眠曲似的。

架子车: 是20世纪50年代后期才出现的,车辕和车身均为木制。这种车可推可拉,可载物亦可载人,且好驾驶。农村老的少的去医院看病或是进城赶集,就会坐到架子车上由子女护送。直到现在,架子车在关中农村还是很普遍,几乎家家都有。

关中民间的交通工具还真是不少,有机会的话一定要到关中亲身体验一下哦。

哪条古道是因一个女人而改名的

说起荔枝,人们都会想起"四大美女"之一的杨贵妃。杨贵妃最爱吃的就是荔枝,并且,她又是唐玄宗最宠爱的妃子。当年,杨贵妃想吃荔枝,唐玄宗一声令下,骑兵便快马加鞭地将新鲜的荔枝从岭南一带运到骊山。自古以来,有很多关于荔枝的诗句,其中,最出名的当属杜牧的《过华清宫绝句》:"长安回望绣成堆,山顶千门次第开。一骑红尘妃子笑,无人知是荔枝来。"

说到这里,大家都该猜到了吧,我们所说的古道就是——荔枝道,而那个女人不用说都知道就是杨贵妃了。荔枝道是汉江两岸诸条古栈道中的一条,原被称为间道。由于杨玉环爱吃荔枝,朝廷就在四川省的涪陵建了一个优质的荔枝园,并且,整修四川涪陵至长安的路,取道达州(今四川省达县),从陕西西乡快马入子午谷,到长安也不过三日,因此进呈的荔枝还像刚摘下来那样新鲜可口。这么远的把荔枝运到且能

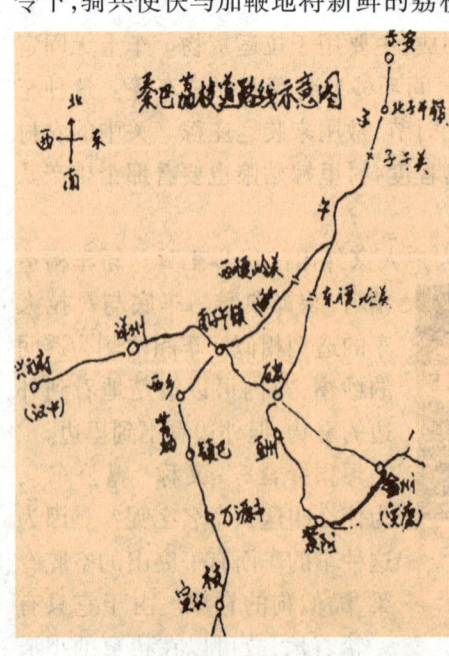

秦巴荔枝道示意图

保持其新鲜,实属不易,当然这要感谢运送荔枝的人了,他们是最辛苦的。荔枝的背后不知赔进了多少骑兵的血汗甚至性命!苏轼的《荔枝叹》中:"飞车跨山鹘横海,风枝露叶如新采。宫中美人一破颜,惊尘溅血流千载。"就是其真实的写照。

荔枝道,一条因女人而改名的古道,不知饱含了多少血汗甚至于性命,不得不让人为之深思啊!

世界上最早的人工通车隧道是哪条

自春秋战国以来,褒谷石门就是沟通南北的交通要道。用"火烧水激"而成的石门隧道就是世界上最早的人工通车隧道。

石门大概是在战国时期,为修建褒斜栈道而开凿的,后又经历代的修凿才得以完工。门洞长13.6米,宽4.2米,南口高3.45米,北口高3.75米。现在看起来这些数字不算什么,但在那个生产技术落后的年代,已经很了不起了,也花尽了不少劳动人民的血与汗。石门在"难于上青天的蜀道"上,开凿与架设被称为"世界第九大奇迹"的栈道。

褒谷石门可以称得上是个天然立体的博物馆,荟萃着山上水下的文物古迹,交织陈列着古代、近代、现代的道路建筑和水利工程。新建的仿古栈道更是独具一格,飞架在悬崖峭壁上,就像是褒斜道的缩影。历史上的萧何月下追韩信,"明修栈道暗度陈仓"

陕西汉中石门栈道

的典故就在这儿发生。石门附近也有很多的美景,清代文人王晚香将其统称为"褒谷二十四景"。石门水库的建成更是锦上添花了。

石门,不仅是世界上最早的人工通车隧道,还是研究我国古代交通史的宝贵资料,具有极高的历史研究价值。

壶口瀑布的"旱地行船"是怎么回事

壶口瀑布是仅次于黄果树瀑布的全国第二大瀑布。它虽不像"疑是银河落九天"的庐山瀑布那样飘若白练,但它的粗犷、豪迈和热情奔放也是无与伦比的。此外,它的"旱地行船"也是别处所没有的。那么,"旱地行船"究竟是怎么

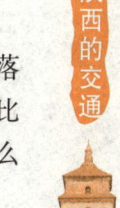

一回事呢?

壶口瀑布的"旱地行船"

古时候,黄河岸边有很多的船夫,他们个个都赤着肩膀,在河上乘舟顺流而下,游到壶口上游便停了。因为壶口瀑布的水流湍急,冲击力大,所以船夫们被迫拉船上岸,纤引肩扛,从石岸上绕过壶口,将船一直拉到下游河水平缓的地方,大概两里远,然后再入河床继续行。这便是"旱地行船",一种从古代流传至今的奇特的航运习俗。

明清时期,由于陆路交通不发达,水路运输经济方便,因此壶口上游的水运极其繁忙,有数千只船经壶口转运,因壶口瀑布的阻隔,在瀑布东岸不远的山根下形成了一处水旱码头。最鼎盛的时期,这里的商家多达60余家,窑洞500多孔。但同蒲铁路开通后,"旱地行船"的现象就逐渐消失了。

原来,"旱地行船"是这么一回事,虽然它早已成为历史,但它也承载了不少纤夫的血与汗。

"鸿雁传书"有何来历

早在2500年前,我们的祖先就开始驯养信鸽,用于远程的通信。西夏在与北宋的战争中,便利用信鸽做军事通信。而鸿雁是书信的代称,有时也是邮递员的代称。为什么要用"鸿雁"来代称书信和邮递员?

溯其源,就要从《史记》说起了。据其记载,汉武帝天汉元年(公元前100年),派苏武出使匈奴,被单于流放到北海(今贝加尔湖)放羊。后来,汉朝派使者出使匈奴并要求释放苏武,匈奴单于不愿放苏武回去,便谎称苏武已经死了。与苏武一同出使匈奴的常惠得知此事后,便秘密地见了汉朝使者,告诉他苏武没有死的真相。

苏武李陵别意图

并且,为汉使者出主意,让他对匈奴单于这样说:大汉天子在上林苑打猎的时候,射到了一只鸿雁,仔细看后发现雁足上系着一块帛书,上边写着"苏武被困于北海"。汉使者照常惠说的做了,匈奴单于知道自己编的谎被拆穿了,只得将苏武放回汉朝。这样,苏武便重新获得了自由,回到了汉朝。

此后,人们便用鸿雁来比喻书信和传递书信的邮递员,而"鸿雁传书"的故事便被世人流传成了千古佳话。

 风陵渡知多少

风陵渡,自古以来就是陕西、山西、河南三省的咽喉要道,为兵家必争之地。不仅魏国与秦国的古战场在这里,而且还有许多著名的战争也发生在此,如东汉的曹操讨伐韩遂、马超,西魏的宇文泰破高欢等战争。

风陵渡位于晋、陕、豫三省交界的黄河大拐弯处,地理位置优越,交通便利,是通往华北、西北、西南和中原的交通要塞,也是国际欧亚大陆桥的"桥头堡",备受世人们的瞩目。

关于风陵渡名称的由来,有两种民间流传的说法。第一种说法:风陵渡是因附近的风后陵而得名的。轩辕黄帝和蚩尤在涿鹿之野作战,蚩尤施法作出大雾,使得黄帝部落的将士无法辨别方

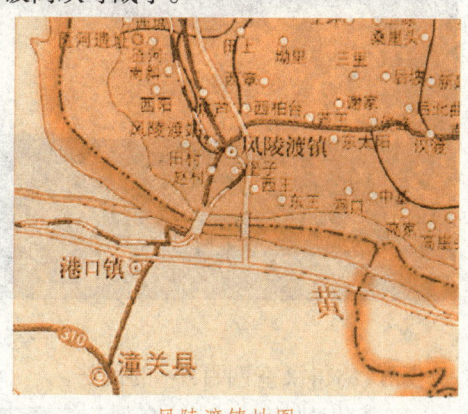

风陵渡镇地图

向,作战困难。迷茫之际,黄帝的贤臣风后及时赶到,并将其自制的指南针献上,这才为大军在雾中指明了方向,将士们便一鼓作气地打败了蚩尤。但风后却不幸在战争中被杀害了,为表示对他的追念,人们在此建了风后陵。因唐代圣历元年(698年)曾在此置关,所以又叫做风陵津,又因为它是黄河南泄转而东流之地,津也即渡口,故后来被称作风陵渡。第二种说法比较简单:女娲的陵墓就是风陵渡,女娲为风姓,故叫做风陵。据考证,风陵渡附近赵村的东南部,就有女娲墓。

风陵渡不仅地理位置重要,且其名字还有这样精彩动人的故事。

 "金锁天堑"在何处

金锁关,位于铜川市北约20公里的神水峡。南宋建炎三年(1129年),南

宋将领刘延亮率兵在此成功阻击金兵南侵而名震四方。此处山形陡峭、道路崎岖,故有"金锁天堑、鹰鹞难飞"之说。

明嘉靖三十二年(1553年),金锁关关城建成,从发现的遗址看,关城东西宽约100米,南北长约500米。城外有三道岔口,是通往榆林、延安及甘肃、宁夏的必经之路,故又称"三关口"。

传说杨家将中的杨六郎曾在此建寨屯兵,著名的"金锁元堑"题刻就是他用金枪所錾。

"萧何月下追韩信"的地点在哪里

在陕西留坝县马道街北有一条河流,叫寒溪河。公元前206年,韩信投奔刘邦,话不投机,遂离开汉中。没想到走到留坝的寒溪时,被突然上涨的河水挡住了去路。就在他被困之际,萧何追上了他,一番劝说后,韩信重返汉中。刘邦筑拜将台以示改过,从此,汉军势如破竹,最终建立了西汉王朝。故而民间歌谣有"不是寒溪一夜涨,焉得汉室四百年"的说法。

"萧何月下追韩信"三彩枕

今留坝樊河桥北岸,有刻于清嘉庆十年(1805年)的石碑一座,上撰"寒溪夜涨",书曰:"汉酇侯追淮阴侯,因溪夜涨,至此,故及云。"此处原有萧何庙一座,1983年,寒溪河水暴涨,庙随之全毁。韩信之死也是萧何之计,所以后来有"成也萧何,败也萧何"的话。对韩信来讲,不知是该感谢还是诅咒萧何。

"明修栈道,暗度陈仓"一语中的栈道指哪里

栈道,又称栈阁之道,是中国古代交通史上的一大发明、世界交通史上的一大奇迹。先民们为了缩短行路里程,降低翻山涉水的行路强度,同时也出于军事需要,在下有急流的山崖绝壁上,用器物开凿凌空铺架道路的孔穴,孔穴内插入石桩或木桩,在桩的上方铺上木板、木棒或石板,可以行人、行车,谓之栈。为了防止这些木桩、木板、木棒因风雨侵蚀而腐烂,又在栈道上端建起房亭(亦称廊亭),谓之"阁","栈阁道"即以此而得名。

"明修栈道,暗度陈仓"中所指的栈道为褒斜栈道,在今眉县斜峪关到勉县褒城一段。褒斜栈道,北从关中斜谷进,南从汉中褒谷出,因而得名。褒斜道全长250公里,大约二分之一的路段为栈道。在战国秦蜀开金牛道之前就已经成为通途。

汉中褒斜栈道

在秦末农民起义中,项羽和刘邦约定,先入咸阳者为王。公元前207年,刘邦先入咸阳。但慑于项羽人多兵强,只好驻军霸上,等待项羽。项羽自封"西楚霸王"后,封刘邦为汉王。随后便是项羽和刘邦争夺中央政权的"楚汉战争"。刘邦入汉中时,采用张良的建议,烧毁连接关中到汉中的褒斜栈道,表示安于偏僻,无意问鼎,使霸王放松戒备。

公元前206年,刘邦拜韩信为将,主动出击。韩信先派樊哙、周勃率兵佯修已被烧毁的褒斜栈道,摆出要从褒斜道出兵的架势。投降项羽的秦将章邯不知是计,引兵在斜谷口防御。韩信却率大军沿连云栈道(今秦陵梁上,与宝成线平行),从陈仓道攻克散关(今宝鸡市郊),与樊哙、周勃一前一后,夹击章邯。章邯战败自杀,刘邦乘势而定三秦,重新在关中站稳脚跟,为打败项羽奠定基础。兵法云:"兵不厌诈。""明修栈道,暗度陈仓"作为声东击西的成功战例,为后世兵家屡试不爽,同时也是三十六计之一。

红军长征是在陕北何地会师的

由于博古、王明"左倾"错误的影响,导致红军的第五次反围剿失利,红军不得不开始了漫长的二万五千里长征。

经过了无数的艰难困苦,中共中央终于率领中国工农红军陕甘支队于1935年10月19日到达陕甘革命根据地的保安县吴起镇。这一胜利会师也标志着中共中央、红一方面军主力历时一年的长征的结束,整个二万五千里的行程经过了福建、江西、广东、湖南、广西、贵州、云南、四川、西藏、甘肃、陕西11个省。开始长征的时候,红一方面军有近10万人之多。但到达陕北的陕甘支队,人数则不满8000人。

吴起镇的胜利会师,是中国乃至世界军事史上一次伟大的战略行军,毛主席更是对其战略意义给予了高度的评价,他是这样说的:"我们长征12个月零2

天,共367天,我们完成了伟大的远征,这是历史上从来没有过的呀!自从盘古开天地,三皇五帝到如今,只在我们红军才有这个气魄,才有这个决心!长征是宣言书,向全世界宣传红军是英雄好汉……它又是宣传队,向11个省的广大老百姓宣传了共产党、苏维埃和工农红军的解放道路。它又是播种机,在11个省播下了革命的种子,将来一定会开花结果的。"

吴起镇革命旧址

西部第一窗——西安火车站知多少

西部第一窗,即西部最重要的交通枢纽——西安火车站。

西安火车站是陕西和西安的重要窗口,主要担当着陇海铁路、西康铁路、宁西铁路、西侯铁路、包西铁路等旅客运输任务。位于西安中心新城区环城北路上的西安火车站,不仅是西安的重要交通枢纽,还是中国关键的铁路枢纽之一。

西安火车站始建于1934年12月,正式运营于1935年6月,是一个客货兼营的一等站。经过了多年的改建工程,终于在1990年10月1日完成了全部的改建工程。改建工程的成功竣工,固然少不了工程队工人们的功劳,但最关键的还是政府的大力支持和投入。如今的车站,售票、候车、行包发送提取大厅各一座,还有为旅客服务的旅游饭店等配套设施。候车大厅可同时容纳7000人在内候车休息,并设有东西两个分配厅和普通、母婴、软席等12个候车室。车站共开设了60个售票窗口,此外,还在西安市内设了84个火车票代售点,让旅客购票更加方便。

随着西安城市建设和旅游业的发展,西安火车站的客运量呈大幅度的上升趋势,高峰季节的日客运量可达9万人次,年旅客发送量可达2360万人,位居全国第四。由此可知,西安火车站被称为"西部第一窗"是当之无愧的!

西安火车站

老陕西的民居

 陕北的窑洞是如何修建的,有何特色

  陕北窑洞是陕北的特色民居之一,有着悠久的历史。窑洞的修建也是由于当地特殊的地理地质环境和自然环境而产生的。陕北有丰富的黄土和砂石,地形多深沟,万壑纵横,为修建窑洞提供了得天独厚的地理条件。

  由于陕北的黄土深达一二百米,很难渗水,而且直立性非常强,加上气候干燥少雨、冬季寒冷、木材少等自然原因,就产生窑洞这种民居。陕北窑洞的形式各式各样,可分为土窑洞、石窑洞、砖窑洞、土基子窑洞、柳橼柳巴子窑洞和接口子窑洞等多种。但从建筑的布局结构上可划分为靠崖式、下沉式和独立式三种形式。陕北的窑洞有的是依山凿出的拱洞,叫做土窑洞,一般深7～8米,宽3米多,高3米多。由于黄土的直立性极强,地下水位又

陕北窑洞

很低,且拱形比平顶的抗压力强,故窑洞比较稳固,不易坍塌。还有一种用石头建造的窑洞,一般深7~9米,高3米多,宽3米多,叫石窑洞。砖窑洞的样式和制造方法与石窑洞一致,外表美观。

窑洞一般在山腰或山脚下的向阳处修建,并在窑顶种上植物。一院窑洞一般建有3孔或5孔,中窑为正窑,有的分前窑和后窑,有的1进3开。窑洞内主要有两大设施,一是火炕,另一是灶台,是居民最需要的设施了。窑洞有防火、防噪音、冬暖夏凉的特点,既节省土地,又经济省工,是因地制宜的完美建筑形式,可称得上是天地对人类的一种恩赐。

韩城的党家村为何被誉为明清建筑的"活化石"

韩城党家村位于陕西省韩城市东北方向,距城区九公里。村里的居民主要是党、贾两族,共有320户人家,1400多人。党家村历史悠久,从建村到现在,经历600多年的风雨,却依然保持着建村之初的完整风貌,被誉为明清建筑的"活化石"。

党家村虽地处黄土高原,其建筑却完全没有陕西这里的特色。放眼望去,没有窑洞的影子,有的只是排列有序的高大的青砖瓦房四合院。根据当地人的说法,他们的祖先并不是陕西土生土长的本地人,而是600多年前流落此地的元朝党氏一族。党氏一族在这里落脚,繁衍生息,形成了如今的党家村。

党家村目前保存有125座比较完好的四合院,拥有房屋1000多间。这些四合院大多是明清时期的建筑,历史最短的也有100多年的历史。党家村的四合院与北京的相比,在规制、建筑式样和居住习惯上都有很大的不同。党家村的四合院比北京的略小,一般占地只有200平方米,形状呈长方形,四周由厅房、厢房、门房等建筑围成,院中央设有天心石。党家村的四合院很多都有楼房,楼房里一般是放置粮食和杂物的库房,是不住人的。家中的长者居住在门房中,而不是上房。党家村四合院中的上房是用作供奉祖先牌位和红白喜事时招待客人的。

党家村内,散布着古老的石砌巷道、千姿百态的高大门楼、做工考究的上马石、庄严的祠堂、神秘的避尘珠、华美的节孝碑等具有古代韵味的特色景观。党家村在清朝时期就有"小北京"之称,

韩城党家村民居建筑

这里农商并重,经济繁荣,党家村的先人们凭借自己的辛勤劳动为后世留下了一座座文化瑰宝。党家村建筑的门楣、木雕、砖雕皆制作精美,使今人赞叹不已。党家村还保存有完好的围墙、看家楼、哨楼等古代防御体系,这显示出了党家村人在战乱年代的一种生存心理。

党家村的形状像船,建筑布局符合中国古代的风水学。其布局紧凑、做工精细、风貌古朴典雅、文化气息浓厚,是世界上保存最为完好的古代传统居民村寨,是我国明清建筑的"活化石"。党家村被列为"国际传统居民研究项目",是陕西省著名的"历史文化保护村",是旅游参观胜地。

安康的石板房知多少

石板房是安康市紫阳县特有的一种房屋,这种房屋的结构大都是由大大小小的石块构成,风格古朴自然。这些房屋是古人运用天然的资源与智慧创造出来的,在人类发展进程上具有十分重要的意义。

安康紫阳地区盛产石材。在陕西,常有"清涧的石板,瓦窑堡的炭"的说法,但是真正意义上的石板却是来自紫阳。紫阳的石板质地好,就像是千层饼一样,层次之间不粘连,用工具轻轻一敲,就能取下一块。居住在紫阳的先民们运用这种得天独厚的自然资源建造了一座座经济实用的石板房,为中国建筑史增添了一抹异样的风采。

石板房的建造并不复杂,只要有足够的石块、石板、木料以及一双有造房技术的手就能完成。人们从山上采来大小相当的石块,垒成厚厚的四面石墙,用木料架起屋架。然后,用山上采来的薄石板,一块压着一块,错落地摆在椽子上。石板房上错落有致的薄石板在紫阳就相当于瓦片,每座石板房的屋顶因石块大小不一,所以都有属于自己的独特纹理,远望层层叠叠,参差有致,很有美感。

安康市位于陕西最南端,地处秦岭、巴山山地,属于亚热带季风性湿润气候,雨量丰沛。独有的石板房在下雨的时候十分利于排水,体现出了这一地区的气候特征。用薄石板搭建的房屋,太阳晒不透,寒风吹不进,冬暖夏凉。另外,人们还可以在屋顶上晒被子和粮食,十分方便。石板

安康石板房

房结实耐用,一座老屋能够居住六代人。

盛夏的雨后,石板房最是漂亮。雨后,石板上留有少许雨水,在阳光的照射下,每块石板都像极了一面天然的镜子,反射出太阳的光芒,这些素来黯淡的屋顶,霎时间变得明亮起来。

30多年前的紫阳,很容易就能看到独特的石板房。但随着社会经济的发展,紫阳的石板房正在逐渐地消失,如今已不多见。

中国最早的四合院遗址发现于何处

四合院是我国的一种古老的传统建筑,以明清时期北京城中的四合院最为典型。中国的四合院历史悠久,早在3000多年前的西周时期就已经存在这种建筑形式。

中国如今已知最早的四合院遗址位于周原遗址内。自1976年起,考古人员对周原遗址进行了大规模的考古挖掘,他们在今天的岐山县凤雏村发现了一处西周早期庭院建筑群,这是我国迄今发现的最早的庭院建筑遗址。这座庭院建筑与明清时代的四合院依然存在着很多共同点,它是四合院的早期形式,堪称是我国最早的四合院。

这座庭院建筑遗址,南北长46米,东西宽23.5米,面积约1500平方米。整个建筑坐北朝南,对称严密。建筑以门道、影壁、前堂、后室为中轴,前堂和后堂之间有廊道连接。门、堂、室的两侧为通长的厢房将庭院围成封闭空间。前堂是整个建筑的主体,其前面是东西长约18.5米、南北宽12米的前庭院。在前堂的正对面是门道,庭院的东西两边各分布有一排厢房。在前堂的后面并排分布着两个天井式小院,两小院之后是一排后室,在后室北墙两端各开有一个后门。房屋的地面均高于庭院地面,房屋前设有一至三个台阶,由庭院进入屋内。

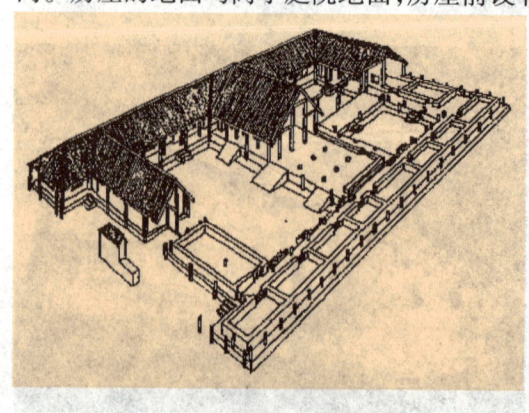

岐山宫殿甲组遗址轴侧剖图

院落四周有檐廊环绕。房屋地基下有排水陶管和卵石叠筑的暗沟通向院外。屋顶采用瓦,可见早在西周时期,瓦就已经被发明用来建造房屋。

整个建筑都是传统的土木结构,按照台基、立柱、筑墙的顺序建造。墙面和室内地面采用"三合土"(由泥土、细沙、石灰配制而成),不仅质地坚硬,而且表面光滑。

在建于 3000 多年前的这座建筑遗址中,我们轻易可以看到四合院、天井院的雏形。可见,中国的传统建筑自西周开始至今,经历 3000 多年的演变,仍保持着最初的形制。

阿房宫真有三百里大吗

关于阿房宫的规模,历史上流传最多的说法是三百里。杜牧著名的《阿房宫赋》中曾说:"覆压三百余里,隔离天日。"四大名著之一的《红楼梦》也有:"阿房宫,三百里,住不下金陵一个史。"《三辅黄图》中说,阿房宫"规恢三百余里,离宫别馆,弥山跨谷,辇道相属,阁道通骊山八十余里,表南山之巅以为阙,络樊川以为池"。综合各种史料,可见阿房宫的规模的确很大。

但是,仔细考究,阿房宫并不像史料中说的有三百里。杜牧的《阿房宫赋》只是以文学的眼光来看待这个宫殿,有点夸张是很正常的。再者,杜牧是唐朝人,根本不可能亲眼见到真正的阿房宫。从其他史料来看,阿房宫的规模是有三百里,但这只是规划中的规模,因为阿房宫根本就没有建成。

西安阿房宫

公元前 212 年,秦始皇开始修建阿房宫,他虽广征民夫,但在两年之后,他就去世了。接着,秦二世从公元前 209 年开始继续修建阿房宫,但两年后,秦二世也死了,并且秦国灭亡了。这前后四年的时间,就算是运用现代机械化的工具也是修建不成三百里阿房宫的,更何况是在 2000 多年前的秦朝。

但是就现在发掘出来的阿房宫遗址来看,阿房宫若建成,的确有如《三辅黄图》所说的三百里。阿房宫遗址中,其前殿殿基的夯土台基,西起长安县纪阳乡古城村,东至巨家庄,经探测实际长度为 1320 米,宽 420 米,最高处高约 7~9 米,是中国目前已知的最大的夯土建筑台基。这样的规模比史料中记载的"东西五百步,南北五十丈,上可坐万人,下可建五丈旗"还要大。

经考古人员研究,《三辅黄图》中的记载并不是完全真实的。《三辅黄图》将咸阳及其附近的离宫别馆都记在了阿房宫名下,而《三辅旧事》又把咸阳宫前的 12 尊收缴六国兵器铸成的金人移到了阿房宫前。

历代的人们将阿房宫的修建作为秦国灭亡的原因,对其进行了很多想象性的描述,因此才有了阿房宫三百里的说法。

项羽究竟有没有烧阿房宫

《史记》记载:"项羽引兵西屠咸阳,杀寝降王子婴;烧秦宫室,火三月不灭。"在唐代诗人杜牧的名篇《阿房宫赋》中也写到"六王毕,四海一。蜀山兀,阿房出……楚人一炬,可怜焦土"。这似乎成为了项羽火烧阿房宫的证据。但真的是项羽烧毁了阿房宫吗?

西安阿房宫前"十二金人"

2002年,中国考古工作者刘庆柱领导的考古队试图寻找被烧毁阿房宫的痕迹。但考古队却得出一个出人意料的调查结果——阿房宫并没有被火烧的痕迹。就此在中国考古界和史学界引起了一场争议。有人认为,是考古队把发掘地点弄错了。但考古队说并没有搞错,他们是在前人认可的地点发掘的。也有人怀疑是司马迁《史记》中记载有错误。但是根据对史料的分析,发现《史记》中并没有记载项羽放火烧毁了阿房宫,只是说"烧秦宫室",没有指明是咸阳的宫殿还是阿房宫,是后人误解了《史记》的记载。而明确提出阿房宫被项羽烧毁的,则是唐代著名的诗人杜牧。有学者认为,《阿房宫赋》可能是杜牧作为文学家的臆想。争论持续到2004年,考古界已基本一致认为"阿房宫没有被烧毁过"。

那么,既然项羽烧毁了咸阳宫,又怎么会放过奢华磅礴的阿房宫呢?对于这个疑问,考古学家又提出了惊人的解释,那就是阿房宫根本就没建成。结合当时的历史资料和建造工艺,有考古学家认为秦朝根本没有足够的时间来建成阿房宫。巨大华丽的阿房宫只是杜牧的想象罢了。如果阿房宫真的没有被焚毁过,那世人就冤枉了项羽2000多年。但在阿房宫确实发现了大宫殿遗迹,因此,有些学者认为现在下结论为时过早,到底如何还有待进一步的考古发掘和研究。

王宝钏寒窑有何传说故事

曲江寒窑遗址公园

寒窑的故事是一个传说,讲唐代有一青年薛平贵,在风尘中被王丞相的三女儿王宝钏慧眼识中,绣球打到他的头上。无奈嫌贫爱富、长了一双庸眼的丞相父亲不承认这门亲事,王宝钏一气之下离开相府搬到寒窑。薛平贵从军一去18年,风沙中老了苦守等待的王宝钏。此时已成为西凉王的薛平贵回到家乡,终于和王宝钏团圆。事实证明,王宝钏用青春赌赢了明天,王薛二人的故事便成为"落难英雄封王还乡,慧眼小姐苦尽甜来"的大团圆范例。戏剧《武家坡》《红鬃烈马》演的就是这一内容。

寒窑,实际上与薛平贵的关系不大,是王宝钏居住了18年的地方。18年的寒冷,18年的饥饿,18年的孤独,最要命的是18年不知消息、近乎无望的等待。一般女子受不了,尤其是相爷家最小的女儿。怎么熬过来的,只有寒窑知道。

寒窑在曲江池东畔的洪沟内,这里有那么几眼柴门土洞的窑。现在的人还塑了王宝钏的像。看起来长相一般,但人们总喜欢把她想象得十分漂亮,而且刚强,还要品德高尚。在人们心目中,她是寒窑里磨炼出来的女强人、女英雄。

寒窑景点内两侧树木耸立,房屋整洁,景色虽是普通,但是因为这里曾经演绎过一曲动人的爱情故事,所以这里的树、房子、桌椅板凳就有了更深的含义。现在寒窑从沟口到沟内分别建有"贞烈殿"、"望夫亭"、"薛平贵、王宝钏大殿",还有"平贵降马"、"平贵别窑"、"王宝钏挖野菜"、"王母探窑"等塑像。现在这里逐渐成为城南郊区一处旅游热点,尤其是春光明媚之际,常吸引着众多的善男信女前去朝拜观看。

寒窑的建筑很有特色,除了独立建造的戏楼和庙宇外,多数是依

曲江寒窑遗址公园薛平贵与王宝钏雕像

山开凿窑洞而成。窑洞分两类,一种摆放了旧时的桌椅板凳和土炕,为游人提供当时真实的场景,还有一种就是摆放了一些真人等身蜡像,每个窑洞都有一个主题,窑洞与窑洞通过小的侧洞相连,不用出洞就可以逐一地领略到,依次是三姑娘绣球抛乞丐、家人拒婚、私奔寒窑、新婚洞房、平贵参军、母亲探望、寒夜孤灯、望夫之亭、胜后团聚等。最有意思的莫过于景区深处的妖马洞了,这洞看起来平淡无奇,貌似浅而无物,进入后方觉洞内世界的玄妙,这里主要根据民间传说大红马得来,讲述了薛平贵降伏妖马的英雄故事。洞里小径曲折迂回,忽儿上升忽儿下行,忽左拐半圈忽儿右行数十米,人工开凿的洞穴因灯光的照射显得幽暗神秘,隐约可见开凿时候每一铁钎留下的痕迹,土洞内到处都是妖魔鬼怪的蜡像,你会被蓦地出现的青面獠牙怪兽吓出一手心的汗。环环相连的洞穴将故事情节串在了一起,让本身不多的游人不知身在何处,仿佛进入了时空隧道,幻化成了三小姐与郎君故事的主角。

户县公输堂知多少

公输堂位于西安市西约 30 公里处的户县渭丰乡祁村南堡中部,南距户县县城 10 公里。

公输堂原名源远堂,创建于明永乐年间(1403—1424),是"白阳三会"教教徒为纪念其祖师公输般(鲁班)而建,历时 11 年建成,源远堂既是"白阳三会"的法堂,又是供佛的礼拜殿,殿内原有佛像 137 尊,古又称"万佛堂"。

公输堂,坐北朝南,原为建筑群,现仅存正殿及其小院,占地 1248 平方米,建筑面积 106 平方米。正殿面阔 3 间,硬山式灰陶瓦屋面。每间外檐各设六扇镂空格扇板门,门额上方饰斗拱重楼。堂内木构遍布彩绘。天宫楼阁及藻井均按正常尺寸的 1/30 缩成建筑模型状,计有楼阁 137 栋,斗拱样式 20 余种。藻井多层多样,模型多已油漆彩绘,沥粉贴金,以红、黄、黑三色为主。

公输堂现存后殿中、东二间,每间前分为六抹透花隔扇门,其上作平座斗拱,上有望柱栏杆。再其上又雕刻楼阁三座,阁为重搪三滴水,阁与阁之间用飞廊连接。隔扇门内,有方形穹顶,顶下第间有重檐三滴水楼阁,每座楼阁用角楼连接,楼阁下为平座栏杆。二进门亦为透雕菱花隔门,

户县公输堂建筑

菱角莲花牙。门内为八角穹顶,顶下与前阁基本相同。平座斗拱和楼阁,层层出挑(三、四、五层挑),极为精巧,阁内彩绘,大都为沥粉贴金。隔扇门上的菱花雕刻,富于变化。腰花板为透花剧雕,障水板为沥粉山水、人物画。平座间的栏杆,有各种变化。平座斗拱下的幔帐有垂帘柱,其结构之复杂,雕刻艺术之精湛,堪称珍品。

"地坑窑"是怎么回事

在黄土高原的一些地方,说谁的家到了,但望过去,在平平的地面上找来找去,却不见有房屋的踪影。走近了,到了家门口,才知道是怎么回事。原来这家住的是地坑窑。

这种窑洞不选土崖挖,而是在平地上向下挖一个方形的地坑,深约10米上下。进出口是一条斜道,斜道下段留一门洞。院子是名副其实的天井。在地坑削平的几面崖壁上,数孔窑洞整齐排列。这应该是《诗经·大雅·绵》中"陶复陶穴"住宅的营建和形式的写照。复,就是复道,即斜道下段门洞部分;穴,就是窑洞。建造这种住宅必须先挖

地坑窑洞

复道,后挖窑洞。可见地坑窑的历史非常悠久了,而且它就创始自陕西的彬县一带,由周族先祖古公亶父把这一技术带至周原。

这种地坑窑要选在土层厚、水位低、土质坚实,而且降雨量较少的地方。它最突出的优点是保温性能好,最大的缺点是进出不方便。所以,有人就把它变化一下,让门洞一出去面临沟道,再从沟道中的道路上下。在此基础上更进一步改良的,挖去面临沟道的一面,另砌墙围之。变化了的就不是严格意义上的地坑窑了。

中国最早的瓦和最大的板瓦知多少

20世纪70年代,考古工作者发掘了岐山县凤雏村西周宗庙建筑遗址,发现了距今3000多年的瓦。据专家分析,当时屋顶没有全部用瓦覆盖,而是沿屋脊和椽在茅草覆盖层上施瓦镇压。这里的瓦是我国迄今发现的最早的瓦。

岐山县凤雏村西周宗庙建筑遗址出土的瓦当

西周宗庙遗址所用瓦种类多达10多种，大小、形制、纹饰各不相同。有筒瓦、板瓦，也有带钉瓦、带环瓦，瓦钉和瓦环有的在正面，有的在反面。其中的一种大瓦，长约二尺，宽近一尺，青色，用手敲击时声音清脆，质地坚硬，说明烧制火候和出窑时间掌握得非常准确。这些西周瓦的发现，把我国用瓦历史提前了1000多年。

汉景帝刘启的阳陵出土了一种板瓦，其残长108厘米，宽43.5厘米，现陈列于这里的"汉阳陵博物馆暨汉阳陵考古陈列馆"中，这是我国考古发掘中迄今发现的最大的板瓦。

为何陕西农村"天黑就上床"

过去老说，农村人睡得早，尤其是冬天，昼短天冷，天刚黑，很多人家早早就关门上床了。生产队要开会，要提前通知到。否则就算你上门叫，人家的答复是：都上床了，有事明天说吧！当时管计划生育的干部最头疼，这么早就上床，还不折腾出一大堆"超指标"人儿出来才怪！

为什么这样早就睡觉？原因很简单：第一，过去没有什么文化娱乐活动，天寒地冻，干坐着哪有钻热被窝舒服。第二，如果没有必须在晚上要赶的活儿，点灯要熬油，油就是钱；电灯有了，电也是钱。能节省一分是一分。第三，粮食不充裕的情况下，早些睡，早睡着了肚子就不晓得饿了，岂不是节省了粮食？

娃娃们不管那一套，早睡睡不着，找老头或老太太，求人家讲"古经"——故事。讲的时候大家挤到炕上，灭了灯讲。如果是有声有色、有名有姓的鬼故事，越害怕还越想听，一个个使劲往里边挤。最后还要问：这是真的吗？

现在，几乎家家都有电视。除非白天累了，再也没有擦黑儿就上床的。倒是那些打麻将的，一闹一个通宵，天亮了才倒头睡。

关中农村碾辣椒

房子半边盖

在关中农村,随处可见半边盖的"怪"房子,从侧面看就像是"人"字形两面坡房的一半,这与中国传统的民居特色可谓是大相径庭。深受封建传统文化影响的关中人为何会盖出这种房子呢?

其中最重要的原因就要归于当地的自然条件。关中地区地处内陆,夏季炎热干燥,冬季寒冷少雨,常年受季风气候的影响,所以建造出来的房子通常坐西北朝东南,西或北面不设窗户,以抵挡寒风。东或南那一面开门、窗,以最大限度获取光线和充足的日照,起到保暖作用。所以,相对于一般的青瓦房,半边盖的房子更具有冬暖夏凉特点。另外,房子半边盖的面积比较

陕西剪纸:房子半边盖

小,且不需大梁、大柱,而关中地区的森林覆盖率较低,木材缺乏,所以都是就地取材,用黄土和成泥,晾干后用来砌墙,这样不仅可以省木材、砖瓦,还能节约人工,造价相对低。最后,这还与关中人"肥水不流外人田"的保守思想紧密相关。关中地区常年干旱缺水,房子半边盖,下雨时房檐水便会滴落进自家院落,方便收集雨水,以此来缓解缺水问题。

当然这种房子也存在着很多弊端,如通风性不够好等。随着生活条件的改善,关中的农村都学着城里盖起了钢筋水泥楼房,半边盖的房子逐渐成为历史了。

青砖能把枕头代

谁都知道,席梦思睡起来舒服,加上一个绵软的枕头,一觉可睡到大天亮。可是,农村很多人睡不习惯,一晚上睡下来,反而腰酸背痛头发昏,像是一夜没睡觉一样。说还是睡木板床、枕砖头舒服。

过去在农村,家境比较贫寒的人家睡土炕,炕上铺一层席子,有的没有褥子,有也比较薄。头枕的东西自然要硬些,睡起来才协调。久而久之,软床软枕头反倒不习惯了。最简易的枕头就是一块青砖,讲究一点的,有用木头削成的稍具马鞍状的枕头,或陶瓷的、石头凿磨的硬枕头。其中"高级"的枕头可代代相传,有的几乎成了文物。木头制的枕头,有的还在端头做个可启可闭的门,再带上一个鼻儿,必要时加一把锁子,把一些值钱的、不让人看的东西锁进去。最

关中风情

讲究的,还要在枕头表面做些修饰,或雕龙画凤,或镂空剔透。夏天一到,这些枕头很受欢迎。

现在,农村的年轻人不喜欢硬枕头,有条件的也买个羽绒枕头享受享受。老人们还是老习惯,冬天的棉枕头要硬,夏天还是传统的硬枕头。年轻人要嘲讽他不会享受的话,他会说:萝卜白菜,各有所好。你说是享受,我觉得是受罪。一枕下去头都不见了,小心半夜憋住气。

热炕睡着好几代

这是讲的过去的事,但现在在农村一些偏僻的地方还可以看到。

关中的农民过去不睡床,家家都睡炕,就像《西安虎家》里二大爷盘(砌)的。小辈儿一般睡的炕较小,老人的炕较大,通常是长有3米以上,宽也在2米多。炕门一般和灶膛相连,利用做饭烧水的余热,也可以让炕热腾腾的。一到冬天,这种炕最受欢迎,孙子辈的总要挤上去和爷爷奶奶一块儿睡。等到下雪天寒地冰的日子,一是为了节省烧炕的柴草,

陕北下里源民居的火炕

二是一家人挤在一起热闹,常常是祖孙三代挤到一个炕上。尤其是幼童,这时最高兴,在炕上折腾个没完。靠灶门一边最热,是老人的地盘,小孩子在中间,第二代很自觉地睡最里边,儿媳妇靠里墙。等到天气稍暖和些,先是儿子儿媳妇回去睡自己的炕;再暖和些,孙子们也都去了,等来年冬天再聚。

陕西修窑洞"合龙口"的仪式知多少

榆林地区群众修窑洞,修成之后都有合龙口的工序。合龙口要举行仪式,

一般是在窑洞拱形大功告成之时。工匠预先在窑面拱洞中间留一小口,是谓龙口,然后选定吉日合龙。届时鸣炮3声,唢呐吹奏,一人手端一个大碗,并将碗中的五谷（糜、谷、麻、麦、豆）、碎馍和碎糕等撒向四方。同时唱合龙口歌:"一合龙口再不开,家添人口外添财,窑里窑外喜气生,天神地仙降福来。一撒东方甲乙木,二撒南方丙丁火,三撒西方庚辛金,四撒北方壬癸水,五撒中方戊己土。匠工无忌,主家无忌,天无忌,地无忌。姜太公在此,百无禁忌。大吉大利!"

关中农村民居

掌线工人身搭一块红布,在龙口里放进五谷、碎馍、碎糕、小肉块、五色丝线、五色石子,还有书本、笔砚等物,接着迅速把砖或石砌上,并抹上石灰。至此,合龙口仪式结束。最后,主人宴请工匠及前来贺喜的亲朋好友,并用礼品酬谢工人师傅。

合龙口后,进行内部装修,如做窑头、垫脑畔、倒窑碹、裱窑掌、盘炕、做锅台、垫脚地、粉刷、安门窗等。所有这些完工之后,主人迁居新窑,村中亲朋好友前来祝贺,叫做暖窑。一家乔迁之喜,邻居们你提一瓶酒,他拿一块肉,小孩子拿一张画,任何人都不能空手,前来祝贺。主人备下酒菜,酬谢客人。

关中建房上梁有何习俗

关中人过去盖的是土木结构的瓦房,在修建过程中有一道工序是上梁,即把房屋的正梁架上去。人们很重视这一程序。上梁时,要事先通知亲戚、朋友、邻居,几月几日上梁,届时大家要到场祝贺,礼金多少不等,礼物种类不限。等午时一到,长串鞭炮点燃,劈里啪啦一阵响,贴着大红纸和用红布缠绕一圈的大梁被缓缓吊上去,安放在它的位置上。大红纸上写着吉祥语,主持人一边大声念着祝福的顺口溜,一边从斗中抓起粮食、水果、硬币混合起来的"五谷豆"从房梁上撒下去。这时孩子最高兴,争抢不休。这叫"撒

新房上梁仪式

五谷豆"。这一仪式结束后,大家上席,举杯祝贺主人家。

为何如此重视上梁?这是因为完成这一道工序后,说明房屋的屋架已搭好,表示房屋已站立地面,建房已基本成功。这是一个宣告,不仅宣告房屋本身,还在宣告建房者是成功人士,宣告其人生价值的实现。因为在农村建房是家庭硬件设施中最大的事情,关系到家庭的稳定、延续、儿女的婚姻以及人们的评价等,所以人们格外重视。

现在,大多数水泥小楼不再用木梁了,但它照样还要打承重梁,所以仪式一如既往,不过换在浇灌承重梁的时候进行了。

毛泽东在陕北住过哪些窑洞

如果我们仔细排检一下当年毛主席在陕北时的旧居,我们就可以发现,他住的全是窑洞:

延安枣园毛泽东所居窑洞

凤凰山,住李家窑院一明两暗三孔窑,一为会客室,一为书报室,一为办公室兼卧室。

杨家岭,住三孔接口石窑洞。

王家坪,住两孔石窑洞,一为办公室,一为卧室。

枣园,住两孔石窑洞,分为办公室、会客室和卧室。

瓦窑堡,住两孔砖窑,分别为会客室和办公室兼卧室。

洛川,洛川会议时居住,一孔砖窑洞。

由上可见,毛泽东同志喜欢住窑洞。有人说,陕北当时只有窑洞,不住窑洞住什么?其实不然,当时既有窑洞,也有平房。如果毛主席喜欢住平房,也可以盖。众所周知,杨家岭的中央大礼堂、枣园的中央书记处礼堂、王家坪的军委礼堂等都能盖。几间小平房算什么。实际原因是毛主席喜欢住窑洞。因为窑洞冬暖夏凉,甚为舒服;二是窑洞安全,保卫工作容易做;三是抗战开始后,日军飞机轰炸延安,窑洞躲炸弹有优势,况且杨家岭的窑洞与防空洞相连。

老陕西的民俗

黄帝陵祭祖知多少

黄帝陵是"华夏第一陵",自历史上的春秋时代起,官方就在这里举行祭祀活动。特别是秦汉以来,这里成了官方祭祀"人文初祖"黄帝轩辕氏的圣地。此后,公祭成为中华民族传统的国家大典。

黄帝陵祭祖,一年有两次,一次是在清明节,一次在重阳节。

清明是我国传统的祭祖节日。春季万物复苏,一派欣欣向荣的景象。这时候祭祖,寓意缅怀先祖功德,激励后人奋发。清明祭祖由官方进行。改革开放以来,陕西省首创了一种黄帝陵祭祖模式。先在轩辕庙由主祭人宣读祭文,后至黄帝陵进行拜祭。其中配以祭乐、祭舞、上香等祭礼祭仪等。

重阳节祭祖由民间举行。主祭人是由大陆、港澳台胞、华侨中

黄帝陵古钟

推举出来的,采取民间的方式宣读祭文,表演祭礼,进行跪拜。这时祭祖,寓意在收获的季节里,人们感谢先祖带来的物质福祉和精神鼓励,请先祖和人们一起庆祝和享受喜悦,求得来年风调雨顺,更加美好。

自古以来,黄帝陵祭祖有着浓厚的政治色彩。以下是比较著名的几次祭祖事件。

公元前 110 年(西汉元封元年),汉武帝亲率 18 万大军祭祀黄帝陵。这是中国历史上规模最宏大的祭祀黄帝陵活动。

1371 年(明洪武四年),明太祖朱元璋派臣祭祀黄帝陵,并带上他亲笔写的祭黄帝"御制祝文"。这篇"御制祝文"至今还保存在黄帝陵陵园中轩辕庙的碑亭里。

1682 年(清康熙二十一年),康熙亲笔用满文写了祭祀黄帝的祭文,同汉文翻译一并刻在了黄帝陵的石碑上。

1912 年(民国元年),孙中山自撰并书写了《祭黄帝陵文》,委派 15 人为祭黄帝陵代表团,前往黄帝陵祭祀。

1937 年,国共两党共祭黄帝陵。苏维埃政府主席毛泽东、人民抗日红军总司令朱德,委派代表林伯渠,以鲜花时果之仪致祭中华民族始祖轩辕黄帝之陵,并且宣读了毛泽东主席写的《祭黄帝陵》一文。祭文石碑现陈列在轩辕庙内。同祭的还有国民党中央党部特派员张继、顾祝同,国民政府主席林森和陕西省政府主席孙蔚如。

2009 年,中国国民党荣誉主席连战应陕西省政府邀请,参加在黄帝陵举行的己丑年清明公祭轩辕黄帝典礼,这是近 60 年来中国国民党赴黄帝陵祭祖的最高级别人士。

唐代妇女究竟有多开放

唐代妇女观念开放、个性张扬、思想前卫,在中国封建时代要求女性"三从四德"的伦理制度下,显得很是与众不同。她们丰肩腴体、云鬟高耸、轻衫窄袖、长裙曳地:或高居于庙堂之上,参政议政;或应酬于花前月下,吟咏唱和;或高歌劲舞,霓裳飘举;或驰骋球场,蹴鞠闹市。

唐代女性崇尚"丰腴"之美,与以前各封建朝代的女性审美观有明显不同。丰腴,就是胖得恰到好处,如杨贵妃就代表了当时

唐代妇女服饰

社会对女性美最标准的诠释。唐朝妇女自身对身体形态的关注、性感的追求，还体现在当时女性服饰的多元化方面。唐代的女性服饰色彩鲜艳，红颜色的裙子，称石榴裙，极受年轻女性的喜爱。女性服装的流行款式也有多种，既有裙襦装，也有胡装和男装。裙襦装，又称袒露装，一般为上身着窄袖小衫，低领露胸，唐人诗句"慢束罗裙半露胸"指的就是这种打扮。当时，"女为胡服学胡妆"也成为一种时尚。另外，唐代妇女喜欢"浓妆艳抹"，如仅仅描眉一项，就有柳眉、月眉、八字眉、扫帚眉、小山眉等多种形式。

唐代妇女参政人数之多，参政面之广，可以说旷古未有。上至皇室成员，如皇后、公主及宫中女官，下至地方官眷属和平民百姓的妻女，都积极投身社会生活之中，颇有"巾帼不让须眉"的气势。

唐朝不仅男性文人辈出，大家众多，而且女性中才华超绝、文名显扬的也大有人在。如一代女皇武则天、上官婉儿等，还有被誉为"一流女诗人"的鱼玄机、"女校书"薛涛、民间奇女子牛应贞等。

唐代女性率真旷达，敢于追求个性的自由和解放，还表现在婚姻生活中有较多的自主权和男女交往的相对自由。唐代女性有离婚自主权。据史料记载，唐前期的公主91人中，离婚再嫁的比例近三分之一，这在中国历史上是绝无仅有的。当时，国家也提倡和鼓励寡妇再嫁。

唐代女性喜好体育，参加体育活动的女性包括宫廷妃嫔、贵族妇女、宫女、优伶、妓女以及广大平民妇女等各个阶层。她们所涉及的体育活动项目与男性几乎无异，如荡秋千、射粉团、围棋、拔河、蹴鞠、打马球等。

可以说，在整个中国封建时代，唐朝妇女是最为开放的。

 ## 关中人是怎样结婚的

关中过去特别盛行"娃娃亲"。娃娃十二三岁时，父母就托媒人给孩子订婚（男娃叫"占媳妇"，女娃叫"寻主儿"）。现在年轻人一般都自由恋爱，只不过要有个中间人象征性地"介绍"一下。婚前，男方修整布置新房，女方准备嫁妆。

关中人结婚，有很多讲究。结婚仪式一般在天还未亮时就开始了。男方迎娶新娘时，去7人，要求6男1女。同时要带上猪

西安荐福寺关中婚堂

肉、公鸡、酒和红帖,作为送给娘家人的礼物。新娘要由平辈兄长背到花车上,要求鞋不着地,脚不沾土。上路之后,还要撒"路帖"(用红纸剪成碎片,边走边撒来引路)。女方家还要有送新娘的女客同往。花车返回到男方家时,马上放鞭炮,之后再端一碗醋绕花车撒一圈,有辟邪之意。此时,新郎出门迎车。新娘下车后由执事人撒麦草秸于新娘盖头布上,边撒口中边念:"一撒草,二撒草,三撒媳妇下了轿。""一撒金,二撒银,三撒媳妇进了门。"新娘踩着芦席,由男方嫂子陪同送至洞房。然后男方开早饭请亲戚朋友吃臊子面。

正午时分,只听几声炮响。新媳妇便在嫂子的陪送下,行至堂前,行拜堂礼。礼毕,开午饭,以酒菜招待来客。饭后,新人共入洞房。让一位能说会道、生活圆满的中年妇女铺床,边铺边说:"铺床铺床,儿孙满堂。先生贵子,再生女郎。富贵双全,永远吉祥。"

结婚三天后,新娘要由新郎陪同回娘家,称为"回门"。回门结束后,二位新人回到男方家中,结婚程序才算正式完成。

陕西农村是如何"耍房"的

"耍房",就是俗话说的闹洞房,是一种遗留下来的古老而传统的婚俗。据说,新婚前三天不分大小和辈分,大家都可以出怪点子来捉弄新郎和新娘。对于两个素昧平生的青年男女,闹新房、耍新娘有一层不便道破之意,即启发挑逗新郎、新娘之间的性意识。在陕西农村,这婚礼办得好不好,不看排场,关键看氛围是否热闹、喜庆。而制造氛围的主要就是耍房了。那么,这耍房是怎样进行的呢?

耍房一共包括"闹房"、"熏房"、"听房"这三个环节。重头戏则在闹房。

"闹房":一般由专人主导,其他人则极力配合。它的形式内容多样,说、唱、喝、斗、学、游一样不落。通过说说顺口溜、唱唱歌、喝点酒、斗斗智、学习点烟技巧,玩玩咬苹果的游戏等,来检验夫妻间的默契和感情。这些东西说起来轻巧,不过做起来就没那么容易了。在旧社会,婚姻基本上都是"父母之命,媒妁之言"。新郎、新娘之前很少交流,甚至连面都没见过,所以,要逃过这么一番"折腾"不容易!另外,还有一个难度最大的叫"掏雀儿",即新

传统洞房花烛夜

郎把一条手帕从新娘的右边袖子口塞进去,再从左边的袖子口拉出来。面对着大家的起哄和热情,新娘、新郎没有办法,只好照做。

"熏房":闹房结束后,有些爱调皮捣蛋的人还不肯就此罢休,他们将事先准备好的烟叶、花椒等刺鼻的东西点燃,然后偷偷地塞到洞房的某个角落,来个烟熏洞房,人们把这个环节就称为"熏房"。

"听房":折腾了大半夜后,新婚夫妇俩眼看外面没什么动静,觉得终于可以安然入睡了。不过他们不知道的是,早已有人趁他们不注意,潜伏在房门外等着听动静呢。此谓之"听房"。三个环节全部结束后,耍房也总算完成了。

如今耍房已经伴随着那些流逝的光阴,淹没在日新月异的时代潮流中,成为现代人渐行渐远的珍贵记忆。

关中十大怪知多少

俗话说"一方水土养一方人",在厚重的历史文化积淀下,关中地区逐渐形成了许多奇特有趣的风俗,被人们概括为"关中十大怪"。那么,具体是哪十大怪呢?

①面条像腰带。关中地区擀的面条既筋道又厚实,宽度和裤腰带有得一拼。②锅盔像锅盖。关中人所烙锅盔的直径约有两尺长,又大又厚又圆,宛若锅盖。③碗盆不分开。关中人的饭量特别大,用一般小碗根本不够,所以就有人发明了大老碗,能盛下一斤有余的饭菜,比普通的小盆子还要大。④辣子一道菜。都说川湘人能吃辣,但是关中人吃起辣来那才叫可怕。吃大饼、馒头时直接夹着辣椒吃,吃面条时直接往里倒辣椒油。总之,辣椒和辣椒油是关中人饭桌永远少不了的东西。⑤房子半边盖。由于受当地一些自然条件的影响,半边盖的房子在关中地区的农村随处可见,成为当地一道独特的风景。⑥姑娘不对外。由于深受封建传统思想的影响,关中人十分保守,加上对当地有独特的优越感,自古就有姑娘不对外的民俗,所以导致关中人家的姑娘几乎都嫁在本地,很少与外面通婚。⑦手帕头上戴。由于关中地区日照强烈,风沙又多,头戴手帕既可以遮阳还可以保持头发的整洁,实用又美观,因此成为关中妇女外出劳作时的不

陕西剪纸:锅盔像锅盖

二之选。⑧唱戏吼起来。由于关中人生性彪悍,性格直爽豪迈,所以唱起秦腔来也是十分亢奋、激动,其声似吼,就差点没把戏台给震塌了。⑨青砖能把枕头代。酷热的夏日,关中人多喜欢拿青砖、石块当枕头,更觉凉爽惬意,容易入睡。⑩凳子不坐蹲起来。关中人一般有凳子不坐,而是喜欢蹲在上面吃饭、抽烟等,还甚觉自在。

随着时代的发展,这些记录着关中人历史发展轨迹的"十大怪"已逐渐淡化消失,成为当地一种古老而传统的风俗。

"二百五"的说法有何来历

作为中华民族传统文化的发源地,15个朝代的建都之地,陕西的方言可谓是得天独厚,博众家所长。许多现今仍然流行的俗语就是来源于此,比如"二百五"的说法。那么,这种说法是从何而来的呢?

苏秦

相传在战国时期,身挂六国相印的苏秦无端被人杀害。齐王得知后十分愤怒,誓要捉拿真凶,为这位几朝元老报仇雪恨。可是茫茫人海想要找到凶手谈何容易,正当齐王万分惆怅之时,突然灵机一动,想出了一个妙计。他首先命人将苏秦的头割下来悬于城门,然后在城门张榜写道:"苏秦乃齐国内奸,杀掉他是为国除害,当赏千两黄金,还望除奸的勇士前来领赏。"果然没过多久,就有四人自动前来,声称是自己亲手杀了苏秦,请求赏赐。齐王见到这四人,笑了笑说:"你们确定人是你们所杀,可不能冒充啊!"四人异口同声地一口咬定乃自己所为。齐王又问道:"那这一千两黄金你们四个人平分每人得多少啊?"四人同声应答道:"一人二百五。"齐王听后勃然大怒,拍案大吼道:"把这四个二百五拉出去斩了!""二百五"的说法由此而来。

现在,人们常用"二百五"比喻那些说话做事莽撞,不计后果,脑袋糊涂的人。

饺子里为啥要包盐块

关中人每逢佳节或家里有喜事,筵席上必然少不了饺子的身影。不过令人诧异的是，好好的馅不放，饺子里竟放盐块。这是怎么回事呢？

过去人们生活水平不高，平时饺子包的馅基本上是白菜、萝卜、韭菜、粉条等，很少有肉，只有在过年过节或办喜事的时候才往里面加点肉。除此之外，还会在里面包一些盐块、硬币之类的东西。如果

西安德发长饺子馆

有谁吃到了这些东西，就会得到美好的祝福：老年人吃到了身体健康，长命百岁；已婚的吃到了就会家庭美满，早生贵子；未婚的年轻人吃到了就能早日找到合适的对象；小孩子吃到了就会聪慧懂事，大有前途。不过有利必有弊，倾注着祝福的饺子还有捉弄人的意思。有时候自家人吃到了包盐块的饺子，会立马吐出来，然后哈哈大笑一番，图个开心。不过如果是在迎亲时，新郎在新娘家"不幸"吃到了这种饺子，就只能"哑巴吃黄连，有苦难言"了。倘若吐出来，不仅在丈母娘面前不好交差，光是那些女伴娘就能把他折腾得够呛。不过，这样一闹，倒是给婚礼增添了不少趣味。

这既装着满满祝福又充满了戏谑意味的盐块饺子真是五味杂陈，令人爱恨交加啊！

陕西人生子的礼俗知多少

在中国人的传统观念里，传宗接代是一件很神圣的事，丝毫不容小觑。从妇女怀孕到分娩再到坐月子，每步都要严格遵守那些传统的礼俗，怠慢不得。而深受传统思想影响的陕西人更是如此。

陕西人将妇女怀孕叫做"有喜"，生子叫做"添喜"。"添喜"之后，孩子父亲要谨记孩子出生的时辰，在一两日内，带上一壶酒向妻子的娘家"报喜"。如果生的是男孩，就在酒壶上拴上红绳；如果是女孩，就在上面拴上红绸。

坐月子食品：鸡蛋与红枣

女婿回去时,娘家还会用红布包上几个圆形烙饼,意思是"给婴儿带奶娘"。孩子出世的第三日,娘家人就会和亲友陆续前去看望坐月子的女儿,带上红糖、鸡蛋、点心、花馍以及婴儿的衣鞋、裤袜、帽子等礼品,以示对女儿的关心祝福以及小外孙的疼爱照顾。在陕南有些地区,娘家第七天还要送"月月米",寓意"添喜进口,增粮满斗"。对前来探望的亲朋好友们,产妇家也会热情地设宴款待。不过产妇坐月子期间并不是所有人都能前来探望。妇女分娩后,一般会在生产门房上挂上一条红布,表示一个月内忌讳陌生人入内,尤其是孕妇、寡妇、戴孝的人,以免不吉利断了奶水。给婴儿办完满月酒后,父母还会抱着婴儿出门去"撞喜"。若碰到的第一个人是成年男子,就拜他为"干爹";若是成年妇女,就拜为"干娘"。

礼俗固然烦琐,但每一步都倾注着勤劳朴实的陕西人民对产妇和婴儿的祝福和关爱,实在令人感叹!

关中人是怎么给小孩做满月的

中国民俗:做满月蜡像

在关中一带,婴儿出生一个月时,要举行隆重的庆贺仪式。至亲好友纷纷登门祝贺、送礼物,给红包。渭南一带,娘家要送虎形馍,意思是希望婴儿健康成长;宝鸡一带,娘家要送"曲连馍",就是大小不一、中间空空的圆形蒸馍,意思是祝愿婴儿长大后生活美满。舅舅家送的曲连馍一般特别大,扶着婴儿能从中间通过,用意是祝愿婴儿平安渡过难关,顺利地长大成人。以前,还兴送一种代表长命富贵的项圈。办满月时,主人要招待所有到来的亲朋好友。除了摆设宴席,摆好烟、酒、糖、茶,还要有助兴活动,如请戏班子唱戏、演皮影、看电影,等等。就这样,大家一起开开心心、热热闹闹地为刚刚满月的小生命祝福、庆贺。

关中小孩为何裹兜肚

兜肚是中国民间服饰中用来护胸腹的贴身内衣,形状多为正方形或长方形。一般来说,兜肚向外的面料上有五颜六色的各种图案、印花或刺绣。图案多为"连生贵子"、"麒麟送子"、"凤穿牡丹"、"连年有余"、虎头像等吉祥图案。印花多是蓝印花布。绣花较为常见,纹样多是中国民间传说或一些民俗讲究,如刘海戏金蟾、喜鹊登梅、鸳鸯戏水等,大多是趋吉避凶、吉祥幸福的主题。

关中刺绣兜肚

兜肚是关中和陕北传统的贴身服饰,形状像背心的前襟,上面用带系在脖颈上,下面两边有带系于腰间。它的实用价值是避免肚子着凉。成年人用兜肚贴身不外露,小孩在热天露在外面显得天真烂漫。兜肚里外两层,两边有开口处,可以贴身放钱物。

小孩兜肚的外面用料多为红色,成人多为黑布,里子多用白布。向外的面料上绣又五颜六色的各种图案。如,新婚夫妇的兜肚上绣有"鸳鸯戏水",表示夫妻恩爱。临潼地区兜肚图案多用蛤蟆,是女娲氏后代子孙的护身符,同时是生殖崇拜的象征。在东府大荔、合阳地区,兜肚呈葫芦状,象征多子多福。葫芦、南瓜曾是农耕先民的主食之一,为多籽植物。

在关中一带,兜肚往往是作为一种礼仪性的风俗习惯而存在的。比如,未过门的媳妇会给未来的丈夫做兜肚;妇女有喜后,母亲和婆家要为快出世的娃娃缝制兜肚。到了端午节时,舅舅会给小外甥送兜肚儿。对于壮年人来说,到了"过门坎"的年岁,也会换上新裹肚儿图个平安。而老年人到了"过门坎"的忌年,他们的闺女会为老人做裹肚儿,以求健康长寿。此外,关中一带有不少地方在人死后先给死人穿裹肚儿,然后再穿寿衣举行葬礼。

由此看来,关中小孩裹兜肚儿只是一种地方乡俗。

 ## 关中人怎样做"百日"

西安关中地区的做"百日"有两种说法,一种是新生儿百日,另一种是亡人百日。所谓的新生儿百日,就是在婴儿出生满一百天时,大家为婴儿举行的又一个庆贺祝福仪式。

亡人百日是在逝者死亡满100天时,亲人们为他所举行的悼念仪式。在百日之前,蒙丧之家有七七四十九天的哀悼之说,在此期间,每七天祭吊一次。届时,儿女们要在死者坟前和家里的神位、灵屋前进行烧香、焚纸、拾魂等仪式。

在逝者百日这一天,亲友和邻里都来参加祭祀,并将放在神位前的灵屋拿到坟前烧化。蒙丧之家在祭祀仪式结束后,要宴请宾客,以表示谢意。在做百日前,蒙丧之家会有很多忌讳。做完百日后,家人们才可以转入正常的工作和生活。

满月婴儿为何要"撞干爹"

说是"撞干爹",其实也会撞到"干妈"、"干爷"或是"干婆"。关中人有这样一个习俗,婴儿满月后,要剃头、换衣,由父母抱着出门"撞喜"去。出门后碰到的第一个人,不论生熟或穷富,婴儿都要拜认,并由父母请到家里去做客。如果第一个遇到的是成年男子,那当然就要拜为"干大"(关中称"爹"为"大");要是碰到的是成年妇女,就要拜为"干妈";碰到老汉拜为"干爷";碰到老妇拜为"干婆"。

满月婴儿画

拜认三天过后,父母还要备上礼品,抱着孩子登门去拜访。被拜者要设酒宴款待新拜认的亲家,同时赠送衣帽等礼品给婴儿。从此以后,两家人相互视为亲家,友好相处,逢年过节礼尚往来。那么,为什么刚满月的婴儿要出门"撞干爹"呢?其实,关中人拜干亲的习俗体现了父母对子女的无限祝福与厚爱,因为民间有谚语这样说道:"双爹双娘,福大命大,逢凶化吉,遇难呈祥。"

延安火把节知多少

每年农历二月初二,是延安一带汉族民间的传统节日——火把节。节日前夕,家家户户都派人出门打柴,然后把柴火堆到村外邻近最高的山顶上。一些柴火还被绑成头大尾小约有五六尺长的火把,外加一层易燃的柠条,堆放在村外的高坡之上。

节日当天,吃过晚饭,全村男子便按规定时间集于高坡之上。届时,锣鼓声起,震天动地。待主持人一声令下,人们迅速点燃火把。主持人一般是村中辈分较大的长者。他手里提一篮筐,筐中放五个鸡蛋、一些香烛纸马、一升五谷杂粮(掺和着铁砂),篮子边上插着红、青、白、黄、黑五面旗子。一位手提一罐米汤

延安节日

的青年跟在其后。高举火把的队伍气势昂昂地向山顶进发。犹如一条条火龙从四面八方汇聚到山顶，场面十分壮观。

人们围住此前堆好的柴火堆。主持人按五行方向挖五个坑，每坑放入一个鸡蛋再插一面小旗。此时，众人燃香叩拜，鞭炮齐鸣。最后由主持人投一火把到柴堆，将其点燃。众人围着越烧越旺的火堆奔走起来，呼喊起来。主持人再把篮子里的其他物品及一罐米汤，都倒进火堆中。之后，人们绕着火堆按顺时针、逆时针各跑3圈，再把自己手中的火把投入火里，拼命往山下跑，不得回头。第二天一大早，人们就争先恐后地上山抢拾鸡蛋。据传说，这鸡蛋是龙蛋，谁吃了它就可以升天。

这就是延安人所庆祝的热闹、有趣的火把节。有机会的游客，可亲自来此体验一番。

《东方红》真正的词作者是谁

"东方红，太阳升，中国出了个毛泽东……"这首来自陕北民歌的《东方红》，传唱了60多年，经历了几代人，唱红了全中国。众所周知，这首歌的词作者是李有源。然而，历史的新发现却告诉我们，《东方红》的词作者另有其人，他就是原青海省西宁市农牧局长、离休干部李锦旗同志。

李锦旗创作《东方红》的想法始于1943年3、4月间。当时他想写一首歌颂党和领袖的歌曲，构思时，想起了毛泽东在延安时讲过的一句话，"东方不亮西方亮，黑了南方有北方"。大意是指革命的火种已经在各地点燃。那时延安的革命闹得红火，许多国家的共产党领袖都到延安来学习革命经验。像艾地（印尼）、胡志明（越

《东方红》节目单

南),金日成(朝鲜),冈野进(日本),陈平(马来西亚)等,还真是象征着东方红。这就是《东方红》的种子。

歌名定下来后,李锦旗就考虑下面的词。他从领袖毛主席领导中国人民革命,联想到伟大的共产党、马列主义到人民军队、人民得解放……最终写了四段。后来又选定了陕北民歌《骑白马》调,套入歌词,刚好吻合。当时,300多名小学生很快学会了这首歌,这其中就有李有源的侄子李增正,叔侄二人后来成为了移民队里能编能唱的骨干。阴差阳错,传唱者成为了词作者。

其实,李锦旗才是《东方红》的词作者。但是,沉默了这么多年,他却从未出面澄清,可见其气度非凡。

关中的端午节最讲究什么

农历五月初五,是我国民间传统节日——端午节。陕西民间流传一首歌谣:"五月五日午,天师骑艾虎;蒲剑斩百邪,鬼魅入虎口。"这一天,关中人爱把菖蒲、艾叶悬挂在门上,家家户户喝雄黄酒,吃粽子、油糕、绿豆糕,说是为了"驱魔辟邪",防止毒虫咬伤。除了这些,人们更讲究些什么呢?

关中端午节卖香包的老妇人

除以上习俗外,关中人最讲究的就是戴香包了。香包又叫香袋、香囊、荷包等,有的是用五色丝线缠成,有的是用碎布缝成,在里面装上香料(常用中草药白芷、川芎、芩草、排草、山奈、甘松等制成),佩在胸前,香气扑鼻。

农历三月,妇女们就开始制作香包了。香包的样式很多,色彩鲜艳,造型逼真。有花果形的、蔬菜形的、飞禽走兽形的,非常逗人喜爱。据说,戴上香包,能够"以毒攻毒",消灾祛病。

戴香包也是颇有讲究的。老年人为了防病健身,一般喜欢戴梅花、菊花、桃子、苹果、荷花、娃娃骑鱼、娃娃抱公鸡、双莲并蒂等形状的。这些象征着鸟语花香,万事如意,夫妻恩爱,家庭和睦。小孩喜欢的大多是飞禽走兽类,如虎、豹子、猴子上竿、斗鸡赶兔等。青年人戴香包更是讲究。如果是热恋中的情人,那多情的姑娘很早就要精心制作一二枚别致的香包,赶在节前送给自己的情郎。小伙子戴着心上人送的香包,自然会引起周围男女的评论,直夸小伙的对象心灵手巧。

近些年来，香包不仅是节日的用品，还成为了一种特制的工艺品，得到外国游人的青睐。

陕南姑娘为何要"哭嫁"

陕南姑娘出嫁时有一种特殊的仪式和传统风俗，就是"哭嫁"。在陕南山区，如果有嫁而不哭的姑娘，人们就会认为她没有教养、没有孝心，是不吉利的事情。说是"哭嫁"，其实并非我们所想的那样是真哭，而是用一种凄凉的韵调来表达、抒发出嫁者的感情，人们将其称为"哭嫁歌"。

哭嫁是陕南山区最具地方特色的婚嫁仪式。会哭的姑娘哭的内容丰富多彩，哭祖先，哭父母，哭哥嫂，哭姐妹，哭亲朋，哭媒人，哭上轿，哭自己，等等。她们哭的形式是以歌代哭，以哭伴歌，有长短句，有五言七言，抑扬顿挫，委婉动听。至于唱词，有传统的一定程式化的，例如《哭父母》这样唱道："月亮弯弯照华堂，女儿开

陕南姑娘"哭嫁"情景

言叫爹娘。父母养儿空指望，如似南柯梦一场。一尺五寸把儿养，移干就湿苦非常。劳心费力成虚恍，枉自爹娘苦一场。"也有聪明灵巧的姑娘触景生情，即兴创作的。从姑娘的哭嫁歌中，我们能够听到她们对父母的养育之恩哭诉，对兄妹和亲友离别之情的哭诉，对少女生活留恋的哭诉，对未来生活忧虑的哭诉。哭嫁的过程是，待嫁的姑娘独自哭，婚期前一夜，姑娘的女友与亲戚家的姐妹齐聚一堂，围坐一起，轮番哭诉。到结婚当日，见娘哭娘，见婶哭婶。迎亲队伍来时，要"哭迎亲"，表示对迎亲者的欢迎与感谢。

"哭嫁"是一门难度很大的唱哭结合的传统技艺。在陕南地区，一般女孩长到十二三岁就要开始学哭嫁。陕南地区的姑娘们之所以哭嫁，最终是为表达自己要出嫁时的复杂心情。所以我们说，"哭嫁"并非真悲，实是"喜嫁"，哭里带喜的"唱嫁"。这样也使得婚嫁仪式更有特点，更有趣味。

陕南人说耍有哪些讲究

在陕南地区，人们把相互之间取笑逗乐叫做"说耍"。如果说耍得当，可以增添乐趣，解除疲劳，使人们彼此觉得更加亲切；如果说耍不当，轻则自讨没趣，重则伤害感情。所以，陕南人说耍是很有讲究的，主要表现在以下五个方面：

陕西陕南人家

第一，讲究辈分。叔侄之间不能说耍，用他们的标准来说就是"老活德行少活脸"。否则，旁人便会议论"没大没小"或"没高没低"。但是，爷孙之间可以没大没小，这是不忌讳的。

第二，讲究内容。说耍时不能嘲笑对方的生理缺陷，不能揭别人的短，不能"犯上"。

第三，讲究关系。小叔子不能与其亲嫂子说耍，大兄长也不能与其弟媳妇说耍，否则便会引起旁人耻笑。

第四，讲究场合。村里人当着父母之面，不能和儿子、儿媳说耍；当着儿子、儿媳的面，也不能跟人家父母说耍。因为这样，会使第三方显得很尴尬。

第五，讲究生熟。面对生人时，绝不能与熟人说耍。如果有熟识的妇女与生人一路同行时，更不能随便和她们开玩笑，这样会引起误会和不必要的麻烦。

在当地，还流传着批评说耍失口者的歌谣："只图嘴巴翻，说耍不长眼。蜻蜓过门槛，墩尻又伤脸！"

关中人盖房有何习俗

平原地区的传统民居是瓦房，有砖木结构和木结构之分。无论是什么房子，人们盖的时候，比较重视房屋的方向。厅房正屋讲究坐北朝南，其次是坐西向东，以便采光取暖。民间很多谚语都反映了房屋的择向，如："子孙有福，留得朝南屋"；"东北房，冬暖夏凉；西南房，冻死鬼阎王"；"有钱不住东南房，冬不暖来夏不凉"。而且院内的房屋间数多取奇数，一般是三间或五间。因为人们认为奇数象征阴阳中的阳。

在关中地区，家家户户的院中央都有"福照壁"，用砖或土坯砌成，借以防止"脉气"外流。屋顶有砖塑脊兽，借以镇妖避邪。当地的院内忌栽桑，因为桑和

陕西关中明清建筑

丧同音。盖房前,选择房基是主人考虑的重点。过去讲究看风水,现在讲究靠科学。房基周围的环境,特别是房基的高低和土质非常重要,要能够防水浸和塌陷。

一切准备就绪,就可以择日动工了。新屋落成后,还要烘三天新房。届时主人在新屋点一堆火或放一个火盆,邀亲友在屋内欢聚。大家或谈天说地,或打牌消遣。迷信的说法是火可以驱邪。不过,用火驱潮湿倒是真的。

新房烘完后,就可以选择吉日入住了。入宅时,鞭炮声起,亲朋好友都会前来祝贺。就这样,人们进入了新居。虽然之前有很多的讲究,但我们能感受得到他们搬进新居的激动与喜悦。红火的日子就这样继续着。

陕南"丈人节"知多少

中国自古就是一个讲究伦理的国家,有着尊老爱幼、敬师爱长的优良传统,因此有很多节日来提醒我们这些传统的存在。例如,母亲节、父亲节、教师节、儿童节,等等。但是您听说过"丈人节"吗?在陕南就有这样一个节日。

陕南的"丈人节"是农历的六月初六。届时丹江流域的女婿们全都会赶到丈人家为岳父大人庆贺节日,共享翁婿天伦之乐。这个"丈人节"是怎么来的呢?

在陕南,农历的六月初六前后,紧张的"三夏"已告尾声。麦子已碾打入柜,秋庄稼已锄过二遍草,稻田和秧苗已分蘖拔节。庄稼人在喘气歇息时,女婿们首先想到的就是要向岳父大人报告夏收成;而出嫁的女儿们,急切地想要回娘家探望父母;小孩儿们也想早点见到慈祥的外公和外婆。于是相约成俗的"丈人节"就应运而生了。

节日当天,四乡八党的夫妻

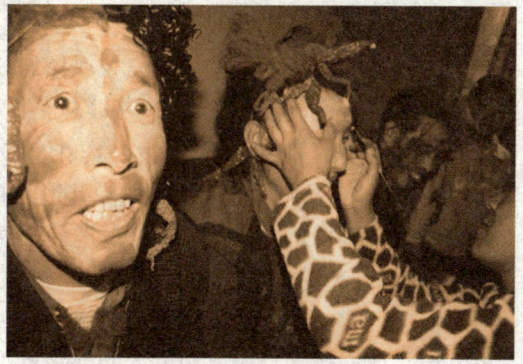

陕南"丈人节"情景

们领着孩子,带着用新收获的小麦精粉蒸制的桃样蒸馍和从果园里采摘的鲜桃、大杏及李梅,喜滋滋地奔向各自的丈人家去。竹林关一带的群众则是再煮一锅粽子,作为拜望丈人的礼品。丈人们也是及早准备好招待女婿、女儿及外孙子的酒菜,盼望女婿一家早些到来。酒席上,给老人们敬完酒后,就可以尽情地划拳饮酒。这在女儿多的人家里就格外热闹,经常出现"老女婿灌新女婿"、"大女婿灌小女婿"的有趣场景,颇有不灌醉对方誓不罢休的架势。待酒足饭饱之后,小外孙背上外公外婆给自己专门烙制的花馍"囫囵",就和父母一起告辞回家了。

可见,"丈人节"不愧是一个共享翁婿天伦之乐、全家团聚的好节日。

关中"虎"文化有哪些趣谈

《列子·黄帝篇》有云:"黄帝、炎帝战于阪泉之野,帅熊、罴、狼、豹、虎为前驱。"由此可见,虎是当地原始图腾之一。今天,虽然对虎的图腾崇拜已经淡化,但是虎作为吉祥物一直在关中流传。

陕西工艺品虎头鞋

关中一带的居民以面食为主,擅长做花馍。很多花馍虎的造型尤为突出,并且贯穿于一个人的人生礼仪。渭南一带,孩子满月时,亲友要送一对虎形馍,舅舅不但要送虎形馍,还要送布老虎;结婚时,婆家要给新娘脖颈上挂盘虎形馍,而且是虎头、龙身、鱼尾;春节祭祖,清明上坟,盖房上梁,虎头馍也是必不可少的。据说,这些都是图腾崇拜的遗迹。

虎常常被人们称为百兽之王。《风俗通》中有这样的记载:"虎者阳物,百兽之长,能执搏挫锐,噬食鬼魅……并辟恶。"民间把虎看成是瑞兽,并借以辟邪消灾。因此,旧时的关中民间,门上贴虎花,门前置石雕卧虎,中堂挂虎画。农村的妇女经常给孩子们做虎头帽、虎头鞋以及虎头枕等,希望孩子们能像小老虎一样,健康、茁壮地成长。关中很多儿童玩具也是和虎有关的,像布老虎、泥塑老虎,各种各样,极其可爱。

"虎"作为平安吉祥的象征,寄托着人们对美好生活的向往与追求。直到现在,以虎为外形的物品仍受到人们的广泛喜爱。

延安"跳火节"知多少

正月十六日,是延安一带汉族民间的传统节日——跳火节。每到这一天的傍晚,各家各户就开始在院子里堆柴火。等天黑得差不多了,将其点燃。火势正旺时,跳火活动纷纷开始。

陕北跳火节

少年儿童是对跳火最感兴趣的。篝火还未点燃前,他们便热火朝天地帮大人们挑选干燥易燃的柴草,欢天喜地,甚是热闹。待篝火点燃,他们就会找来游玩的客人,一起开始跳火活动。跳火一般是从少年儿童开始,他们从远处起跑,到火堆跟前猛地起跳,像小狗钻火圈似的,从熊熊的大火中间穿过去。有些胆小的孩子要跳上好几次才能过去。对于一些尚不能奔跑的幼儿,就由大人抱着在篝火上方燎燎,或由父母抱着从火上跳过去。孩子们跳完,大人们也要跳。但大人们只是象征性地从火堆上跨过去,意思到就是了。之后,妇女们还会把自家的被褥和衣物拿到火上逐个燎一下,当地称之为"熏虫"。那么,为什么延安的居民要进行这样的跳火活动呢?

据民间传说,凡是跳过火堆的人,一年之内都会健康平安,不会染疾病。所以,人们又把跳火称为"燎百病"。等篝火烧尽之后,各家主人还要用铁锨铲起灰烬,先进屋里转一圈,再到室外一边走一边将灰烬往地上撒一些,最后把剩下的灰全倒在硷畔(指窑洞外大院子的边沿),并大声呐喊:"给某某地方送下了!"这种习俗被叫做"送蛐蜒"。相传,蛐蜒是一种可怕的毒虫,如果它钻到人的耳朵里,能把人的脑壳吃空。人们于是就想了这样一个办法把它送走。

八月十五拜月爷爷是怎么回事

八月十五,是我国传统的中秋佳节。月圆之际,人们都会匆匆赶回家里,与家人团聚,欢度中秋。在陕西的陕北一带,中秋之日,还有一个特别的习俗,即拜"月爷爷"。

在陕北一带,人们习惯把太阳称为"阳婆婆",把月亮称为"月爷爷"。因为中秋节是在月圆之日,所以当地的人又把中秋节称为"月爷节"。我们都知道,中秋有吃月饼的习俗。你吃的月饼是买的,还是自己做的呢?陕北人吃的月饼,多数可是自己备料制作的。月饼的皮用精白面拌油和成,馅用红糖、芝麻、青红丝、核桃仁玫瑰、酱及陈皮、月桂等香料拌成,然后再用炉烤制。月饼多是圆形的,象征月亮;外圈和边沿有放射状的线条,象征月亮的光芒四射;中间是亭台楼阁,象征月宫;中心点上一点红,表示吉祥。月饼有大有小,小的像茶杯口那么小,大的像鏊子那么大。此处,还有专门为孩子们制作的各种动物、花卉、水果形状的"炉什子"。中秋前,人们就开始忙着准备了。

到了中秋之夜,月亮即将升起,家家户户就都在室外朝东的地方摆上一张桌子。桌面中心摆一个大大的月饼和一面镜子,四周摆满小月饼、西瓜、甜瓜、苹果、红枣、葡萄等食品。一切准备好后,人们就等

貂蝉拜月图

着祭拜月亮神。当一轮明月冉冉升起,人们开始点香叩头,祭拜月爷爷。然后,全家人围坐桌旁,边吃东西,边赏月。真是人逢佳节精神爽,月到中秋分外光。

祭拜月爷爷,就是陕北居民最具特色的中秋活动了。当然,中秋节期间,人们除了拜月、赏月、品尝月饼外,还会搞郊游和各种游艺活动。例如,爬山、划船等。

陕西的方言俚语知多少

每个地方都有自己的方言。陕西是中华民族古代文化的发祥地之一,曾有15个朝代在此建都,因而其方言也得天独厚、博大精深。在陕西的方言俚语中,通常是用一些简单的事物来概括某一种人,下面是最常见的一些叫法。

第一,用人的某一器官来形容。 在关中,经常使用"眼"来形容。比如好看叫"顺眼",讨厌叫"训眼",难看叫"伤眼",不讨人爱叫"白眼",钩心斗角叫"玩心眼",脾气暴躁叫"毛眼",死不认账叫"瞪白眼",束手无策叫"干瞪眼",事情乱叫"没眉眼",嫉妒人叫"害红眼",有点子有办法叫"有板眼"。陕南一带则多用"手"和"脚"来形容。例如熟练叫"老手",帮忙叫"搭手",紧俏叫"抢手",出售叫"脱手",小偷小摸叫"三只手",谨慎肯干叫"挖抓手"。再如上坡叫"爬脚",下坡叫"利脚",走路叫"拐脚",不穿鞋袜叫"精脚",能干重活叫"力脚"。

关中人还会用"气"来形容人的某种神情。比如生气叫"着气",遇到坏事叫"晦气",自大叫"傲气",痴呆叫"二气",排场叫"阔气",挨整叫"受气",胡搅叫"邪气",扭捏叫"妖气",痴头笨脑叫"木气",办事漂亮叫"美气",慷慨大方叫"爽气",穿戴时尚叫"洋气",正直无私叫"硬气"。

陕西方言

第二,用十二属相形容人。

从鼠到猪,都有相应的说法:贼得跟老鼠一样,犟得跟牛犊一样,凶得跟老虎一样,跑得跟兔子一样,大得跟飞龙一样,毒得跟蛇蝎一样,欢得跟马驹一样,绵得跟羊娃一样,灵得跟猴子一样,红得跟鸡冠一样,轻得跟狗尾一样,笨得跟猪脑一样。

第三,用数字形容人。最常见的就是"二"这个数字。比如,对懒汉无赖,常用"二溜子"、"二混子"、"二痞子"、"二癫子"、"二毛子"等来称呼。而把一些精神或思维不正常的人,称作"二蛋子"、"二愣子"、"二杆子"、"二糊子"、"二不拉子"、"二货子"、"二茬子"、"二尚子"、"二八卦子"等。

另外,陕西的方言俚语还有一些称呼上的差别。商州柞水一带,县南部把父亲叫"爷",把祖父叫"爹"或"家";县中部一部分把父亲叫"爹",把祖父叫"爷";县北部把父亲叫"爸"或"大",把母亲叫"妈";其他地方把祖父叫"祖"、"先人",把父亲叫"叔"、"伯"或"大老汉",把母亲叫"娘"、"姐"、"姨"或"细老汉"。

陕北人是怎么"戏姐夫"的

在陕北地区,"戏姐夫"是一种民间乡俗。新郎、新娘结婚三天后,新娘要带着新郎回娘家,俗称"回门"。对于新郎来说,最怕的就是小姨子"戏姐夫"。新郎刚一进门,如果新郎毫无防备,眼尖手快的小姨子会趁机将锅底的黑灰抹在姐夫脸上。这样做的讲究是,姐姐到男方家受了气,非得偿还不可。当然,这只是一种戏谑,并不代表新娘真正受了新郎的虐待。

跟随新娘回门的新郎,按照当地礼仪,必须要在岳父家里住上一晚。第二天早上,新娘家里要吃饺子。为了考验姐夫是不是多心眼,小姨子会在饺子里分别包上花椒、辣子面、冰豆等。如果姐夫很老实的话,就会吃下去,这样往往

会受尽捉弄或"折磨"。这样一来，最开心的就是小姨子了。最后，丈母娘心疼自己的女婿，就会出来解围。

这就是陕北人"戏姐夫"的整个过程。

陕南的新娘子要过哪两道关

在陕南地区，新娘子要过两道关："亮针线"、"认大小"。

"亮针线"是指新娘结婚后的第二天，在堂屋里摆出陪嫁的针线活，让人们观赏、评论。针线活一般有绣花枕头、扎花袜垫、绣鞋等。然后就是"认大小"，行拜礼。执事者把叔伯兄弟、妯娌亲戚，按照名单排列亲疏长幼次序，一一唤到堂屋相认。执事者一边介绍，一边端出盘收礼。新娘每称呼一声，就送其一件针线礼品。这时，受礼者马上往盘子里放一个内装礼钱的红包，由执事者唱明钱数，交给新娘。这一仪式实际上是该家族承认新娘已经成为家庭的一员。

华山西峰的天下第一洞房

陕南地区的迎亲，热闹风趣，也很有特色。在起亲后，新郎、新娘走在迎亲队伍的中间，前边是"鼓乐手"和抬"陪嫁"的人。随一对新人同行的还有"伴嫁娘"、"迎亲娘子"、"送亲娘子"等。一路上，新娘、新郎、迎亲的、送亲的都要唱山歌，吼号子。按照婚礼习俗需要，新娘沿路过村寨，这时就有拦新娘对"盘歌"的风俗。如果遇上"歌迷"，迎亲队伍就得停下来，陪新娘对歌。新婚闹洞房的游戏，不仅能带给新人们喜庆气氛，而且也是当地的一种风俗。闹洞房的游戏，样式繁多，精彩纷呈。例如，"谁是真新郎"这个游戏中，首先在房间中间或前面放四把椅子，让新郎以及另外三名男士站在椅子前。然后用布蒙上新娘的眼睛，让她通过触摸这些男士的胸部来指出哪个是新郎。不过，新娘还有两次机会。无论她知道与否，还会让新娘在原地转几圈后，再次触摸四位男士，直到揭开布确认答案。当然，类似于这样的游戏还有很多，例如，"肉麻够不够"游戏中，大家会让新郎对新娘说一些甜言蜜语，直到众人都认为够肉麻为止。

关中为何把媳妇叫"屋里人"

对于老婆这个称呼,中国古代和现在有很大差别。例如,"夫人"、"拙荆"、"贱内"、"娘子"等都是古代的叫法,而民间通常称作"老婆"。即使到了现代,全国各地对老婆的称呼还是不尽相同。例如,河北人称老婆为"家里的",四川人称老婆为"婆娘"。

在陕西关中一带,人们通常把老婆叫"屋里人"。如:"你屋里人这几天咋没见?""我屋里人这几天熬娘家去咧!"

把妇女叫"屋里人",没有明确的历史渊源可以考证,但这在很大程度上是与中国封建时代"男耕女织"的劳动分工有关的。男耕女织是我国古代社会家庭的自然分工方式。这种封建社会的小农经济,通常是一家一户经营,有明确的劳动分工。一般而言,都是男的在田间劳作,女的在家中纺线织布、操持家务。这样一来,内外分明,大家各司其职,各执其事。于是,时间一长,关中大地上便出现了把男人叫做"外头人",把女人的叫"屋里人"的称呼。

《红楼梦》里曾出现"屋里人"一词。例如,第九十四回中有"然而到底是哥哥的屋里人",第一百二十回中有"……其实我究竟没有在老爷太太跟前回明就算了你的屋里人"。这里的

陕北风情:"屋里人"做针线活

"屋里人",与关中方言里指已婚妇女的含义不完全相同,但有相通之处。

一定的文化是一定的政治经济在思想意识领域的反映。正是由于自给自足的小农经济方式,才决定了过去人们在社会生活中的文化意识。当然,随着时代的发展,"屋里人"这个概念会渐渐地淡化,而是代之以更加普遍的称呼:老婆。

关中为何流行"石狮娃"

"石狮娃"是关中人对门前小石狮的爱称。在关中,最引人注目的就是家家户户门楼顶上、影壁墙下、炕头或土地神龛前矗立着的小石狮了。它们姿态各异,形象自然活泼,十分有趣。虽然这小石狮不如宫殿庙宇前的大石狮雄伟气

老陕西的趣闻传说

关中"石狮娃"

派，但却颇受关中人的钟爱。这是为何呢？

一方面，这与当地的自然条件和地理环境有着密切的关系。关中一带的峡谷两岸地面由于覆盖着又厚又松软的黄土，黄河支流众多，森林覆盖率又低，所以一下暴雨，当地便经常发生水土流失、塬面坍塌等自然灾害。从前人们由于意识比较低下，就认为这一切都是河妖水怪在胡作非为。再加上当时民间普遍认为狮子是万兽之王，可以驱灾除害。于是人们就纷纷在门楼顶上或门内影壁下供上一只石狮，以此来保家宅平安。

另一方面，在关中地区，人们经常要忙于农活，没有时间照看娃娃。这时炕头上的石狮就能发挥作用了。大人用一根约一米长的红布带子，一头拴扎在小石狮上，另一头拴在娃娃腰间。这样既能保证娃娃在一定范围内活动而且不摔跤，还能把小石狮当做娃娃的玩具。可谓两全其美。因此在当地人心目中，能把孩子拴住的小石狮是孩子的保护神。这也是小石狮又名"石狮娃"的来历。此外，在一些男丁不旺的家庭，认为家里的小石狮可以使人丁兴旺、富贵长寿。

现在，小石狮还被制作成精致的工艺品，成为当地一大特色。

关中为何将吃晚饭叫"喝汤"

在中国人的普遍观念中，"吃饭"和"喝汤"完全是两码事，绝无混为一谈之说。不过关中人却是特立独行，硬是要管饭菜汤馍俱全的晚饭叫做"喝汤"。这是为何呢？

相传，忽必烈为屯粮富国，巩固政权，命关中老百姓从以前的每日三餐改为两餐。同时为了防止老百姓改餐不服，发生哄乱，每十五户分派一个元兵负责管理，将老百姓家里的菜刀和铁器之内的东西全部没收。十五户共用一把菜刀，而且这仅有的一把菜刀还是由元兵掌管。老百姓即使再不适应，也只是敢怒不敢言。这天，有个小伙子叫王二，给财主家做了一天的工，回到家后实在是饥饿难耐，于是他就想偷偷

忽必烈

地做些稀米汤吃。没想刚打开烧火锅,就被监管的元兵发现了。元兵不由分说地将王二绑走了。第二日清晨,王二就被送到忽必烈面前。忽必烈听说王二竟敢违抗指令,十分愤怒,便命人将其拉出去斩了。王二听了连忙大喊冤枉。忽必烈命人停下问道:"你还有什么冤屈啊?"王二回答道:"大王施行改餐省粮的政策,草民绝无违抗之意。只是劳累了一天,搭锅想烧点开水解口渴,并未往锅里放米啊!如此怎能不冤啊?还望大王明察。"忽必烈听了觉得也在理,便将王二释放,还特许老百姓晚饭烧汤喝。老百姓抓住这个烧汤的机会,偷偷下米做饭。打那以后,人们就习惯把吃晚饭叫做"喝汤"了。

现在,倘若你去关中的农村做客,吃晚饭时,还会听到主人喊道:"喝汤了!"

陕南人为何称嫂子为姐

在陕南地区,普通农家中年龄小的弟弟、妹妹们,都把自己的嫂子叫"姐"。明明是嫂子,为什么要叫姐呢?其实在过去,陕南人只把谈婚论嫁期间的嫂子叫姐,表示对姑娘的尊重和亲热,而到过了门之后就改叫嫂子。

随着生活的改善,人们的家庭观念也发生了变化,婆媳之间不是冤家对头。许多婆婆疼爱媳妇,把媳妇当做女儿看待;而媳妇也尊敬婆婆,胜过自己的亲娘。所以,弟弟妹妹们在这种生活习惯中,渐渐把把嫂子完全当成是自己的亲姐姐,叫着叫着就把嫂子叫成了"姐"。其实,他们认为这样更加亲切、更加有利于家庭和睦,互相学习。于是,就渐渐形成了一种风俗。

陕西"乞巧节"如何乞巧

众所周知,七夕节是中华民族传统的情人节,是纪念牛郎织女鹊桥相会的日子。不过,很少有人知道,"七夕节"又被称为"乞巧节"。相传织女是一个心灵手巧的仙女,所以妇女们就相约七夕当晚向织女"乞巧",希望自己也能如织女一般聪慧灵巧。在陕西黄土高原地区,就流行着"乞巧"的民俗活动。

自农历六月初六,姑娘们就要着手准备乞巧节所需之物"巧

牛郎织女鹊桥相会

乞巧节

巧芽"了。这"巧巧芽"是姑娘们选用上好的豌豆浸泡,每日精心照料而成。到了乞巧节那日的黄昏时分,由一位年轻姑娘牵头,将折来的柳枝做成人体支架,将身躯和四肢用稻草包裹好,人头则用画好脸谱的木勺代替,最后再给它披上鲜艳多彩的衣裙。这样,美丽的天仙织女就算扮演成功了,谓之"巧娘娘"。"巧娘娘"做成之后,便被搬到太师椅上端坐好,在它前面放上一张八仙桌,上面插好香、蜡烛,摆好水果、点心、鲜花以及用面做的刀、剪、尺子等供品,同时还堆放着崇拜者精心绣好的枕头、鞋垫、衣、裤等。待一切准备就绪后,姑娘们便开始唱乞巧歌了:"巧姑娘,乞巧来,梧桐树下花儿开。花儿开,树儿摆,我把巧娘迎下来。牵牛郎,写文章,我把纸砚献上来。我给巧娘献西瓜,巧娘教我铰菊花,我给巧娘献蜜桃,巧娘叫我来描绘。"歌唱完,赛巧的环节就拉开帷幕了。赛巧有织布、绣花、剪窗花、擀面等多个项目。其中最有意思的要属穿针引线这一幕了。几个姑娘跪在"巧娘娘"四周,双目微闭,给"巧娘娘"的裙子穿针引线。待到入夜,姑娘们都手端一碗清水,将豆芽、青葱掐成小段,放在水盆里,然后根据月光下盆中倒影来占卜巧拙之命。比如,倒影像花,就说明他日擅长绣花。

"乞巧节",开展了一系列民俗活动,展现了陕西人民的精神风貌,传承了东方传统文化的精髓,现已被列为国家非物质遗产名录。

陕西民谣知多少

陕西民谣(民歌)是民间艺术的一种,泛指陕西各地的民间说唱音乐。一般而言,根据地域文化及艺术特点的不同,可以把陕西民谣分为陕北民歌、关中民歌和陕南民歌。

陕北民歌的种类很多,主要有信天游、小调、小曲、酒歌等20多种,其中以信天游最富特色、最具代表性。信天游,又叫"顺天游"、"爬山调",是陕北地区普遍流行一种民歌行式。小调流行于陕北榆林地区,数量很多,题材相当广泛,大部分曲调比较固定,多为叙事体,如《揽工调》《走西口》《三十里铺》等。小曲主要是流行于榆林城内的一种不化妆、不表演的坐唱歌曲。

关中民歌流行于秦岭以北，北山以南地区。关中民歌形成较早，历史悠久，品种繁多。例如，船工号子、打夯号子、搬运号子、箱夫子歌等都是传统的民歌形式。在这里，影响最大的是小调。关中小调，有传唱最广的"一般小调"，有用丝弦伴奏的"丝弦小调"，有秧歌调、旱船、竹马、打连厢等"社火小调"，有祈雨调、劝

陕北民歌

善调、乞巧歌、猜拳调、念词等"风俗小调"，有童谣、催眠谣等"儿歌"。关中民歌的题材内容比较广泛，但以反映各种社会矛盾、爱情生活以及传说故事为多。关中民歌的歌词以五言、七言为主，小调歌词的分节形式则多以"数"为序而连缀。

陕南民歌是陕西南部秦巴山区的一大传统民俗，以汉中民歌和安康民歌为代表。这里自古有传唱民歌、山歌的风俗。陕南民歌内容丰富，形式多样，或一人独唱，或两人对唱。主要有通山歌（又称"茅山歌"、"放牛歌"、"姐儿歌"）、山歌、小调、号子、仪式歌（如迎亲歌、哭嫁歌、拜寿歌、祝酒歌、拳歌、礼宾歌、劝善歌、拜香歌、佛句等）以及盘歌、儿歌等。这些民歌情趣幽默而含蓄，曲调委婉而舒展，有高腔、平腔之分；感情柔和细腻，多有川楚之风。

紫阳民歌有何鲜明特色

紫阳民歌是产生并且流传于陕西省紫阳县境内民间歌谣的总称，是陕南地区民歌中最具代表的曲种。紫阳民歌分为"山歌"、"小调"、"风俗歌曲"、"花鼓八岔"、"号子孝歌"和"新民歌"等十几个曲种。紫阳民歌音乐风格大多有着较强的抒情性、叙事性和舞蹈性，适于表演动作、表达情节和反映人物内心的复杂感情。

劳动号子是紫阳民歌的基础，而船工号子是劳动号子的内核，在紫阳民歌中占有重要地位。船工号子风格粗犷豪迈，音调、节奏复杂多变，具有较强的生活气息。山歌是指劳动号子以外的各种山野歌曲，是最能代表山区特点的民歌。山歌歌词有很多是在劳动中即兴创作的，见景生情，随编随唱，大多是表现爱情的。小调和山歌一样，量大面广，歌词较为固定，其风格特点是曲调细腻流畅，旋律优美动听，节奏平稳细碎，音域较窄，具有较强的叙事性和个人感情色彩。风俗歌曲是流传较广的民间口头文艺形式，是一种即兴创作的歌谣，见啥

唱啥,想啥唱啥。风俗歌曲是反映紫阳人民生活习俗的歌曲,是紫阳民间举行婚丧嫁娶等各种仪式时所唱的歌曲。新民歌是新时期紫阳地区人民创作的歌曲,具有鲜明的时代特征和较浓的政治气息。

陕西紫阳民歌

紫阳民歌的重要特色,一言以蔽之,就是它的传承价值。主要体现在以下几方面:①紫阳民歌是紫阳人民在长期的生产、生活、劳动中创造的,无论是词或曲都能体现当地的风俗,明白晓畅,通俗易懂。②紫阳民歌受南北遗民文化的影响较大,极具兼容性,小调有江南的婉转细腻风格,号子有北方的雄浑高亢气魄。③紫阳民歌语言简洁,借喻巧成,风趣幽默,具抒情性、叙事性、舞蹈性于一体。④紫阳民歌韵白独特,旋律流畅,音乐上采用了"宫"(C调)、"商"(D调)、"徵"(G调)、"羽"(A调)四种调式,演唱上真、假嗓相结合。

紫阳喝茶有何习俗

在长期的历史发展进程中,紫阳民间形成了一整套关于茶的习俗、礼仪以及茶歌谣谚等。紫阳人喝茶的习俗,由来已久,基本上形成了这样"准则":以茶为友,以茶为礼,以茶为歌。

中国古代有谚语云:开门七件事,柴米油盐酱醋茶。在这里,"茶"居末尾,也就是说,茶是人们生活中最普通的一件事。然而在"茶乡"紫阳,茶却是"开门头件事"。紫阳人每天是从捅炉子,坐水壶,烧开水泡茶开始一天生活的。泡茶必须用滚烫的开水。冲泡时要让壶嘴跟茶壶保持一定距离,以此来让水"冲"入杯中,冲得杯中茶叶翻滚起来。也有人在冲泡前将搁了茶叶的搪瓷杯置于火上,将茶叶炒一炒,然后再冲泡,这样一来茶水味道会更浓。紫阳人爱饮早茶。当地人说,"早茶一杯,元气百倍"。渴了要喝,说是止渴;累了要喝,说是消乏;油腻了要喝,说是去腻;醉酒了要喝,说是解酒;伏案工作要喝,说是益思;熬夜时要喝,说是提神醒脑;烦愁时要喝,说是破孤闷;高兴时要喝,说是助喜兴;不渴不累不瞌睡照样要喝,说是品滋味。在紫阳,干部上班或参加会议,一手公文包,一手茶杯。如果出差外地,他们必然会自备茶叶,因为他们总觉得一切茶都不如紫阳茶来得够味。在一般居民家中,常将茶壶茶杯煨在火边,以供随时喝到热茶,"冷茶伤胃,热茶和脾"。

茶水本身就是一种平民大众饮料,然而在紫阳地区,茶被当做一种礼节。当有客人进门后,主人必先奉茶,按当地的谣谚讲,就是"来客不奉茶,不算好人家"。对他们来说,少了茶就少了人情味。即使娶媳妇、嫁女儿、过生日、贺新居以及办丧事等,紫阳人的家里会专设三五人来"司茶"。

紫阳茶园

如果去紫阳的餐馆吃饭,老板必先送一壶好茶免费让顾客享用,让你一边饮茶,一边等待菜肴。机关部门如果召开稍大一点的会议,必有服务员专事司茶。茶水不是只斟给主席台上的人们,所有与会者皆会一一照应到位。在紫阳,女婿看望岳母,各色礼品中少不了茶叶。同样的,女方的陪嫁物中,也是必有茶叶的。当地人打发来客,自是少不了茶叶。外出探亲、访友、出差、联系工作,一般都会带上茶叶作为见面礼品。

"麦梢黄,女看娘"的习俗有何来历

"麦梢黄,女看娘"是流行于关中一带的传统风俗。关中地区历来盛产小麦,在小麦金黄即将收割之际,出嫁的女儿就要回娘家看看。说起这个风俗,民间还流传着一个有趣的故事。

从前,关中有个党家村,村里有个叫党阁老的人。一天,他和夫人带着女儿茎茎一起上山拜神。不料回家的路上突遇山洪暴发,过河的木桥都被冲断了。正在三人一筹莫展之际,河对岸有个小伙子连忙砍了三棵树,并用藤条扎好做成桥,还将三人都给扶了过来。询问后得知这个小伙子叫穆钱仁。真是人如其名,小伙子确实也是个"没钱人"。回到家后,茎茎一想起那位善良勇敢的小伙子,就不由地一阵悸动,原来已经倾

剪纸:回娘家

心于他。因此,无论父母给她提什么亲事,她都不为所动,始终不肯嫁。这可把党氏夫妇急坏了,追问之下,才知荃荃看上了那个穷小子穆钱仁。党氏夫妇虽然对穆钱仁当日的救命之恩心存感激,可是也不愿让女儿嫁给一个穷小子。荃荃见父母不同意,每天郁郁寡欢,不久之后就得了相思病。党氏夫妇无奈之下,只得让女儿嫁给了穆钱仁,不过却没给一点嫁妆。婚后,这小两口以扎灯为生,还赚钱买了地,日子过得倒也不错。话说荃荃的母亲因为思念常年在外的女儿,卧病在床。荃荃听说后,立马带着小孩和一大堆礼品回娘家。母亲见到女儿领着外孙回来,身体健康,平安幸福,不久病也就痊愈了。后来这事在村里人传开了。为了讨个吉祥,在第二年麦梢黄时,也纷纷让自己的儿媳带上各种礼品回娘家看看。

一个偶然成就了流传至今的优良传统。这就是"麦梢黄,女看娘"风俗的由来。

关中人是如何办丧礼的

丧礼(葬礼)俗称"白事",与"红事"(婚礼)相对使用。在关中农村,人死后,亲人除了号啕大哭外,手里拿一个瓦盆和一张纸,敲着瓦盆走到门外,先把纸烧掉,这叫"送终"。送终后,再将瓦盆拿回来,放置在死者脚前,名曰"孝盆"。在孝盆里面烧纸,是给冥间的亲人"送钱"。然后,将死者尸体安放妥当,差人向死者的娘家、舅家报丧。待亲戚子女到齐后,才举行入殓仪式:先给死者剃头、洗身,然后再穿寿衣,还要往舌头下压一枚小硬币,最后穿鞋戴帽,放进棺材。入殓后,亲人会在家里搭一座"灵棚",设一条香案,摆上水果、馍之类的供品。而后点一盏长明灯,白天晚上由死者家属守灵。守灵人多为死者的子女,名曰"孝子"。孝子身穿白孝衣,头戴白孝帽,腰里系一根粗麻丝,手握丧棒(用大拇指粗的柳木做成,上缠白纸)。孝子按辈分大小,分跪灵堂左、右两侧,女眷则围坐在灵地的后侧。但凡有前来吊丧的人,不论生熟,孝子都要磕头,以表感谢。亲友送的挽帐,悬于灵堂之上。

在出殡的前一天晚上,死者亲属要请自乐班演唱秦腔,或者表演木偶戏,有的还会放映电影。当吹鼓手吹起唢呐,孝子按次向死者献酒,行跪拜礼。第二天凌

铜川药王山发现的唐代石棺

晨,开始出殡,一般由阴阳先生主持这项礼仪。随着阴阳先生喊一声"起",悲壮的唢呐声开始响起,亲人的哭声连天。"走"在最前边的是白纸做的"白鹤"、"引魂幡",用来引路;两边是24杆纸幡及花圈、花篮。棺木由24人抬着。孝子扯起一丈多长的白帐,牵引棺木徐徐前进。棺木周围是女孝子,手把棺木放声唱哭,唱的是"哭丧调"。棺木后边由吹鼓手引导。全村人都来送殡,在大路上燃起大火。到了坟地,棺材绕坟三周,然后放在墓前,孝子施礼后才送入墓穴。之后填土起坟冢,丧礼至此结束。

现在,随着社会经济的发展,关中大多数地区已移风易俗,普遍实行火葬。

临潼女子为何要绣"五毒"

临潼是兵马俑的故乡。这里的女子为什么绣"五毒"呢?要搞清楚这件事的来龙去脉,首先就得了解"五毒"是什么。

在民间传说中,"五毒"是五种动物,它们分别是蛇、蜈蚣、蝎子、蜘蛛和蟾蜍。按照民间习俗,五月是"五毒"出没之时,民谣说:"端午节,天气热,五毒醒,不安宁。"在端午节驱"五毒",其用意是提醒人们要防害防病。每到这时,民间要用各种方法以预防"五毒"之害。一般是在屋中贴"五毒图",以红纸印画五种毒物,再用五根针刺于五毒之上,即认为毒物被刺死,再不能横行了。有的地方,人们用彩色纸把"五毒"剪成图像(即剪纸),或贴在门、窗、墙、炕上,或系在儿童的手臂上,以避诸毒。这种辟邪巫术是一种遗俗。

蟾蜍耳枕

在临潼地区,女子们通常要在衣饰上绣制"五毒",在饼上缀"五毒"图案,这些做法都包含着驱除"五毒"之意。天下之物,环环相扣,一物降一物。"五毒"是动物中毒性之最,绣上它们穿在身上,就能以毒攻毒。在野外毒虫不近,在家里毒气不侵。既保证了安全,又美化了穿戴,滋润了眼睛。

"五毒"背心是艺术品,耐看不耐用,如果买时就要挑手工的,那些一个模子倒出来的艺术品,收藏价值不高。

曲江流饮怎么饮

"曲江流饮"是"关中八景"之一。这一习俗是从唐代开始的,也在唐代最盛。据《唐两京城坊考》引《南部新书》说,曲江池在唐最后一个皇帝唐哀帝即位后,连续几天大风大雨,波浪翻滚。突然在一个晚上不知道什么原因水全没了。从此曲江池也消失了。有人说,唐亡,曲江池亡。原因虽不知,但曲江消失在唐末是肯定的。如此,明代定的"曲江流饮"只能是想象中的美景了。

西安曲江池遗址公园

"曲江"是池又是"江",不是岸曲而是水曲。唐玄宗从黄渠引进大峪之水,更为"流饮"创造了条件。在曲江的春暖日和之际举行这一活动,应当是学自王羲之的"兰亭之会"所进行的"曲水流觞"的娱乐活动。

曲江池位于西安市南郊,北临大雁塔,距城约5公里。曲江池是我国汉唐时期的一座开放式园林,景色优美,富丽堂皇。曲江有品种繁多的奇花异草,随四季而争芳斗艳,可谓美不胜收。曲江池两岸依地势连绵起伏建有云台亭榭、宫殿楼阁等,在自然美的基础上,又增添了几分人文之美。每到春、秋分以及其他重要节日,长安城里的皇室贵族、达官要人都会携带家眷来此游赏。彼时有樽壶酒浆,笙歌画船,在曲江水上尽情宴乐。杜甫的《丽人行》一诗里描写了当时妇女参加宴乐时的情景,其中这样写道:"三月三日天气新,长安水边多丽人。"优美的环境、丰富的人文气息也吸引了大批文人雅士到这里吟诗作画。

进士考试是唐朝科举中最难的一科。每当新科进士及第,唐朝皇帝总要在曲江赐宴,这叫做"曲江宴"。举行宴会的地点一般都设在杏园曲江岸边的亭子中,所以也叫"杏园宴"。每逢上巳日(农历三月三日),正赶上新科进士正式放榜之后,进士们会到曲江池踏青,欣赏明媚的春光。新科进士们在这里乘兴作乐,放杯至盘上,放盘于曲流上随水转,按照古人"曲水流殇"的习俗,酒杯流至谁前谁就要执杯畅饮,并当场作诗,由众人对诗进行评比,称为"曲江流饮"。

陕西带有"农民"二字的艺术知多少

陕西的农民具有极强的创造力,他们创造的民间艺术形式多种多样,其中有一种艺术将"农民"二字融入到艺术的名称当中。这就是陕西所特有的农民画。

待售的西安户县农民画

说是农民画,顾名思义是源于民间的。它的内容主要是取材于人物、动物、花鸟等,以反映多姿多彩的农家生活。农民画追求强烈的直观感觉,讲究装饰性,注重色彩的效果。在表现手法上,大多是采用白描的形式。创作者想象大胆而丰富,创造的作品有强烈的色彩反差,看上去十分美观。

在多种多样的农民画中,要属户县的最为典型。这里的农民画最大的特点就在于"写意",而不是完全的写实,注重传情、传意、传趣。另外,其作品浓艳中富有淡雅,粗犷中含有细腻,古拙中蕴含技巧,也是其一大特色。例如,典型的作品《大枣丰收》《磨豆腐》《荷塘鸡群》等。

户县的农民画不但艺术新颖,而且形式种类繁多。在农民艺术家长期的创作中,形成了壁画、年画、宣传画、水粉画、水墨画、连环画、版画,等等。

农民画具有独特的艺术效果和长久的生命力,深受国内外游客和专家的好评。

 ## 陕北的剪纸艺术知多少

剪纸是一种镂空艺术,在视觉上给人以透空的感觉。这种艺术最早起源于南北朝时期,多取材于喜庆节令、五谷丰收、民间戏曲故事、儿童、动物等,将这些图像剪出来后,饶富情趣。民间艺人以剪纸这种特有的艺术形式将千古遗风代代相传,使剪纸艺术逐渐贴近生活、根植大众,深受人们喜爱。

陕西剪纸:喜鹊

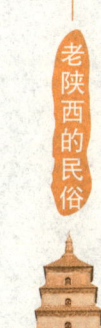

剪纸其实是妇女们创造的一种文化。在陕北,曾有"找媳妇,要巧的"的习俗。当地人给娃找媳妇,有"不问人瞎好,先看手儿巧"一说。手儿巧就是看剪纸绣花,有"一看窗子二看帘"的说法。看窗子,是看剪的窗花,看门帘是看帘上的绣花。人们普遍认为,剪花好的女子肯定聪明,以后生下的娃娃自然也就聪明。如今,在陕北农村,会剪花的人仍被全村人所敬重。每到腊月天,婆姨女子们就会聚在一起相互学着剪花。

陕西剪纸:关中十大怪:唱戏吼起来

陕北的剪纸以单色剪纸为主,造型简洁质朴、注重夸张变形,传承着古老的审美情趣和造型观念。据说孔圣人教化天下时,唯独把陕北遗漏了。于是陕北人的性情不像关中人那么中庸,创造性极强。能将喜怒哀乐表现得淋漓痛快,极富个性。陕北的靖边、安边、定边,有"三边剪纸"之称。这里的剪纸变成了另一种风格,纤细入微,小巧玲珑,小中见大,刻画精到。据考证,三边原是边关重镇,朝廷常派南方将领在此地镇守。将领们带着家眷在这里生活,他们带来了水乡的民间文化,与当地古拙的民间艺术结合起来,就产生了独特的三边剪纸。

陕北的剪纸主要以其特有的文化风韵而闻名,融合了古文化的精髓和历代劳动艺人智慧的结晶,内涵丰富,寓意深刻。其剪纸内容还传承了中华民族阴阳哲学思想与生殖繁衍崇拜的观念。如陕北剪纸中的"鹰踏兔"、"蛇盘兔"、"鹭鸶衔鱼"、"鱼戏莲"、"蛙、鹿、鱼、鸟"等。所以我们说,剪纸可谓是民族艺术之瑰宝,在全国的民间美术中占有很重要的位置。

"雁塔题名"有何趣事

唐中宗神龙年间(705—706),进士张莒游慈恩寺,一时兴起,将自己的名字题在大雁塔下。不料,此举引得文人雅士们纷纷效仿。尤其对于新科进士们来讲,更把雁塔题名视为莫大的荣耀。他们在曲江宴饮后,便集体来到大雁塔下,推举同科中的书法高手将他们的姓名、籍贯和及第的时间用墨笔题在墙壁上。这些人中若有人日后做到了卿相,还要用红笔重新把名字改过。

唐代科举考试,每年参加进士科考的一两千人,录取名额仅30人左右,故而考中进士是最高的荣耀。登第之人无不春风得意、吐气如虹。考后会有一系

西安大雁塔

列恩宠活动,其中"杏园赐宴"、"雁塔题名"令学子们最为兴奋。杏园探花宴之后便是"雁塔题名"。

在雁塔题名的人当中,最出名的要算白居易了。他27岁时一举中第,按捺不住心中的喜悦,挥笔写下了"慈恩塔下题名处,十七人中最少年"的诗句。又如,另一位新科进士刘沧写下了"紫毫粉壁题仙籍"的诗句,简直把自己看成是天上的文曲星了。

尽管新科进士们诗兴不减,而慈恩寺的墙壁毕竟空间有限,于是白墙变成了"花墙"。但可惜的是,这些题名现在都已经看不到了。究其原因,据说是唐武宗时的宰相李德裕觉得自己不是进士出身,因此对进士心怀妒忌,于是下令取消了"曲江宴",并且让人将新科进士的题名也全数除去了。

"吃醋"一词有何来历

食醋在中国是一种历史悠久的传统调味品。由于"吃"兼有饮用和食用的双层含义,所以食用食醋也被称作是"吃醋"。在我国浩如烟海的词林宝库中,"吃醋"还用来指男女两性中产生的嫉妒情绪。那么,"吃醋"一词究竟有何来历呢?

房玄龄是唐太宗贞观年间的著名宰相。虽然此人学富五车、名满朝野,但却是出了名的怕老婆。因此朝中大臣们经常会因为房玄龄的惧内而和他开玩笑。

一次,唐太宗宴请朝中重臣,酒足饭饱之余,房玄龄经不起同僚的奚落和挑逗,竟吹出了"不怕老婆"的牛皮。唐太宗乘着酒性,竟赐给了房玄龄两个美人。房玄龄看着如花似玉的窈窕淑女,想着家中彪悍的妻子,愁得不知该如何是好。旁边的尉迟敬德便给房玄龄打气说,老婆再凶,也不会对皇

房玄龄

上亲赐的美人怎么样啊。于是,房玄龄便战战兢兢地把两位美人领回了家。

不料,房夫人一看房玄龄带回来两个年轻貌美的女子后,便不管三七二十一地对着丈夫大吵大闹,还把两个美人赶出了宰相府。不久,这件事便被唐太宗知道了。李世民便很想压一压这位蛮横的宰相夫人的霸气,便立即招房玄龄和夫人来问罪。房夫人自然知道自己闯祸不小,就勉勉强强地跟随房玄龄进宫面圣了。李世民指着眼前的两个美人和一壶"毒酒"对房夫人说,若夫人不能接受房玄龄纳妾,就喝了这壶"毒酒"。众人都以为房夫人绝不会以性命来作为阻止房玄龄纳妾的条件的,没想到她竟面无惧色,拿起毒酒一饮而尽。房玄龄在一旁没能阻止,急得老泪纵横。没想到,夫人并未丧命。原来,壶中装的是醋,皇上只是想考验一下房夫人而已。

从此,"吃醋"的趣闻就流传了下来。

"人面桃花"背后有着怎样的爱情故事

"人面桃花"这个成语用来形容爱慕却又不能再见的心爱女子。其来自于唐代诗人崔护所作的《题都城南庄》:"去年今日此门中,人面桃花相映红。人面不知何处去,桃花依旧笑春风。"这首简单、率真、自然、流畅的七言绝句几百年来一直传唱不衰。其实,这首诗的背后还有一段鲜为人知的爱情故事。

博陵名士崔护去长安参加科举考试,应举进士不第,便在清明节这天喝了几杯酒后,去都城南门外郊游散心。他偶然见到一户花木丛萃而门户紧闭的人家,便上前叩门。过了一会儿,有一位女子从门缝中问话。崔护告诉了女子自己的名字,然后说道:"我一个人出城春游酒后干渴,特来向你讨杯水喝。"女子听完,便进屋端出一杯水,打开门,让崔护进去坐下。崔护一边喝水,一边打量女子,只见她姿色艳丽,神态妩媚,风韵非常,正一个人静静地靠着小桃树。崔护找话题与女子攀谈,那女子默默不语,只是良久地注视着他。崔护饮水过后,便起身告辞。女子送崔护到门口后,似有不胜之情。崔护也回头不住地顾盼,怅然而归。一年后的清明节,崔护又想起那位女子,情不自抑,便再一次来到城南那户人家。可是大门却

崔护所作《题都城南庄》情景

上了锁,空无一人。崔护泱泱若有所失,在大门上题了这首诗便离开了。

原来,这天恰逢女子和老父一起出门去了。当他们回到家中,女子看到门上的那首诗,便想起了去年与崔护结识的场景,相思成疾,一病不起。而崔护也因心中惦念,几天后又来到了城南。没想到,心中思念很久的姑娘却因自己躺在了病榻之上,顿时失声痛哭。奇怪的事情发生了,那女子在昏迷中听到崔护的哭声,竟醒了过来。不久,两人就结为夫妻,过上了幸福美满的生活。

正是因为相爱之人的真情流露,才会有了这美好的爱情传奇,也才会有了这首传唱千古的佳作。

咸阳三神——神刀、神脉、神针知多少

咸阳是国家级历史文化名城,更是闻名全国的养生保健城。咸阳的传统医学文化积淀深厚,拥有西北最大的中医药标本室、全国第一所中医药科技博物馆。在咸阳,养生资源除了地热、水疗以外,还有食疗,也就是最具关中地区和北方特色的咸阳饮食文化。咸阳每年都会吸引一大批日韩患者和东南亚游客前来养生保健、寻医问药。"神刀"张朝堂、"神脉"冯武臣、"神针"赵步长就是这里的三个名中医。

一神是"神刀"张朝堂。他是咸阳市朝阳医院院长,主治医师,擅长动手术切除骨质增生的部分和骨刺等。动手术的刀一般是小刀,磨锋利使用。手术室是一般的诊室,用不着像大医院那样事先消毒。除病人骨刺时,先确定骨刺位置,之后拿出自己祖传研制的"三止灵"——止痛、止血、止发炎。敲开玻璃瓶口,吸入针管。留一些洒到房间里,就保证给环境消好毒了。药被注射到生病部位,那里慢慢变红并鼓起一个包。这时,拿刀割开皮肉,直至骨上。非常奇特的是,割口向两边自动翻开,神经、血管毫无损伤,只有稍微一点血渗出,用棉条沾掉即可。骨刺赫然暴露在眼前,去掉后,几厘米长的伤口不用缝合,手指一捏,再贴上一片自制的膏药就消除了痛苦。病人在凳子上休息二三十分钟就可以回家了,从无发炎一说。

二神是"神脉"冯武臣。美国人称赞他的两个手指头是能和仪器比美的检测器。他曾应邀去美国现场诊病表演,他号脉的结果几乎与美国医院里仪器的化验

咸阳文庙

单没有差别,或只有微小的不同。真可谓是"神脉"。他继承了中华医学传统,对于弘扬中医文化有重要贡献。1988年,冯武臣创办了"咸阳市人体衰老增生中医研究所"并任所长。该研究所以中医理论为基础,以人体衰老增生为主攻课题,通过对祖国医药宝藏的挖掘、整理和临床验证,把中医学发扬光大,造福国人。1992年,冯武臣创办了大药堂。1993年,又创办了国医馆。1995年,他独自创办了制药厂,发明出一种独特的快速诊脉技术,开发了多种纯中药产品,在制药、诊病、研究等方面取得了显著成绩。冯武臣现任咸阳冯武臣国医馆馆长、咸阳人体衰老增生中医研究所所长、陕西冯武臣大药堂制药厂有限公司董事长。

三神是"神针"赵步长。他是著名心血管病专家、国务院突出贡献专家。他的针灸是一绝,手到立即见效,很多时候强于吃药打针。他潜心研究出了"药气针"、"钻颅抽血"、"颈动脉灌注"三大技术,并以此为基础研制成"步长脑心通"。赵步长教授倡导科学生活,总结为四句话:合理膳食、适度锻炼、戒烟限酒、心情开朗。其中,心情开朗尤为重要。他说,思想清静是指思想安静而无杂念的状态,人们要尽量做到"思想清静",这对保持健康有极大意义。按照古人的经验,思想清静能够调畅精神,促进人体精、气、神的充盛,最终起到调养身体、防病强身的作用。

乾陵附近的百姓为何称武则天为"姑婆"

乾陵附近的百姓为何称武则天为"姑婆"呢?人们有不同说法。

陕西方言里的"姑婆"是对父亲的姑妈的称呼,也就是其他地方称的"姑奶奶"。武则天死后葬在了乾陵。住在乾陵附近的人未必姓武,但都把武则天称"姑婆",可见这个称呼在这里已成了对武则天的专称,因此他们把乾陵叫做"姑婆陵"。就是说,他们把她当做是自己家里姥姥辈的姑娘了。据说这样称呼,武则天听了高兴,会保佑这里风调雨顺,庄稼丰收。这是第一种说法。

武则天在世时,她的侄子武三思经常称她为"阿婆",这是当时人们对年老女人的尊称。于是,乾陵便被人们顺口称为"阿婆陵"。

武后行从图

后来,"阿"、"姑"读音弄混了,又成了"姑婆陵"。这是第二种说法。其实,这个说法并不十分可靠。

霍去病的名字是谁起的

霍去病是西汉杰出的军事家,为抗击匈奴立下了卓越功勋。他一生6次深入草原大漠,冲锋在前,英勇杀敌。他为人性格内向,不多讲话,也不学习书本上的古代兵法。打仗全靠自己判断,灵活多变。直到24岁去世,还没有自己的府第。他死后,汉武帝悲痛惋惜,让其陪葬在茂陵里,待遇极高。

霍去病的名字听起来很特别,那么"去病"这两个字究竟是谁起的呢?这还得从一个流传已久的故事说起。

汉武帝时,卫子夫深得汉武帝宠爱,后来成了武帝的第二任皇后。卫青是卫子夫的弟弟,被封为大司马大将军。霍去病的母亲卫少儿是卫青和卫子夫的姐姐,因此霍去病和卫青是甥舅关系。正因如此,卫少儿就有能够经常出入武帝皇宫的特权。相传,霍去病生下不久,还没有来得及起名字,卫少儿抱着他去深宫探望妹妹卫子夫。这时,汉武帝正卧病在床。当时的皇宫,异常肃穆,人们说话都小声小气,走路也蹑手蹑脚,唯恐惊动了皇帝。卫少儿抱着孩子,轻轻地拍着,只怕他哭闹起来,惊动圣上。但走着走着,孩子突然"哇"的一声大哭起来。武帝在昏昏迷迷之间猛然听见婴儿的哭声,惊得出了一身冷汗,顿时觉得身体轻松舒畅起来。他一高兴,忙问:"那是何人抱着孩子?"卫少儿一听,吓得浑身打战,一步也不敢挪动了,站在那儿等候皇上降罪。汉武帝见是卫少儿,便赐她坐下,还叫她把怀里的孩子抱过去。武帝接过孩子,龙颜大悦,对这个孩子百般戏逗。说来也怪,这孩子到了武帝怀里,眉开眼笑,逗得武帝直乐。武帝于是问卫少儿:"孩子可曾取名?"卫少儿说:"还没有起名。"武帝笑了笑说:"寡人近几天来身体欠安,这孩子几声大哭,惊得我一身冷汗,病便霍然去除,朕赐名与这孩子叫'去病'怎样?"卫少儿一听,连忙叩头谢恩。从此,卫少儿的这个孩子就取名"霍去病"。

霍去病的确给汉武帝带走了身体上的小病,还消除了匈奴侵边的"大病",但他自己却英年早逝。他究竟是怎么死的呢?史书上说

霍去病

死于暴病，可能是细菌性痢疾。

为何有"米脂的婆姨绥德的汉"之说

在陕北，有一些家喻户晓的民谚这样写道："米脂的婆姨绥德的汉，清涧的石板瓦窑堡的炭。""米脂婆姨绥德汉，不用打问不用看。""小伙子跑马一溜风，讨上米脂婆姨乐死人。""石狮子守门钻不进猫，绥德汉一个比一个好！"其中，"米脂的婆姨绥德的汉"这句最为著名，就连毛主席到陕北后，在谈话里和文章中也引用过。

出生于米脂的四大美女之一的貂蝉

据《米脂县志》记载，三国时的美人貂蝉是米脂人。据《绥德县志》记载，才貌双全的吕布是绥德人。史书所载，未必真实。但一个不争的事实是，米脂女子长得漂亮，绥德男子长得英俊。

米脂姑娘不仅长得漂亮，而且聪明、贤惠、能干，因此外嫁的有很多。早年米脂中学的不少女学生，毕业后奔赴延安，投身革命。她们之中大部分和共产党各级军政要员结了婚。全国解放后，这些人有的成了将军，有的成了省级或中央级领导。因此，米脂又有"丈人县"的戏称。妇女领导干部杜瑞兰、冯云、安建平、杜利珍、杜彩珍以及革命烈士杜焕卿、张惠明等，都是很有作为的女中豪杰。那么，米脂的婆姨为什么长得这样漂亮呢？据说与当地水土有关。米脂适宜于种植谷子，所产小米营养成分高，米脂儿女自幼受小米滋润，因此个个生得不凡。

绥德地处陕北腹地，自古为天下名州，是大理河和无定河的交汇处，自古以来是兵家必争之地。绥德出名人，绥德的人聪明、勤劳、俭朴、坚忍不拔。南宋名将韩世忠就是绥德人。高大、剽悍、英俊的绥德汉，颇有北方阳刚之气。绥德男子，不仅长得英俊，而且能文能武，多才多艺，他们创造了石狮艺术。

还有说法认为，米脂与绥德在古代是汉族与北方少数民族经常发生战争的边界地带，这儿五胡杂处，民族间相互通婚。游牧民族和农耕民族遗传基因的结合，取其远缘优势。他们的后代继承的是优势基因，因此使得这儿的人看起来要比别处的人有明显不同，男人健壮，女人漂亮。也许有人会问，难道米脂的汉、绥德的婆姨就不行了吗？其实,这两地包括榆林市在内,都具有上述得天独厚的条件,女人同样漂亮,男人同样壮美。因为传说中米脂出了貂蝉,绥德出了吕布,才那样概括的,既是修辞中的"指代",又是"互出"。

关中古代"走西口"知多少

"哥哥你走西口,小妹妹我实在难留。手拉着哥哥的手,送你送到村外头。""走西口"的民谣不知道起于何时,也不知道有多少"走西口"的歌词,但这些民歌被一代代传唱下来,见证了一段不同寻常的历史。

"走西口"是清代以来成千上万的晋、陕等地老百姓涌入归化城、土默特、察哈尔和鄂尔多斯等地谋生的移民活动。"走西口"的不光是山西人,陕北、甘肃、宁夏、山西等地区的穷苦人民也在走西口。他们为了生存,将妻儿老小留在家里,踏上了茫茫的西口之路,走草原穿戈壁越沙漠,演绎了一段段可歌可泣的传奇经历。

对于陕北人来说,所谓走西口,是指到宁夏平原或内蒙古的河套平原一带去,那儿相对陕北要富庶得多。不过走西口的男人发财回来的不多,将命丢在外面的不少。但是,在家乡实在混不下去了,走西口总还能给人一丝希望。在过去,陕北地区穷人家的男孩子往往从小就立下志向,要去西口发大财,发了大财回来就用石头箍窑洞。等箍好了窑洞就买最好的毛驴,然后给这毛驴头上拴上红绸带,叫上吹唢呐的人,把亲朋好友也都叫上,浩浩荡荡地迎娶新媳妇儿。

走西口的人流在古代源源不断。一些居住在沟汊间破窑洞的穷汉子们,头上包着白羊肚手巾,披件破棉袄,就雄赳赳气昂昂地去走西口了。他们临走时自然要向妻子或者心上人告别,而女人们面对这生离死别的凄惨情景,悲戚之感油然而生,于是走西口的民歌就到处传唱开了。几乎所有传统的陕北民歌都是凄惨的,"五哥放羊"、"三十里铺"就是米脂与绥德一带流传的。这些陕北民歌旋律悠扬优美,但句句歌词却催人泪下。

如今,陕北的男人不再"走西口",他们已没有几百年前的"西口"情结了。陕北如今是山川秀美、绿树成荫、牛羊满圈、粮食满囤。煤炭、石油、天然气等资源,让陕北人富了起来。人们说,是

陕北剪纸:走西口

改革开放的春风温暖了这里,富民政策带来了繁荣景象。现在,随着旅游资源的开发,"走榆林"、"走延安"的倒是越来越多了!

唐代为何禁止吃鲤鱼

有人说,唐代禁止吃鲤鱼,是一条具有法律意义的规定。在唐代的一定时期、一定场合里,要求还是很严格的。这是为什么呢?因为唐王朝的统治者姓"李","李"和"鲤"是同音字,吃"鲤"就是吃"李"。

也有人说,"道不食鲤"原本是道家的规定,道家认为鲤鱼能成龙。鲤鱼身上有36片鳞,每片鳞上有个黑点,说明鲤鱼是崇拜太阳的,故称为"赤鲤公",因此吃了鲤鱼就要遭到天谴。而李唐王朝说自己是老子李耳的后代,李耳又被道教奉为鼻祖,这样一来,宗教问题就上升为政治问题了。因此,凡是捕到鲤鱼并出售的,按律要打60棍呢。

正宗鲤鱼

还有人说,民间关于鲤鱼的传说太多,鲤鱼是一种神性动物。因此,李唐王朝认为杀灵不祥,便把鲤鱼奉上了圣坛,不让百姓随意亵渎。此外,唐人对鲤鱼的崇敬还体现在舆服制度上。唐人佩带鱼符,并把鲤鱼的形状转化为权威象征的开端。《大唐六典》更是从法律上规定了不同材质的鱼符所代表官员的不同身份,如太子用玉质鱼符,亲王用金质鱼符,一般官员用铜质鱼符,五品以上的官员须佩戴鱼袋。此后,许多低级官员按例无权佩戴鱼符,但也以能佩戴一副空鱼袋为荣。鱼符不仅是唐代官员身份的标志,也是调动军队关防,甚至是出入宫禁、开关宫门的凭证。如此重要的物件,为体现它的威仪,所以唐玄宗才下令"禁断天下采捕鲤鱼"。这是目前较为可信的一种观点。然而,要真正弄清楚这个历史事实,还须人们进一步考证。

唐王朝不让吃鲤鱼,鲤鱼的养殖受到冲击而一蹶不振。然而,被迫养杂鱼的老百姓由此闹出来了一场"养鱼大革命",总结出了一套混养青鱼、草鱼、鳙鱼、鲢鱼的技术,经后代发展完善,竟成了著名的"四大家鱼"。

规定是规定,但也有违禁的,如当时推崇的句容"赤砂鲤"、洪州"牛尾鲤",味道就"极美"、"甚美"。如果没有吃,怎么会知道呢?

老陕西的名人

 黄帝为何被称为"人文初祖"

据史学家推算,轩辕黄帝出生于公元前 2717 年。民间传说黄帝的诞辰是农历三月初三,即上巳节。中国自古有"二月二,龙抬头;三月三,生黄帝"的说法。《史记·五帝本纪》中这样记载:"黄帝者,少典之子,姓公孙,名曰轩辕。"公元前 2697 年,时年 20 岁的黄帝继承了有熊国君的王位,成为一个部落首领。后来,黄帝与另一个血缘关系相近的部落首领炎帝发生了阪泉之战,黄帝打败了炎帝,两个部落渐渐融合成华夏族。后来,轩辕黄帝被华夏族公认为上古时期的始祖之一。

黄帝开启了中华民族灿烂文明的先河,在创造中华文明(也称华夏文明)的历史上起了奠基作用。之所以把黄帝称为"人文初祖",是因为黄帝不仅奠定了中华

黄帝

文明的基础,而且培植了中华民族崇尚文明的人文精神。黄帝作为中华民族的祖先形象,既是"民族始祖",又是"人文初祖"。(作为民族始祖,黄帝一般和炎帝并称,今天人们依然用"炎黄子孙"作为中国人的代名词。)所谓"人文初祖",是指黄帝是中华民族物质文明、精神文明和政治文明的开创者。

对于华夏物质文明,黄帝有许多创造发明。农业生产方面,实行田亩制。缝织方面,发明机杼,进行纺织,制作衣裳、鞋帽、帐幄、毡、衮衣、裘、华盖、盔甲、旗、胄。制陶方面,造出了碗、碟、釜、甑、盘、盂、灶等。冶炼方面,发明了炼铜技术,制造出铜鼎、刀、钱币、钲、铫、铜镜、钟、铃(车铃)。建筑方面,建造宫室、銮殿、庭、明堂、观、阁、城堡、楼、门、阶、蚕室、祠庙、玉房宫等。交通方面,制造舟楫、车、指南车、记里鼓车。兵械方面,制造刀、枪、弓矢、弩、六纛、旗帜、五方旗、号角、鼙、兵符、云梯、楼橹、炮、剑、射御等。日常生活方面,发明了熟食、粥、饭、酒、肉、称尺、斗、规矩、墨砚、几案、毡、旃、印、珠、灯、床、席、蹴鞠等。

对于华夏精神文明,黄帝也作出了开创性贡献。他的发明创造主要有历数、天文、阴阳五行、十二生肖、甲子纪年、文字、图画、著书、音律、乐器、医药、祭祀、婚丧、棺椁、坟墓、祭鼎、祭坛、祠庙、占卜等。

从华夏政治文明上讲,黄帝开创了制度文明。黄帝建立了古国体制,划野分疆,把全国分成九州。同时,设置官员来管理国家各种事物。他要求官员节简朴素,反对奢靡。此外,他提出了以德治国,"修德振兵"(《史记》),"德"施天下的主张。他还制定了措施惩治犯罪,对犯重罪者判处流放,罪大恶极者判处斩首等。

先周人的始祖是谁

先周是居住活动于中原西部黄土高原的一个古老氏族部落,至今已有4000多年的悠久历史。那么,先周人的始祖到底是谁呢?

据史料记载,先周人的始祖是帝喾(黄帝曾孙)元妃姜嫄的儿子弃,但是姜嫄却是一位处女母亲,那么她到底是怎么生下弃的呢?这就得从我国古代第一部诗歌总集《诗经·大雅》里的一首诗《生民》说起了。在诗的开头,作者就用充满神秘色彩的笔调生动地描绘了一个处女母亲的

陕西武功姜嫄墓

神话:有一天,姜嫄在野外看到一个巨大的脚印,出于好奇心的驱使,她把自己的脚放了进去,没想到刚好填满。不一会儿,姜嫄竟奇迹般地怀了孕,十月之后生下了一个男孩。由于胎衣未破,再加上姜嫄处于远古原始社会时期母系氏族社会向父系氏族社会过渡时期,有"杀首子"习俗。百般思量之后,姜嫄决定把这个来历不明的孩子丢弃。可是让她惊奇的是,不管把孩子扔到什么地方,牛羊不踩,飞鸟用羽毛给孩子御寒,每次都是大难不死。姜嫄以为是神灵之物,便改变了最初的念头,准备将他抚养长大。因为这孩子曾被丢弃过好几次,便给他取名为"弃",意为"被抛弃的孩子"。

弃长大后很会种庄稼,积极参加各种农业生产,为农业的发展作出了重要的贡献,还开创了中华民族的祭祀活动,被舜封为农师,也就相当于现在的农业部长,负责指导整个部落的农业生产。又因为弃是担任管理种植黍稷的农官,所以人们便把他叫做"后稷",尊其为农神,世代相传,永载史册。

周王朝的开国之君是谁

作为继夏、商之后的第三个奴隶制王朝,周王朝成为华夏民族悠悠五千年历史长河中的一颗璀璨明珠,在中国社会的进程中扮演着举足轻重的角色。那么,缔造这个伟大王朝的一代名君到底是何许人呢?

周王朝的开国之君姓姬,名发,史称周武王,武是他死后的谥号,乃周文王姬昌的次子。他先后出兵潼关,联合各路诸侯,举行了历史上有名的"孟津观兵",于牧野与商朝军队展开激战。商军阵前倒戈,纣王自焚而死,商朝由此灭亡。周文王于公元前1046年正式建立起了中国历史上最长的一个朝代——周王朝,定都镐京。周文王除了在历史上著名的"武王伐纣"和"孟津观兵"上显示出了卓越的军事才能外,他还拥有过人的政治才能。武王灭商后,为了稳定民心,巩固新建的政权,在政治上采取了许多政策和措施。第一,采取了以殷治殷,分而治之的办法,安抚殷商遗民。封纣王之子武庚为殷侯,继续治理殷民;第二,采取分封制度的方略,加强和巩固全国的统治;第三,实施移民实边的政策,在殷民族的后方,建立了牵制的力量。与此同时,他又释放囚犯,赈

周武王

济贫民,发展生产,从而促进了西周初年政治经济的稳定和发展,推动了社会的前进。

不过令世人感叹的是,武王由于过度劳累,在周建国后的第三年就病倒逝世了。武王作为历史革命中的一个"先行者",建立新王朝以代替腐朽残暴的旧王朝,备受后人称颂爱戴。

"周公吐哺,天下归心"中的"周公"有何来历

"周公吐哺,天下归心"出自东汉时期曹操的诗歌《短歌行》,全诗意在咏叹周公求贤若渴,礼贤下士的高风亮节。话说到此,到底这位让"一代枭雄"都如此敬佩的周公有何来历呢?

周公旦

周公,姓姬,名旦,周文王之子,周武王之弟。因其采邑在周,爵为上公,故称为周公。首先周公是一位有谋略有思想的政治家。他制定了许多政治、文化制度,其中就包括对后世影响深远的公务员制度、礼乐制度、婚丧制度以及祭祀制度等。周公同时也是周朝的大功臣,三代元老。于父亲周文王,他孝顺仁爱;于兄长周武王,他尽力帮忙;于侄子周成王,他竭力辅佐。众所周知,韩非子是法家思想的创始人,其实细说起来周公还是法家思想最早的代表人物,他制定的一系列法律制度,使周朝成为中国历史第一个有成文法可依的政府,被尊称为依法治国的始祖。

其实周公最为人津津乐道还是关于他那些礼贤下士、知人善任的典故。其中最具有代表性的就要非"握发吐哺"的典故莫属了。据《史记·鲁周公世家》记载:周公"一沐三捉发,一饭三吐哺,起以待士,犹恐失天下之贤人"。说的就是周公在洗头时听说有贤士求见,不待洗毕就握发而起;吃饭时听说有贤士求见,便多次吐出口中的食物立即迎接;屡屡如此,以求贤能。因此,天下贤士皆归于其门下。这也怪不得曹操在诗歌中以周公自比,以表其天下贤人归于其麾下的心愿了。

秦穆公何以称霸春秋时代

秦国地处西部边陲,周初仅为一为附庸小国,国小民弱,在那个群雄并起的春秋时代,几乎就要在历史长河里淹没无迹了。可是秦穆公的来袭,却让秦国这湾溪流在春秋时代掀起了一股风起云涌之势,最终得以称霸春秋。不知这位秦穆公何以有如此逆转局势之能呢?

秦穆公,春秋时期秦国国君,嬴姓,名任好。公元前659年至公元前621年在位,在位长达39年,谥号穆。秦穆公在位期间,内修国政,外图霸业。对内他则励精图治,广纳贤才。推行养兵蓄锐的政策,重视军事,鼓励生产,发展经济。重用百里奚、蹇叔、丕豹、公孙支等贤臣,由此出现了历史上羊皮换贤、九方皋相马等著名典故。对外他则魄力十足,谋略过人。秦穆公于公元前623年,出征西戎,以迅雷不及掩耳之势,包围了绵诸,在酒樽之下活捉了绵诸王。先后有20多个戎狄小国归服了秦国。秦国辟地千里,国界南至秦岭,西达狄道(今甘肃临洮),北至朐衍戎(今宁夏盐池),东到黄河,称霸西戎。同时为了在春秋争霸中夺得一席之地,秦穆公巧用联姻计谋,与晋国结成联盟,以与春秋诸强抗衡。他娶了晋献公的大女儿穆姬做夫人,又把自己的女儿怀嬴先后嫁给了公子圉和晋文公重耳,实现了秦晋之好的佳话。秦穆公还曾协助晋文公重耳赶走公子圉,登上晋国国君的宝座,并助其在城濮之战中战胜了楚,成为了"春秋五霸",成为霸主之后,晋国不断往东开拓疆土,很快就威胁到了秦国的利益。眼看形势危急,秦穆公在晋文公去世不久,便与郑结盟,趁机打败晋国,取代其"春秋霸主"的地位。

秦穆公

秦穆公可以说是中国历史上一位比较有影响力和作为的君主,他完成了统一陕西、甘肃、宁夏等地的大业,最终得以成为"春秋五霸"之一,并由此开通了秦国的崛起之路。

老陕西的趣闻传说

名医扁鹊是怎样遇害的

扁鹊姓秦,名越人,春秋战国时期的名医,民间医学的开创者,被后世誉为"治疾之圣"。因其医术高明,人们就以黄帝时代传说中的神医扁鹊来称呼他,久而久之,本名反而鲜有人知了,反倒是"扁鹊之名"家喻户晓。俗话说:"树大招风"、"枪打出头鸟",由于名声过大,扁鹊最终惨遭同行太医李醯杀害,究竟这"一代名医"是如何遇害的呢?

扁鹊

说起扁鹊惹上杀身之祸的苗头,还得追溯到秦武王与武士们的一场举鼎比赛,当时秦武王比赛是不慎扭伤了腰、疼痛难忍,吃了太医李醯的药,非但不见好转,而且日益严重。正当武王万分惆怅之时,有人将神医扁鹊已来到秦国的事告诉了武王,武王传令扁鹊入宫。扁鹊先察看了武王的神态,为他把了一下脉,然后用力在他的腰间推拿了几下,又让武王自己活动几下,武王立马感觉好多了。最后又给武王开了一剂药服下,三下五除二便使令武王和群臣头疼不已的疑难杂症完全病愈。武王也因此龙颜大悦,想封扁鹊为太医令。自然,有人喜也有人悲,李醯知道这事后,担心扁鹊日后取代他,便在武王面前极力阻挠,称扁鹊不过是"草莽游医",武王半信半疑,但没有打消重用扁鹊的念头。李醯为了彻底解决掉这个心腹之患,便派了两个刺客,想刺杀扁鹊,却被扁鹊的弟子发觉,暂时躲过一劫。不过李醯是不达目的决不罢休,在扁鹊离开秦国的骊山北面小路上,李醯派杀手扮成猎户的样子,半路上劫杀了扁鹊,中国医学界冉冉巨星就这样不幸陨落了。

为了纪念这位医术高超、医德高尚的神医,人们在他的家乡建造起"药王庙",专门供祠他。每年四月二十八日这天,大家都举行盛大的纪念仪式。同时,也祈求他保佑人们无病无痛、长命百岁。

商鞅为什么被施以车裂之刑

商鞅,又名公孙鞅、卫鞅,战国时期著名的政治家、思想家,先秦法家的代表人物，因发动了著名的"商鞅变法"而名声大噪，这次变法也因此为秦国统一六国奠定了基础。不过，只可谓是"成也萧何，败也萧何"，变法成就了一代名臣，却也没能让商鞅逃脱自古变法者无好下场的宿命，最终落了个被施以车裂之刑的悲惨下场。那这场悲剧到底是怎么酿成的呢？

历史上任何一场大规模的改革，必然会引起社会激烈的斗争和矛盾，触犯到一部分人的利益。商鞅在第一次变法中因为废除了奴隶社会的"世卿世禄"制，建立"军功爵"制，同时重农抑商，鼓励耕织，严重损害了旧贵族势力的利益，因此导致许多贵族和大臣对其心存愤恨。秦孝公死后，太子秦惠王登基，曾被商鞅割去鼻子的太子的老师公子虔和在脸上刺字的公孙贾诬陷商鞅谋反，加上群臣和贵族阶级的排挤，商鞅在秦国无以安身，便逃亡至边关。逃往途中想要留宿客栈，店家因害怕"连坐"不敢留宿，实有"作法自毙"的嘲讽意味；欲逃往魏国，魏人因商鞅曾背信攻破魏帅，亦不愿收留。后来商鞅回到商邑，发东商邑兵力向北出击郑国，秦国发兵征讨，在郑国黾池将商鞅杀害，死后被秦惠王处"车裂"之酷刑，灭其族。

商鞅

商鞅虽逝，但"商鞅变法"带给后世的各种启发和影响将被永远记录在中华民族的史册上！

汉武帝一生的三个女人知多少

古语有云"功莫大于秦皇汉武"，汉武帝是中国历史上最伟大的皇帝之一，他开创了西汉王朝最鼎盛繁荣的局面，他的雄才伟略、文治武功一直以来被后人津津乐道。不过，但凡人都免不了那些悠悠儿女情长，其中有这么三个女人在佳丽如云的后宫成功地谋得了一席之地，占据了武帝的情感世界，不知是何方佳人呢？

汉武帝的第一个女人就是馆陶公主的女儿陈阿娇，大汉孝武陈皇后。一日，馆陶长公主抱着小刘彻问："彘儿长大了想娶媳妇吗？"小刘彻说："想啊。"长公主于是指着左右侍女百余人问刘彻想要哪个，小刘彘都说不要。最后长公主指着自己的女儿陈阿娇问："那阿娇好不好呢？"小刘彘就笑着回答说："好啊！

皇后卫子夫入宫图

如果能娶阿娇做妻子,我就造一个金屋子给她住。"长公主非常高兴,遂力劝景帝定下了这门亲事。"金屋藏娇"的典故便由此而来。但可怜的阿娇并没有等来刘彻许诺给她的"金屋",贵为皇后的她根本无法让刘彻把注意力放在自己身上。后因骄横无子与巫蛊被废黜。几年后,阿娇郁郁而终。很快,汉武帝找到了自己的第二任皇后——卫子夫。卫子夫原本是平阳公主家歌女,被武帝看上,带入宫内。后来因生下太子刘据,母凭子贵,被立为皇后。最终因为巫蛊之祸,太子刘据被人诬陷举兵谋反,卫子夫含恨自杀。于是,两位皇后的悲惨命运使得李夫人有幸成为陪伴刘彻的新宠。虽然同样是因为歌舞被汉武帝看上的,但是李夫人并不同于卫子夫,她是一个有心计的美人,他特别善于捉摸汉武帝的心理,善用"心理战"步步设营,从第一次惊艳的亮相,再到临死前拒绝武帝"两见"的请求便可稍见端倪。凭借着倾城倾国之貌和过人的智慧,李夫人在竞争激烈的后宫中脱颖而出,成为汉武帝一生中最爱的女人。她死去之后,汉武帝思念不已,亲自写了一篇《悼李夫人赋》,情深动人,更以皇后之礼厚葬了她。

原来颇具霸气魄力的汉武大帝,也有如此风流多情的一面,着实让人感慨!

董仲舒为何三年不窥园

董仲舒是西汉时期著名的思想家、儒学家,他提出的"罢黜百家,独尊儒术"的建议,得到了汉武帝的采纳,极大地促进了西汉政治文化的统一;其"三纲五常"、"天人感应"等思想,对中国几千年来的封建统治都产生了深远的影响。俗话说"台上一分钟,台下十年功",董仲舒取得的学术成绩,并不是一朝一夕的事,而是从小努力得来的结果。史上还流传着董仲舒三年不窥园的典故,这到底是怎么回事呢?

董仲舒生长在一个富贵家庭,但却从无娇惯之气,三岁便能背诗写字,七岁便上学堂念书,他读书十分刻苦,经常是夜以继日,废寝忘食。其父董太公是看在眼里,急在心上,为了让孩子可以身心放松,劳逸结合,他决定在家里修一个后花园。第一年,董太公一边派人到江南学习当地花园的建筑形式,一边准备砖瓦木料等。头一年动工时,园里风景怡人、芳草萋萋、鸟语花香、蝴蝶成群。

姐姐曾多次邀请董仲舒到园中玩耍,共赏美景。可是他每每都是摇头拒绝,手捧竹简,继续品读研究孔子的《春秋》,背诵先生布置的诗经。第二年,后花园里建起了假山。亲戚邻居的小孩子纷纷爬到假山上玩,园内嬉笑声一片,但是董仲舒依旧不为所动,低着头认真地在竹简上刻写诗文。第三年,后花园建成了。亲朋好友们都前来董家观赏祝贺,董家夫妇叫仲舒去看看后花园,看看热闹,可就是叫不动正在埋头学习的儿子,夫妇俩只好无奈离去了。还有一次中秋佳节之夜,全家都在边吃月饼边赏月,可是美食和美景还是无法留住董仲舒的身影。原来董仲舒趁着家人在赏月之机,又跑去找先生研讨诗文去了。

董仲舒

就这样,董仲舒以"三年不窥园"的精神努力汲取各种知识,遍读了儒家、道家、阴阳家、法家等各家书籍,终于成为令人敬仰的儒学大师,受到了汉武帝的赏识。

 ## 司马迁为何惨遭宫刑

司马迁是西汉时期著名的史学家和文学家,"传记文学的开山鼻祖",被后世尊称为"史圣",其写的被鲁迅称之为"史家之绝唱,无韵之离骚"的中国第一部纪传体通史——《史记》,被奉为古文的最高成就,对后世产生了深远的影响。在成功背后,司马迁更是经历了常人难以忍受的困难和屈辱,在惨遭宫刑之后,凭借超人的毅力完成了历史巨著——《史记》的写作。那好好的一个太史令,究竟为何会惨遭宫刑呢?

这得从汉武帝时期的李陵事件说起了。公元前99年,汉武帝派宠妃李夫人的哥哥、贰师将军李广利领兵讨伐匈奴,另派李广的孙子李陵跟随李广利押运辎重。有一次,李陵率领五千步兵,孤军深入匈奴。匈奴以八万骑兵围攻李陵。经过八昼夜的奋战,李陵斩杀了一万多匈

司马迁

奴,但最终由于救兵不至,弹尽粮绝,不幸被俘。很快,李陵战败投降的消息传到了长安,汉武帝龙颜大怒,前几天还称赞李陵英勇杀敌的朝廷官员,态度立马发生转变,极力附和汉武帝,纷纷指责李陵的罪过。不过,朝廷里还有一个不同的声音,它就是来自当时的太史令司马迁,司马迁认为李陵平时为人孝顺、谦逊有礼、讲究信义,在危急之时,奋勇杀敌,有一代名将的风采,便极力为他辩护。可是忠言逆耳啊,司马迁的直言最终还是触犯了汉武帝,落得个打入大牢的下场。更惨的是,案子落到了当时声名狼藉的酷吏杜周手中,杜周对司马迁严刑逼供,面对各种折磨,司马迁始终不肯屈服,画押认罪。不久,有传闻说李陵曾带匈奴兵攻打汉朝。汉武帝信以为真,便处死了李陵的母亲、妻子和儿子。司马迁也因此受牵连被判了死刑。根据汉朝的刑法,死刑有两种减免办法:一是拿五十万钱赎罪,二是受"宫刑"。司马迁官小家贫,当然拿不出这么多钱赎罪。而宫刑又是一种残酷地摧残人体和精神、侮辱人格的刑法,清高的司马迁自然不愿接受。不过为了完成《史记》的写作,几经挣扎之后,司马迁还是决定忍辱负重,毅然接受宫刑,留住性命将《史记》完成。

人固有一死,"或重于泰山,或轻于鸿毛",司马迁选择了前者,书写了继孔子、屈原、左丘明、孙膑之后的又一动人的励志篇章!

李广为何一生不得封侯

李广,中国西汉时期的名将,王昌龄诗之为"龙城飞将";民间言之为"李广才气,天下无双";匈奴畏之为"飞将军"。然而这样一位才能出众的一代名将却终身未获封侯,留给后人无尽的感慨,就连王勃也不免在《滕王阁序》里借"冯唐易老,李广难封"的历史典故来抒发有志人士壮志难酬的悲愤情绪。倘若翻开那段尘封的历史,不知造成此憾事的原因何在呢?

找寻历史痕迹,不难发现造成"李广难封"的原因其实可以分为两个方面,客观原因和主观原因。从客观上来看,当时西汉的奖惩制度并不完善,仅以斩敌和俘敌数量来论功行赏。李广尤喜硬拼、作战勇猛,令匈奴闻风丧胆,不敢与之打仗,因此李广大多时候被派去诱敌,以寡敌众,所以即使战争取得胜利,也需要付出沉重的代价。

飞将军李广

这样一来令李广既失去了许多立功的机会,还因功过相抵得不到任何封赏。从主观上来看,李广性格上有三大致命缺点。第一,"自负"。出生于将军世家的李广,自幼便善骑射,在西汉年代可谓是无人能敌,这也造成了他治军打仗时的自负心理,行事作风散漫,管理的军队毫无军纪可言,打仗时又自视甚高,爱逞匹夫之勇。甚至还私下接受梁王的封印,犯下大过。第二,"眦睚必报"。都说大将风度,但是身为一代名将的李广不仅毫无大将风度,而且为人心胸狭隘,经常公报私仇。有一次,李广半夜出去打猎,回来时喝得醉醺醺的,被霸陵尉拦住了,不准他进城。李广没办法,只能到城外住了一宿。本来霸陵尉也是按军令办事,并无不妥之处。可这事令李广颇为恼火,并记下了这个仇,在后来调任右北平太守时设计杀害了霸陵尉。第三,"言而无信"。李广在镇守陇西时,有羌人造反,他使用诈术诱使其中 800 人投降,但最后却把他们全部坑杀了。这件事也因此成为李广一生中的一大污点。

其实仔细探究完"李广难封"的原因,这一历史谜团也就迎刃而解。所谓"前车之辙,后车之鉴",李广的悲剧值得后人深思啊!

王昭君——汉元帝错过的美丽佳人

昭君出塞的故事大家都耳熟能详。汉宫宫女王昭君,为了匈奴和汉朝的和平而远嫁匈奴,并为中原文化在匈奴的传播作出了贡献。可是,据说汉元帝曾为了没有把昭君留在自己身边而十分懊恼和后悔。这是怎么回事呢?

经过了文景之治和汉武帝的励精图治,汉朝到了元帝时期已经是经济繁荣、兵强民富了。可是,北方的匈奴却是很不安稳,经过长时期的内部斗争,分为五个独立的单于势力。其中,一个名叫呼韩邪的单于部落一直想跟西汉交好,并多次遣使来长安。汉竟宁元年(公元前 33 年),呼韩邪单于再次来到长安。这次,他向汉元帝提出了和亲的请求。于是,元帝决定在后宫中挑选一个宫女嫁给呼韩邪。宫女们整日被闷在皇宫中,很想出去,可是听说是远嫁匈奴,就谁都不愿意了。正当管事大臣心急如焚时,王昭君站出来表示自己愿意嫁去匈奴和亲。于是,汉元帝选择了一个良辰吉日,为呼韩邪单于和王昭君举行了婚礼。单于得到如此年轻貌美的妻子,很是高兴和感激。就在昭君前往匈奴与汉元帝告别时,元帝发现王昭君端庄

王昭君

贤淑,美丽动人,很想将她留在自己身边。可是,为时已晚,只能眼睁睁看着自己宫中的美丽女子远嫁他方。

汉元帝回到宫中,想到昭君之事,很是懊悔,心想:如此美丽的女子,为何先前没有发现呢!于是,汉元帝便找来昭君进宫时的画像来看,发现画中的昭君远不如现实中的昭君美丽。为什么会这样呢?原来,宫女们进宫之前,要由画工为她们画像,然后把画像拿给皇上看,由皇帝来决定宫女是否入选。宫女们给画工送礼物,画工就会把她们画得很漂亮。王昭君对于这种行为极为不屑,所以没有给画工送礼物。结果,画工就没有把昭君的美丽呈现在画上。待元帝查明此事后,严厉地惩罚了画工。

昭君在汉匈两国军队的护送下,冒着凛冽的寒风,千里迢迢地来到了匈奴,被封为"宁胡阏氏"(相当于汉朝的皇后),并且名垂青史,被列为"中国古代四大美女"之一。

刘秀情深——"娶妻当得阴丽华"

西汉王国在王莽的改制中覆灭了,但是刘氏家族的血脉旺盛,刘氏子孙遍及全国。所以,在王莽篡位后的短短十几年后,刘邦的九世孙刘秀就重新建立起刘氏王国,史称东汉。刘秀是我国历史上很受好评的一位皇帝。他不仅有着匡扶社稷的雄才大略,而且还有着中国古代帝王少有的执着爱恋和用情笃深。

话说,刘秀虽有着帝王血统,但是他的家族并不是显赫的王族之家,只是家境比较殷实罢了。刘秀性情温和,喜欢安逸的田园生活。刘秀的长兄刘縯有着匡扶汉室的大志,而且也影响着刘秀。所以,刘秀在20岁时,做出一个惊人的举动:去长安读书,见识世面。在长安,刘秀用心研究学问,展现出卓越的天资。不久,刘秀回到家乡,并遇见了此后生命中最重要的女人——阴丽华。

刘秀的姐夫邓晨与阴丽华的母亲是亲戚,所以,就在刘秀去姐夫家拜访时,结识了阴丽华。当时,阴丽华年方十余岁,虽是一个天真烂漫的少女,可

光武帝刘秀

是她的美丽与温情却是远近闻名。刘秀第一次见到阴丽华,便神魂飘荡、黯然心动,忽而想起自己在长安时看到官员执金吾出行时威严与壮丽的气势,便立下心愿:仕官当做执金吾,娶妻当得阴丽华。

不久,刘秀便随大哥刘縯的起义军开始了南征北战的戎马生涯,并追随了族兄——曾自立为更始帝的刘玄。而且就在更始帝元年(23年),达成了多年的心愿——迎娶了从小爱恋的女子阴丽华。这时的刘秀已经29岁,这是他的第一次婚姻。只是为了等待一个人,刘秀成为古代成亲最晚的帝王。

阴丽华

新婚不久局势突变:大哥刘縯被刘玄杀害。这使新婚燕尔的幸福新郎顿时陷入无尽的痛苦。那段前途黯淡、焦灼难耐的日子磨炼了阴丽华与刘秀的感情。不久,刘秀就被派去攻打洛阳。生死未卜的严酷战争使二人不得不面临分离。刘秀率军前往洛阳,阴丽华则被送回了娘家。

这一别就是两年之久。再见到阴丽华时,刘秀已经是东汉王朝的光武大帝,而且还有了一个已经生下儿子的郭圣通。原来,在平定其他宗族时,汉室宗亲刘扬要求刘秀以迎娶自己的外甥女郭圣通为妻作为结盟的条件。可是,刘秀心中对阴丽华一往情深,所以,见到阴丽华之前并没有为郭氏册封皇后。后来,在刘扬家族的强烈支持和阴丽华的强力退让下,郭圣通才得以被立为皇后,儿子刘疆被立为太子。

以后的宫廷生活中,皇后郭圣通越来越察觉到刘秀对阴丽华的真情,对阴丽华儿子刘庄的偏袒,所以,经常在后宫闹得不可开交。无奈,刘秀只好废掉皇后郭氏和太子刘疆转而改立他心中唯一的女人阴丽华为皇后,刘庄为太子。

在众多的帝王中,能够像刘秀这样用情专一且时刻以大局为重的帝王屈指可数。后宫的嫔妃中,能够做到像阴丽华这样谦虚善良,不工于心计的也是少之又少。

马援死后为何蒙上不白之冤

马援,史上最著名的伏波将军,东汉开国功臣之一,陕西兴平人。马援从小便立志干一番大事业,先后助汉光武帝刘秀平定了各方叛乱,最终战死边疆,马革裹尸,立下了赫赫战功。不过一代名将死后却惨遭诬陷,蒙上不白之冤,这究竟是怎么回事呢?

马援

这得从马援曾经写过的一篇很有名的家信——"诫侄书"说起了。信里面他说杜季良虽然是豪爽侠义之士,却不让侄儿们向他学习,因为倘若学不会,就不免沦为轻薄之人,"画虎不成反类犬"。不过这份家书却不幸泄露,被杜季良的仇家抓住了把柄,上书朝廷,指责杜季良"为行轻薄,乱群惑众"。仇家还说梁松、窦固二人与杜季良勾结,将有不利于朝廷的行动。光武帝刘秀听信了谗言,免去杜季良越骑司马的官职,梁松、窦固免予处分。就是这一封诫侄书,使马援跟梁松等人结下来了梁子。话说这位梁松,并非等闲之辈,他乃当今皇上的女婿,在朝中显贵无比,王公大臣都得让他三分。有一次,他去看望卧病在床的马援。在病床前,梁松向马援行礼,马援认为身为松父之友,不能破了长幼之序的礼仪,便没有还礼。而梁松则以为,马援倚老卖老,小瞧自己,因而怀恨在心。这下子,两个人的梁子可谓是越结越深。这不后来马援一死,梁松便以薏苡之事陷害。光武帝听后龙颜大怒,收回原先赐给马援的新息侯印绶。马援家人得知后十分惶恐,不敢将马援遗体葬于自家墓地,只得在京城西郊买地数亩,草草掩埋。亲友们因为怕受到株连,都不敢前往吊唁、送葬。死后景象如此凄凉,真是令人唏嘘!

一代忠良之臣,怎奈生前受到权贵的排挤压抑,死后又遭到了惨遭小人陷害,何其悲哉!但是不管怎样,马援将军"为国尽忠,殒命疆场"的壮志豪情和"忠勤国事,马革裹尸"的宏伟誓愿,已足以让后人敬仰!

《汉书》的作者是谁

《汉书》是我国第一部断代史,记载了西汉至王莽时期的历史,规模宏大,记事丰富,资料详尽,文辞精练,为后世封建王朝官修正史的楷模,与《史记》被后人同列为封建社会"正史"的典范,合称"史汉"。这两部著作的作者也因此被合称为"班马"。众所周知,《史记》的作者为大名鼎鼎的史学家司马迁,那《汉书》的作者究竟是何许人也啊?

《汉书》的作者为东汉时期著名的文学家、史学家班固。班固字孟坚,今陕西咸阳市人。班固出生于官宦世家,为史学家班彪之子,自幼便聪颖好学,九岁就能做文章,诵诗赋。后来进入太学学习,在那里博览群书,为他以后撰写《汉书》打下了坚实的基础。作为"官二代"的班固,原以为此生会这样安逸度过了,不料后来父亲去世,家道中落,这令他颇受打击,不过上进心极强的班固最终还是决心肩负起完成父亲未竟之业的责任,完善《史记后传》即《汉书》的撰写,并于公元58年,开始了漫漫20余年撰写《汉书》的艰辛历程。期间,不断有人告发班固"私修国史",班固因此遭受牢狱之灾,书稿也被官府查抄。眼看父亲之业未完,哥哥就要因为被小人诬告含冤而死,班固的弟弟班超日夜兼程,策马赶到洛阳上疏为班固申冤,引起汉明帝对这一案件的重视,特旨召见班超问明情况。班超便将父兄两代人几十年修史的辛劳以及宣扬"汉德"的意向如实禀明了汉明帝。这时,扶风郡守也把在班固家中查抄的书稿送至京师。明帝读了书稿,不由得对班固的才华啧啧称赞,并盛赞其所写的书稿为难得佳作,下令立即释放,并加以劝慰。明帝赞赏班固的志向,器重他的才能,立即召他到京都皇家校书部供职,拜为"兰台令史"。班固的《汉书》也因此得以继续撰写,并流传后世。

班固

不过令人嗟叹的是,这位杰出的史学家班固最终却因被株连而遭罢官入狱之祸,卒于狱中,终年61岁。

班超为什么要投笔从戎

自东汉以来，民间就流传着一段"投笔从戎"的佳话。而这段佳话的主角正是东汉名将，与其父班彪、兄班固合称为"三班"的班超。出身于书香门第，兄班固自幼喜爱文墨；而班超虽广阅诗集，志向却并不在此。东汉明章两帝时，班超便决定投笔从戎，这到底是为何呢？

班超

班超自幼便能言善辩，不拘小节，颇有志向。汉明帝永平五年（62年），班超的哥哥班固受朝廷征召前往担任校书郎，他便和母亲一起随从哥哥来到洛阳。因为父亲去世，家道中落，无奈之余，他便只能靠为官家抄书来养家糊口，抄书的工作既乏味又辛苦，日子久了不觉心生闷气，有一次班超便投笔慨叹道："大丈夫如果没有更好的志向谋略，也应效仿昭帝时期的傅介子、武帝时期的张骞那样，在异地他乡立下大功，封侯晋爵，怎么能周旋在这笔墨之间，一辈子碌碌无为呢？"尽管当时周围的人都笑话他，但他依旧不改初衷，反驳道："一般人怎能了解仁人志士的胸襟呢？"后来，他又偶遇一算命人对其说："你有燕子一般的下巴，老虎一样的头颈，燕子会飞，虎要食肉，这可是万里封侯的命相啊！"这样一来，就更加坚定了班超投笔从戎的决心。

后来，班超出使西域，果真屡立战功，为东西方经济文化交流作出了卓越的贡献，封定远侯，青史载功勋！

与"江南二乔"齐名的甄宓知多少

曹植的《洛神赋》曾这样写道："翩若惊鸿，婉若游龙。荣曜秋菊，华茂春松……远而望之，皎若太阳升朝霞；迫而察之，灼若芙蓉出渌波。"这是曹植所描写的洛水女神的容貌姿态。当然，洛水女神只是想象中的女子，她其实是曹植爱恋的女子甄宓的化身。因为甄宓奉曹操旨意嫁给长兄曹丕。所以，在曹植眼中，甄宓就像洛水女神那样美丽，但却可望而不可即。

甄宓是今河北定元县人，出身官宦之家，从小就表现出异于常人的才情。

长大后，因其才气出众、美貌艳丽、品德贤淑而闻名乡里。后来，袁绍听说了此奇女子，便招入自家，使之嫁与次子袁熙。婚后不久，袁熙率兵北上幽州，把甄宓留在邺都侍奉家母，管理家事。不久，袁氏三兄弟争权夺位，发生内乱，曹操乘机吞并了袁氏领地。

汉建安九年（204年），曹操攻陷邺都。曹丕手提利剑，气势汹汹地进入袁氏家宅。但是，当他遇到受惊惶恐、眼泪涟涟的美人甄宓时，刹那间神魂颠倒，杀气全无，立

甄宓

马吩咐士兵保护好袁绍夫人刘氏和甄宓。英雄难过美人关，曹丕立即跑到父亲那里，请求父亲把甄宓赐给自己。后来，曹操看到甄宓果然气质非凡，容貌出众，便高兴地把她迎接到自己府中，许配给了长子曹丕。

甄宓不仅美丽绝伦，而且也聪慧无比。她知道自己是再嫁之妇，仅靠容貌维持自己的地位是支撑不了多久的，于是，她不仅很快为曹丕生下儿子曹叡，而且还孝顺明理，赢得了曹操与曹丕母亲卞夫人的欢心。

魏文帝元年（220年），曹丕称帝，准备册立皇后。作为曹丕的结发妻子，甄宓本是无可争议的皇后人选。但是，此时，后宫中还有一位强有力的竞争者郭女王。郭女王比甄宓年纪轻，貌美如花，工于心计。为了得到皇后之位，郭女王诬陷甄宓之子曹叡不是曹丕的骨肉，同时还说甄宓使用"巫蛊之术"要害死曹丕。这两件事足以治甄宓于死罪。果不其然，曹丕大怒，下令甄宓服毒自尽。郭女王害怕甄宓死后报复，便把甄宓的尸体用头发盖住脸，用糠塞住嘴，令其既无脸见人，又口不能言。就这样，一朵美丽的花朵凋零了。

三国时，人们常说："江南有二乔，河北甄宓俏。"能够与大小二乔一起被人们称颂，可见甄宓的美丽、智慧与贤德不同一般了。

鸠摩罗什有何传奇一生

公元344年，鸠摩罗什出生于西域龟兹国（今新疆库车）。鸠摩罗什父籍天竺（古印度）。他的母亲是龟兹的公主，信奉佛教。鸠摩罗什7岁时，他的母亲就带着他一起出家。他天资聪颖，在佛经上造诣极高。9岁时，母亲又带着他去

西安草堂寺：鸠摩罗什翻译经书的地方

印度学习,师从佛学名师盘头达多。3年以后,12岁的鸠摩罗什随母亲回国。在龟兹,鸠摩罗什继续跟从名师学习佛经。渐渐地,他的名声越来越高,不仅在西域各国广为人知,而且也传到了内地。

382年,前秦皇帝苻坚听到鸠摩罗什的声名,相信得高僧可以兴国,便派遣大将吕光征讨西域,将鸠摩罗什带回来。吕光率军攻克龟兹,打败西域十六国之后,带着鸠摩罗什撤回内地。军队走到凉州（今甘肃武威）时,吕光得知苻坚被杀,于是留在凉州建国,自立为王,史称后凉。鸠摩罗什滞留在后凉,一待就是16年。

401年,后秦打败后凉,后秦王姚兴派人把鸠摩罗什迎请到了长安。姚兴让鸠摩罗什从事译经活动,鸠摩罗什因此而成为"中国佛教四大译师"之首（其余三人为玄奘、不空、义净）。著名的《金刚经》《法华经》《维摩诘经》《阿弥陀经》等,都是他主持翻译的,这些经书早已成为中国的佛学经典。由于鸠摩罗什的佛经译文简洁晓畅,妙义自然,阅读起来毫无障碍,所以深受众人喜爱,广为流传。这对中国佛教文化的发展起了重大作用。

413年,鸠摩罗什感知大限将近,于是对众人起誓说,"假如我所传的（佛教）经典没有错误,在我焚身之后,就让这个舌头不要烧毁"。鸠摩罗什不久便在长安圆寂。他的形骸被火化后,只有舌头完好无损,成为舍利子,这证实了他的誓言。

"闭月羞花"指的是哪两位美女

在古代文学作品中,我们常常会看到人们用"沉鱼落雁,闭月羞花"来形容女子长得漂亮。其实,这里面包含了两个不同的典故。

"闭月"说的是貂蝉的故事。 传说貂蝉某次在后花园拜月时,忽然有一阵轻风吹来,于是一块浮云顷刻将皎洁的明月遮住了。当时,貂蝉的义父王允正好看到了这种情景。王允为宣扬他的女儿长得如何如何漂亮,逢人就说,我的女儿和月亮比美,月亮比不过,赶紧躲在了云彩后面。因为人们以讹传讹,所以貂蝉也就被人们称为"闭月"了。

"羞花"是杨贵妃的代称。 唐朝开元年间,骄奢淫逸的唐玄宗为了满足自己

陕西兴平杨贵妃墓园里的贵妃雕像

灯红酒绿、纸醉金迷的生活,广泛搜罗天下美女。当时,杨玉环被选进了宫。杨玉环进宫后,常常思念家乡。有一天,她到花园赏花散心。当看见盛开的牡丹、月季等百花争艳时,她想起自己被关在宫内,虚度青春,不胜叹息……于是,对着盛开的花儿说,"花呀,花呀,你年年岁岁还有盛开之时,我什么时候才有出头之日?"杨玉环声泪俱下,她刚一摸花,花瓣立即就收缩了,绿叶卷起低垂了下去。其实,她摸到的只是含羞草。这时,有一宫娥经过时刚好看见。宫娥于是到处说杨玉环和花比美,花儿都含羞低下了头。这件事后来传到唐玄宗耳朵里。玄宗喜出望外,当即宣杨玉环来见驾。杨玉环浓妆艳抹,梳洗打扮后进见玄宗。玄宗便被杨玉环的美貌迷住了,将她留在了自己身旁。由于杨玉环善于献媚取宠,深得玄宗欢心,不久便升为贵妃。

隋文帝是史上最怕老婆的皇帝吗

隋文帝杨坚作为隋朝的开国皇帝,开创了千古传颂的"开皇盛世",被尊称为"圣人可汗"。然而在世人眼中如此威武伟大的皇帝,却号称是"史上最怕老婆的皇帝",这说法究竟从何而来呢?

隋文帝的结发妻子独孤氏,为北周大将军独孤信的小女儿,独孤氏作为名门之后,学识渊博、胆识过人、聪慧能干。隋文帝能够登上帝位,夺取江山她可谓是功不可没,因此文帝对她向来十分敬重,言听计从。独孤后14岁嫁与文帝杨坚时,生性强势的她便让丈夫发誓:"一生之中不能与除了她之外的任何女人生孩子。"所以之后隋文帝的五个儿子都是同父同母之疑也就不难理解

隋文帝的皇后独孤氏

了。公元581年,杨坚灭北周,建隋朝,改元开皇,封独孤氏为皇后。建朝后,独孤皇后为朝政积极进言献策,她的过人才智和对待外戚不徇私情等,很快赢得了宫中上下的敬重,将她与文帝并称为"二圣",文帝自然对其更加敬重。为了遵守当日的诺言和表现对独孤后的敬重,文帝一直十分循规蹈矩,"唯皇后当室,而冷落三千宫黛"。当然仅凭隋文帝一己的克制力要抵挡美女如云后宫的吸引恐怕有点难,这就得靠独孤后的威严了,宫中的诸嫔妃宫女,因害怕独孤后的威严,宁愿孤老终身,断不敢以身犯险,与文帝调情。这样一来,隋朝的后宫形同虚设。一代皇帝的私生活如此简单在历史上实属罕见!不过隋文帝后来还是趁着独孤后偶感风寒小病卧床,在宫中调养的缝隙,宠幸了尉迟迥的孙女尉迟贞。这次可把独孤后给彻底惹怒了,她派人立马处死了尉迟贞,文帝虽是怒在心中,也不敢对独孤后怎样。此后,独孤后也因此心结一病不起,不久便郁郁而终,一次出轨便需要付出这样的代价,文帝这个教训真够深刻啊!

其实,与其说隋文帝怕老婆,倒不如说是敬重独孤皇后更为恰当!

房玄龄稳居相位有何秘诀

房玄龄(579—648),名乔,字玄龄,唐朝齐州临淄(今山东淄博)人,隋泾阳县令房彦谦之子。房玄龄是唐朝初年名相,身居相位20多年,一人之下,万人之上。他到底有什么秘诀使自己稳居相位呢?

房玄龄博通经史,工书善文,18岁时本州举荐他应进士考,及第后先后授羽骑尉、隰城尉。隋末大乱,玄龄于渭北投李世民,任秦王府记室,参谋划策,为秦王收罗人才。每当撰写奏章时,常就地驻足,一挥而就,行文简洁,道理充分。

房玄龄

他和杜如晦是秦王最得力的谋士,有"房谋杜断"之称。唐武德九年(626年)他参与策划玄武门之变。李世民即位后,房玄龄任中书令。他与杜如晦、长孙无忌、尉迟敬德、侯君集被称为五大功臣,房居第一。贞观三年(629年)二月任尚书左仆射,监修国史;贞观十一年(637年)封梁国公,十三年授太子太师,贞观十六年(642年)七月进位司空,仍综理朝政,曾受诏重撰《晋书》。贞观十五年,房玄龄认为自己居宰相位已有15年,女儿是韩王妃子、儿子房遗爱娶高阳公主,已是极为显贵,于是频繁上表,请求辞去相位。但太宗未批准。贞观十七年,房玄龄和长孙无忌等人的像被画在凌烟阁上,其赞词为:"才能兼有辞藻,思虑化人神机。为官励精守节,奉上尽忠忘身。"

贞观十九年(645年)二月唐太宗征辽东高句丽时,让房玄龄留守京师,其诏书说:"由你担当萧何那样的职任,朕就没有后顾之忧了。"可见太宗对房玄龄的信任。

有一次,房玄龄曾因微小过失被罢官回家。黄门侍郎褚遂良上奏说:"玄龄在臣节方面确实没有什么亏欠,虽有无上功勋,却忠心依旧。不能因一点小过错就抛弃他不用。"于是太宗又恢复了他的官职。

贞观二十二年(648年),房玄龄病重,难以行走,应诏前往玉华宫见太宗时是被抬到殿中的。太宗为之垂泪。之后,房玄龄又上表云:"北方突厥才是我们的大患,像高丽这样的边远残类,不值得劳师远征,应当宽恕,以免误事。"太宗高阳公主说:"人都病成这样了,还为朝廷担忧。"七月廿四癸卯日(648年8月18日),房玄龄病逝,时年七十岁。太宗命百官三天不朝,朝廷供丧葬器物,陪葬在昭陵,赐其谥号"文昭"。

杜如晦

唐人柳芳云:"房玄龄佐太宗定天下,及终相位,凡三十二年,天下号为贤相。然无迹可寻,德亦至矣。故太宗定祸乱而房玄龄不言己功;王珪、魏徵善谏,房玄龄赞其贤;李勣、李靖善将兵,房玄龄行其道;使天下能者共辅太宗,理致太平,善归人主,真贤相也! 房玄龄身处要职,然不跋扈,善始善终,此所以有贤相之令名也!"宋人司马光、欧阳修等人深以为然。

《新唐书》评价他说:"玄龄当国,夙夜勤强,任公竭节,不欲一物失所。无媢忌,闻人善,若己有之。明达吏治,而缘饰以文雅,议法处令,务为宽平。不以己长望人,取人不求备,虽卑贱皆得尽所能。或以事被让,必稽颡请罪,畏惕,视若无所容。"

房玄龄在世的时候常常告诫其子:"不可骄奢,不可沉溺于声色,不可以地位和门第欺凌他人!"又说:"后汉时的袁家历代都保有忠节,是我所崇尚的,你们应当效仿。"

由此可见,房玄龄并非看重相位而长期占有,而是因为其为人谦和,不居功

自傲,任职严谨认真,故而身居相位直到病死,而并非一般的投机钻营之徒。

李白的出生有何传说

李白是盛唐时期最杰出的浪漫主义诗人,素有"诗仙"的称号。恰如"诗仙"这个称号,李白的诗歌,想象神奇,浪漫飘逸;李白的性格,随性自由,狂傲不羁。就连他的出生,也被蒙上了一层神秘浪漫的色彩,极具神话性,这其中到底有怎样一个传说呢?

诗仙李白

话说在李白出生的前一天晚上,李白的母亲做了一个十分奇怪的梦。梦中,她看到了一片繁茂的星空,那么多的星星虽绚丽璀璨,却让她看得有点眩晕迷糊、目不暇接了。不过,一颗很特别的星星很快便定格住了李妈妈的目光,这颗星星就是秋季傍晚时分西方天边最早升起的太白星,也就是如今我们所说的启明星。太白星是那么闪亮,那么耀眼,其他的星星与之相比之下顿时黯然失色。正当李妈妈抬头仰望太白星感叹其明亮耀眼之时,这颗太白星突然从天上坠落下来,落到了李妈妈的怀中。这时,李妈妈肚子突然一阵疼痛,于是,一个白白胖胖的小男孩就这样呱呱坠地了。李爸李妈认为自己的孩子可能就是太白星下凡,便给他取名为李白,字太白,也希望李白以后可以像太白星一样出众耀眼。

李白长大后也不负所望,充分地展示了超乎寻常的艺术才华和令人惊叹不已的艺术魅力,用他的诗歌抒发远大理想,用他的诗歌为后人积累丰富的精神财富,成为中国诗歌史上一颗最为耀眼的明星!

"药王"孙思邈有何养生秘诀

孙思邈是中国乃至世界史上伟大的医学家和药物学家,被后世尊称为"药王"。同时孙思邈也是史上著名的百岁老人,享年101岁,他将他的养生秘诀编写在两部医学巨著——《千金药方》和《千金翼方》里。那到底孙思邈在书里给后人留下了什么养生秘诀呢?

总结起来一共有 13 个方面：

（1）发常梳，常梳头发可以按摩穴道，舒筋活血，预防头痛、耳鸣、白发和脱发。

（2）目常运，经常活动双眼，眺望远方，有助于眼睛保健，纠正近视。

（3）齿常叩，牙齿经常互叩，可以通上下颚经络，保持头脑清醒，加强肠胃吸收，防止蛀牙和牙骨退化。

（4）漱玉津，说得通俗点就是吞唾液，唾液含有大量酵素，能调和荷尔蒙分泌，因此可以强健肠胃。

（5）耳常鼓，每天临睡前用手掌掩双耳，用力向内压，然后放手，重复十次，可以增强记忆和听觉。

孙思邈

（6）面常洗，经常用搓热的双手上下扫面，同时双手向外圈。这动作经常做，可以令脸色红润有光泽，同时不会有皱纹。

（7）头常摇，双手叉腰，闭目，垂下头，缓缓向右扭动，直至复原位为一次，共做 6 次。反方向重复。经常做可以令头脑灵活，但要注意控制速度，以免头晕。

（8）腰常摆，身体和双手有韵律地摆动，可以强化肠胃、固肾气、防止消化不良、胃痛、腰痛。

（9）腹常揉，用搓热的双手交叉围绕肚脐顺时针方向揉，揉的范围由小到大，重复 36 次，可以帮助消化、吸收、消除腹部鼓胀。

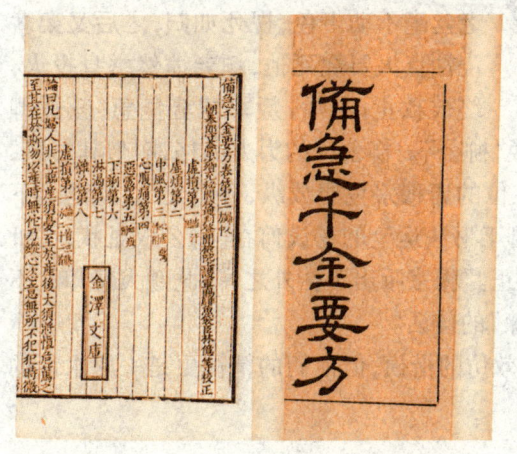

《千金药方》

（10）摄谷道，即提肛，吸气时，将肛门的肌肉收紧。闭气，维持数秒，直至不能忍受，然后呼气放松，相传这动作是乾隆皇帝最得意的养生功法。

（11）膝常扭，可以强化膝关节，所谓"人老腿先老、肾亏膝先软"，要延年益寿，先由双腿做起。

（12）常散步，俗话说"饭后走一走，活到九十九"，此说法虽有所夸张，不过散步确实是一项

有百益而无害的运动。

（13）脚常搓，脚底集中了全身器官的反射区，经常搓脚可以强化各器官，治失眠，降血压，消除头痛。

孙思邈总结这13个养生秘诀都是来源于日常生活，看样子，只要养成良好的生活习惯和注重养生，每个人都有长命百岁的可能了。

关于"颜筋柳骨"两位主人公知多少

在中国说起学习书法，往往称道"颜筋柳骨"，称其为学书者的楷模。"颜筋柳骨"分别指书法家颜真卿和柳公权的艺术特色，摩挲千年古帖，寻绎万古书魂，细觅中国历史长河的书法艺术画卷，颜真卿和柳公权无疑在上面留下了最浓墨重彩的一笔。关于这两位著名的书法家，民间自然少不了那些个津津乐道的小故事，你听过吗？

颜真卿

先谈"颜老"，颜真卿的一生，刚正不阿，忠贞不渝，临死不屈。他为人的品格同其书法的风格一样，韧若筋带，浑厚坚韧，正大方严。颜真卿74岁时奉旨去劝谕叛迹已昭然的藩镇李希烈部，颜老清楚地知道这是政敌给自己设的陷阱，此去必定凶多吉少，但他仍然毫不畏惧，凛然前往，就连李希烈部也被颜老的精神矍铄和举止自若吓得不敢贸然出兵。后来，李希烈先是挖下方丈方坑威胁他，颜老丝毫不动声色，视死如归；之后又架薪浇油点火要烧死他，颜老愤然举身投火，终被救止；最后，叛军情势危急，颜真卿被勒死，英勇就义，时年76岁。次谈"柳公"。柳公权的为人品格，颇似其书风，字字严正，笔笔铮骨。相传，当时在位的唐穆宗荒唐放纵，昏庸无道，朝廷上下少有直言敢谏者。有一次，穆宗问柳工书法运笔的秘诀何在，柳公权见状，灵机一动，回答说："用笔在心，心正则笔正。"穆宗听出了弦外之音，龙颜大怒却又不能作声。这就是世传的"柳学士笔谏"的佳话。

颜老和柳公的书法无疑是后人效仿的楷模，但他们的精神更是一座永恒的丰碑，令人景仰！

"武则天的第一男宠"是谁

武则天是中国历史上唯一的女皇帝,在她执政的半个世纪内,社会经济得到了持续发展,出现了"贞观遗风",上承"贞观之治",下启"开元盛世"。只是这位杰出的女皇帝也免不了平常人的儿女私情,利用自己的权势,在后宫广纳男宠,那最为武则天喜爱的是哪位呢?

薛怀义号称"武则天的第一男宠",原名冯小宝,是武则天入寺为尼时在井边邂逅的一个小和尚,在那段悲苦孤寂的日子里,他们互生情愫,经常暗中幽会。武则天回宫后,还经常暗中与冯小宝偷偷摸摸地来往。直到高宗去世,武则天在后宫广纳男宠,便召冯小宝入宫任命为侍卫,夜夜私会。可是日子久了,两人幽会十分不方便。因为冯小宝不是士族出身,之后武则天就想方设法改变冯小宝的身份,赐他姓薛,改名叫薛怀

冯小宝

义。不仅如此,武则天还让他与太平公主的驸马薛绍联宗合族,让薛绍称他为叔父,提高其身份地位。但是得宠的薛怀义并不忠心于武则天,而是背着武则天在外面包养了很多情妇,还生育了十几个子女,但其中即有武则天的女儿太平公主。就这样,薛怀义成了武则天母女共用的男宠。薛怀义依仗武则天之宠幸,十分嚣张蛮横,经常张扬武氏私事、打压其他男宠、多为不法之事。武则天知道以后,对其厌恶至极,气急难耐之下命人将其"乱棍打死",又把其尸体送到白马寺,烧成灰烬,和在泥里建造佛塔。

关于"第一男宠薛怀义",民间流传有许多说法,又有传是太平公主举荐给武则天,安排在母亲身边的"间谍",不过随着历史长河的流淌,孰真孰假都已无从考证了。

钟馗信仰有什么起源

钟馗是中国民间俗神信仰中家喻户晓的角色,在民间信仰中占据着举足轻重的地位。他是贴于门户镇鬼避邪的门神;悬在中堂是禳灾祛魅的灵符;出现于傩仪中是统鬼斩妖的猛将。只是这位神通广大的神祇的出生却始终是一个

钟馗

谜,民间又是怎么兴起钟馗信仰的习俗呢?

目前记载钟馗其人其事最早见于《唐逸史》。话说唐玄宗病中梦见一小鬼偷去其玉笛以及杨贵妃的绣香囊。正当玄宗龙颜大怒,欲派武士驱鬼时,突见一大鬼闯进殿来。此鬼豹头环眼,满面虬髯,头发蓬乱,样子十分丑陋吓人,只见他袒露一臂,一伸手便抓住那个小鬼,剜出眼珠后一口吞了下去。玄宗既害怕又惊讶,忙询问其来历?此鬼见状急忙行礼,自称是终南山钟馗,高祖武德年间,赴长安考取武举人,后来因相貌丑陋而落第,羞愧难当,撞殿前石阶而死。幸蒙高祖赐绿袍陪葬,遂铭感在心,誓要替大唐斩妖除魔。唐玄宗醒来后,病也不治而愈,于是向画家吴道子忆述梦中所见,命其绘出钟馗像,并将《钟馗捉鬼图》镂板印刷,广颁天下,让世人皆知钟馗的神勇厉害。从此,民间开始流行挂钟馗画像驱鬼避邪,钟馗信仰由此而来。

时至 20 世纪 90 年代,还有人为治病延请巫师举行"镇钟馗"捉鬼驱妖、安宅保太平的仪式。如今,端午节和春节还依稀可见钟馗信仰的民间遗风。

李靖与红拂女是如何邂逅相爱的

李靖,隋末唐初之将领,一位英俊潇洒、文武双全的翩翩君子;红拂女,隋臣杨素之歌姬,一位倾国倾城、温柔聪慧的绝代佳人。英雄美女的邂逅该是怎样的场景呢?

隋末唐初之际,隋炀帝南幸江都,命司空杨素留守西京。布衣李靖前来参谒杨素,杨素位高权重,因此平时为人十分倨傲无礼,目中无人。每次接见拜访宾客时,他总是若无其事地坐在躺椅上,由下人抬着出厅,令美人侍婢罗列周围伺候。正气凛然、身负豪情的李靖对此奢华的排场嗤之以鼻。因此,一见杨素李靖便前揖道:"当今天下大乱,英雄竟起。明公为朝廷之重臣,而不收罗豪杰,扶济艰危,而专以倨傲示天下士,实在令人不敢苟同!"杨素先是十分恼怒,后来想想发怒难免有失身份,便笑着以宾客之礼待之。期间,李靖高谈论阔,风采逼人。当时有一个侍立在杨素身边的手执红拂的歌姬,目睹这一切,不禁对这位年轻人刮目相看,芳心暗许。李靖告辞后,红拂女便暗中托门吏打听李靖的住址。晚上李靖留宿在旅舍,半夜突然传来一阵敲门声。他起床开门,只见一个少年手持行囊闯进来,摘下阔边风帽,脱去紫色大氅,竟变成一个玉质冰清的妙龄少女。原来此女子就是白天在杨府见到的手持红拂的歌姬。李靖大为惊异,询问其来意,待红拂女说明来意后,李靖不禁又惊又喜。其实,早在杨府时李靖就注意到这位美貌和气质俱佳的歌姬,对其颇有好感。在月黑风高的夜晚,两位互有好感的年轻人秉烛夜谈,他们谈家世、谈人生、谈理想、谈未来……两颗心就这样在交谈中靠得越来越近了。最后,两人即在相识的一天之内私订终身。翌日,为了逃避杨素的追捕,两人决定私奔,共赴太原,投奔李渊父子。有了贤妻相伴,李靖尽情地施展他的才华,完成他的抱负,最终成为唐朝的开国功臣。

李靖

才子佳人的奇妙姻缘,成全了一对夫妻;成全了一代名将;更成全了一段后人津津乐道的历史佳话!

杜牧的风流史知多少

自古才子多风流,晚唐的大诗人、散文家杜牧也不例外。由于家境殷实,加上性格多愁善感,杜牧年少时可谓是风流倜傥,他的足迹曾经踏遍扬州青楼,留下了情诗无数。最为人所知的就是湖州的那段浪漫情史了,在风景如画的湖州杜牧究竟邂逅了哪位佳人呢?

当时,杜牧在宣州幕下任书记,听说湖州地区盛产美女,便欣然前去游玩。见是大名鼎鼎的杜牧要来,时任湖州刺史的崔君自然不敢怠慢,决定盛情款待。他知道杜牧生性风流,便把本州所有名妓唤来,供杜牧挑选。可杜牧一眼看去,这些女子虽然都有几分姿色,可是总感觉少了点韵味,不够尽善尽美。回过头来对崔君说:"我希望刺史可以在湖州江边举行一场竞渡的趣味活动,吸引全州人前来观看,到时候全州美女集聚于此,我说不定就可以在人群中寻找到那位对的人。"湖州刺史

杜牧

按照杜牧的意愿,果真举办了这样一次竞渡活动。活动举办那天,只见两岸人潮簇拥,好不热闹。杜牧左右寻视,始终没有找到合心意的。眼看活动就要结束,人群即将散去,这时,有一位乡村老妇人领着一个十几岁模样的妙龄少女出现在杜牧的视线里。只见这位少女肌肤雪白,眼神清澈,在湖波的荡漾下显得十分楚楚动人,乃有倾国倾城之貌。这不就是自己要寻找的女子吗?激动之余,杜牧急忙命人将母女接到船上,见母女俩还搞不清状况,杜牧说:"小生杜牧,见小女子芳容,甚是喜爱,想与之定亲,他日来湖州做郡守之日再风光迎娶。"说罢便给了丰厚的聘礼。老妇人怕杜牧失约,双方便商定以十年违约,如果十年之内杜牧没到湖州做郡守,迎娶女孩,女孩便可按照娘家意愿嫁与他人。离开湖州之后,杜牧一心想调任湖州,只可惜官职较低,一直未能如愿。后来直到好友周墀出任宰相,杜牧才有机会调任湖州刺史的职位。只是距离与当年那对母女约定的时间已经过去十四年了。十四载过去,一切都已物是人非,那年的湖畔女孩已经嫁为人妻,儿子都已经有了三个了。

怎奈昔日美人已为人妻,一代才子只能空留一声惆怅在湖畔,一首情诗在心头了……

"活死人墓"的主人是谁

"活死人墓",在金庸先生小说《神雕侠侣》中,描述为全真教创始人王重阳出道前的修行之所,后来与古墓派创始人林朝英打赌认输后便将古墓让给她居住。这里还是杨过和小龙女相识、相知、相恋的地方。那到底历史上是否真的有"活死人墓"这个地方吗?它的主人又是谁呢?

其实历史上确实有"活死人墓"这个地方,它位于今陕西西安市户县祖庵镇,距重阳宫还有2000多米路程的成道宫中。如今还有墓堆前面有碑石上刻着"活死人墓"几个大字。他的主人就是如武侠小说说的一样,是全真教的创始人王重阳。王重阳生活在宋金战争时期,他可以说是个文武双全的人才,只是南宋政权腐败,王重阳一直郁郁不得志。所以抗金失败后,他决定避世入道,隐修于终南山,在现在户县祖庵附近掘地为穴,居于其中修道练功,并称此处为"活死人

王重阳

墓"。在此期间,他还写了一首《活死人墓赠宁伯功》的七绝诗,描绘了这种特殊的修炼方法。诗中说"活死人兮活死人,风火地水要只因。墓中日服真丹药,换了凡躯一点尘。活死人兮活死人,活中得死是良因,墓中闲寂真虚静,隔断凡间世上尘"等句。七年后,王重阳走出古墓,利用所悟之道自称得道便创立了道教新流派——全真教,并在关中广收门徒,其中就有著名的"全真七子"。王重阳于1170年在传道途中死于开封,死后葬回户县祖庵。

其实目前在国外一些贫困地区也有所谓的"活死人墓",只是比起王重阳的"活死人墓"貌似少了点故事和韵味。

李自成是怎么死的

李自成,明朝末年农民起义领袖,杰出的军事家,人称"闯王"。"一代闯王"的英勇无疑得到了世人的一致钦佩,不过关于他的死因却是众说纷纭,扑朔迷离。民间就流传着有六种说法,都有哪些呢?

一是"自缢说"。这一说法是根据当时清军统帅阿济格向朝廷的奏报,奏报中说:"李自成携步兵20人,被村民围困,见逃脱无望,便自缢而死。"不过这并非阿济格亲眼所见,而且根据李自成果敢坚强的性格,无自杀可能。因此,此说法可信度十分低。

二是"误死说"。据《绥寇纪略》记载,李自成被当地居民误以为是强盗,因而惨遭误杀。

三是"搏斗死说"。据说当时李自成与山民程九伯赤手搏斗,不过这程氏哪是李自成的对手,正在李自成欲抽刀杀之的时候,程九伯的外甥金某,从背后用铲袭击李自成头部,导致其当场死亡。

四是"青城归隐说"。这是李自成亲族提出来的观点,据说李自成兵败后,化装为和尚寄住在青城的叔父李斌家,死后葬于龙头堡子山。

五是"通山战死说"。当时李自成兵败南下至湖北通山九宫山,走投无路,被当地游民武装杀害。

六是"夹山寺"禅隐说。1981年,在湖南石门夹山发现了一座古墓,考古人员发现古墓主人奉天玉和尚的葬俗有别本地,通过种

李自成

种物证认为奉天玉和尚很可能就是李自成。

究竟闯王魂归何处，恐怕是无从考证了，留待给后人的只有无限的遐思和解不开的谜团了。

把和珅送上断头台的人是谁

电视剧《宰相刘罗锅》曾红遍大江南北，但里面的剧情大多都与历史事实不符。比如，把和珅送上断头台的不是刘墉，而是王杰。

王杰（1725—1805），字伟人，清代陕西韩城人。乾隆二十六年（1761年），王杰考中进士。殿试时，王杰的考卷成绩排在第三名，而乾隆皇帝阅卷后，大加赞赏，立刻钦点为第一名。王杰成为自清朝开国以来的第一名陕西籍状元。王杰考中状元后，山东籍的举子们很不服气，于是出了一副对联来考他，上联是："孔子圣，孟子贤，自古文章出齐鲁。"王杰不假思索，便对道："文王昭，武王穆，而今道统在西秦。"山东举子们从此对他刮目相看。

王杰

王杰在清乾、嘉两朝为官40余年。王杰由于为官清正，敢于直谏，成为当时一名难得的廉洁之士。乾隆时期，和珅执政20多年，劣迹昭彰，朝野上下怨声载道。但是，朝中的同列官员都因害怕和珅的权势，有的阿谀奉承，有的敢怒而不敢言。王杰为人光明磊落，一人挺身而出，在朝廷上同和珅当面争辩，揭露其短。虽然和珅对王杰怀恨在心，但由于王杰正直清廉，抓不住任何陷害他的把柄。嘉庆皇帝一即位，便宣告和珅的20条罪状，责令和珅自杀并抄没其家产，并由王杰审判。此举可谓大快人心，人们拍手称赞。正是因为有王杰这样的耿直官员长期坚决反对和珅，与和珅斗争，才使得和珅被扳倒，嘉庆得到大批财物。当时有民谚说："和珅跌倒，嘉庆吃饱。"所以，把和珅送上断头台的人是王杰。

王杰辞京还乡之日，嘉庆皇帝曾赐给他一把乾隆御用的手杖和自己的御制诗两首，以表器重和感激。御制诗中这样写道："直道一身立庙朝，清风两袖返韩城。"这句诗恰当地概括了王杰的生平和为人。

杨虎城有过几次婚姻

西安事变扭转了历史发展的格局,也改变了杨虎城先生的人生轨迹,从国民党一名普通将军成为了一位心系民族大业的历史功臣。在人生轨迹的变换之间,陪伴着他的还有三次婚姻。究竟杨虎城这三次婚姻都是怎么样的呢?

杨虎城的第一位夫人名叫罗佩兰,因为乖巧懂事,招惹喜爱,被张西铭认为义女。当时杨虎城驻防大荔县,经常去张西铭家做客,有缘结识了罗佩兰,这一来二去,两位年轻人互生爱慕,产生了感情。不久杨虎城便到张家提亲,迎娶了罗佩兰。婚后,两人相敬如宾。罗佩兰温柔贤惠,机智聪明,不仅把家里打理得井井有条,在事业上更是给予了杨虎城极大的支持和帮助;杨虎城更是对妻子既钟爱又敬重,俩人的日子过得甜蜜而幸福。只可惜,天妒红颜,罗佩兰因病早逝。这让杨虎城伤心欲绝,好一阵子精神都十分萎靡。杨虎城的第二位夫人是张蕙兰,嫁过来才14岁,这是由杨母给儿子一手包办的封建婚姻,当

杨虎城

时即使杨虎城深爱着罗佩兰,不愿娶他人,可是母命不可违,只得接受这段婚姻,接受张蕙兰。幸运的是,罗佩兰与张蕙兰相处融洽,以姐妹相称;杨虎城和张蕙兰相敬如宾。婆媳关系也不错,一家人倒也相处和睦,相安无事。罗佩兰病逝后,他的两个儿子拯民、拯坤就由善良贤惠的蕙兰夫人抚养。蕙兰夫人对这两个孩子视为己出,十分疼爱。两个孩也待蕙兰夫人如生母,对她孝顺有加。西安围城结束后,杨虎城率军离开陕西参加北伐,便将蕙兰夫人和两个幼小的孩子留在了陕西三原。杨虎城的第三位夫人是谢葆真,他们是在北伐的过程中相识、相知、相恋的,谢葆真是一位口才流利,敢爱敢恨的革命者。婚后,他跟随杨虎城上战场,闹革命,搞运动,关牢房,毫不畏惧,实有巾帼英雄的气派。

杨虎城三次婚姻,形式各不同,一为两情相悦下的媒妁之言;二为地地道道的封建包办婚姻;三位自由恋爱下的新时代婚姻。看样子不管是在事业还是感情上,杨虎城将军的一生都充满了传奇色彩。

刘志丹有哪些丰功伟绩

刘志丹，原名刘景桂，字子丹、志丹。1903年，刘志丹出生于陕西省保安县（今志丹县）金汤镇。1936年，在红一方面军东征战役中，刘志丹不幸中弹牺牲。刘志丹一生虽然短暂，但在戎马倥偬的革命岁月里，创建了不朽的丰功伟绩。著名的"渭华起义"就是他和谢子长领导的，陕北"吴起镇会师"时就有他的部队。在其他方面，他也有重大贡献。

刘志丹

第一，提出了"三色论"，即"红色"、"白色"和"灰色"的理论。所谓"红色"，就是发动组织工农群众，建立党所独立领导和指挥的人民军队。刘志丹把分散的、弱小的群众武装逐步集中起来，先建立游击队，后上升为正规红军。所谓"白色"，就是派共产党人到白军中开展兵运工作。所谓"灰色"，就是派人争取、教育和改造绿林武装，为创建人民军队准备群众基础和武装力量。刘志丹的这些大胆尝试，是发展革命武装的一项成功实践。

第二，创造并且灵活运用了"三窟论"。大革命失败后，刘志丹提出"向井冈山学习"的方针，实行"工农武装割据"。起初成功地创建了以照金为中心的陕甘边根据地，后来又采取"狡兔三窟"的办法，创建了以南梁为中心的陕甘边根据地。

第三，实行正确的土地政策，使农民得土地。刘志丹采取了许多行之有效的方针、政策，最大限度地满足农民对土地的要求，赢得了广大人民群众的衷心拥护和支持。与此同时，刘志丹始终同人民群众心连心，他总是深入群众，关心群众疾苦，帮助群众解决实际困难，深受广大人民群众的崇敬和爱戴，在人民群众中享有崇高的威望。

第四，广筑统一战线，实行正确的统一战线政策。刘志丹坚决主张在政治上消灭地主阶级，而在生活上给一般地主以生活出路，允许富农分得一部分好田，使地主、富农也有安身立命之本。同时，对根据地周围的民团和地主武装也采取区别对待政策，打击反动的，争取中间的，团结友好的。他实行的这些灵活的政策和策略，对于削弱敌人力量，壮大革命力量，巩固红色政权，起到了重要作用。

第五，实行正确的经济、文化、教育政策。 刘志丹在根据地创建银行，发行布币，开办牧场和实行集市贸易，吸引外来商人经营。这使根据地经济得到恢复和发展，军民生活有了大大改善。为了提高人民群众的文化水平和思想觉悟，他还创办了列宁小学等，使根据地的文化教育事业也有所发展。

第六，积极开展反围剿。 刘志丹坚持从中国革命实际出发，创造性地提出和实施了一系列正确的战略战术，粉碎了敌人的多次"进剿"、"会剿"和大规模"围剿"，取得了辉煌战绩。

第七，严治军、明赏罚，培养军政骨干。刘志丹十分重视培养部队勇猛顽强的战斗作风和严明的纪律。他治军严格，赏罚严明。他坚持开办红军随营学校、军政干部学校，亲自兼任校长，亲手制定教育方针，审定教学大纲和教学计划，经常给学员讲课。

徐向前为刘志丹墓的题词

刘志丹的一生是伟大的一生。毛主席为他题词："群众领袖，民族英雄。"朱德称他为"红军模范"。周恩来赞曰："上下五千年，英雄万万千。人民的英雄，要数刘志丹。"为了纪念刘志丹的丰功伟绩，中央把他的出生地保安县更名为"志丹县"，并在该县修建了刘志丹烈士陵园。